.594
fs födelse

Åbo

la

tockholm

öping

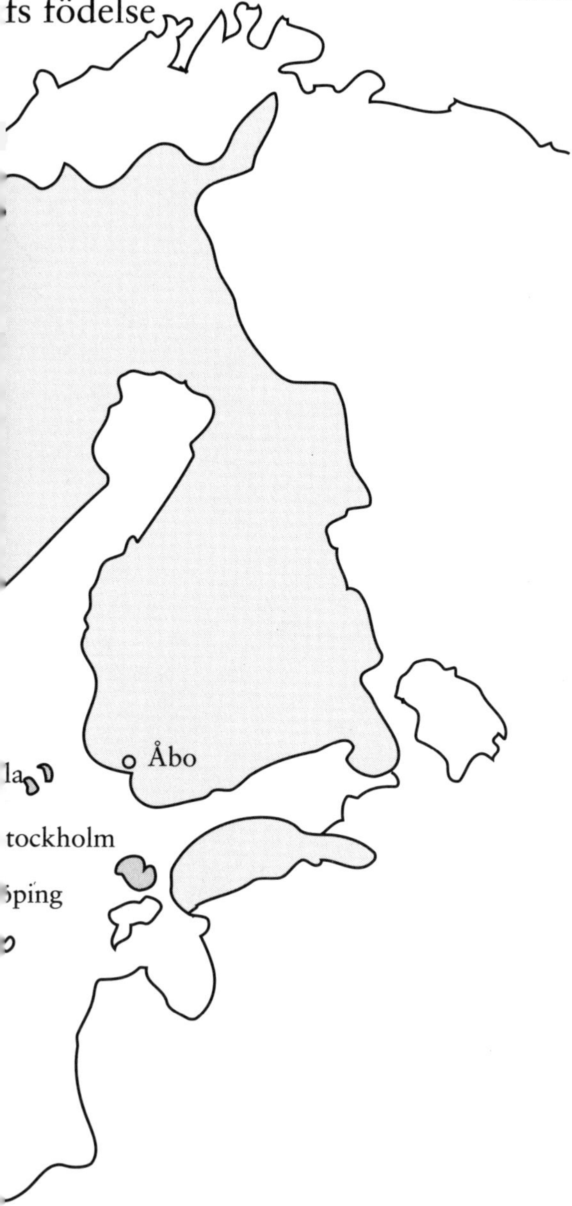

HISTORIEN OM SVERIGE

Till Dig som bor i Sverige

Herman Lindqvist

Historien om Sverige

NÄR SVERIGE BLEV STORMAKT

NORSTEDTS

Herman Lindqvist:
Strax före deadline 1980
Japaner, japaner, japaner 1984
Gallfeber 1988
Rapporter från Mittens Rike 1989
Caramba! säger dom aldrig 1990
Historien om Spanien 1991
Europa är vi allihopa 1991
På landet i Paris 1992
Från Islossning till Kungarike,
del I av Historien om Sverige 1992
Fjärran han drumlar 1993
Gustav Vasa och hans söner och döttrar,
del II av Historien om Sverige 1993
Brödrafolkens fel 1994

På andra förlag:
Tjeckoslovakien 1968 – den vackra drömmen 1969
102 krogar i Fjärran Östern (medf.) 1983
Revolution! Om Frankrikes blodiga år 1989
Om sakernas tillstånd 200 år senare (medf.) 1989
Axel von Fersen, kvinnotjusare och herreman 1991
Christofer Columbus – var han riktigt klok? 1992
En vandring genom den svenska historien 1993

ISBN 91-1-932112-0

Norstedts Förlag AB, Stockholm
Fälths tryckeri, Värnamo 1994

Innehåll

Gustav II Adolf i romersk rustning: Ingen svensk kung har varit så nära kejsarkronan som Gustav II Adolf. Efter kungens död målade David Klöcker, adlad Ehrenstrahl, denna allegoriska tavla fylld av symboler. Kungen sitter som romersk kejsare under Fama (ryktet).

KAPITEL I

Stormaktstiden – att minnas med stolthet

HAN HETER GUSTAV ADOLF DEN STORE. Inte för att han, som Odhner skrev ”med tiden blev tämligen fet”, för det blev han, utan för att Sveriges riksdag gav honom detta namn. Beslutet fattades 1633 och eftersom ingen senare riksdag har bestämt annorlunda, heter han alltså Gustav Adolf den store även i dag.

Det är med honom allting börjar på allvar, fast då han föddes fanns det ingenting som tydde på att just han skulle bli stor. Ingen kunde ens tro att han någonsin skulle bli kung och att Sverige skulle bli en stormakt var ytterst osannolikt.

Han far var hertig Karl av Södermanland, moder var Kristina av Holstein-Gottorp.

Sveriges kung hette Sigismund, son till Johan III, brorson till hertig Karl. Han hade krönts till kung i Uppsala och återvände till Polen bara några månader innan Gustav Adolf föddes. Hertig Karl var riksföreståndare, ett slags tillförordnad regent, medan Sigismund var i Polen.

Självklart hade den fyrtiofyraårige hertigen framtidsplaner som sträckte sig bortom riksföreståndarskapet. Han skulle inte förbli kungavikarie hela sitt liv, men utsikterna för att hertig Karl skulle avancera till tronen bara genom att passivt sitta och vänta på sin tur genom naturlig avgång, var minimala. Kunde fadern Gustav Vasa skapa sin egen tron och kunde brodern Johan III knuffa sig fram dit i förtid, skulle väl hertig Karl också hitta en genväg till makten.

Gustav Adolf var således inte född till kung och inte till kronprins heller, för den titeln existerade då ännu inte i Sverige. Det faktum att hans far tog makten med våld skulle påverka honom och omvärldens bild av honom hela hans liv. Många av hans fiender kom aldrig att se honom som något annat än sonen till en upprorsman. Han fick rättfärdiga sin kungatitel med handlingar, det vill säga kompensera faderns brutala väg till tronen genom att visa sig vara mer meriterad, mer duglig för kronan än både fadern och de flesta av samtidens andra kungar tillsammans.

Hertig Karl påskyndade den politiska utvecklingen på det sätt som berättas i del två av denna historiska serie, i ”Gustav Vasa och hans söner och döttrar”. Karl blev kung Karl IX och sonen Gustav Adolf ärvde tronen. Bakom dem låg det blodiga slaget vid Stångebro och avrättningarna i Linköping.

Då Gustav Adolf stupade 1632 hade han vidgat Sveriges gränser längre än någon annan före honom och blivit vår mest omtalade kung. Hans dotter Kristina fick skörda faderns och hans fältherrars militära framgångar och hennes kusin, Karl X Gustav, utvidgade Sverige till dess största omfattning någonsin.

Sverige blev en stormakt. Det första steget togs redan av Erik XIV år 1561 då Estland blev svenskt, det fortsatte med att Sverige under Gustav Adolf år 1617 erövrade Kexholms län och Ingermanland från Ryssland och Finska viken blev ett svenskt innanhav, därefter intogs Riga 1621. Några år senare var hela Livland (ungefär nuvarande norra Lettland och södra Estland) svenskt plus hamnstäderna Elbing och Braunsberg i Västpreussen och Pilau och Memel i Ostpreussen. År 1645 erövrade Sverige Jämtland, Härjedalen, Gotland och Ösel samt fick Halland på trettio år från Danmark.

Trettioåriga kriget gav Sverige hela Vorpommern med Usedom och Rügen, delar av Hinterpommern, bland annat med Stettin, stiften Bremen och Verden samt amten Wildeshausen och Thedinghausen. Freden i Roskilde 1658 gav slutligen Sverige Skåne, Halland, Blekinge, Bornholm, Bohuslän och Trondheims län. År 1658 når Sverige sin största utsträckning.

Den här boken slutar där. Stormaktstiden började rasa samman från och med 1702 då Peter den store tog Nöteborg från Sverige och på svensk mark började bygga det som skulle bli S:t Petersburg.

Stormaktstiden var således en kort tid: drygt hundra år. Det var årtionden av krig och umbäranden med svenska och finska trupper inblandade i strider från Ishavets stränder till foten av Alperna, från Strasbourg i väster till Moskva i öster. Det tvingade hela befolkningen till enorma ekonomiska uppoffringar och innebar stort lidande för människorna i Sverige, Finland, Danmark, Ryssland, Baltikum, Polen och i många tyska furstendömen. En del av krigens politiska konsekvenser kan man märka i det som är dagens Tyskland. Det är sant.

Men det är också sant att framgångarna var häpnadsväckande stora och snabba och att de aldrig skulle ha vunnits utan exceptionellt stor lojalitet, seghet och mod hos detta lilla svenska och finska folk, ledda av regenter vars förmåga och målmedvetenhet att styra sina riken saknade motstycke i samtida Europa, kungar som själva var eller som hade tillgång till några av de bästa härförare Sverige någonsin haft och de skickligaste byråkraterna och diplomaterna.

Visst klagades det mycket – och det med rätta – under de svåra åren. Lokala uppror bröt ut i Dalarna, Småland, Närke och i Finland, det var väpnat motstånd i Skåne och i Bohuslän, farligt i Jämtland men det blev aldrig en öppen bonde- eller folkresning som i samtidens Spanien, Frankrike och England.

Sveriges bönder kunde aldrig förändra eller förhindra besluten i större grad, men de var den enda bondeklassen i världen som överhuvudtaget tillfrågades och var med då de avgörande besluten fattades. En stor del av den svenska och finska allmogen var och förblev under större delen av stormaktstiden självägande – med Finland var det hela sextiotvå procent, mer än i något annat europeiskt land.

Genom hela den långa krigsperioden med snabba och stora förändringar genomförda av starka regenter, förblev Sverige en parlamentarisk stat. Riksdagen, som en verklig folkrepresentation med sina fyra stånder, spelade en mer aktiv och betydande roll än parlamentet i något annat land i Europa under 1600-talet.

Och i motsats till vad en del nutidshistoriker vill få oss att tro, var det huvudsakliga resultatet av Sveriges stormaktstid inte enbart förtryck, klassmotsättningar, fattigdom, lidande och omärkta massgravar runt Östersjön. Denna riktning inom historieskrivningen vill jag kalla den historiemasochistiska, vars syfte tycks vara att vi ska plåga oss med vår egen historia, påminna varandra om att vi minsann inte var bättre än någon annan och att de svenska trupperna brände och plundrade värre än alla andra. Minst. Och var vi fattiga så var vi de allra fattigaste, vårt elände djupare och våra barkbröd ännu mer oätliga än andras. Absolut.

De åsikter och värderingar man hade i stormaktstidens Sverige är självklart inte desamma man har i folkhemmets Sverige i dag, utan måste jämföras med vad som gällde hos oss och i Europa under 1500- och 1600-talen.

Visst var Gustav II Adolf och Karl X Gustav erövrarkungar – men utan erövringar hade vi antagligen inte haft något Sverige alls, för i motsats till vad ett eller annat utvalt folk påstår så har Gud aldrig kommit till oss, pekat på Sveriges plats på jorden och sagt att ”detta ska vara ert land!”.

Det är inte ens hundra år sedan som Sverige var i union med Norge. Vilka gränser kommer vi att ha om ytterligare hundra år?

När Gustav Adolf föds 1594 är Sverige ett i Europas utkant okänt och glest befolkat jordbruksland med få och mycket små städer, som kungen själv senare beskriver som ”handelslösa, ruttna och kullrivna”. Bara cirka en procent av rikets befolkning är stadsbor. I den lilla staden Stockholm betar getterna på de gräsbevuxna hustaken.

Stora delar av dagens Sverige är då, som de varit sedan historiens begynnelse, danska. Större delen av Norrland och norra Finland är nästan obebodda, vilket gör att kungariket Sverige med Finland är ett runt land där Stockholm ligger i mitten. Rikets huvuddelar är Svealand, Götaland (utom Skåneland) och Finland, alla andra områden har anslutits senare och är underordnade huvuddelarna. Det är helt och hållet ett Östersjöland, ungefär lika brett i öst–västlig riktning som långt i nord–sydlig. Vi har ingen kust alls i söder eller väster. Ett enda litet andningshål västerut via Lödöse och Älvsborgs fästning är ibland öppet och alltid hotat av danskarna, vars välde slingrar sig nästan runt Sverige från Gotland och dagens sydsvenska landskap, över Norge ända bort till Ishavet. Möjligheten för en dansk ockupation av hela Sverige är en ständig realitet. Vår fasta inhemska armé är liten, vi har nästan ingen flotta.

Vi har inget fungerande universitet (Uppsala fanns visserligen men förde en tynande tillvaro), inga gymnasier, ingen skriven författning. Vi har en medeltida förvaltning och en obetydlig handel med utlandet. Vi har inga fasta diplomatiska kontakter med någon främmande stat, inte en enda svenskfödd diplomat placerad i utlandet. Med undantag för något tyskt småfurstendöme är Sverige eller dess kung inte erkända av någon. Vi har ingen svensk litteratur att tala om, ingen inhemsk musik eller konst av bestående värde.

Drygt sextio år senare, när Sverige är som störst, har vi, trots alla krigen, svälten och epidemierna, en befolkning som är betydligt större än den var då Gustav Adolf föddes. Sverige har nu egna kuster mot väster och söder och har dessutom herraväldet över Europas då ekonomiskt mest betydande hav, Östersjön, med tullinkomster från de viktigaste hamnarna. Vi har en av Europas modernaste, bäst utrustade och mest välorganiserade arméer och flottor.

Det svenska riket har fått fem universitet, elva gymnasier och många andra skolor. Vi har våra första författare utanför kyrkan som skriver enbart på svenska och en spirande inhemsk kultur både på svenska och finska, men också den första på estniska och lettiska, inom det svenska riket. Vi har en riksdagsordning och ett riddarhus och vår första skrivna regeringsform som kom att gälla många generationer framåt.

Vi har ett riksarkiv, en riksantikvarie och världens första fornminneslag samt Sveriges första museum i Livrustkammarens föregångare. Vi har en lantmäteristyrelse och ett bergskollegium, och grunden till många av de ämbetsverk som finns i dag plus kungliga postverket och en regelbundet utkommande nyhetstidning. Ordinari Post Tijdender hette den, föregångare till Post- och Inrikes Tidningar, distribuerad en gång i veckan längs ett nybyggt vägnät med organiserade gästgiverier och med ordentligt utplacerade milstolpar över hela landet ända upp till Lappland. De första kanalerna grävs, bland andra Hjälmare kanal.

Det är nu vi får den länsindelning som i princip fortfarande gäller i Sverige och Finland, hovrätter och världens äldsta kyrkobokföring. Vi har totalt åttioen städer i riket, många nybyggda enligt modernaste stadsplanering och inte under någon annan period av vår historia byggs det så många och ståtliga privatpalats som nu: Skokloster, Läckö, Tidö med flera.

Vi har Östersjöns största handels- och örlogsflotta och en omfattande utrikeshandel. Vi är Europas största järnexportör och länge den dominerande kopparexportören. Vi är också världens största kanonexportör. I Sverige trycks Europas första banksedlar och snart har vi Europas första centralbank, Riksbanken, tjugosex år före Bank of England. Vi får två, visserligen kortvariga men ändå försök till kolonier med Nya Sverige i Amerika och Cabo Corso i Västafrika.

Sverige är den starkaste statsbildningen vid Östersjön och Sveriges namn är från och med nu för alltid placerat på Europas karta med fasta utländska ambassadörer i Stockholm, som nu blivit huvudstad med en sexdubblad befolkning där också utländska vetenskapsmän, kapitalstarka köpmän och industrimän slår sig ner, liksom många av de tyska, franska, skotska och baltiska officerare som slagits för

Sverige och nu belönats med gods och ämbeten i vårt land.

Det är nu vi får en organiserad utrikesförvaltning med egna svenskfödda diplomater permanent placerade i Europas viktigaste huvudstäder. Svenska regeringens sändebud och kurirer reser mycket längre än så, de förhandlar med indianhövdingar i Amerika och med kungen av Fetu på Afrikas Guldkust. De förhandlar med kosackerna i Ukraina och med tatarerna på Krim. De möter dogen i Venedig, kungen av Persien och sultanen i Istanbul. Hundratals svenska och finska studenter, köpmän och officerare reser till det dåtida Europas viktigaste kultur- och handelsstäder för studier och arbete, och tusentals svenska och finska bondpojkar lär känna världen och nya kulturer, för Gustav Adolfs trupper rörde sig inte bara i Tyskland, de var även indragna i operationer djupt in i Österrike, Böhmen och Mähren (dagens Tjeckien), de var i Polen, Nederländerna, Frankrike och Schweiz.

Svenska präster håller de första lutherska predikningarna i den allra första protestantiska kyrkan i Paris, kapellet vid den svenska ambassaden där.

Sverige har, genom sina tre tyska besittningar, rätt att vara närvarande och yttra sig vid de tyska riksdagarna. Sverige är politiskt en första rangens makt i Europa och för en lång tid framåt med då Europas politik ska formas.

I denna sjudande, dynamiska period med snabba och genomgripande förändringar för hela befolkningen, utan motstycke i vår historia, har tack vare krigen och de expanderande gränserna många hundra söner från bondehem och enklare hantverks-, köpmans- och prästhem genom egen energi, tapperhet och intelligens avancerat på en, två eller tre generationer till ämbetsmän, kyrkoherdar och biskopar hemma i Sverige och Finland men också i Baltikum och i de tyska provinserna. De har blivit lärare, professorer och officerare, de sitter i styrelserna för de många och nya städerna. De deltar i handel och sjöfart. Många blev adlade och några till och med rådsherrar vid kungens bord.

Den svenska stormakten var ett brokigt rike. Under den blågula fanan, som nu blir symbolen för hela staten Sverige och inte bara för kungen personligen, marscherade inte bara svenskar och finnar, utan även ingermanländare och balter samt mot skälig betalning: polacker och ryssar, tyskar, holländare, fransmän, skottar, irländare och engelsmän. Ja, det fanns kosacker, judar och strödda inslag av turkar och andra muslimer från Balkan med i leden.

I de mest berömda svenska slagen var svenskar och finnar i klar minoritet, de utländska legoknektarna dominerade.

Stormakten Sverige med sina utspridda besittningar var ett mångspråkigt rike där man kunde höra inte bara svenska och finska talas i hovet, i regeringskanslier, på torgen och i gränderna, där hördes också tyska, holländska, latin och franska. Inom rikets gränser talades dessutom samiska, estniska, ingermanländska, lettiska och ryska.

Det språk som band samman alla dessa provinser och grupper var oftare tyskan än svenskan. Inom det svenska väldet fanns många kulturer och flera religioner. Nationalism i vår mening fanns ännu inte. Det som höll ihop Sverige och Finland med de nya provinserna var den gemensamma kungen, krigen och en viss ödesgemenskap.

Här är historien om hur det mesta av allt detta skapades på femtio år och den börjar med Gustav Adolf, nyfödd son till hertig Karl av Södermanland, sonson till Gustav Vasa.

KAPITEL 2

Gustav Adolfs barndom
Uppfostran
Förälskelser

DEN 9 DECEMBER 1594 skrev en stolt hertig Karl i sin dagbok, han stavade som man gjorde på den tiden: "föddes min sån Gustafwus Adolff, gudh alzmechtige latte ware skett honom till låff, äre och pris och hans euige siels salighett och ås såsom föreldrerne äre till hugnett gledie och föddes han emellom 7 och 8 på morgonen."

Han föddes på Stockholms slott, det gamla slottet Tre Kronor, dit den nu fyrtiofyra år gamle hertigen hade kallats från Nyköping för att fungera som riksföreståndare under den tid Sveriges nykrönte kung Sigismund var i Polen.

Den nyföddes mor var den tjugoettåriga Kristina av Holstein-Gottorp, hertig Karls andra hustru. I hans första äktenskap med Maria av Pfalz föddes sex barn, men bara dottern Katarina överlevde sina första barndomsår, hon var nu tio år gammal. Hon skulle bli Gustav Adolfs favoritsyster.

Han var en av de första i Sverige som fick dubbelnamn. Gustav efter farfar, Adolf efter sin dansk-tyske morfar hertig Adolf av Holstein.

Hertig Karl var alltså inte kung och ingenting tydde på att hans nyfödde son någonsin skulle bli kung han heller, för det fanns redan en liten kö till Sveriges tron och den blev snart ännu längre. Kung Sigismund var bara tjugoåtta år, snart fick även han en son och om Sigismund inte längre fanns och inte heller hans son, skulle enligt den naturliga arvsrätt som gällde i Sverige, Sigismunds halvbror, Johan III:s nu femårige son med Gunilla Bielke, hertig Johan av Östergötland bli kung, därefter hans söner. Sen om Johan av Östergötland och hans eventuella manliga arvingar försvann, då först skulle det bli hertig Karls tur. Och efter honom Gustav Adolf. Om han levde då.

Men som vi redan vet var hertig Karl inte den som passivt satt och väntade. Han påskyndade historiens gång på sitt eget handfasta sätt som berättades i förra boken i denna serie. Hertigen hade sina egna planer och de styrktes säkert av alla de tecken som stjärntydarna hade sett då sonen föddes. Bara det faktum att Gustav Adolf föddes tidigt på morgonen var ett gott omen, ansågs det. Så småningom spreds den lärde astronomen Tycho Brahes spådom bortifrån Ven. Han hade ju långt tidigare upptäckt en lysande komet i Kassiopeias stjärnbild. Lärd som han var (han hade ju placerat 777 stjärnor på himmelen) drog han nu, enligt krönikorna, slutsatsen att kometen förebådade födseln av en furste som skulle åstadkomma stora förändringar i det tyska riket och bli protestanternas befriare från det påvliga förtrycket. Visst spådde han först att fursten skulle födas i Finland. Men det var kanske svårt där han satt på ön Ven att bedöma om den exakta födelseplatsen var Stockholm eller Finland. Kartorna var inte precis fulländade.

Hur som helst så blev ju faktiskt Gustav Adolf så småningom storfurste av Finland. Alla tecken i skyn togs på stort allvar och måste ha glatt den maktsugne hertigen och hans unga hustru mycket. I synnerhet hustrun, som påstås ha känt personligt hat mot Sigismund för att, som det sägs, denne först skulle ha friat till Katarina, men sen inte fullbordat sitt frieri. Hon såg gärna Sigismund petad från Sveriges tron, helst med ett vasst och spetsigt föremål. Gärna förgiftat.

Stockholm var då ännu en medeltida stad med kanske 9 000 invånare. I Sverige bodde cirka 850 000 människor, i Finland ytterligare cirka 350 000 och i svenska Estland kanske 150 000. Ingen visste exakt. Husen på dagens Norr- och Södermalm i Stockholm var låga kojor, många hade gräs på taken där getter betade och i de flesta Stockholmshem höll man sig med svin och kor och kålgårdar uppe på de kala höjderna på malmarna.

I Stockholms boskapslängder kan man från 1620-talet läsa att det i staden mellan broarna fanns 327 hästar, 6 oxar, 1 stut, 1 tjur, 738 kor, 12 kvigor och inte mindre än 1 383 svin.

En tredjedel av invånarna var i kronans tjänst som militärer, förvaltningspersonal eller hantverkare. Offentliganställda skulle vi säga i dag. Inslaget av finnar och ålänningar var stort, men de var inte utlänningar, eftersom Finland var och sedan tidig medeltid hade varit en lika naturlig del av riket som till exempel Norrland eller Småland. I Stockholm fanns över hundrafemtio tyska familjer, de flesta sysselsatta med handel och sjöfart, liksom de holländare och skottar som också bodde där. Nere vid Skeppsbron låg skutor från Tyskland och Nederländerna och i de många krogarna såldes öl från hela Östersjöområdet och vin ända från Spanien och Frankrike.

Vid den här tiden fanns det bara fem städer i Europa med över 100 000 invånare: Konstantinopel, Paris, Neapel, Venedig och Milano. Störst var ottomanernas Konstantinopel.

Men den veckan då Gustav Adolf föddes och under de

Straffen var på 1600-talet lika stränga som på medeltiden. Från vänster ses spöslitning vid skampåle, i mitten hängning i galge och rådbråkning eller stegling. Halshuggning med svärd ansågs som det "mildaste" dödsstraffet och var förbehållet aristokratin.

månader hertig Karl styrde som riksföreståndare på Stockholms slott hade staden säkert närmare 10 000 invånare på grund av alla de soldater och funktionärer och deras familjer som följt med hertigen från Nyköpingshus. Veckorna efteråt kom ännu mera folk, bland andra representanter för adeln som hertig Karl beordrat att infinna sig med hästar och karlar för att övervara dopfestligheterna, "att Vi kunne hafva där ära och beröm af", som hertigen skrev i sin inbjudan.

Det finns anledning att tro att de som kallats också infann sig, för hertig Karl höll ett stramt regemente och var van att bli åtlydd. Här gällde fortfarande den mosaiska, gammaltestamentliga lagen. Från alla håll kunde stadsborna och besökarna se den stenskodda galgen uppe på Pelarbacken på Södermalm. Man kunde dömas till döden för ett sjuttiotal olika brott, till och med tjuvar hängdes om de inte hade tur att komma undan med avskurna öron eller kanske "bara" få högra armen avhuggen, om det var den som hade använts vid stölden. Detta var Guds lag, det vill säga vedergällningsregeln: öga för öga, tand för tand. Den som grovt missbrukade Guds namn fick tungan avskuren. Ett vanligt dödsstraff var att den dömde grävdes ner levande i jorden. En dråpare till sjöss kunde bindas rygg mot rygg med sitt offer och slängas överbord.

På Stortorget i Gamla stan fanns stadens skampåle, kåken kallad, där man dagligen kunde se gripna och dömda stå bundna, utsatta för allmänhetens hån, och uppe på infartsportarna till Stockholm i både söder och norr stack järnspett upp med grinande kranier, huvuden av avrättade brottslingar, ofta hertig Karls personliga motståndare. Ibland kunde kraniet ligga i en järnbur. De fick hänga kvar på stadsporten i många år, allom till skräck och varnagel.

Gustav Adolfs dop på nyårsdagen 1595 var en stor social händelse med gäster från när och fjärran. Till och med den danske kungen sände en representant med dopgåvor. Rikskanslern Erik Sparre fick stå fadder.

Då tacksägelsegudstjänst hölls för hertiginnan Katarina några veckor senare var många berömdheter närvarande som till exempel Gustav Vasas nu över sextio år gamla änka Katarina Stenbock och en syster till kung Sigismund, Anna hette hon. Den gamla riksänkan skulle leva i över tjugo år till och kunde följa Gustav Adolfs första stora segrar mot Danmark, Ryssland och Polen.

Hertig Karl höll normalt till på Nyköpingshus, som då var ett elegant vitt renässansslott med gröna torn och tinnar. Där i hertigens av Södermanland slott växte Gustav Adolf upp i ett mycket allvarstyngt och sparsamt furstehem. Hertigparets snålhet har man skrivit mycket om. Katarina lär ha delat ut syträden till kammarjungfrurna noga uppmätt per aln, så att ingen trådända skulle kastas bort i onödan, och bordsgästerna uppmanades äta strömmingen med ben och allt. Ingenting fick förfaras.

Ett av de äldsta dokument som finns bevarat med Gustav Adolfs namn är en uppmaning till fogden Jöns Mårtensson att betala hustru Ursilia von der Lokow "som är amma till Vår älskelige unge son, ett par oxar och 2 pund spannemål... Där rättandes dig efter". Sonen hade alltså, som de flesta kungliga barn sedan Gustav Vasas tid, anställd amma. Av namnet att döma var kvinnan holländska.

Då Gustav Adolf var lite mer än ett år gammal kom lillasystern Maria Elisabet och när han var sex föddes lillebror Karl Filip. I hemmet fanns ju då redan halvsystern Katarina och till familjen räknades snart också Gustav Adolfs fem år äldre kusin, hertig Johan av Östergötland, som tidigt blivit föräldralös.

Bland Gustav Adolfs tidigaste barndomsintryck fanns skrammel av soldaters vapen, officerares kommandorop, klirret av sporrar, bullret från tunga portar som slår igen och ljudet och doften av hästar och känslan av att han förs på häst eller i släde vägen fram, för redan som nyfödd tas han med på faderns många och snabba resor mellan slotten och borgarna.

Han var med på riksdagen i Söderköping i oktober 1595, dit hertig Karl och hans familj kom eskorterade av fem hundra beväpnade män, för räkenskaper från den tiden visar att hertigparet lät beställa en inte särskilt prålig vagga i Söderköping. Priset var föga konungsligt: en daler, det vill säga lika mycket som till exempel åtta prima gäss kostade det året. På kvittot har skattmästaren skrivit att utlägget var för

”min nåde herre hertig Gostavus Adolphus”. Nådige herrn var då bara tio månader.

Det var i Söderköping som hertigens relationer till de Sigismund-lojala riksråden blev alltmer spända. Redan från sin späda barndom måste Gustav Adolf ha hört fadern ösa sitt hat och sin misstänksamhet mot politiska fiender inom och utom landet. Och bakom allt ont fanns hela tiden Sigismund och det mörka katolska hotet. Papisterna. Och påven. Hatet mot och känslan av hot från påven kom med modersmjölken.

Mycket tidigt måste Gustav Adolf ha förstått att han var annorlunda än andra och att man väntade sig något av honom. Samtida berättelser, bland annat av Carl Carlsson Gyllenhielm (Karl IX:s son med prästdottern Karin Nilsdotter), beskriver hur den lille gossen och hans piga på promenad mötte en bekant till pigan. Treåringen tröttnade snart på kvinnornas samtal och med myndig stämma ska han då ha ropat: ”Gack ur vägen eller vet du ej att jag är en Herre!”

Helt osannolik är väl inte den repliken, liksom det inte är helt omöjligt att den lille gossen en gång då han var ute med sin far och andra på ängen vid Örnstigsnäs utanför Nyköping varnades för ormarna i buskarna. ”Ge mig en käpp så ska jag slå ihjäl dem!” ska han då ha utropat, enligt Carl Carlsson Gyllenhielm. ”Tro inte att han är rädd”, ska då den stolte hertig Karl ha sagt till uppvaktningen.

Han var nog för liten, bara drygt tre år, för att förstå innebörden av faderns seger vid Stångebro, då hans katolske farbror Sigismunds armé besegrades och Sigismund därmed inom kort tvingades ge ifrån sig sin svenska krona. Kanske var festerna efteråt hans första riktiga barndomsminnen, för det måste ha slagits på pukor, blåsts i trumpeter, hurrats och

Carl Carlsson Gyllenhielm. Äldre halvbror till Gustav II Adolf blev Carl Carlsson Gyllenhielm (1574–1650) tidigt officer, krigsöverste i Livland. I tolv år var han polsk krigsfånge. Därefter blev han riksamiral och medlem i regeringen. Riksförmyndare efter Gustav II Adolfs död.

skålats, skrutits och skroderats en hel del.

En modern psykolog skulle kanske säga att Gustav Adolf, i motsats till sin egen far, blev tidigt sedd och älskad av sina föräldrar, vilket enligt dagens psykologi är en grundförutsättning för att en människa – som väl även en kung och en furste kan kallas – ska bli fullt harmonisk som vuxen. Hertig Karls mor, Margareta Leijonhufvud, hade dött då Karl bara var sju månader och fadern, Gustav Vasa, som han inte såg mycket av, avled då sonen var nio år. Hertig Karls egna barn fick en helt annan barndom.

Moderna psykologer brukar också säga att ytterligare en förutsättning för att en människa ska bli fullt utvecklad som självständig individ är att hon på något sätt passerar sina föräldrar, kanske i utbildning, kanske i inkomster eller på något annat sätt, annars blir hon inte helt vuxen. Detta gäller även för kungar. Karl IX styrde över ett större och starkare Sverige än Gustav Vasa, vars egen far ”bara” var en adlig godsägare.

När gick Gustav Adolf om sin far? Och ett barn till Gustav Adolf den store, vad skulle det ta sig till för att passera honom för att bli en fullt utvecklad egen individ? Vi får se.

Den 20 mars år 1600 utspelas den blodiga uppgörelse som kallas Linköpings blodbad, där riksråden som varit Sigismund, det vill säga Sveriges laglige kung, trogna och lojala avrättas, bland dem Gustav Adolfs egen gudfader Erik Sparre. Fyraårige Gustav Adolf såg knappast själva blodbadet, men han måste ha hört talas om vad som hände eftersom dramat genomsyrade hela samhället och i synnerhet den miljö i vilken han levde.

Han måste ha hört fadern ryta om ”skurkarna” och ”förrädarna” och han var naturligtvis medveten om att hans far nu hyllades som kung och han själv som tronarvinge. Tidigt cirkulerar berättelser om hur den unge prinsen brukade leka avrättning med sina adliga lekkamrater, vars fäder och släktingar dödades i Linköping.

Pojkarna fick stå på knä och arvprinsen låtsades slå huvudet av dem med sitt träsvärd. Gustav Adolf kom aldrig under hela sitt liv att ta avstånd från faderns blodbad, däremot försonades han tidigt med sönerna till de avrättade. Ingen av dem talade någonsin om hämnd. Ingen konspirerade mot Gustav Adolf. Den svenska adelns lojalitet mot tronen var under de svåra tider som skulle komma långt senare unik i Europa. Sonen till en av de avrättade räddade till och med Gustav Adolfs liv vid ett mycket dramatiskt tillfälle som vi senare återkommer till i den här berättelsen.

Då Gustav Adolf var fem år gammal var han med i Kalmar för att inspektera fartyg som skulle segla till kriget i Baltikum. Någon frågade den lille parveln vilket skepp han tyckte bäst om. Blixtsnabbt hade han pekat på Svarta Ryttaren. Varför det? hade någon frågat. ”Den har ju mest kanoner”, svarade den blivande fältherren.

Som sexåring var hans själv med ombord då flottan i hårt väder seglade över till Livland. Hertig Karl tog nämligen med sig hela familjen, hustrun Kristina, äldsta dottern Katarina, sonen Gustav Adolf och hans kusin, hertigen av Östergötland samt en systerdotter till hertigen, prinsessa av Mecklenburg. Karl IX:s vuxne oäkte son, Carl Carlsson Gyllenhiem, var med som officer med titeln krigsöverste. Det blev ett ganska misslyckat krig. Gyllenhielm och den unge, bara artonårige underbefälhavaren Jakob De la Gardie blev polska krigsfångar och försvann som kedjefångar i mörka källarvalv i Masurien i många år.

Den kungliga familjen bodde i relativ säkerhet men under mycket knappa förhållanden i Reval (dagens Tallinn) i svenska Estland, där Gustav Adolfs lillebror Karl Filip föddes på Revals slott. Hovmästarinnan skrev att kungafamiljen ofta blev ”tyvärr ganska ringa bespisade”.

Karl IX led ett svårt nederlag i Salaspils där det litauiska kavalleriet, som inte hade eldvapen utan bara svärd och pilbågar, kom stormande som stäppernas söner gjort sedan medeltiden. Av nederlaget lärde sig Karls armé något, för det är nu som det finska rytteriet, de fruktade hakkapeliterna (av ett finskt uttryck som betyder ”hugg in”) utvecklar den stridstaktik som inom några decennier så framgångsrikt kom att fungera ”på Narvas hed, på Polens sand, på Leipzigs slätter, Lützens kullar”, som Runeberg uttryckte det hela i Björneborgarnas marsch. I Tyskland var det mången stad som hukande bad att Gud skulle ”bevara dem från hakkapeliternas fruktansvärda hop”.

Vägen hem till Sverige gick över nyfrusna isar på Finska viken. Flera av fartygen i den kungliga eskorten gick under, men Karl IX och hans familj lyckades ta sig i land vid staden Ekenäs i Nyland. Familjen firade jul på Åbo slott där kungen satte stopp för en viss, som kungen tyckte, oroande särutveckling i Finland. Misshagliga fogdar avrättades och andra sattes under skärpt bevakning. Karl IX hade en mycket spänd relation till Finlands herrar. Detta var ju bara några år efter det blodiga klubbekriget i Finland och finländska adelsmän som Jakob Karlsson Horn, Magnus Ivarsson Stjernkors, Åke Svantesson Stålarm och flera andra fanns just nu hos Sigismund i Polen. En annan Stålarm, Arvid, som suttit fängslad sedan Linköpings blodbad, togs till nåder och utsågs till överbefälhavare i Livland.

Därefter reste kungen och hans familj hem i den stränga kölden i släde norrut runt Bottenviken. Det var första gången en svensk regent reste den vägen vintertid. Gustav Adolf skulle sedan som vuxen göra resan flera gånger.

Efter Åbo och Björneborg fanns det inga städer, slott, borgar eller riktiga residens att bo i på den långa sträckan norrut runt Bottenviken förrän möjligtvis i Härnösand. De kungliga tog därför in hos kyrkoherdarna eller fogdarna.

Kungen sände några tjänare i förväg med malt och mjöd och med order om att fogdarna skulle vara beredda med friska hästar och varma pälsar. Det är lätt att föreställa sig den skräckblandade häpnad som måste ha drabbat en och annan kyrkoherdefru då kungens män plötsligt stormade in på gårdsplanen och meddelade att inom 24 timmar skulle konungen, drottningen, två små prinsar, två prinsessor och ett stort antal uppvaktande personer anlända för att bo och äta HÄR.

Det var efter den här resan som Karl IX lät grunda städerna Uleåborg och Vasa (som först hette Mustasaari). På vägen genom Finland kunde kungen och hans familj själva se hur landet hade drabbats av de senaste årens svåra missväxt och ödeläggelse på grund av krigen. Gustav Adolfs barndom var på detta sätt fylld med härdande strapatser i närkontakt med kriget och verkligheten. "Örnungen" kallades han av en samtida diktare därför att man menade att Karl IX ville att pojken tidigt skulle klara sig själv för att som mycket ung kunna knuffas ur boet, flygfärdig.

De första sex åren levde han i familjens sköte. Moderns språk var tyska. Därför lärde han sig att tala tyska innan han kunde tala svenska och det var på tyska han stavade sina första ord och skrev sina första bokstäver. Tyska var alltså hans modersmål i ordets ursprungliga betydelse.

Studierna

Det kan vara intressant att komma ihåg att denne Gustav Adolf som efteråt stått som symbolen för svensk nationalism och det svenskaste av allt svenskt, i själva verket hade tyska som första språk, att han hade en tysktalande mor och en holländsk amma, att hans första handledare var en tysk trotjänarinna och att den som först anställdes som chef för den lille prinsens egen hovstat, även han var tysk: Otto von Mörner, son till en inflyttad adelsman från Brandenburg och stamfar till den Mörner som tvåhundra år senare hjälper till att grunda dynastin Bernadotte. Alla hans lärare hade också examina från tyska universitet.

På detta sätt hade Gustav Adolf en mer tysk-germansk bakgrund och uppfostran än till och med den tysk-romerske kejsaren i Wien, som var uppväxt i en spansk-italiensk jesuitisk och latinsk miljö och dessutom lär ha talat tyska med sydlig brytning. Gustav Adolfs tyska arv och hans många och starka släktband till de nordtyska furstehoven, är en av förklaringarna till varför han så tidigt och självsäkert kom att röra sig i europeisk politik och varför många tyskar inte alls såg honom som en utlänning.

Nationalstaten existerade ännu inte i Europa. Gustav Adolf var helt enkelt ett slags nordgerman i deras ögon. Hur kunde det vara annorlunda? Han var släkt med kurfursten av Pfalz och med hertigarna av Mecklenburg, Lauenburg och Holstein. Furstbiskopen av Bremen var hans morbror. Han var släkt med lantgreven av Hessen och hertigen av Sachsen och på morssidan var han också släkt med de nederländska frihetskrigens största hjältar, Vilhelm och Moritz av Oranien. Han kom att bli svåger till både kurfursten av Brandenburg och Siebenbürgen. Dessutom var han syssling till

”arvfienden”, kung Kristian IV av Danmark.

Tidigt fick han kvalificerad undervisning. Hans huvudlärare var en av samtidens största intellektuella begåvningar, magister Johan Schroderus, adlad Skytte. Han var tjugofemårig son till borgmästaren i Nyköping och nyss hemkommen efter hela nio års studier vid flera av Europas finaste universitet. Ryktet säger att även han var oäkta son till den, av allt att döma, i sovalkoverna horisontellt mycket aktive hertig Karl. Skyttes utseende skulle bekräfta ryktena liksom det faktum att hans vapensköld hängdes upp på Riddarhuset intill den erkände, utomäktenskaplige sonen Carl Carlsson Gyllenhielms sköld. Men Johan Skyttes begåvning och hans stora kulturella, diplomatiska och politiska insatser för Sverige hade gett hans sköld hedersplats i vilken församling som helst, även utan obevisade kungliga släktband. Han är den förste i Sveriges historia som gör karriär som intellektuell ämbetsman och upphöjs från ofrälse magister till friherrlig generalguvernör, riksråd m.m.

Johan Skytte övervakade syskonen Gustav Adolfs, Karl Filips, Maria Elisabets och kusinen hertig Johans utbildning. Han följde de pedagogiska idéer som inspirerats av den franske 1500-talsfilosofen Pierre de la Ramée (Petrus Ramus). Enligt Skyttes läroplan skulle barnen i första hand lära sig gudsfruktan, sedan få bokliga kunskaper och till sist ridderliga kroppsövningar.

Men hans pedagogik var modern och effektiv. Barnen fick goda kunskaper i historia, vältalighet, religion, aritmetik, geometri, mekanik, optik, geografi, astronomi och framför allt i språk, som Skytte enligt den senaste pedagogiken ville undervisa i utan regelpluggning. ”Jag finner att alle främmande språk kunne i förstonne läres allenest av bruket och utan grammatica; så kan det ock ske med det latinske

Johan Skytte (1577–1645) var Gustav II Adolfs lärare. Han hade studerat utomlands, var rikt begåvad och avancerade snart till många ämbeten i staten. År 1604 adlades han och blev senare både riksråd och universitetskansler, 1629 generalguvernör över Livland och slutligen också president i Göta hovrätt.

språket", skrev han en gång.

Gustav Adolf talade som vuxen flytande, förutom tyska, även holländska, latin, franska och italienska. Dessutom lärde han sig att förstå och säga ord och fraser på spanska, polska, ryska, engelska och vad som i skrifterna kallas den "skotska dialekten", förmodligen den skotska varianten av keltiska, eftersom de skotska legoknektarna och många av irländarna bara talade keltiska. Senare började han också som tidsfördriv och förströelse läsa klassisk grekiska.

Märkligt nog lärde han sig ingen finska, trots att han var så språkbegåvad och intresserad av språk och trots att han ofta var omgiven av finska elitförband och finskan var ett "inhemskt" språk. Det är den man som stod kungen närmast under hela hans vuxna liv, Axel Oxenstierna, som i sina skrifter ger den här långa listan över Gustav Adolfs språkkunskaper.

Hans lärare i historia var den mångsidige vetenskapsmannen, poeten och konstnären Johannes Bureus, universalgeni som var både språkbegåvning och tekniskt snille, mystiker och grubblare med djupa kunskaper i kabbala och andra hemliga skrifter. Han kunde laga klockor och slipa diamanter men hans stora intresse var historia. Han var den förste som tolkade och tillsammans med sina medarbetare upptecknade inte mindre än 663 runstenar och som ville att den nya stormakten Sverige skulle anta runskriften som sitt officiella alfabet eftersom runorna, som man trodde då, var det äldsta och ursprungliga alfabetet – inristningarna på mäktiga stenblock bevisade ju detta. Hade kanske andra nationer runskrifter? Nej, just det. Bureus trodde att påven fått makten över Europa därför att katolska kyrkan trängt ut runskriften genom att påtvinga folken de latinska bokstäverna. För att sprida runskriften gav han även ut ett run-ABC.

Det götiska arvet

Runorna, ansåg Bureus, var inte bara världens äldsta bokstäver, svenska var naturligtvis också jordens äldsta språk eftersom Noas sonson Magog hade visheten att efter syndafloden slå sig ner i Sverige, så långt från Babylon och andra språkförbistringsområden han kunde komma. På det sättet kunde vårt språk, som det enda i världen, bevara sin ursprungliga renhet. Karl IX uppskattade Bureus kunskaper så mycket att han förbjöd honom att resa utomlands. Om han dog i utlandet skulle nämligen hela kunskapen om vår forntid dö med honom, ansågs det.

Johannes Bureus var även den förste i Sverige som forskade och skrev kring frågan om inte den klassiska grekiska och latinska litteraturens ”hyperboréer” i själva verket var våra svenska stamfäder och om därför inte självaste Atlantis, hyperboréernas ö, faktiskt legat i Sverige. Detta var långt innan Olof Rudbeck var född och någon ens kunde ana att bokverket ”Atland eller Manheim” en dag skulle utkomma med alla ”bevisen” för svenska folkets urgamla anor.

Man har hittat anteckningar och kartskisser av Bureus hand där han visar hur vägen gick mellan det antika Grekland och dagens Sverige och han planerade en nyutgåva av vår siste katolske ärkebiskop Johannes Magnus arbete i Rom ”Historia de omnibus gothorum sveonumque regibus”, den götiska skriften som spårade svenskarnas och kungahusets anfäder tillbaka till Noaks sonson Magog.

(Mer om Johannes och hans broder Olaus Magnus skrifter finns i andra delen av denna serie, ”Gustav Vasa och hans söner och döttrar”, och ännu mer om vad man verkligen vet om svenska folkets rötter och ursprung i seriens första del, ”Från islossning till kungarike”.)

Johannes Bureus (1568–1652) var en av Gustav II Adolfs lärare, en mångsidig man som behärskade de flesta dåtida kända vetenskaper, runforskare, språkforskare, historiker, mystiker m.m. Blev vår förste riksarkivarie och riksantikvarie.

Det var Johannes Magnus som bland annat via skrifter av biskop Isidor i Sevilla och från Jiménez de Radas ”Historia Gothorum” och andra dunkla källor skrev om göternas uttåg från Scandza, det vill säga Sverige, hur de sedan erövrade hela Europa och delar av Afrika och Asien och på vägen grundlade ett trettiotal riken. På detta sätt var Sverige modersskötet för alla folk, trodde Johannes Magnus och de flesta som läste hans skrifter. Bevisen var många, ansåg de, bara Sverige hade till exempel landskapen ÖsterGötland och VästerGötland, dessutom ön Gotland. Tydde inte detta på att goterna var desamma som göterna och att de alltså kommit från Sverige?

Karl IX pratade ofta om sina götiska förfäder, de som ”fordomdags det romerska riket övervunnit”, som han sade på sin eriksgata 1609. Det fanns knappast någon i Karl IX:s omgivning som tvivlade på dessa förfäder och deras bedrifter. Tvärtom. Johan Skytte hjälpte till att sprida ”En Oration om the Swenskes och Göthers första Ursprung och Mandom i Krig”. Under hela stormaktstiden var de flesta svenskar övertygade om att inget annat folk i Europa hade en lika lysande forntid som vi, så fylld av bravur och ära. För dem var stormaktstidens segrar ett klart bevis för att denna götiska hjältekraft fanns kvar och nu föddes på nytt.

Gustav Adolf var naturligtvis lika övertygad som sin far och sina lärare om det götiska arvet och det är denna övertygelse om Sverige och svenskarnas ursprung och bedrifter som förklarar det makalösa självförtroende som detta lilla folk måste ha haft då det några år senare, utan större tvekan, sätter sig upp mot Europas kejsare och mäktiga kungar.

Den unge Gustav Adolf var övertygad om att han var minst lika förnäm som kejsaren, det stod ju så i skrifterna.

Där framkom alldeles klart att svenskarna, i motsats till de flesta folken i Europa, faktiskt aldrig lytt under den tysk-romerske kejsaren, tvärtom, svenskarnas förfäder hade ju besegrat Roms caesarer. Läs Johannes Magnus! Och var inte Habsburgarnas svarta örn i själva verket något de fått av goterna, det vill säga från svenskarna?

Därför var Sverige jämbördigt med kejsarens rike och förmer än alla andra länder och den svenske kungen jämställd med kejsaren. Historien bevisade detta. Sveriges stora yta visade detta och Sveriges lagar, som i motsats till andra länders lagar, var rättvisa och goda, menade man på 1600-talet.

Att huvudstaden Stockholm i detta mäktiga rike var en liten senmedeltida bondhåla utan någon märkvärdighet att visa upp och att städer som Paris, Milano och Neapel vid den här tiden hade långt över 100 000 invånare avskräckte inte alls. Trots att lärda och beresta svenskar själva hade vandrat under Michelangelos målningar i Vatikanen. Trots att de hade sett palatsen i Venedig och Rom och beundrat Rubens, El Grecos och Tizians tavlor, att de hade lyssnat till musik av Monteverdi och sett pjäser av Shakespeare på Globe Theatre i London, hade de tydligen ingen som helst nationell mindervärdeskänsla. Tvärtom.

Drömmen om det götiska arvet fungerade som ett slags centralstimulerande medel på hjärnorna, ett slags nationellt mentalt uppåttjack. Ju större doser och ju oftare man fick höra om de götiska förfäderna, desto högre flög man på den gotiska örnen, och däruppe framstod efterapare och avstickare som greker, romare och italienare med sin renässans som lustiga parenteser i historien.

I den allmänna götiska yran var den svenska bristen på kultur inte särskilt iögonfallande i jämförelse med de stora nationerna i Europa. Likaså den svenska, grå fattigdomen. Den götiska berusningen satt i länge, verkningarna fanns kvar långt in på 1800-talet och ett litet stänk har vi kvar i denna dag, i vår nationalsång: ”Du tronar på minnen från fornstora dar, då ärat ditt namn flög över jorden. Jag vet att du är och du bliver vad du var...” Det var ungefär det som det hela gick ut på redan på 1600-talet.

Vi har regelbundet genom vår historia haft sådana stora nationella myter som vårdats ömt. Vilka har vi i dag, som eftervärlden kommer att skratta åt lika mycket som vi nu ler åt den götiska drömmen?

Under Gustav Adolfs tid fungerade myten. Den kunde inte försätta berg, men väl förflytta stora arméer över hav och land och den förde vilt skjutande svenskar om inte till caesarernas Rom så i alla fall till Alpernas fot, innan den första yran började mattas. Naturligtvis var det huvudsakligen adeln och det ganska tunna skiktet av bildade och läskunniga människor som påverkades av de götiska drömmarna, även om enklare skrifter i ämnet, riktade till en större allmänhet, cirkulerade på marknadsplatserna. Den svenske bonden såg knappast sin hårda vardag bakom träplogen upplyst av något götiskt ljus. Om inte prästen berättat något i kyrkan, hade han nog aldrig hört talas om dessa sina påstådda heroiska förfäder.

Gustav Adolf uppfattade sig själv som den senaste nu levande länken i den långa kedjan av 150 svenska kungar som Johannes Magnus spårat bakåt från Magog – nummer 87 efter Oden, vars borgerliga namn enligt denna kungalängd var Sigge Fridulfsson. Redan namnet Gustav förpliktade. På den här tiden trodde man att det betydde ”Göternas stav” men också att det var detsamma som Augustus, det vill säga världens segerherre. (I dag tror man att namnet har nordvästslaviskt ursprung, en äldre variant av Gostislav.)

Gustav Adolfs käraste väggprydnad var gobelänger med motiv ur göternas historia. Han tog gärna med dem då han reste runt i riket, till och med till Finland. I samband med hans egen kröning hölls ett tornérspel där han själv uppträdde som kung Berik, den gotiske kung som enligt sagan först lämnade Sverige för att erövra stora delar av Europa. Berik hade börjat med Pommern, Polen och Mecklenburg varefter han fortsatt med för oss mer okända men förmodligen mycket värdefulla länder som till exempel Ulmerugien. Kungens Berikrustning finns fortfarande kvar i Livrustkammaren på Stockholms slott.

För Gustav Adolf blev tidigt äran, kampen och försvaret av sin och nationens ära ett av de drivande momenten i livet, och med äran menade han också uppfylld plikt. I allt han själv skriver och talar offentligt återkommer detta. Det är hans plikt att träda i förfädernas fotspår, det blir hans mål och programmet för hela hans framtida liv. Han talar redan som artonåring om hur förfäderna nådde ära och berömmelse och hur svenskarna därför genom att de försvarade sig tappert – i motsats till normännen – lyckades bevara ”sin urminnes frihet”. Han ville nå sann och varaktig ära och det kunde han, brukade han säga, bara uppnå genom att göra Sverige bättre.

Skytte och Bureus undervisade också i filosofi och antikens klassiker, i synnerhet Cicero, Xenophon och Seneca, som Gustav Adolf ofta citerade utantill. Hans favoritförfattare var den holländske rättsfilosofen Hugo Grotius, vars skrifter han hade med sig i fält.

Bibeln och bibelkunskap spelade en central roll i undervisningen. Gustav Adolf, liksom hela den bildade klassen, kunde sin protestantiska bibel och Luthers postilla. Gudstjänster var obligatoriska, även i fält. Den som inte kom till andakten bestraffades. Det gällde alla medborgare. Självklart var man rädd för döden även på 1600-talet, men ofta hade man en mer fatalistisk inställning till döden än vad man har i dag.

Då var det mycket vanligt att man tänkte som Gustav Adolf då han en gång var nära att träffas av en kula och hans medarbetare uppmanade honom att ta det försiktigt: "I ären en tvivlare, jag dör när Gud vill."

Varje dag var det psalmsång och böner i det kungliga slottet och flera dagar i veckan hörde han och hans familj predikningar, hemma och ute i fält. För att de kungliga barnen inte skulle somna i kyrkan fick de ofta som läxa att efteråt redogöra för vad prästen hade sagt. Under kriget hölls det bönestund varje eftermiddag klockan 16 i alla svenska och finska regementen. Det hände att kungen själv ibland tog trumman och kallade folket till gudstjänsten.

Men vidskepelsen och häxtron fanns där hela tiden. Alla tecken i skyn registrerades och astrologerna var seriösa herrar vars åsikter och funderingar noga efterhördes. Som kung försökte Gustav Adolf på många sätt bekämpa vidskepelsen och lyckobringande amuletter. Hans krigslagar förbjöd "vapendövare", det vill säga alla former av hokus pokus i armén av män och kvinnor som sade sig kunna frambesvärja osårbarhet. Eftersom han själv gång på gång befann sig i kulregnet utan att någonting hände honom, uppstod det tidigt rykten om att han var "hård mot skott".

Många påstod sig ha sett kanonkulor som liksom avvek från kursen precis då de skulle träffa Gustav Adolf och det sades att han skulle ha tömt stövlarna från kulor på kvällarna, kulor som bara runnit av honom som regndroppar. "Jag har väl att tacka Gud", brukade han då säga, enligt gamla historieböcker som ju alla skrevs långt efteråt och av herrar tryggt placerade i lugna skrivkammare långt från krigens verklighet.

Gustav Adolf var verbalt begåvad och blev en stor talare. Han tyckte om att skriva. Det finns dikter och verser av hans hand på både svenska och tyska som avslöjar en viss begåvning; ändå är det få som i dag tror att det var kungen ensam som skrev den berömda psalmen "Räds ej du lilla hop".

Kungen börjar också skriva en egen svensk historia, där han, trots att han var en stor och mäktig konung, i de första raderna uttrycker samma stilla inre oro som väl drabbat var och en som en gång börjat skriva en historiebok: "Tå jag detta verk begynner, tviflar jag icke litet, om det mödan värdt är; om icke ovännens penna och tunga samt de, som lust hafva att kritisera, skulle mig lättelig mönstra och till pyntes sättja..." skriver han. Men han skriver också: "Det är kärringtröst kvida och lida; man måste det onda genom goda råd bota och borttaga."

Att studera historia är nödvändigt menar han, bland annat därför att man kan lära av andra regenters misstag men framförallt lär man av historien att Gud styr världen och historien. Furstarna förmår ingenting utan hans hjälp, "det är Guds nådes och unders verk och icke vårt verk, det vi frie folk äre både uti andliga och världsliga friheter...Gud give mig så att leva, att jag efter detta livet med Kristo evinnerligen leva må, och att jag på jorden för mina gärningar ej skämmas må."

Historien, som egentligen inte kommer längre än till inledningen, slutar några år före Linköpings blodbad. Gustav Adolf prisar sin farfar Gustav Vasa, han känner varmt för sin farbror Erik XIV och han försvarar helt och fullt sin fars handlingar på dennes brutala väg mot makten. Men tydligen blir historien sedan för mycket nutid och han fruktar tydligen att alltför många halvläkta sår skulle rivas upp om han fortsatte. Så manuskriptet slutar plötsligt vid Arboga riksdag 1597.

Gustav Adolf är den förste man vet som offentligt prisade Stockholms skönhet. Det var då en släkting från Pfalz var i huvudstaden 1620 och började tala om sin vackra hemtrakt. Enligt dem som var med och antecknat vad som blev sagt brast då Gustav Adolf ut i en lovsång över hur vackert Stockholm var.

Han är också den kanske förste kunglige svenske miljökämpen och djurens beskyddare, eftersom han utfärdade dödsstraff för dem som jagade svanarna på Stockholms vatten. Inte för att han ville jaga dem själv utan för att han menade att de gav liv och glans åt vattnen kring huvudstaden. Han skyddade också ekarna i och runt omkring Stockholm.

Han var musikalisk, sjöng bra och spelade luta liksom sin farfar. Han tyckte mycket om att dansa, vilket han fortsatte med även då hans kroppshydda hade fått ett ganska imponerande omfång.

Det finns en rolig skrift från Gustav Adolfs barndomstid som användes i barnuppfostran i bättre familjer. ”En gyldene Book om vnga personers Sedhers Höffweligheet” var skriven av ingen mindre än Erasmus av Rotterdam och översattes tidigt till svenska.

Där kunde man läsa hur en ung person skulle bete sig. Han måste bland annat tänka på att hålla sitt ansikte ”lustigt och klart, varmed en sitt sinnes goda samvete och uppriktiga natur påskina låter, icke uti skrynkor sammandraget, vilket ålderdomen tillhörer, icke ostadigt, vilket igelkottar tillhörer, icke grymt vilket oxar tillhörer".

"Utur näsan skall icke snorens överflödande hänga...Med hatten eller kläderna att snyta sig står svåra bondaktigt, med armen eller armbågen hörer dem till, som med salta fiskavaror umgås. Med näseduken snyta sig står det höveligt...Att tala genom näsan står det löjeligt, ty sådant hörer trumpetare och elefanter till..."

Där finns goda råd om hur man ske bete sig i livets olika skiften, till exempel på kalas: "I gästabud skall du lustig vara förutan all motvillighet. Sätt dig icke till bords, förrän du dig tvagit haver men först näglarna avskurit, på det att icke något slemt vid dem hänga skall och du därföre skulle kallas en sölaktig eller orenlig människa."

Ynglingen uppmanas till måttlighet med vin och öl, annars "följer detta till lön: rostiga tänder, hängande kinder, röda ögon, hjärtebävning, korteligen: ålderdom före tid och år."

Så följer en rad goda råd av typen "att ren slicka de besmorda fingrarna med munnen eller avstryka dem på kläderna är lika ohöveligt. Detsamma skall man fast hellre med bordsduken eller ock med handkläde göra." Man får inte kasta benbitar med mera under bordet och inte heller slicka tallriken bara för att det varit socker i maten. "Sådant hörer kattor och icke människor till."

Gustav Adolf utbildades i jakt och skytte och i den modernaste krigskonsten av en rad erfarna holländska, tyska, italienska och spanska militära experter som infann sig i Sverige. Han var som sexåring med om krigsövningarna och som nioåring fick han sitta med då rådsherrarna hade sammanträde och som tolvåring fick han sina första offentliga uppdrag som att mönstra krigsfolk och underhandla med främmande sändebud, som djupt imponerade sedan skrivit hem om arvprinsens stora språkkunskaper.

Då han var femton begärde han att få befälet över kriget i Ryssland, vilket han inte fick. Däremot utnämndes han till storfurste av Finland samt hertig av Estland och Västmanland och fick slå sig ner på Västerås slott för att praktisera som regent. Hans lärare Johan Skytte blev samtidigt landshövding i Västmanland, nära till hands för att kunna hålla ett vakande öga över arvprinsen. Och kriget kom han nära i alla fall.

Under Kalmarkriget deltog han som sextonåring med bravur i flera mord- och plundringsräder in i det danska Blekinge. Här var han med om att inta Kristianopel, vars invånare fick höra ett myndigt straffal av den unge härföraren, varpå han lät bränna ner hela staden. Han var också med om att återerövra Öland.

Trots sina ståtliga titlar och sin säkert imponerande uppvaktning på slottet i Västerås, var det ändå inget överdåd i den storfurstliga garderoben. Vi har inventarielistan från Gustav Adolfs klädkammare från år 1611. Den innehåller sex olika "Cledningar", det vill säga typiska 1600-talskostymer med byxa och jacka, tre av sammet. Ett enda par silkesstrumpor (gåva av Johan Skytte, står det i dokumentet). Ett enda par vantar (sammet). Ett par svarta skor (sammet).

Det är kanske svårt att föreställa sig den morske Gustav Adolf, hjälten från mordbranden av Kristianopel, spatserande omkring i gemaken iförd sammetsdräkt med silkesstrumpor, svarta sammetsskor och vantar av sammet. Bilden blir ännu mänskligare då man läser att arvfursten redan i sin barndom använde nattmössa med mårdfoder.

Nästan alla dessa klädesplagg är skinnfodrade. Stengolven i de iskalla och dragiga slotten krävde nog detta. Sammetsvantarna hade mårdskinn. Ylleskjortorna som prinsarna hade redan som små, var lammskinnsfodrade, sammetsskorna och strumporna likaså. Med tanke på dåtida knappa tvättmöjligheter måste de här skinnfodrade plaggen med tiden ha blivit ganska självgående.

I Gustav Adolfs klädkammare fanns en exotisk prydnad: ”3 st Paradis fogle fjädrar”. Dessutom låg där 47 alnar tyg, bland annat 15 alnar engelskt rött kläde som användes för att pryda väggarna i Västerås slott då det var fest.

Det var ungefär vid denna tid som den nu hårt prövade och skröplige Karl IX skulle ha klappat den ljuslockige ynglingens huvud och påstås ha rosslat fram den ofta citerade raden: ”Ille faciet!” (Han ska göra det). Det är möjligt att kungen sa så, men då på svenska. Citatet kommer nämligen från Gustav II Adolfs egen rikshistoriograf, Johannes Loccenius, som var tysk men som bara skrev på latin. Därför har hans citat ända fram till 1800-talet alltid återgetts på latin.

Gustav Adolf blev vår kanske mest beundrade, ja ibland till och med avgudade kung. Därför är de flesta skildringar av hans barn- och ungdom motsägelsefulla och säkert mycket friserade, eftersom nästan samtliga skrevs efter kungens död, alltså i glansen från den redan lysande hjälteglorian.

De flesta skribenter går med lätt hand över prinsens negativa sidor, till exempel att han visar både faderns och farfar Gustav Vasas koleriska humör som kunde leda till plötsliga och häftiga utbrott, ibland följda av hugg och slag. Hans befallningar var mycket bestämda, invändningar tolererades inte. Tonen var minst lika myndig och fordrande som hos Karl IX och Gustav Vasa.

Efter Gustav Adolfs uppmaning till någon att utföra en order, kunde det stå: "Så framt I viljen undvika vår vrede och ogunst." Fogdar som var tröga eller lata hotades med att "betala med huvudet" eller "att få repet till halsband". Då några soldater en gång inte grävde tillräckligt snabbt och officeraren ursäktade dem med att jorden var frusen, svarade en ilsken Gustav Adolf: "Jorden är alltid frusen för lata svin." Ämbetsmän som inte gjort sitt bästa hotade han "att nypa i örat så att det skall blöda därvid" eller ännu värre "att draga huden av för att spika på domstolen" eller sätta "där ingen sol lyser". Raka, kristallklara besked, alltså.

Det finns många som stått bleka av skräck inför en högröd Gustav Adolf som kunde darra av vrede och förbittring. Men oftast gick vreden snabbt över igen. Utbrotten får ses som uttryck för den otåliga handlingsmänniskans frustrering då saker och ting inte fort nog gick helt enligt hans planer.

Nu finns det forskare som menar att de häftiga lynnesutbrotten på 1600-talet inte alls måste ha ärftliga orsaker, de kan kanske förklaras med tidens dåliga kostvanor. Man åt inte särskilt nyttigt. Perioder av överdåd och oerhörda mängder öl följda av perioder av nästan svält kan få vem som helst att explodera.

Då kungen hade kalas stod det minst trettio rätter på bordet till lunchen och lika många till middagen, dessutom massor med konfekt och efterrätter. Detta sköljde man ner med spanskt, rhenskt och franskt vin. Dessutom, förutom svenskt öl, hade man alltid mumma och öl från tyska och holländska städer. I fält åt kungen däremot enklare. En tysk diplomat som fick träffa kungen till frukost häpnar över att han bara åt "kokt ris och en stekt kapun, utan minsta tillbehör".

Då han var mätt och belåten var han mer älskvärd än de flesta och kunde tydligen konsten att slå sig lös ordentligt: ”Alltid allegro och courageux, liksom han var fri från varje sorg” (alltid glad och hurtig), skriver en tysk iakttagare. En annan påpekar att ”alla hans ord falla från en leende mun, det han talar icke tio eller tolv ord utan att skratta”. Många som umgicks med kungen i hans vardag påpekar hur naturlig, frimodig och öppen han var, hur lätt han hade att tala med folk ur alla samhällsklasser: fri, okonstlad, mänsklig.

Utlänningar, vana vid praktfulla hov, brukade också notera att Gustav Adolf aldrig hade smycken. De kunde skriva att han mer påminde om en greve eller en rik köpman än om en furste.

Den nordiska typen

Några av de mest kända Gustav Adolf-dyrkarna, som till exempel professor Martin Weibull, stirrar så kärleksfullt på porträtten av den avgudade monarken att de får ur sig beskrivningar av följande typ: ”I hans yttre stod med sällsynt renhet den nordiska typen speglad... Alla de drag, vilka söderns folk pläga sammanfatta under denna, funnos hos honom förenade: den ljusa, skära hyn, de visserligen regelbundna men ej med sydländsk skärpa tecknade anletsdragen, de blå ögonen med det innerliga uttrycket, över vilka pannan välvde sig hög och ljus och slutligen det guldgula håret.

Det var ett yttre som frapperade sydlänningen: italienaren kallade honom ’il re d’oro’: guldkonungen. Detta utseende, denna nordiska adelstyp, var ett arv från fädernesläkten, ej av fadern, som var mörklagd och med skarpa drag, men av farfadern...” osv.

Miniatyrmålning av Gustav II Adolf i svart sidendräkt. Gouache 1629, sannolikt av Jacob van Doordt. Tillhör Nationalhistoriske Museum paa Frederiksborg, Hilleröd.

Georg Starbäck skriver: ”Höga böjelser uppenbarade sig ovanligt tidigt hos Gustaf Adolf. Utrustad med förträfflig fattningsgåfva, skarpt och klart förstånd, utmärkte han sig genom ordning och flit, och egde dertill ett sinnelag, som icke visste vad räddhåga ville säga på samma gång som han tidigt ådagalade en godhet och mildhet.” Visst var den unge arvprinsen utsatt för frestelser, men enligt dessa äldre historieskrivare var frestelserna aldrig något hot, tvärtom. Så här magnifikt uttrycker Martin Weibull det hela: ”Man ser karaktären växa i bredd med lockelsen och frestelsen, som en ädel metall rena sig från slagget och taga en allt större och renare prägel.” Ädelmetallen svällde ut väl mycket, kanske.

Dessa lyriska skribenter verkar aldrig ha sneglat nedanför den älskade konungens spetskrage och ut över den välvda magen. Efter ett stort antal kungliga middagar av den typ som tidigare beskrivits fick Gustav Adolf, trots sitt rörliga och friska liv, ett imponerande midjemått.

Men denna omfångsrika kroppshydda var enbart ett problem för det kungliga hovstallet, det var ofta mycket svårt att hitta snabba hästar som orkade bära guldkungen längre sträckor. I övrigt var tyngden ingen nackdel eftersom stort midjemått var ett manligt skönhetsideal på 1600-talet, vilket man kan se på samtidens porträtt, där konstnärer gärna överdriver magens rymd eftersom en kraftigt utvecklad buk ansågs utstråla rikedom och pondus.

Samtiden fasade över kungens drickande, han bälgade i sig kopiösa mängder vätska, mest vatten bedyrar beundrarna. Själv kunde han ibland ironisera över svetten som flödade om honom. Många av hjälteskildringarna av Gustav Adolf betonar alltid att han i fält delade den enkle soldatens mat och möda. Helt riktigt är nu inte det heller, för i fält hade han alltid med sig ett antal mästerkockar, silverpager osv.

Gustav Adolf ledde själv alla sina drabbningar i första ledet, vilket de flesta kungar slutat med redan på medeltiden. Här är han avmålad av holländaren Aelbert Cuyp. Tavlan finns på kungliga slottet i Stockholm.

Förmodligen piffade de upp soldatens enkla kost till mer konungslig nivå.

Mycket sällan nämns det faktum att kungen var närsynt och behövde glasögon då han läste. Den svaga synen kan ha varit en av orsakerna till att han så småningom rider fel i dimmorna och hans stora kroppstyngd kanske bidrar till hans sorgliga död den där ödesdigra novemberdagen 1632, men dit är det långt i den här berättelsen.

Då Gustav Adolf var sexton år blev han förklarad ”varaktig”, det vill säga vuxen att bära värja och harnesk; det var på en riksdag i Örebro, mitt under brinnande krig. Danskarna anföll Sverige från flera håll. Rikets framtid var hotad. I Örebro höll han även sitt första riktiga trontal; från och med nu fungerar han som medregent, den gamle och slagrörde Karl IX orkade inte längre.

Ebba Brahe

Vid den tiden hade han tappat lusten för seriösa studier. Enligt uppgift skulle han redan vid femton års ålder ha vägrat att ”låta tukta sig”. Då påstås han helst ha sökt sig till dem som kunde ge honom kvinnor, kortspel, jakt och krigsövningar. Mycket tidigt ser man tecken på Gustav Adolfs stora intresse för damer. Detta irriterade många och till och med hans egen dotter skriver en gång att ”han älskade kvinnorna för mycket”.

Under tiden som den unge arvfursten ägnade sig åt ungdomssvärmerier planerade Karl IX, och i synnerhet hans drottning, mer seriösa alternativ. Ett flertal unga tyska prinsessor granskades närmare, till exempel en furstinna av Württemberg och en dotter till kurfursten av Brandenburg.

Kung Jakob av England hade en vacker dotter som hette Elisabet, som också var fullt tänkbar och dessutom intresserad. Det hade Johan Skytte förstått under en rekognosceringsresa till London. Han skrev till och med att hon var ”hertig Gustav mera tillbenägen än någon annan prins i världen”.

Gustav Adolfs stora ungdomskärlek var den avlägsna släktingen Ebba Brahe. Ungdomarna skrev passionerade brev till varandra, men kungens stränga moder förhindrade att de gifte sig. Denna målning av okänd konstnär tros föreställa de unga tu. Gripsholm.

Men under tiden som detta storpolitiska schackspel pågick var Gustav Adolf fullt upptagen med sin första riktiga kärlek, Ebba Brahe hette hon, två år yngre än han själv, sjuttonårig hovfröken hos änkedrottningen. Hennes far, Magnus Brahe, greve till Visingsborg, hade varit riksdrots. Han, som var släkt med Vasarna, var den högste i rang bland adelsmännen och en av de största jordägarna. Hans familj var lika gammal som Vasaätten.

Ebba Brahes mor, Brita Leijonhufvud, var också släkt med kungahuset både genom Gustav Vasas två svenska hustrur Margareta Leijonhufvud och Katatrina Stenbock och genom Johan III:s andra drottning Gunilla Bielke. Egentligen fanns det ingenting som kunde förhindra ett äktenskap.

Gustav Adolfs farmor var en svensk adelsdam. Hans farbröder Erik och Johan hade också gift sig inhemskt. Då Gustav Adolf blev kung levde fortfarande både Karin Månsdotter och Katarina Stenbock. Så varför inte göra Ebba Brahe till drottning?

Det var änkedrottningen Kristina av Holstein-Gottorp som sa nej. Hon skulle ha sin son furstligt gift.

Deras kärlekshistoria är vår första fokligt kända kungliga romans. Tio brev från Gustav Adolf till Ebba Brahe har hittats i arkiven; av Ebbas finns med säkerhet bara ett kvar. Kärlekshistorien var som mest intensiv under åren 1613 och 1615.

En samtida skald beskrev Ebba Brahes skönhet så här:

”En himmel målade
Gud under himlen,
Ögonen av kristall,
Kinderna av morgonrodnad
Läpparne af rosor
Munnen af behag”

Exakt hur hon såg ut vet man ändå inte, för det finns inget autentiskt samtida ungdomsporträtt. Men hennes skönhet var allmänt omvittnad.

De ville bägge gifta sig. De vädjade till änkedrottningen, som styvnackat vägrade ge sin välsignelse. Gustav Adolf hade nyligen blivit kung och han befann sig långa tider i fält, först i Sverige, sen i Finland och långt in i Ryssland. En del av förhandlingarna med modern sköttes med ombud, bland annat kopplades delar av regeringen in. Men Kristina vek inte en tum. Hon inledde i stället en period av psykologisk krigföring mot den stackars Ebba Brahe, som fick gå där i gemaken med sin längtan och sitt lidande, ständigt utsatt för änkedrottningens kritiska anmärkningar och hårda ord.

Gustav Adolfs brev börjar ofta med frasen: "Wälborna Fröken, hiertans aldra käraste." Ibland skriver han: "...Hiertans aller kiäresta på werlden." Någon gång under 1613 friar han till Ebba Brahe och enligt tidens sed låter hon sin far bestämma.

Flickans far balanserar försiktigt mellan de tu, å ena sidan måste han ha tyckt att det var smickrande att hans dotter skulle bli svensk drottning, men å andra sidan kunde detta leda till svåra politiska komplikationer eftersom änkedrottningen var emot bröllopet.

Förhandlingarna pågick länge. Inför sin resa till kriget i Ryssland skickar Gustav Adolf ett ömt och samtidigt kärvt brev med en förgätmigej. Han skriver där att han personligen hade velat bjuda henne god natt, men att eftersom detta nu inte var möjligt hade han fått tag i "thetta groowa och skittna papper med min onda styl at bemåla..."

Han sänder henne blomman för att hon aldrig ska glömma honom som "Eder önsker många mål(gånger) 100 000 goda nätter, och then som ther blifwer till sin död

Eder trogne och tiänstwillige frände". Brevet var undertecknat med initialerna G. A. och E. B. inflätade i varandra. Under tiden som kungen är borta uppvaktas Ebba Brahe av en greve Sture, men han avvisas.

En delegation från Hessen infinner sig i Nyköping för att förhandla om ett äktenskap mellan kungen och en av lantgrevens döttrar. Änkedrottningen Kristina är mycket intresserad. Gustav Adolf ökar trycket på modern. Men ingenting hjälper. Hon förblir iskall. Han, som så småningom kommer att kommendera härar på långt över 100 000 man, kan inte ens rubba sin egen mor ur fläcken.

Ebba Brahe förstår snart att spelet är förlorat och drar sig vördnadsfullt tillbaka. För att skilja de bägge ytterligare från varandra förflyttas Ebba Brahe från änkedrottning Kristinas hov till en striktare miljö, Gustav Vasas änka Katarina Stenbocks slott Strömsholm.

I ett sista brev vädjar kungen till hennes löfte att "mig för alla andra manspersoner wille allena älska....liksom jag hafwer warit, är och blifwer stadigt in till min yttersta ända Eder trogne och tienstwille frände G. A.".

Men så där heltrogen visar sig Gustav Adolf inte ha varit, för snart kommer det rapporter om en kvinna som heter Margareta Slots, en ung holländsk officersfru vars make slogs för Sverige i Ryssland.

Den unge kungen och fru Slots träffas i fältlägret i Pskov och i maj 1616 föder hon kungen en son, Gustav Gustavsson. Gustav Adolf erkände sonen, bekostade hans utbildning och betalade under många år underhåll till modern. Sonen kommer att dyka upp senare i den här berättelsen som greve Gustav Gustavsson av Vasaborg.

Den elaka änkedrottningen Kristina såg till att Ebba Brahe fick alla informationer om vad som hände i fältlägret i Pskov. Men ungefär när allt var som mörkast för Ebba Brahe dök det upp en ny friare hos Ebba Brahes far. Det var ingen mindre än Sveriges då mest framgångsrike fältherre Jakob De la Gardie, mannen som 1610, bara tjugosex år gammal, i spetsen för en segrande svensk armé tågade in i Moskva och sedan erövrade och i några år styrde över Novgorod.

Över jul och nyår 1614 var han på permission i Sverige. Frieriet understöddes varmt av änkedrottning Kristina. De la Gardie var ju också släkt med kungahuset. Han var son till en inflyttad fransk officer och en dotter till en av Johan III:s frillor.

Som tack för sina stora insatser i Ryssland blev Jakob De la Gardie upphöjd till greve, den enda greveutnämningen under hela Gustav Adolfs regeringstid. Han fick mycket stora förläningar och han förlovade sig med Ebba Brahe. Bröllopet stod 1618 med mycken pomp och ståt.

"Alla" var där, utom Gustav Adolf själv, som hade valt just den dagen för att provsegla en ny båt. Hans avskedsgåva till Ebba Brahe blev ett diamantsmycke värt 600 gyllen. Det var kanske med det smycket hon ristade de berömda raderna i fönstret på slottet:

"Jag är förnöjd med lotten min
och tackar Gud för nåden sin"

Enligt Grimberg och andra äldre krönikörer ska den hårda drottningen då ha ristat därunder:

"Det ena du vill, det andra du skall;
så pläre't mest gå i dylika fall"

Grimberg kallar änkedrottningens rader för ”världsklokhetens kalla ord”.

Ebba Brahes liv som grevinnan De la Gardie blev ändå av allt att döma lyckligt. Hon födde sin fältherre fjorton barn av vilka hälften blev vuxna.

Gustav Adolfs romantiska liv på fjärran ort fortsatte. Under fälttåget i Finland förälskar han sig tydligen i dottern till en finländsk adelsman, Christina Fleming hette hon. Två erotiska dikter till henne skrivna 1616 finns bevarade. De är på vers och stavade som man skrev på 1600-talet: ”... Och med tin gunst

Köla thenna suåra hiärtans brunst,
Som migh allena så hårdt plågar.”

Den dikten har tio verser och slutar så här:

”Fugelen uppå grönan quiste,
Diuren uti marcken willa,
Skulle, huar de min sorgh uiste,
Migh hiälpa tårar att förspilla.
Echo mit rop
Förmerar medh sitt ljudh en stor hop
Emellan tässa bärgh och dalar.”

Den hårda Kristina av Holstein-Gottorp blandade sig i många andra äktenskap. Ett av sina ingrepp ångrade hon efteråt. Hon tvingade nämligen sin egen dotter, Gustav Adolfs lillasyster, Maria Elisabet, som var svag och sjuklig, att gifta sig med sin kusin, Johan av Östergötland, trots att de bägge protesterade vilt och aldrig kom att känna något annat än avsky för varandra. Avsikten med att gifta bort Johan med den knappt sextonåriga Maria Elisabet var att Kristina ville förhindra att Johan tog in en maktsugen utländsk furstedotter i familjen, någon som kanske skulle driva Johans – rättmätiga – krav på tronen. Äktenskapet blev barnlöst och mycket olyckligt. Maria Elisabet blev uppenbarligen sinnessjuk och Johan själv, som var en duglig militär, greps snart av vanmakt över sakernas tillstånd, försvagades, vanskötte sitt hertigdöme och dog tjugonio år gammal, 1618. Hustrun avled bara ett halvår senare.

Äldsta systern, Katarina, gifte sig mer lyckligt med en fattig och avlägsen släkting, Johan Kasimir, greve av Pfalz-Zweibrücken-Kleeburg. Grevens lilla land härjades svårt under trettioåriga kriget, varför han fick leva resten av sina dagar i Sverige. Det är deras son Karl Gustav, som så småningom blir vår kung Karl X Gustav och stamfar till ytterligare två svenska kungar med namnet Karl.

KAPITEL 3

Gustav Adolf blir kung
Axel Oxenstierna kansler
Danmark nära erövra Sverige
Älvsborgs lösen
Göteborg – en holländsk stad

NU VAR DET OKTOBER 1611, Karl IX var sextioett år och låg på sitt yttersta på Nyköpingshus. Den redan skröplige kungen hade mitt under kriget mot Danmark fått en ny hjärnblödning. Han miste talförmågan. Under de sista dagarna av sitt liv låg han medvetslös. Hans närmaste hann fram i tid och kunde se honom, som levt ett liv så fyllt av kamp och strid, hett temperament och övermänskliga ansträngningar, avlida lugnt och stilla den 30 oktober.

Utanför sorgerummet låg ett Sverige i gungning. Hela rikets existens var hotad.

Danskarna hade tagit Kalmar och försökte tränga djupt in i landet från flera håll. Borta vid östgränsen pågick krig med Ryssland. Nytt krig hotade med Polen. Det jäste i Norrland och Dalarna.

Rikets finanser var urusla, missnöjet var djupt och stort hos kyrkan och inom borgerskapet och de militära resurserna förbrukade och Axel Oxenstierna konstaterade i ett brev till änkedrottningen 1612 att riket haft krig "nu uthi 52 åhr... Livland (Estland) är öde, Finland fördärvat och mångenstädes öde...Småland, Öland och Västergötland, somt av fienden utbränt, somt i fiendens händer. Det andra, som över är, måste ock förvänta fiendens anfall dageligen."

Och där låg Sverige utan kung.

Här brukar äldre historieskrivare utbrista ungefär som Martin Weibull gör: "Den grekiske Alexander var tjugo år, den romerske Augustus nitton, när de togo makten i besittning, men ännu ej sjuttonårig lade Gustav Adolf sin hand vid Sveriges statsroder och förde dess härar...det var som om han aldrig varit barn utan en konung från vaggan."

Felet är bara att Gustav Adolf inte alls blev kung. Inte nu. Sverige saknade kung i två månader. Det var nämligen inte alls så givet vem som skulle lägga handen vid "Sveriges statsroder". Enligt Norrköpings riksdags beslut av år 1604 skulle det vara Gustav Adolf, men först då han var myndig, det vill säga tjugofyra år. Nu var han bara sexton. Så länge Gustav Adolf var omyndig skulle hans kusin, Johan av Östergötland, son till Johan III, styra landet med en förmyndarregering. Då Gustav Adolf blev 18 kunde han få bli medstyrande, men inte ensamstyrande.

Enligt den naturliga arvsrätten inom kungafamiljen, den rätt som gällt i Sverige sedan medeltiden, borde Johan av Östergötland ha blivit kung.

Men det var fler om budet.

Nere i Polen fanns ju Sigismund, Gustav Adolfs kusin, äldste son till Johan III och Katarina Jagellonica, född på Gripsholms slott. Han hade faktiskt redan en gång ärvt tronen och krönts till kung i Uppsala, men sedan drivits bort av Karl IX. Nu förnyade han sina krav på att få återvända till Sverige. I alla fall borde hans son Vladislav få komma. Sigismund drev sin familjs krav understödd av hela den katolska världen; i bakgrunden fanns bland annat stormakten Spaniens militära muskelkraft. Det katolska Europa hade aldrig betraktat Karl IX som något annat än en upprorsman och usurpator och hans sons, Gustav Adolfs, kungatitel tänkte man absolut inte acceptera.

Under två månader styrde Johan av Östergötland i ett slags riksföreståndarregering tillsammans med änkedrottning Kristina.

De sammankallade en riksdag till Nyköping kring julen 1611. Johan anlände i spetsen för ett konungsligt följe med tre hundra ryttare men han försökte aldrig på allvar bli kung. Han ville bara höja priset för att avstå. Hans första bud var antingen hela Finland eller hela Västergötland i förläning.

Men till slut accepterade han ett betydligt lägre bud; han fick behålla sitt Östergötland plus fyra härad i Västergötland: Vartofta, Gudhems, Frökinds och Vilske. Dessutom lovades han kompensation för alla krigsskador som drabbat hans egendomar och rätten att byta till sig alla kungliga gods som fanns på hans domäner.

Därefter avsvor sig Johan av Östergötland återigen alla anspråk på Sveriges tron till förmån för Gustav Adolf, som den 9 december 1611 hade fyllt sjutton år och på Johans förslag förklarats myndig. Alltså blev Gustav Adolf kung. Han tog sig titeln "Sveriges, Götes och Vendes utvalde konung och arvfurste, storfurste till Finland, hertig uti Estland och Vestmanland". Han strök medvetet faderns titel "de lappars i Nordlanden konung" som retat danskarna ända till krig med Sverige.

Han hade tre valspråk:

Min Gud och de segerrika vapnen.
Ära vara den Högste, de sinas tillflykt.
Gud med oss.

Sigismund III (1566–1632), kung av Polen och Sverige, var lika svensk som kusinen Gustav Adolf. Hans far var Johan III, modern Katarina Jagellonica. Född på Gripsholm, enligt lagen arvtagare till tronen då Johan avled, fördriven av Karl IX. Gripsholm.

Men erkänd blev han ännu inte. Icke av någon av Sveriges grannländer, inte ens av danskarna som under lång tid framåt bara kommer att kalla honom "Hertig av Södermanland". För Europas katolska länder förblev han en upprorsman som tagit Sveriges krona från dess rättmätige ägare, kung Sigismund av Polen.

Så förblev det ända tills han själv hade fått så mycket militär och politisk tyngd att han kunde tvinga Europas furstar att erkänna honom eller som Fryxell uttrycker det då den dagen kommer: "Svenskarne, berusade af ära och stolthet, kände sig för första gången hafva säte och stämma bland de europeiska folken, ja, att Gustav Adolfs svärd nära nog var ordförandeklubban i den stora samlingen." Att en sådan dag skulle komma då Gustav Adolf på detta sätt skulle svinga sin skarpslipade ordförandeklubba, måste man nog ha stjärnkikare av Tycho Brahes kaliber för att se, då den sjuttonårige, ännu skägglöse kungen nu i största hemlighet och med all hast lämnade Nyköpingshus och i vintergryningen gav sig iväg söderut.

Kung var han visserligen, men ännu långt ifrån någon Gustav Adolf den store.

"Sverige, Götes och Vendes utvalde konung" hette han, men det var en sanning med modifikation, för han hade inte kontrollen över hela Sverige. Stora och bördiga landskap mitt i riket, från norska gränsen till Östersjön, styrdes av andra. Hans kusin Johan, som residerade i Vadstena, bestämde över hela Östergötland, Dalsland och delar av Västergötland. Hans bror Karl Filip, som nu bodde på Nyköpingshus, regerade över Södermanland, Närke, Värmland och viktiga delar av Västergötland. Hans mor fick inkomsterna från Gävle slott och stad med hela Gästrikland; dessutom hade hon Örbyhus och många socknar. Gustav Vasas änka, Katarina Stenbock, tog alla inkomster från Strömsholms gård. Hon ägde dessutom en del av gruvan i Silverberget, Drottningholm, Solna socken och ett stort antal andra socknar i Uppland, och borta i Björneborgs län i Finland ägde fortfarande Erik XIV:s änka Karin Månsdotter Liuksala kungsgård.

Hertigarna Johan och Karl Filip kunde av- och tillsätta viktiga ämbetsmän i sina hertigdömen, de tog upp skatt och styrde över lag och rätt. Deras förvaltning var helt skild från resten av rikets. Johan präglade till och med sina egna mynt med kungens namn och titel på den ena sidan och sin egen bild på den andra. Med dessa speciella privilegier förlorade

Medaljer med Gustav II Adolfs porträtt och längst upp till vänster hans yngre bror Karl Filip.

Gustav Adolf och kronan mycket makt och stora inkomster.

Inte heller de svenska riksråden och adeln lät den unge kungen få sin kungatitel helt gratis. Han tvingades först skriva under en kungaförsäkran där hans makt blev begränsad och adeln fick ökade privilegier. Denna kungaförsäkran har kallats vår första skriftliga författning. Där fick han svära på att inga lagar skulle stiftas eller ändras utan hertig Johans, riksrådens och ständernas samtycke. Han fick inte heller besluta om krig och fred eller förbund med främmande makter utan att fråga dem först. Rådet skulle alltid få uttala sig om nya skatter och utskrivning av knektar.

Gustav Adolfs kungamakt har beskrivits som en diktatur med folkligt stöd, vilket är en stark överdrift.

Adelns ställning förbättrades dessutom genom att kungen upprepade den gamla försäkringen om att bara adelsmän fick vara riksråd, kammarråd, lagmän och ståthållare på slotten, men med tillägget att de som hade sådana befattningar nu skulle få fast lön och att adelsmannen bara kunde förlora sin befattning genom laga dom. Sverige får alltså sin första fasta statstjänstemannakår. Adeln garanterades även full rättssäkerhet till liv, frihet och egendom.

Axel Oxenstierna

Ny rikskansler, det vill säga regeringschef, blev den tjugoåttaårige Axel Gustavsson Oxenstierna eller ”Axell Oxenstern”, som han själv stavade sitt namn. Han hade redan varit riksråd i flera år, den sjunde generationen Oxenstierna i rakt nedstigande led vid kungens rådsbord sedan ättens stamfader riddaren Bengt Nilsson (Oxenstierna) satt där på Albrekt av Mecklenburgs dagar i slutet av 1300-talet. Oxenstiernor hade dominerat svensk politik redan under 1400-talet, då de

Axel Oxenstierna (1583–1654), rikskanslern som i mer än fyrtio år kom att spela en central roll i svensk politik och förvaltning. Ingen svensk man har någonsin haft så mycket makt som Oxenstierna hade i Sverige och som ledare för Europas protestanter.

var riksföreståndare, och nya generationer riksråd Oxenstiernor skulle följa efter Axel Gustavsson Oxenstierna som rådsherrar ända till slutet av 1700-talet.

Axel Oxenstierna hade studerat i bland annat Rostock, Jena och Wittenberg. Språkkunnig, klok och eftertänksam inleder han nu en av Sveriges märkligaste politiker- och ämbetsmannakarriärer. Ingen enskild svensk man har någonsin förr eller senare haft så stor makt inom och utom Sverige som Oxenstierna så småningom skulle få.

Det är om Oxenstierna den franske kardinalen Mazarin en dag kommer att säga: "Han är en outsinlig källa av väl uttänkta råd och om alla Europas ministrar befunne sig på samma skepp, borde styret överlämnas åt den svenske rikskanslern."

Ungefär samtidigt som den unge Gustav Adolfs släde nu hastigt drar söderut, mot det danska hotet, börjar alltså den tjugoåttaårige rikskanslern att rensa bord och lådor i Karl IX:s kansli där det är slut på Nils Chesnecopherus och Erik Elofssons sekreterarvälde; de övergår i änkedrottningens tjänst. Nu kommer det mesta att göras annorlunda, och då Oxenstierna är klar över fyrtio år senare finns inte mycket kvar av det gamla, medeltida Sveriges förvaltning.

Frågan är om det blivit någon Gustav Adolf den store utan Oxenstierna, för det var den ytterst ovanliga kombinationen av Gustav Adolfs livliga begåvning och fantasi, hans stora, ibland väl stora visioner, hans energi och handlingslusta som förenades med Oxenstiernas aldrig sinande arbetslust och flit, hans aldrig störda lugn och klokhet. De fungerade var för sig men nästan alla beslut fattades gemensamt som av en person.

Nu då Gustav Adolf är på väg och Oxenstierna städar på borden, ligger fortfarande den gamle Karl IX kvar i sin kista på Nyköpingshus. Han skulle få vänta på begravningen ett bra tag till.

Tanken bakom Gustav Adolfs plötsliga avfärd var att han ville ta danskarna med överraskning och få tillbaka Kalmar i en blixtstöt. Det blev nu inte riktigt så. Han var i stort sett ensam om att vara beredd på strid. Den svenska armén var långt ifrån redo.

Det danska kriget

Detta sega gränskrig med Danmark blev vårt sista medeltida krig, det sista av dessa mycket blodiga och kostsamma krig utan egentliga drabbningar och fältslag, ungefär enligt samma modell som dagens före detta Jugoslavien. Det handlade i högsta grad om etnisk rensning och om att mörda, bränna och plundra så mycket man kunde för att göra gränsområdena så oattraktiva som möjligt för fienden.

Detta var också det sista kriget där Danmark fortfarande var starkare än Sverige. Danske kungen, Kristian IV, aderton år äldre än Gustav Adolf och en av kungens faddrar vid dopet, var rikare och mäktigare än sin svenska syssling.

Han styrde över Danmark, som ju sedan historiens gryning också inneslöt de bördigaste landskapen i dagens södra Sverige plus Gotland. Han hade hela Norge långt över norra Sverige bort till de ostakade gränsbygderna mot Ryssland vid Ishavet. Han regerade över Grönland, Island och Färöarna, ön Ösel i Baltikum utanför det svenska Estland och ett hertigdöme en liten bit ner i Tyskland.

Hans flotta och armé var större, starkare och hade ännu fler legoknektar än den svenska. Danskarna kunde mobilisera dubbelt fler soldater än Sverige. Under hösten 1611 hade det rått vapenvila då bägge sidor rustade febrilt.

Nu då vintern kom och isarna lade sig över sjöar och vattendrag, började striderna igen. Danskarna bröt in i Småland, brände över nittio hemman och drog härjande och plundrande fram till Kronobergs slott som förstördes. De brände också staden Växjö och domkyrkan med den helige Sigfrids grav och många gårdar och byar i närheten, varpå de drog mot Jönköping.

Gustav Adolf ryckte då med tretusen man och med överste Nils Stiernsköld in i Skåne för att hämnas. Han ödelade fullständigt staden Vä, precis som hans far hade gjort då han var sextonårig hertig av Södermanland under det nordiska sjuårskriget. Nu förstörde Gustav Adolf samtliga kyrkor och herresäten i tjugofyra socknar. Alla skånska bönder som påträffades slogs ihjäl, kvinnorna skändades och barnen mördades. Allteftersom brandröken steg över fälten och ryktet om den unge kungens framfart nådde nästa by, flydde alla som kunde. Många skåningar brände själva sina gårdar för att inte svenskarna skulle få något byte. Det är kungen själv som berättar vad som hände i Vä. Han tillägger också att han inte hade mött mycket motstånd "utan grasserat, skövlat, bränt och ihjälslagit alldeles efter egen vilja". Någon fiendesoldat såg han inte.

Under reträtten gjorde Gustav Adolf halt den 11 februari 1612 vid Vittsjö. Huvuddelen av armén sändes vidare in över gränsen till den svenska sidan, kungen och några hundra man bildade eftertrupp. De ska, enligt danska uppgifter, ha ställt sina hästar i skydd inne i kyrkan och satt och värmde sig själva i vinternatten kring vakteldar av lossryckta kyrkbänkar, då en stark dansk truppstyrka plötsligt anföll.

Det blev häftig fäktning man mot man, svenskarna drevs ut på isen. Många gick ner sig, kanske ett par hundra blev nedstuckna av danskarna, bland dem skotske kaptenen Sim och chefen för ryttarfanan Abel Svensk.

Kungen rasade igenom isen i den å som förbinder Vittsjön med Pickelsjön. Han förlorade hästen och sina vapen och var nära att försvinna i det isande mörkret då Per Banér och en ryttare från Upplands fana, Tomas Larsson, dök upp och räddade kungen.

För detta blev Per Banér senare slagen till riddare och så småningom riks- och kansliråd och Tomas Larsson fick gården Igelsta i Romfartuna socken att gå i arv i släkten i evig tid. Per Banér kunde lika gärna ha låtit kungen försvinna i vaken, eller rent av hjälpt ner honom i avgrunden. Han var nämligen son till en av de avrättade i Linköpings blodbad. Men ingen av de avrättades söner försökte någonsin hämnas sina fäder.

Danskarna fick tag i kungens häst med den dyrbara sadeln och fjäderbusken, hans pistoler, hans värja vars fäste och balja var av förgyllt silver och försedda med ädelstenar. Dessutom fick de kungens pärlstickade handskar, många fanor och en puka, som användes både som musik- och signalinstrument. Plus ett stort antal svenska fanor, bland annat hovfanan och många svenska fångar, bland dem chefen för hovfanan, en nyinvandrad estnisk adelsman som hette Herman Wrangel. Man vet så många detaljer om just denna incident i kriget bara därför att kungen var i dödsfara och för att han har gett sin version av vad som hände i ett långt brev till sin kusin Johan.

Kort efteråt bröt hertig Johan och fältmarskalken, finländaren Jesper Mattsson Cruus, in i Halland för att enligt order "röfva, bränna och ihjälslå allt vad han kunde öfverkomma". Varberg stad förstördes delvis, aderton socknar ödelades. Fältmarskalken får vidare order om att bränna städerna Nya Lödöse och Marstrand.

Under det här kriget ser man ännu inte den store fältherren i den sjuttonårige kungen, bara våghalsen och gåpåaren eller om man så vill den djärve och eldige krigaren. Någon riktig överblick över krigsläget på alla fronterna kan han inte ha haft, lika lite som han med sin ungdom och korta krigserfarenhet ännu kunde vara någon kraftfull överbefälhavare.

Kriget spred sig över större ytor. Gustav Adolf skickade en appell till norska folket. Han uppmanade dem att resa sig mot danskarna och ”avkasta det danska oket” och han påminde dem om deras släktskap med svenskarna och likheten mellan de svenska och norska språken, lagstiftningen, historiska minnen m.m. Dessutom påpekade han att Norge och Sverige ju var förbundna med en landgräns, vilket gav dem en naturlig närhet i motsats till Danmark. Men norrmännen ville förbli trogna danskar. De blev bara uppretade över kungens brev och lät friskaror bryta in i Värmland och Dal. Ända uppe i Lappland pågick strider där svenskarna drev ut sjölapparna på öarna i Finnmarken, deras bostäder och båtar förstördes. Även i svenska Estland slogs svenska och danska trupper sedan svenskarna härjat på danska Ösel.

Kristian IV drog nu med en stor här utländska legoknektar mot Älvsborgs och Gullbergs fästningar vid Göta älv, Sveriges enda andningshål ut till Europa eftersom Kalmar var förlorat och danskarna hade kontrollen över all trafik på Östersjön och Öresund. Om Älvsborg också föll skulle Sverige vara helt avskuret från omvärlden, inte bara från möjligheten att få utländsk militär hjälp utan också från all import av livsviktiga varor från utlandet som till exempel salt.

Den här gången misslyckades anfallet mot Gullberg. Försvaret leddes av den tappre Mårten Krakou och hans inte mindre tappra hustru Emerentia. Striderna blev blodiga på bägge sidor och eftersom danskarna inte hade belägringsartilleri med sig, drog de sig snart tillbaka efterlämnande högar av stupade legoknektar och ett trettiotal av sina egna som svenskarna hade tagit till fånga. Eftersom Krakou var sårad tog Emerentia befälet och enligt gamla berättelser ska hon nu ha beordrat ut de danska fångarna på borggården där de avrättades till siste man.

Danskarnas hämnd blev att döda hela den manliga befolkningen i staden Nya Lödöse. Danskarna lät Älvsborgs fästning vara i fred den här gången och drog i stället in i Västergötland där över tretusen gårdar brändes ner liksom staden Gamla Lödöse och nästan hela Skara, utom själva domkyrkan. Likaså plundrades och förstördes Lärkesholm och Gräfsnäs slott. I en dansk rapport heter det att man ödelagt ett område stort som hela Själland.

I februari 1612 möttes så resterna av den danska hären som härjat i Västergötland och det som fanns kvar av den svenska armén som bränt i Halland, ledd av hertig Johan i en av detta krigs få riktiga drabbningar. Det skedde i Mäshult vid Kölleryds hed i Skällinge socken och har gått till historien bland annat därför att där i det trånga passet stupade ett stort antal av Danmarks förnämsta adelsmän, bland dem Frans Rantzau av den ryktbara krigarsläkten som härjat i svenska gränsbygder i generationer och Christian Barnekow, en av Danmarks lärdaste män som rest vida i Mellanöstern och Nordafrika. Han räddade danske kungen som hade fastnat i ett moras men blev själv ihjälslagen.

Ortsbor brukar peka ut en stor sten med rostbruna fläckar som de påstår är Christian Barnekows blod. Nu drog Gustav Adolfs överbefälhavare Jesper Mattsson Cruus fram mot Nya Lödöse, där danskarna hade bitit sig fast. Staden gav upp. Över femhundra utländska legoknektar marscherade ut av vilka tvåhundra gick över i svensk tjänst. Som belöning fick de omedelbart en halv månadslön i fickan samt nya kläder. Över trehundra norrmän, bösseskyttar och bönder, som slagits på danska sidan fördes till kyrkan där de stacks ner, varpå staden sattes i brand.

Svenskarna fortsatte in i Bohuslän, brände Kungälv och Uddevalla samt åtskilliga norska byar och gårdar på öarna i skärgården. Kungens order om att bränna Marstrand och samtliga skepp där kunde inte verkställas, trots att kungen sände ner en nyanländ fransk expert på eldkastare och bombardemang (fyrverkare), Richard de la Chapelle. Marstrand var för väl försvarat.

Då vinterfälttåget var slut i början av mars 1612 kunde man äntligen begrava den gamle kung Karl IX vars kista hade stått kvar i Nyköping sedan 30 oktober året innan. Sveriges adel och biskopar fick en kunglig befallning att infinna sig i Nyköping "med sådan dräkt och klädning som den sorgliga lägenheten krävde". På palmsöndagen skulle alla landets klockor ringa både för- och eftermiddag. Så placerades liket under mycket pomp och ståt insvept i hermelinbrämad sammet och siden i sin kista och fördes långsamt till kyrkan i Strängnäs, där kungen själv pekat ut sin begravningsplats. Där ligger han än.

I april 1612 var danskarna redo för en ny stöt. Nya tyska, holländska och engelska legotrupper hade värvats, totalt hade danske kungen över tjugotusen man redo, vilket var den största armé Danmark dittills hade satt in mot Sverige. Målet var att erövra Småland och Västergötland och allt tydde på att planerna skulle lyckas. Eftersom de danska militära resurserna var så mycket större än Gustav Adolfs, var Sverige verkligen hotat.

Cirka tiotusen man danska trupper omringade och belägrade Älvsborg med all den utländska moderna teknik och kunskap man då kunde uppbringa. Där uppe i borgen på de femton till tjugo meter höga klipporna satt sexhundra svenskar; befälhavare var Olof Stråle.

Gång på gång anföll legoknektarna. Hål bröts upp i murarna, men Stråle höll ut. Inte förrän svenskarna hade förlorat flera hundra man och vallarna var nära att smulas sönder gav Stråle upp. Han var då själv svårt sårad.

De svenska försvararna, cirka trehundra man med de sjuka och sårade, fick avtåga under värdiga former med fanorna i behåll. Söndagen den 24 maj 1612 klockan nio på förmiddagen hissade danskarna sin flagga över fästningen och började genast reparera skadorna. Deras byte blev fyrtio kanoner, åtta läster krut och andra förråd samt sex svenska örlogsfartyg som visserligen hade sänkts i älven, men som nu bärgades. Därpå förstörde danskarna helt det Göteborg som Karl IX hade grundlagt ute på Hisingen.

Gullbergs fästning föll några dagar senare och gav danskarna ytterligare över 120 kanoner och mycket stora krutförråd samt inte mindre än 1 500 musköter. Mårten Krakou hade strax innan blivit förflyttad till Vaxholm. Gullberg förstördes till grunden.

Nu hade danske kungen hela Göta älvs mynning i sin hand. Han kontrollerade därmed alla kuster från Kalmar runt södra Sverige upp över Västkusten och vidare längs hela Norge bort till nordligaste Ryssland. Dessutom hade han Gotland och ön Ösel utanför svenska Estland.

Sverige var helt avskuret från omvärlden, ingen hjälp kunde komma in genom det avspärrade Öresund. Två utländska legostyrkor som värvats i Europa försökte nå Sverige via Norge. Ett skotskt förband på cirka fyrahundra man under Alexander Ramsay sattes i land vid Romsdalen. De marscherade först utan besvär genom vild och vacker terräng där befolkningen höll sig undan, men vid Kringlens bergspass blev de överfallna av norska bönder som låg i bakhåll och hade spärrat av det trånga passet. Skottarna kunde antingen kasta sig ner för ett stup i den iskalla älven eller försöka slåss. Nästan alla höggs ner.

Bättre gick det för ett holländskt förband under överste Mönnichhofen med över 1 200 skyttar och pikbärare. De sattes i land vid Tromsö och lyckades utan större besvär marschera genom Dalarna ner till Stockholm, dit de anlände under ett mycket lämpligt och dramatiskt ögonblick.

På den svenska sidan gjorde man nu en enorm kraftansträngning för att mobilisera ett bättre försvar. Hela folket kallades under vapen, landstormen restes. Men alla resurser var redan pressade till det yttersta, stora delar av armén var bunden i Finland där kriget med Ryssland pågick för fullt. Där fanns också landets bästa och mest erfarna härförare, Jakob De la Gardie, som nyligen släppts ur sin polska fångenskap, och finländaren Evert Horn.

Nu gällde det för Gustav Adolf att rädda Västergötland. Danskarna trängde in och nådde Lidköping. En annan dansk kolonn trängde fram i öster, mot Öland, som erövrades ganska lätt.

Den underlägsna svenska hären kunde bara möta fienden på ett enda sätt – genom den typ av gerillakrig man använt sig av sedan medeltiden, den brända jordens taktik. Danskarna tvingades gå över redan förstörda fält och brända byar. Deras väg hejdades av bråten, deras eftertrupper anfölls i bakhåll. Alla broar var rivna. De marscherade fram genom den öde skogsbygden och var visserligen herrar över marken där de stod, men det fanns sällan någon svensk närvarande att spela herre över.

Danskarna trängde sakta fram men under allt större gny från legotrupperna som inte fick mycket mat och inget byte. Snart var provianten slut. De nådde Vimmerby, som låg öde.

Likaså Eksjö, Västervik och Söderköping, som alla förstördes. Trupperna var nära myteri och till slut tvingades den östra danska huvudstyrkan att vända om.

Kristian IV hade under tiden på tio dagar lyckats ta sig sju mil fram mot Jönköping och nådde Dummemosse utanför stan. Då greps svenskarna av panik inne i staden Jönköping, som de själva brände ner. Befolkningen flydde in i slottet för att avvakta belägringen. Helst hade de svenska officerarna sprängt också slottet och gett sig iväg, men Gustav Adolf hade gett order om att Jönköping skulle försvaras till slutet.

Nu visade det sig ännu en gång att danskarna inte hade fått med sig de tunga belägringskanonerna. Terrängen var för svår. Efter tre dagars tvekan drog sig Kristian IV tillbaka. Han hade då fått höra att den danska kolonnen i Småland hade vänt om och att Gustav Adolf och en stor styrka var på väg mot Jönköping. Han tog sig hem till Köpenhamn igen. Detta betraktades som en stor svensk seger. Den svenska naturen och folket hade tillsammans lyckats avvärja hotet.

Det var sista gången i vår historia som en dansk här stod mitt i hjärtat av Sverige.

Men Kristian hade inte gett upp. Han hade flottan kvar och själv älskade han sjön. Han hade varit med på seglatser ända bort till Kolahalvön. Visserligen hade nu nära hälften av allt manskap dött i en farsot, men nya flottister kallades in. Kungen gick ombord och snart seglade över trettio danska skepp, några med åttio kanoner ombord, upp längs den svenska kusten. Den svenska flottan hade inte en chans mot denna marina muskeluppvisning. Svenskarna låg gömda i Djuphamn. En dansk trumpetare uppenbarade sig och blåste till strid, men svenska flottan låg där den låg.

I september 1612 var kung Kristian och hans fartyg framme vid Vaxholm, som nu försvarades av Mårten Kra-

Kristian IV (1577–1648), kung av Danmark-Norge som försökte göra Danmark till Nordeuropas mäktigaste stat. Hans inblandning i trettioåriga kriget ledde dock till svåra motgångar för Danmark, vilket förde fram Sverige till dess stormaktsposition.

kou från Gullbergs fästning. Vaxholm var vid den här tiden bara ett litet kastell. Kung Kristian gick i land på Värmdö för att landvägen inspektera kastellet men vågade inte föra trupperna i land. Vädret var för dåligt och han var rädd att trupperna skulle bli kvar i land ifall höststormarna skulle sätta in. Dessutom var pengarna slut igen, legotrupperna klagade högljutt och risken för myteri eller desertering till den svenska sidan var stor.

Den 10 september lyfte han ankar och danskarna gav sig iväg utan att ha åstadkommit annat än full panik i Stockholm med omgivningar där befästningsverken förstärktes. Allmogen i Västmanland och Uppland uppbådades, dalkarlarna kom frivilligt för att förstärka garnisonen i Stockholm. Änkedrottningen skickades i säkerhet från Nyköpingshus till Gripsholms slott. Kungen, som legat sjuk ett tag i Jönköpingstrakten, kom i full galopp. Han nådde Stockholm klockan tre på morgonen den 9 september, ungefär samtidigt som Mönnichhofens över tusen holländska legoknektar anlände från Norge. Tillsammans gav de sig omedelbart iväg mot Vaxholm, som de till sin stora lättnad fann övergivet av danskarna. Alla kunde andas ut. Därmed var kriget egentligen avslutat.

England och Nederländerna förlorade mycket pengar på de allvarligt störda handelsvägarna genom Öresund. Det låg inte heller i deras intresse att Danmark blev för mäktigt. Alltså inledde de diplomatiska påtryckningar för att få igång fredssamtal. Danska kungens resurser var uttömda, hans legoarméer kostade mer än vad de gav. Fredsönskan var djup och ömsesidig. Under fortsatte gränsstrider inleddes därför de första kontakterna vid Sjöared i Lagadalen. På den svenska sidan heter närmaste orten Ulfsbäck, på den danska

Knäred. Man möttes på en bro mellan lägren. Det hade varit en mild vinter och bron stod nästan helt under vatten. Axel Oxenstierna ledde den svenska delegationen. Danskarna gick hårt ut och krävde rätten att få fortsätta bära tre kronor i det danska riksvapnet, man skulle ha Sonnenburgs slott på Ösel, kontrollen över Lappland och rätten till förtullning av alla fartyg i Öresund.

Gustav Adolf, som följde förhandlingarna från en ort i närheten, gick med på kraven men då danskarna ökade budet med krav på att få behålla Älvsborg, Nya Lödöse, Gullberg, Kalmar, Ryssby skansar och Öland, tappade Gustav Adolf tålamodet och anföll mitt under fredsmötet den danska besättningen på Älvsborgs fästning. Efter engelsk medling följde ny budgivning och den 20 januari 1613 undertecknades freden i Knäred.

Svenskarna tvingades acceptera att Danmark även i fortsättningen fick ha de svenska tre kronorna i sitt riksvapen. Ön Ösel utanför det svenska Estlands kust förblev helt dansk och Sverige var tvunget att öppna handeln på Riga för danskarna igen. Riga hade blockerats av svenskarna. Norska Finnmarken blev danskt. Sjölapparna blev danska medborgare och lapparna skulle betala skatt till Danmark. Fjällryggen blev gränsen mellan rikena. Därmed var den svenska drömmen om att nå Ishavet och den rika handeln på Ryssland den vägen borta.

Det enda positiva för Sverige i detta fördrag var att vi slapp fortsätta kriget och att vi fick tullfrihet i Öresund.

Älvsborgs lösen

Sverige gav tillbaka erövrade områden, Jämtland och Härjedalen. Danmark fick återlämna Kalmar och Öland, men som pant för ett krigsskadestånd till Danmark på en miljon silverriksdaler att betalas i fyra rater inom sex år, behöll Danmark under betalningstiden Älvsborg med städerna Nya och Gamla Lödöse och Göteborg samt sju härad i Västergötland. Om pengarna inte betalades inom den utsatta tiden skulle Danmark för alltid behålla sin pant. Pengarna skulle betalas i klingande silvermynt, inte i varor.

Därmed var detta för Sverige oerhört farliga krig avslutat. Det kunde ha gått riktigt illa. Danskarna kommer tillbaka många gånger i vår historia, men svåra danska militära motgångar inom kort på andra håll samtidigt som de svenska militära och politiska resurserna ökar, gör att de danska hoten aldrig mer blir ett hot mot hela Sveriges existens.

Under hela den danska konflikten fortsatte kriget mot Ryssland och i denna för riket ansträngande tid måste regeringen dessutom driva in en miljon riksdaler. Det var en oerhört stor summa på den tiden. Den motsvarade värdet av hela landets sammanlagda skörd under fyra år.

Representanter för alla stånden och viktiga ämbeten och städer i riket sammankallades till Stockholm, och efter tre veckors överläggningar beslöt man att under fyra år framåt ta ut en särskild skatt av varje medborgare, var och en efter hans förmåga. Alla utlänningar i landet utom danskar skulle också betala.

Kungen betalade trettiotvå procent av kronans inkomst. Hans mor ville också hjälpa till, men lånade bara sonen pengar, sparsam som hon var.

En biskop fick betala fyrtio riksdaler i extraskatt vart och ett av de fyra åren, en skolmästare åtta, en kaplan på landet fyra. Enklare hantverkare utan större verkstad fick betala fyra riksdaler, en soldat två. Drängar fick betala en riksdaler, pigor en halv. Skatten motsvarade ungefär en hel månadslön för varje medborgare.

Extraskatten blev en stor framgång och inbringade fyra gånger mer än som behövdes – pengar som Kronan naturligtvis behöll och hittade andra användningsområden till.

Johan Skytte sändes till Köpenhamn för att försöka förhandla om mildare betalningsvillkor. Han togs väl emot och fick under trumpetfanfarer och kanonsalut dricka skålar med kung Kristian, men det blev ingen pardon. Pengarna skulle betalas kontant som överenskommet och signerat var.

I början av år 1616 fördes så kassakistor med den första avbetalningen, 250 000 riksdaler, bevakad av hundra ryttare och hundra knektar till danska Halmstad där de överlämnades mot danska kungens kvitto. Den andra raten betalades i början av 1617 på Älvsborgs fästning av Gustaf Stenbock, som hade skriftliga order på att "intet blef borträknadt eller försnilladt".

Sedan försökte svenskarna förhandla igen. Engelska diplomater medlade. Men nej. Den tredje raten måste in i tid, och den kom i början av år 1618.

Men så blev det stopp. Nu fanns det inte mycket mer att ta i Sverige. Kungens privata bordssilver, änkedrottningens hela uppsättning, både "förgyllt och kosteligen arbetat", och hertig Johans sista silverbägare räckte inte långt. Staten måste låna pengar. Sådana fanns egentligen bara i Nederländerna, dåtidens rikaste och mäktigaste handelsnation. Johan Skytte sändes iväg på detta delikata uppdrag.

Den enda tillgång Sverige hade som var lätt att omsätta i kapital i utlandet var Falu koppar. Alltså köpte svenska regeringen koppar av bergsmännen i Falun. Malmen exporterades sedan av köpmän som mot trettio procents vinst fick den såld mot silvermynt i Tyskland och Nederländerna. De pengarna gick sedan tillbaka till kronan som likvid och med dessa klingande mynt betalade man skulden. Alla svenskars skattepengar, de holländska lånen, som aldrig betalades tillbaka helt och hållet, samt inkomsterna från kopparförsäljningen täckte den sista avbetalningen på Älvsborgs lösen. På det sättet kan man säga att skattepengarna inte alls kom ut ur landet utan i stället satte fart på det som skulle bli Sveriges viktigaste exportprodukt i hundra år framåt.

De första kontakterna med Nederländerna hade tagits redan då kriget pågick med Danmark. År 1614 slöts ett första försvarsförbund, och det var i det sammanhanget som kontakter togs med en rik och erfaren köpman som hette Louis De Geer i Amsterdam och som Sverige fick sin första fasta ambassad i något land, nämligen i Haag. Ambassadör för Sverige blir holländaren Jakob van Dijck.

För att få fart på koppar- och järnhanteringen bildades Sveriges äldsta bolag, Kopparkompaniet. Största delägare var Louis De Geer och Axel Oxenstierna. Förste gubernator, som det hette, var Axel Oxenstiernas bror Gabriel och i den första styrelsen som delägare satt bland andra Johan Skytte och hans bror Lars, pfalzgreven Johan Kasimir och änkedrottningen Kristinas syster "fröken Agnes" av Holstein.

Louis De Geer och hans kompanjon Willem de Besche grundade ett särskilt konsortium som hade till uppgift att ordna lånen och kopparförsäljningen för svenska staten. Snart hade de fått ensamrätt att gjuta kanoner i Sverige. De första vallonerna anlände från dagens Belgien för att driva De Geers expanderande företag i Sverige. (Mer om De Geer och vallonerna i kapitel 8.) De Geer fick också uppdrag att skaffa legoknektar i Europa och utrustning till den svenska armén.

Danskarna, som aldrig trodde att panten skulle kunna inlösas på sex år, tvingades alltså ge tillbaka Älvsborgs fästning. Det var Gustav Adolfs stridskamrat från tumultet i Vittsjö, den frisläppte krigsfången Herman Wrangel, som 1619 på Gustav Adolfs vägnar tog emot borgen och som ny kommendant på Älvsborgs fästning fick hissa den svenska fanan där.

Äntligen kunde Sverige öppna fönstret västerut igen. Kungen gjorde själv sitt högtidliga intåg i mars 1619, men då han såg hur väl befäst borgen var, ilsknade han till mot den stackars Olof Stråle, den siste svenske kommendanten som svårt sårad efter nitton dagars hård belägring hade gett upp borgen sju år tidigare. Kungen ansåg att Stråles kapitulation var förräderi. Kommendanten, som under tiden blivit vice president i hovrätten, greps, förhördes, ställdes inför rätta och dömdes till döden. Men han benådades med fyra tusen tyska riksdaler i böter och levde resten av sitt liv som en bruten man.

En annan av de många historiska följderna av freden med Danmark var att Sverige fick sin första fast ackrediterade utländske diplomat placerad i Stockholm, då den danske ädlingen Peder Galt efter en strapatsrik resa 1622 anlände för att slå sig ner i den svenska huvudstaden. Hans kverulantiska brev från Sverige är intressant läsning. De vibrerar av aristokratisk arrogans och förakt mot Sverige och allt svenskt. Han hittade ingen representativ bostad utan tvingades bo på värdshus som Tre Tunnor, Fyra Remmare eller Svanen, som låg i hörnet av Hornsgatan och Södermalmstorg. Han klagar bittert över alla fyllbultar som stör honom hela dagarna, över stanken, den dåliga hygienen och otrivseln i Stockholm där alla bara försökte lura honom på pengar och dåligt öl.

Han betraktades med djup misstro av sin omgivning och stannade bara några år. Han fick ett sorgligt slut. Först avancerade han till amiral, men under kriget mot Sverige

1644 fick han ansvaret för danska förluster, dömdes till avrättning och halshöggs offentligt utanför Christiansborg.

Göteborg – en holländsk stad

Då Gustav Adolf inspekterat Älvsborgs fästning kliver han upp på höjden vid Otterhällan och pekar ut var den nya staden Göteborg ska ligga, på södra sidan av Göta älv och även denna gång blev det holländare som byggde staden.

Holländska språket var jämställt med det svenska i Göteborg. Holländska köpmän och hantverkare värvades av en särskild svensk-holländsk kommitté i Amsterdam som stod för denna Sveriges första organiserade massinvandring. I första hand försökte man locka tillbaka de holländare som varit med om att bygga det första Göteborg ute på Hisingen, det som danskarna hade förstört. Bland dem som återkom fanns den kände köpmannen och Göteborgs förste borgmästare Abraham Cabiljau, och Paridon von Horn som hjälpt till att skaffa vapen och legoknektar mot danskarna. Till det nya Göteborg kom holländska timmermän och annat arbetsfolk som byggde den nya staden, hus för hus, gata för gata. På holländska. Komplett med kanaler som drogs genom hela staden i både nord–sydlig och öst–västlig riktning, för så gjorde man hemma i Nederländerna. Därför kom Göteborg att byggas på samma sätt som holländarna samtidigt byggde staden Batavia, nuvarande Jakarta borta i Indonesien (då den holländska kolonin Batavia). Bägge städerna fick också trädplanterade kanaler.

De holländska experterna fick de bästa tomterna i Göteborg. De bodde längs Stora Hamnens södra sida fram till dagens Drottninggatan, som då kallades Holländaregatan. Den största och bredaste gatan kallade man, som brukligt var i Nederländerna, för Konungsgatan. Idén spred sig sedan till andra städer, till exempel Stockholm, och fanns snart i varje svensk stad.

Stadens första styresman fick inte titeln borgmästare utan det holländska burggreve; det blev vår ambassadör i Haag, holländaren Jakob van Dijck. Han blev svensk riddare och fick svenska förläningar som tack för sina insatser för Sveriges försvar och ekonomi. År 1623 bestod rådet i Göteborg av tio holländare, en skotte och sju svenskar.

Stadens första tegelbruk ägdes av holländarna. En man som hette Albert van Velden öppnade Göteborgs första varv samtidigt som Paridon von Horn arrenderade ett varv i Västervik, och två andra holländare övertog örlogsvarvet i Stockholm där de snart började bygga ett stort fartyg som dessvärre skulle visa sig bli ett engångsskepp, regalskeppet Vasa.

Holländare drev Göteborgs första bageri, apotek, bryggeri och mycket annat. Den första läkaren och den första barnmorskan var holländare.

Holländarna såg tidigt möjligheterna i Sverige. En av de första som kom var den vittbereste köpmannen Willem Usselinx. Han blev imponerad av de tåliga svenska bönderna som sällan gjort revolt och som stått ut med alla krigs- och nödår. Han tyckte de på många sätt var mycket bättre än bönderna ute i Europa.

Han skriver på 1620-talet att ”de timra, snickra, smida, baka, brygga, väva, färga, sömma skor och kläder etc. därmed de alla nationer i Europa överlägsne äro. Hustrurna och döttrarna göra många konstige (=konstnärliga) saker både med vävande och sömmande och andra lustige konster, varutav synas, att de äro förståndige och sinnrika nog.” Usselinx trodde kort sagt på Sverige och han försökte åstadkomma stora ting med svenska folket. Mer om det senare.

Den holländska dominansen i Göteborg bröts först efter mer än ett decennium, men de goda svenska kontakterna och handeln med Nederländerna fortsatte hela tiden och de gick huvudsakligen över Göteborg, dit också alltfler tyskar och skottar nu flyttade. Men ännu så sent som i slutet på 1660-talet hade en holländare rätt att kräva att få tala holländska i domstolen i Göteborg.

Redan innan dansken Peder Galt kom till Stockholm hade Sverige sänt en man till den danska sidan. Det var Sveriges förste svenskfödde fast anställde diplomat, Anders Svensson (adlad Ödel), som 1621 officiellt stationerades som tullkommissionär i Helsingör för att övervaka Öresundstrafiken och kontrollera att danskarna fullföljde sina löften. Svensson hade börjat sin bana som ung lovande sekreterare i Oxenstiernas kansli. Han sändes tidigt utomlands för att lära sig språk, vilket han gjorde i bland annat London och under resor på kontinenten.

Han skulle snart bli vår förste spionchef i Europa. En sådan behövdes, för nu började Sveriges intressen sträcka sig långt över gränserna.

KAPITEL 4

Då Ryssland var nära
att få en svensk tsar
och Gustav Adolf blev man
Finska viken svenskt innanhav
Gustav Adolfs kröning

NÄR KARL IX låg på sin dödsbädd och danskarna hotade Sverige, kom en kurir med ett märkligt meddelande från Jakob De la Gardie borta vid östfronten. De la Gardie, som erövrat det mäktiga Novgorod, hade lyckats övertala stadens styresmän att välja Karl IX till sin beskyddare och Gustav Adolf till rysk storfurste.

Detta var under den så kallade stora oredans tid i Ryssland, då Polen och Sverige gjorde allt för att få var sin kandidat till rysk tsar. Jakob De la Gardie hade 1610, som bara tjugosexårig general, tågat in i Moskva, ända in i Kreml och under allmän klockringning och folkligt jubel satt Sveriges kandidat, Vasilij, på ryssarnas tron.

Kort därefter drevs svenskarna ut ur Moskva. I stället erövrade De la Gardie hela Novgorod, cirka tjugo mil söder om Ladoga, och Ingermanland och styrde därifrån en stor del av norra Ryssland då de polska styrkorna fick Vasilij avsatt och ersatt med Sigismunds son Vladislav.

Polen var redan före denna framgång en stormakt i östra Europa. Om den polske tsaren hade lyckats hålla sig kvar i Kreml skulle Polen i union med Ryssland ha blivit ett ännu större hot mot Sverige, detta Polen som hade kuster vid

Jakob De la Gardie (1583–1652) hade kungliga anor, morfar var Johan III. Han blev tidigt krigare och hade stora framgångar, lyckades som 27-åring intaga både Moskva och Novgorod. Generalguvernör över Livland, riksmarsk och chef för Krigskollegium.

Östersjön och delar av Baltikum i norr och vars södra gräns gick ända ner till Donau och nedre Dnepr och i öster nådde bortemot Moskva. Om svenskarna drevs ut från Novgorod skulle ju den polske tsaren nå ända fram till det svenska rikets gränser i Finland och hotet mot Sverige fördubblas och svenska Estland skulle vara omringat.

Det långsiktiga svenska målet med politiken i Ryssland var att under den ryska oredan försöka rycka loss storfurstendömet Novgorod och placera en svensk prins där att styra över ett svenskt lydrike. Då skulle Novgorod bli en buffertstat mot Moskva i öster och mot Polen i söder. Historieromantikerna talade redan om en ny Rurik i Novgorod.

De påminde om den ryska Nestorskrönikan från vikingatiden som berättar att de slaviska stammarna ”sände budbärare över havet till de varjager som kallas rus”. Sändebuden infann sig hos ”ruserna” i uppländska Roslagen omkring år 860 och bad dem sända en hövding att styra och skapa ordning i slavernas kaotiska rike. Tre bröder sändes iväg; Rurik, som slog sig ner i Novgorod, grundade den nya dynastin och av dessa ruser som Ryssland skall ha fått sitt namn, fast en del ryska historiker förnekar just den detaljen. Det var då den siste av Ruriks ätt, Fjodor, avled som det nu pågående kaoset hade uppstått. Det skulle alltså vara dags igen för en svensk furste att komma för att skapa ordning i den stora oredan.

En delegation skäggiga herrar från Novgorod infann sig så småningom i Sverige för att hylla sin nye tsar, vem det nu skulle bli, för först då de kom fram fick de veta att Karl IX var död. Gustav Adolf funderade ett tag själv på att ta utmaningen. Han konfererade med ryssarna och lär till och med ha fattat några beslut som rysk storfurste; han har undertecknat förläningsbrev med den titeln där ryssar lovades gods i Novgorod.

Om han inte hade haft det danska kriget att tänka på, hade han förmodligen rest österut omedelbart. Nu beslöts i stället att brodern, den då bara elva år gamle Karl Filip, skulle resa till Novgorod för att bli tsar. Han skulle i alla fall få börja som storfurste av Novgorod, resten skulle ordna sig så småningom. De ryska delegaterna hyllade sin nye storfurste i Stockholm. Återstod bara att få honom att resa till sitt rike.

Han ville. Gustav Adolf och riksråden ville. Men mamma sa nej. Återigen denna stränga Kristina av Holstein-Gottorp. Hon tänkte absolut inte släppa iväg sin yngste son. Han var ju bara elva år! Inte skulle den äldre få resa heller. ”Mina bägge söner äro min enda fröjd och äro mig lika kära som mitt eget hjerta!” ska hon ha sagt till den ryska delegationen som dessutom ville att Karl Filip skulle resa med båt mitt i vintern. Det var totalt uteslutet. Sa Kristina.

Delegationen fick vänta månad efter månad. Gustav Adolf tryckte på. De la Gardie borta i Novgorod blev alltmer otålig. Änkedrottningen menade att pojken hade så klen hälsa. Riksråden skrev brev. Änkedrottningen skyllde på att Karl Filips studier inte var klara. Gustav Adolf vädjade igen. De la Gardie i Novgorod blev nästan desperat. Kommer det aldrig någon svensk prins? Men änkedrottningen vägrade. Inte förrän den 18 juni 1613 kunde den då tolv år gamle Karl Filip, hertig av Södermanland med mera, numera även utvald storfurste av Novgorod, eskorterad av riksmarsken Axel Ryning och sin egen marskalk Mattias Soop och ett stort adelsfölje stiga ombord på fem av kronans fartyg som seglade mot Viborg.

De kom fram tre veckor senare för att få beskedet att allt var för sent. Den ryska ortodoxa kyrkan hade satt igång ett nationellt uppror över hela det väldiga riket mot all utländsk inblandning. Representanter från alla städer, antagligen också från De la Gardies Novgorod, hade valt en ny egen och rysk tsar, den sextonårige Mikael Romanov, den förste med det namnet på tsarernas tron. Han hade under stort ståhej krönts i Moskva, det hade faktiskt hänt redan i mars 1613.

Novgorodborna ville däremot gärna ha Karl Filip som storfurste, sa dom, ja man hade firat hans ankomst till Viborg med tre dagars klockringning i Novgorod. Svenskarna, som ju sett många ryssar väljas till tsar de senaste åren utan att det haft någon större betydelse, tog först inte Romanov på allvar. Men så förändrades situationen snabbt.

Den ryska nationella vågen ledde till väpnat motstånd mot polackerna och svenskarna. Ryssarna gick till anfall mot svenska positioner på flera ställen, samtidigt som en stor här från Moskva var på väg mot Novgorod.

Nu gällde det för De la Gardies styrkor att bita sig fast i vad de hade för att få en så bra förhandlingsposition som möjligt inför väntande fredsförhandlingar. Men för säkerhets skull stannade Karl Filip tillsvidare kvar i Viborg, det kunde vara bra att ha en svensk storfurstekandidat i reserv om situationen förändrades en gång till.

Den unge prinsen fördrev tiden med att läsa förmanande brev från modern i Nyköping samt då och då inspektera stadens sevärdheter, till exempel stadsmuren, den enda av sitt slag i hela Finland, och ett större antal hus byggda i sten än i någon annan finländsk stad. I de svenska och finska städerna på 1600-talet var det vanligare att borgarna fick blicka ut över ett ofta glest och förfallet tullstaket, än över en pampig ringmur.

Inte förrän vid jultiden 1613 fick han resa hem. Han tog den enda fungerande vintervägen, runt Bottenviken. Det gick långsamt och inte förrän den 7 mars var han i Härnösand där han mötte sin bror Gustav Adolf. Kungen hade nyligen på en riksdag i Örebro fått nya medel för kriget mot Ryssland och nu var han själv på väg till Finland för att på nära håll följa och leda striderna. Efter flera försök att ta sig över Kvarken tvingades också han åka runt Bottenviken. Karl Filip fortsatte hem till Nyköping, till stor lättnad och glädje för hans mor. Får man förmoda.

Gustav Adolf i ryska kriget

Det var en något splittrad nittonårig Gustav Adolf som nu anlände till slottet i Tavastehus, där överbefälhavaren Evert Horn tog emot och informerade om läget. Så fortsatte kungen till Åbo slott. Han hade mycket annat än kriget och statsbekymmer att tänka på. Detta var ju mitt under hans livs stora kärlekskris. Han hade friat till Ebba Brahe och försökte per korrespondens övertala änkedrottningen till att ge sin välsignelse, samtidigt som han i andra brev bedyrade flickan sin kärlek.

Gustav Adolf blev kvar några veckor på Åbo slott, för den klagande finländska adeln, borgarna och allmogen överöste honom med besvärsskrivelser och protester mot kriget, mot våldgästningar och annat. Den 20 april 1614 då han och hela sällskapet satt vid middagsbordet fattade kammaren ovanför stora matsalen eld, golvet antändes snabbt och störtade ner i matsalen. Kungen med sällskap flydde och han kunde bara stå och se på hur hans finaste slott i Finland brann upp. Därmed försvann också den svenska medeltidens och Vasakungarnas minnen och inredningar i denna byggnad. Borgen reparerades men denna del av slottet användes sedan som förrådslokaler och senare kyrkorum och salarna återställdes först efter andra världskriget i sitt ursprungliga skick.

Nyheten om katastrofen nådde snabbt Nyköpingshus, där änkedrottningen vred sina händer. För hon fick bara halva nyheten, den att slottet brunnit upp. Om kungen hade klarat sig och var han befann sig fick hon inte veta förrän flera veckor senare.

Kungen fortsatte till Viborg och därifrån till den nyerövrade, nu svenska staden Narva som låg på gränsen mellan svenska Estland och ryska Ingermanland. Han ville på nära håll och direkt av Jakob De la Gardie och Evert Horn lära sig krigskonst. Detta var ett helt annat krig än de rövarräder i gränsområdena mot Danmark som kungen hittills hade varit med om. Han hade ju aldrig sett ett riktigt fältslag ännu.

För Sverige var det ryska kriget både ett erövringskrig och ett försvarskrig. Man måste freda sig mot Polen och det polska hotet som fått ny tyngd genom Sigismunds framgångar i Ryssland och Livland. Dessutom hoppades man kunna pressa de svenska intressena längre norrut, utvidga Finlands östgräns ända till Vita havet och på det sättet komma in i handeln över Archangelsk samtidigt som man hade kontrollen över den ryska handeln på Neva och andra vattendrag som mynnar ut i Finska viken.

Därför höll sig svenskarna kvar i Novgorod och i alla de städer och byar de erövrat i Ingermanland och långt in i västra Ryssland, ända bort till Tichvin, sydost om Ladoga. En svensk flotta seglade på själva Ladoga, anförd av amiralen för Ladoga Jöran Brünow som vid ett tillfälle lyckades erövra trettiotre lådjor, mindre ryska båtar.

Så snart freden med Danmark var klar sändes förstärkningar till östfronten, totalt nära sex tusen man. En stor del av dem var utländska legoknektar som redan blivit en landsplåga där de låg förlagda i Sverige. Nu kom Mönnichhofen med sina holländare, skotten Daniel Cobron och fransmannen De la Chapelle, han som under det danska kriget försökte tända eld på Marstrand. Här fanns skotten Learmouth och den förste i svenska rullorna med namnet Taube, en man från Livland som ännu skrev sig Tuffwe, och en skotsk överste Rutherford och där fanns en hertig Julius Henrik av Sachsen-Lauenburg, släkt med kungahuset och en av alla dessa Sachsen-Lauenburgare som dyker upp på alla sidor i de flesta 1600-talskrig. Bland mer bemärkta svenskar fanns Clas Sture, den siste av sin ätt.

Tyngd av kärlekssorger och allmän rastlöshet kom Gustav Adolf till Narva, där han höll hov i två månader. Det var svåra tider överallt, så ont om mat att det till och med var svårt för Gustav Adolfs taffeltäckare att bjuda kungens många gäster på bra mat. Oxar sändes efter från Åland, kryddor och socker från Stockholm men något vin som gick att dricka fick man inte tag i. Svälten var svår bara några mil därifrån. Inne i Ryssland var situationen förfärlig med svår nöd och till och med kannibalism. Många legosoldater som inte fått sin lön på länge rymde liksom en stor del av ryttarna från Västergötland. Armén hade inte bara ont om proviant utan också brist på kläder och krigsmateriel.

Situationen var märklig för Gustav Adolf även på andra sätt. Det var första gången han var så långt borta hemifrån, både från mamma och från rikskanslern. Att hans tankar ofta gick till Ebba Brahe bevisar de brev han skrev och det är tydligt att han kände ett starkt personligt behov att få meritera sig för henne.

Ryssarna gick till anfall mot små svenska, isolerade fortliknande befästningar med svåruttalade namn djupt inne i landet. Två av dem föll och några hundra svenskar och finnar höggs ner av ryssarna. Men åtta starka positioner utspridda över hela det ockuperade området förblev svenska.

Kungen blev alltmer rastlös. Han ville delta aktivt, till exempel genom att belägra den rika staden Pskov, vid sydändan av Peipus sjösystem, centrum för viktiga handelsvägar. Alternativt ville han undsätta De la Gardie i Novgorod. Riksråden i Stockholm, i synnerhet Axel Oxenstierna, var mycket emot att kungen lämnade svenskt territorium. Kungen var bara nitton år, hans regim var inte riktigt säkrad än. Upprorens tid var ännu i färskt minne i Sverige, skulle något hända honom kunde det bli katastrof för hela landet.

Oxenstierna reste först till Nyköping där änkedrottningen mer än entusiastiskt stödde alla försök att kalla hem kungen igen. Beväpnad med allehanda skrivelser från riksråden och änkedrottningen steg Oxenstierna ombord på ett fartyg som förde honom via Reval till Narva. Han kom fram i juli.

Gustav Adolf blir man

Kungen hade nya djärva planer. Nu ville han anfalla Gdov, som svenskarna kallade Augdov, cirka tio mil söder om Narva vid Peipussjöns norra del. Till sin hjälp hade han bland andra tre sotniker, ryska kosacker som – anförda av sin officer Isai Aminoff – nyss gått över i svensk tjänst. Oxenstierna avrådde starkt från anfallet. Han ansåg planerna alltför lösa, förberedelserna bristfälliga. Han blev inte precis lugnad av att kungen hade så ont om egna fickpengar, att rikskanslern fick låna honom femhundra riksdaler ur sin privata kassa. Men så tvingades Oxenstierna resa vidare i många viktiga ärenden, bland annat skulle han i Reval

Gustav Adolf så som han oftast blev porträtterad. Kortklippt enligt spanskt hovmode. De många och hårda åren i fält märktes tidigt i kungens ansikte, här är han bara 30 år. Oljemålning tillskriven J Hoefnagel, Livrustkammaren.

inköpa sex tusen tunnor spannmål att sändas till Stockholm.

Så snart Oxenstierna med sina förmaningar var borta beordrade den tonårige kungen anfallet mot Gdov. Trots alla förhållningsorder och pekfingrar från råden i Stockholm, från rikskanslern personligen och i synnerhet från mamma i Nyköpingshus.

Professor Nils Ahnlund, som är den som skrivit och forskat mest om Gustav Adolf i modern tid, skriver att beslutet att trotsa de två som hittills så starkt dominerat hans handlingar, beslutet att marschera till Gdov, att leda och lyckas med belägringen, var Gustav Adolfs mandomsprov. Då han kom tillbaka från Gdov hade han för alltid "förändrats till sätt och sinnelag", det har danska diplomater rapporterat. Bara fyra dagar efter segern vid Gdov då en kurir skickas till Stockholm med nyheten, hinner han få med ett nytt brev till Ebba Brahe, "Aller älskelige Fröken". Där skriver han stolt att han med Guds hjälp "uti eder faveur hafwer mina fiender öfwerwunnit" och berättar att han nu snart ska vara hos henne igen. Gdov var för hennes skull.

Bland sändebuden till hovet i Narva fanns också en kurir från lantgreven av Moritz av Hessen-Kassel, Johan Zobel. Han kom för att berätta om en annnan konflikt, borta på kontinenten där spänningen ökade mellan katoliker och protestanter och han uppmanade Sverige att gå med i de evangeliska furstarnas skyddsförbund, den så kallade unionen. Gustav Adolf lyssnade mycket intresserat, men just nu hade han inte tid med Europa. Inte ännu.

Långsamt kom fredsförhandlingar igång. Engelska diplomater hjälpte till, men det var samtal under pågående krig. Kungen återvände till Sverige via Reval och Åland, där han stannade några veckor för att jaga älg. Med sig hem hade han också Jakob De la Gardie, som fick välbehövlig permission och ordentlig belöning för sina insatser i Ryssland. Han upphöjdes till greve med Läckö som grevskap.

Striderna som följde var allt annat än symboliska. Kungen var själv tillbaka vid fronten igen sommaren 1615, då han i spetsen för nio tusen man, av vilka två tusen var nyinkallade finnar, marscherade genom svår terräng de dryga trettio milen söderut från Narva till den märkliga klosterstaden Pskov, som han planerat redan året innan.

Vägen var dålig och gick genom trakter fyllda med stråtrövare. Det var kungens första färd in i Ryssland, förbi nedbrända byar och redan förstörda sädesfält. Det tog över en vecka innan trupperna kunde se Pskovs många kyrkor sticka upp bakom vallarna. Då var många av de egna trupperna utslagna av umbäranden och inne i staden var nöden stor. Det rådde brist på mat överallt.

Här vid Pskov stupade nu den erfarne fältmarskalken Evert Horn och trots överlägsna svenska trupper och svår svält och sjukdom inne i Pskov, misslyckades belägringen.

Det var skakande veckor för den unge kungen som söker tröst på samma sätt krigare sökt tröst i alla tider, hos kvinnan. I armélägret i Pskov upplever han en kort kärlekshistoria med den vackra holländska officershustrun Margareta Slots, kvinnan som året efteråt föder en son. Hennes man, den holländske ingenjörsofficeren Andries Sersanders, deltar i belägringen.

Axel Oxenstierna dyker upp i lägret efter några veckor. Han har tagit sig ner dit eskorterad av bara fyrtio ryttare och han blir inte glad över vad han ser. Halv hungersnöd råder bland svenskarna, hundratals är allvarligt sjuka. Trots att trupperna helt omringat Pskov och låter artillerisalvor och granater regna över staden faller den inte. De skjuter tillbaka fyrbollar som tänder eld på det svenska högkvarteret och till råga på allt upptäcker Oxenstierna nu att kungen har tagit sig en älskarinna. Detta var inte tolerabelt.

Gustav Adolf fick, kung som han var, också en grundlig utskällning av sin egen överhovpredikant, Johannes Rudbeckius, som följde med kungen hela vägen i fält. Det var ett slitsamt liv: ”Jag haver ofta torkat mina kindbackar med heta tårar för de besvär och farligheter i hovet voro”, skriver han själv. Hovpredikant hade han fått bli som straffkommende-

Johannes Rudbeckius (1581–1646), professor i Uppsala, biskop i Västerås, grundare av gymnasier och skolor. Orädd och frispråkig kritiserade han makthavarna vilket gjorde att han gick miste om ärkebiskopsämbetet. Far till Olof Rudbeck.

ring efter några uppslitande år som professor i hebreiska vid Uppsala universitet. Mer om det senare.

Strax efter det att den oäkta kungasonen Gustav Gustavsson är född får Rudbeckius tillfälle att predika för Gustav Adolf och han dundrar då på ordentligt. Predikningen finns bevarad. Kungen har föregått med dåligt exempel, säger Rudbeckius.

Han fruktade att kungen inte förstod hur svårt han ”förtörnat Gud genom sin olovliga älskog”. Han hade satt en ”icke ringa fläck” på sitt eget berömliga namn. Men kungen kom lindrigt undan. En vanlig medborgare hade dömts till dödsstraff för detta hor. Så sent som 1608 skärptes lagen: ”Den som hor bedriver med någon mans hustru, den skall döden dö, både horkarlen och horkonan.” Inte mindre än 556 dödsdomar för detta brott fälldes mellan åren 1635 och 1644. Men samtliga syndare kom undan med hjärtat i halsgropen, de blev benådade men fick betala saftiga böter och utstå offentlig smälek. Återfallsbenägna horkarlar drevs i landsflykt.

Kungen blev ändå uppenbarligen skakad av utskällningen. Beviset är att Rudbeckius omedelbart utsågs till ansvarig för den lille pojkens uppfostran och att Rudbeckius själv blev biskop 1619 och en mycket bemärkt föregångare för svensk undervisning i Västerås.

Efter ett par månaders fruktlös kamp om staden Pskov ger Gustav Adolf order om reträtt. Strax innan stupar Margareta Slots man. Själv ska Gustav Adolf återse henne flyktigt någon gång till några år senare i Stockholm. De har aldrig mer någon kontakt.

Det var en slokörad skara som marscherade tillbaka till Narva genom regnvåta höstskogar. Äldre historieprofessorer brukar skylla misslyckandet vid Pskov bland annat på ryssarnas sega uthållighet ”som var det ännu råa naturfolkets enda styrka och som stod i sammanhang med det förhärskande draget i nationalkaraktären, den slafviska, allt uppoffrande lydnanden” (Martin Weibull).

Vid andra sammanstötningar föll överstarna Taube och Mönnichhofen och några tusen svenskar och finnar med dem. Clas Sture sårades så allvarligt att han dog strax efteråt i Tyskland; därmed var den gamla ätten Sture helt utslocknad på manslinjen.

Gustav Adolf och Axel Oxenstierna firade kungens tjugotvåårsdag, jul och nyår på Kexholms slott och nyårsfesten i borgen Nöteborg, längst österut i det svenska riket. Där fick de oroliga brev hemifrån. Ingen hade hört något från kungen eller rikskanslern på en och en halv månad. Rykten gick om en stor katastrof i Pskov. Levde de än? Varför skrev de inte? Det var änkedrottningen som undrade i ilsken ton.

Fredsförhandlingarna fortsatte, nu ledda av Jakob De la Gardie på den svenska sidan. Men det hela drog ut på tiden därför att svenskarna och ryssarna först inte kunde mötas öga mot öga. Alla förhandlingar fördes via en engelsk diplomat som hette John Mericke med uppenbara sympatier för den ryska parten. Mycken tid ödslades bort på diplomatiska finesser: hur tsaren och Gustav Adolf skulle tituleras osv. Det blev lite bättre då holländska diplomater också infann sig för att hjälpa till med förhandlingarna.

Holländarna har skrivit en reseberättelse med skakande skildringar av svälten i Ryssland, till och med för dem som var med och förhandlade. Morrande hundar och nakna barn slogs om matrester i sophögarna på bygatorna, hästarna hade inget att äta i spiltorna, de slet svansar och manar av varandra. Varje dag föll fem–sex hästar ihop. Delegationens mat måste ibland hämtas från Novgorod, ibland ända från Finland och det hände flera gånger att körkarlar på slädarna hade frusit ihjäl eller slitits i stycken av vargar innan karavanen kom fram.

Kungen och Oxenstierna forsatte sin långsamma resa genom riket, inspekterande försvarsanläggningar, samtalande med finländska adelsmän och – kungen i alla fall – festande med de unga adelsfröknarna. Att herrarna besökte Kymmene kungsgård i Viborgs län vet man av en alldeles speciell anledning. Och att kungen där inte bara pratade politik vet man också.

Han har nämligen daterat dikter "på Kymmenegårdh utij Finlandh". Det är två dikter till ärans och dygdens lov och Gustav Adolf-experterna garanterar att de är kungens eget verk. Den tjugotvååriga Gustav Adolf besjunger på typiskt 1600-talsmanér mannamodet och själsstyrkan, pliktmedvetandets stolta lugn oberoende av vad som händer i världen. Den första dikten börjar:

"Mädan man leffuer i wärlden här,
Moste man thet betänckia,
Att lycka och olycka tiden bär,
Hon monde ej annat skänckia."

Första bokstaven i varje strof i den andra dikten ger namnet Christina Fleming, en ung adelsflicka som fanns i kungens närhet. Nils Ahnlund beskriver dikterna som "fullblodigt erotiska kväden". Flickan var troligtvis dotter till finländaren Henrik Fleming, just då ståthållare över Viborgs och Nyslotts län med Kymmenegård.

Trots behagfulla dagar på slotten i Finland kan det inte ha varit någon tillvaro i lyx och överflöd. Nöd rådde överallt. De holländska fredsdiplomaterna har även beskrivit livet i

Finland vid denna tid. De berättar att de ofta fick äta barkbröd i det svårt krigshärjade landet och att de antastades av tiggare i städer och byar. Bönderna vägrade släppa ifrån sig hästar, ibland fick diplomaterna spänna oxar framför slädarna. Holländarna tror inte att holländska bönder skulle ha funnit sig i vad "dessa stackars bönder" måste stå ut med i Finland.

De skriver att folket var smutsigt, men att träkärlen som ställdes fram i stugorna var skinande rena. Kyrkorna var få och byggda som bondlador och säden maldes med handkvarnar av unga kvinnor "som här är blott stackars trälar och jordmaskar". Stugorna hade sällan fönster. Ljuset kom in genom pörtenas rököppningar. Fanns det en fönsterglugg var den nästan alltid täckt med behandlat skinn eller av urinblåsan från ett svin. Fönsterglas var mycket sällsynt. Stugorna var gråa och omålade, på insidan hade man i vissa landsdelar jämnat stockarna med en timmerbila.

Resan gick nu till Helsingfors dit kungen till slutet av januari 1616 hade sammankallat den första allmänna finska lantdagen, det vill säga ett slags riksdag med bara ledamöter från de finska stånden. Kungen tog in på den kungsgård som Gustav Vasa låtit bygga vid själva åmynningen.

Anledningen till mötet var att Finland och finska folket var det som berördes mest av det pågående kriget. Men trots allt lidande, svält och svårigheter lovade ständerna att satsa ännu mera. Bakom formuleringarna hör man Oxenstiernas diktamen. Han var där delvis som rikskansler, men hade även rösträtt som finländsk adelsman. Året innan hade han nämligen fått stora förläningar i Kimito, i Åbolands skärgård, ett område som till slut omfattade mer än trehundra hemman. Den finländska adeln var för övrigt inte särskilt finsk, för på 1620-talet var en stor del av familjerna i Finland grenar av samma familjer som på det svenska riddarhuset. Några få var vad man i dag skulle kalla finlandssvenska familjer som Kurck, Fincke och Fleming, Horn, Munck och Slang. Under årtiondena som följde flyttade nya familjer in från Sverige och de nya provinserna: Aminoff, Brunow, Bäck i Finland, Creutz, de la Motte, Ramsay, Rehbinder och Wrede. Knappast någon av dem talade finska. Många kunde inte svenska heller, de var första generationen inflyttade officerare från Ryssland, Baltikum, Frankrike eller Skottland. År 1625 var tjugofem av femtioåtta kompanichefer utlänningar, de flesta tyskar från Baltikum.

Närvarande i den lilla byn vid Vanda ås mynning som Helsingfors då var – där bodde bara cirka hundrafemtio familjer – var förutom adeln också den högsta krigsledningen, biskopen den åldrige men lärde kyrkopostilleförfattaren med mera, Ericus Erici (född Sorolainen) från Åbo, tjugu andra präster och ombud från tio städer och allmoge från landets alla härad.

Lantdagen var den unge Gustav Adolfs försoningsgest till finländarna efter faderns, Karl IX:s, ganska brutala tag i samband med klubbekriget. Här var stödet för Sigismund större än i Sverige. I ett långt tal ger kungen sin version av Sigismunds falska ränker mot Sverige, intriger som gjorde att Sverige måste gå in i kriget mot Ryssland. Talet ledde till att kungen och finländarna försonades och ständerna lovade ställa upp med de trupper och betala de extra skatter som var nödvändiga för att slutföra kriget till en ärofull fred.

Hela vintern och våren 1616 var han kvar i Finland, fullt sysselsatt med alla de problem som kriget skapat för finländarna. Han bodde på Åbo slott som höll på att repareras. Förhållandena var enkla, man hade inte ens något riktigt bordssilver, inte ens det som kungen brukade ha med sig på resorna. Det hade skickats för nedsmältning till Novgorod för att trupperna skulle kunna få sin lön där. I slutet av maj steg det kungliga följet ombord på tre skepp och seglade hem till Stockholm.

Under tiden åkte Oxenstierna för att titta på sitt Kimito i Åbo skärgård. Han blev inte imponerad: ”Vemo och Masko härad har jag sett om sommaren. Där var ingen kultur, utan där bor bestier”, skrev han senare i ett brev.

Finska viken svenskt innanhav

Fredsförhandlingarna körde fast gång på gång. Inte förrän svenskarna lät förstå att man planerade en allians med Polen för att angripa Ryssland gemensamt, började det lossna.

Holländarna lyckades bland annat med konststycket att få Jakob De la Gardie och den ryske överbefälhavaren att skaka hand. Första gången gick det till så att de satt på var sin sida om ett förhänge. Skynket drogs åt sidan, de såg på varandra samtidigt, reste sig samtidigt samt sträckte fram handen på en gång varpå bägge kunde hälsa varandra vänligt välkomna till platsen, samtidigt.

Den 27 februari 1617 skrevs slutligen dokumentet under i den lilla byn Stolbova, söder om Ladoga. Det blev Sveriges mest förmånliga fredsavtal med Ryssland någonsin.

Så het var ryssarnas iver att få tillbaka Novgorod och slippa en svensk lydstat där, att tsaren gick med på följande: Sverige fick hela Kexholms län, det vill säga området norr om Ladoga som nu förenades med landremsan mellan Finska viken och Ladoga som förbinder Finland med Ingermanland. Sverige fick hela Ingermanland plus staden och borgen Nöteborg vid Nevas utlopp i Ladoga. Dessutom fick Sverige tre viktiga fästen, bland dem Ivangorod. Vi fick handelsförmåner och ett skadestånd på 20 000 rubel och Ryssland erkände Gustav Adolf som kung.

I gengäld erkände Sverige Mikael Romanov som tsar, hertig Karl Filips planer på att bli storfurste eller tsar drogs för alltid tillbaka och Sverige lämnade Novgorod med kringliggande områden.

Ryssland hade nu ingen hamn och ingen kust i hela Östersjöområdet. Finska viken hade blivit ett svenskt innanhav. Nu kunde man vandra strandvägen från Smålands östkust upp hela vägen runt Bottenviken, nerför finska kusten söderut, runt hela Finska viken, fram längs Estlands kust och så söderut till nordligaste Livland, utan att lämna svenskt territorium. Kungariket Sverige med Finland, Ingermanland och Estland var nu en sammanhängande enhet.

Då Kexholms län förenades med Finland kom hela det karelska folket att hamna på den finska sidan av gränsen. För Finland blev Stolbovafreden historisk därför att landet fick den östgräns man skulle behålla ända in på 1900-talet. Gustav Adolf lät resa en gränssten vid Salmis norr om Ladoga där det stod: ”Här satte Sveriges konung sitt rikes gränser/ En nådig försyn låte hans verk bliva bestående!”

Man kan förstå segerjublet i Sverige då den tjugotvååriga Gustav Adolf kunde meddela ständerna detta resultat av det ryska kriget.

Holländaren Reinoud Brederode som hjälpt till att få de sista bitarna på plats, belönades med svensk friherretitel och förläningen Wesenberg i Estland.

Själv lät Gustav Adolf sig krönas till kung, det skedde i Uppsala domkyrka den 12 oktober 1617. Magnus Brahe överräckte kronan, Jakob De la Gardie bar rikssvärdet och Axel Oxenstierna riksäpplet, skattmästaren gav nyckeln och manteln och som seden varit sedan medeltidens kröningar slogs några förnäma herrar till riddare, de främsta av dem var Axel Oxenstierna, Jakob De la Gardie, fältmarskalken från danska kriget Jesper Mattson Cruus och Per Banér, han som räddat kungens liv vid Vittsjö. Stockholm och alla andra städer i närheten fick skicka sina finaste tenntallrikar, så att de höga gästerna fick äta representativt. De övriga fick sin mat på trätallrikar, tillverkade i Finland. Men så åt ju fortfarande nästan alla, även adeln, till vardags.

Under festligheterna hölls tornerspel där den unge nysmorde kungen uppträdde som goternas store erövrarkung Berik. Även Uppsala universitet fick en del av glansen: Axel Oxenstierna genomförde den första doktorspromotionen i Sverige då han gjorde ärkebiskopen, tillika Uppsala universitets prokansler, norrlänningen Petrus Kenicius, till teologie doktor.

Och för att de nya rysktalande invånarna i det svenska riket också skulle få tillgång till Martin Luthers lära översattes för första gången och trycktes i Sverige med ryska bokstäver Luthers postilla. Även de finsktalande ingermanländarna fick en egen nyöversatt postilla.

I tal till ständerna beskriver kungen sin glädje över att hotet från Ryssland var borta, hur milsbreda moras och sjöar skiljer Ryssland från Finland och Estland. De områden man nu vunnit, säger kungen, är ”begåvadt med åker och äng, med mulbet till överflödighet, med fiskerika floder och sjöar. Skogarna äro uppfyllde med mångahanda slags villdjur, vilkas skinn mycket kostelige äro.”

Och han uppmanar därför svenskarna: ”I utav adel och I andre, som frie till gods till att hava begäran, vad trängens I här, rivens och slitens om enstaka få gårdar? Drager dit till desse land och rödjer eder så stora gods, som eder själv lyster och vars och ens makt tillåter! Jag skall eder med privilegier och frihet försörja, hjälpa och all gunst bevisa."

Även svenska köpmän kunde vänta sig gyllene tider, för dem var Ryssland nu öppet: "Dem står ock nu fritt att driva sin handel genom Ryssland, så vitt de vilja i världen."

Någon större frivillig invandring blev det aldrig till de nya provinserna, som inte lyckades väcka någon riktig entusiasm hos det svenska folket. Däremot var det ganska många som helt ofrivilligt hamnade i Ingermanland för provinsen kom att användas som Sveriges Sibirien i betydelsen att dit skickades för myndigheterna misshagliga personer, alltifrån upprorsmän från Västmanland och Bergslagen till bönder som tjuvjagat på kronans mark eller vågat sig på att hugga ner kungens ekar. I stället för dödsstraff kunde de på detta sätt "benådas" genom att flytta dit i ett slags inhemsk exil.

Gustav Adolfs analys på segerfesten av den sovande björnen Ryssland kunde ha gjorts i modern tid. Han beskriver Ryssland som ett väldigt rike med stora och slumrande möjligheter: "rådande herre över en stor del av Europa och Asia, de förnämsta världens delar. All denna stora makt haver förorsakat hans stora mod, högfärd och det, att han ingen som sin like skattar." Nu var Ryssland skilt från Sverige och Finland med bland annat Ladogasjön "så förhoppas jag till Gud, att det ock skall ryssen härefter bliva svårt över denna bäcken att hoppa eller springa".

Svårt blev det. Ryssen tog sats i nära hundra år men sen kom han. Nu var Sverige, näst efter Ryssland och Spanien, Europas till ytan största rike. Men trots det var den unge Gustav Adolf ännu inte någon fältherre och han var långt ifrån Gustav Adolf den store.

KAPITEL 5

Gustav Adolfs frieri och bröllop
Krigsmuller i Europa
Nyhetsrapporteringen och underrättelsetjänsten organiseras

I BÖRJAN AV ÅR 1620 var Gustav Adolf tjugofem år. Han var redan ganska omtalad i Danmark, i Ryssland och i de nordtyska staterna. Man kände väl till honom och hans framgångar i Nederländerna och han var välkänd vid hovet ända borta i England.

Nu var det dags att han gifte sig. Enligt ett horoskop som änkedrottningen hade beställt då sonen var nyfödd skulle han gifta sig med en kvinna som han själv valt då han fyllt tjugofem.

Kärlekshistorien med Ebba Brahe hade änkedrottningen lyckats göra slut på. Ebba var numera grevinnan De la Gardie. Gustav Adolfs bägge systrar var gifta. Brodern Karl Filip höll på – mot sin moders vilja – att gifta sig i hemlighet med sin älskarinna Elisabet Ribbing, dotter till riksskattmästaren. Den ende som fortfarande var ogift var Gustav Adolf själv.

Hans föräldrar hade ända sedan hans späda barndom sysslat med det dynastiska och politiska läggspel som giftermålsplanering var för kungliga familjer. Karl IX ville att sonen skulle gifta sig med en engelsk prinsessa av huset Stuart. Ibland funderade man på prinsessor från de sachsiska, brandenburgska eller württembergska furstehusen.

Engelske kungen Jakobs vackra dotter Elisabet var den första huvudkandidaten, i synnerhet som man redan för flera år sen via Johan Skytte, som varit på tjänsteresa till engelska hovet, visste att prinsessan var ”hertig Gustav mera tillbenägen än någon prins i världen”.

Men de drömmarna försvann i Kalmarkrigets rök och brand. Elisabets mor var nämligen syster till Kristian IV av Danmark, hon stoppade allt.

Då gick tankarna åt ett annat håll, mot Brandenburg, styrt av huset Hohenzollern, huvudstad Berlin. Där fanns den vackra Maria Eleonora, tjugoett år gammal. Diskussionerna hade pågått sedan hennes sjuttonårsdag. Gustav Adolf hade redan varit på väg minst en gång till Berlin. Bakom äktenskapsplanerna låg en ytterst delikat politisk planering.

En allians med Brandenburg var bra för Sverige av två skäl. Brandenburg var ett starkt fäste söder om Danmark, alltså kunde Sverige få en allierad nästan i ryggen på Kristian IV. Fursten av Brandenburg hade arvsrätt till Ostpreussen, som tillfälligtvis var i polske kungens händer då giftermålsplaneringen började. För Sverige var det bra om Polen förlorade Ostpreussen och en allians med Brandenburg var också ett stöd mot Polen. Därför var den polske kungen självklart emot giftermålet, vilket dessvärre också gjorde att den brandenburgske härskaren också var måttligt entusiastisk.

I slutet av april 1620 beslöt Gustav Adolf att trots allt motstånd slå till. Brandenburg hade fått en ny kurfurste, Maria Eleonoras bror Georg Vilhelm, som var mycket sval till giftermålsplanerna medan modern, änkekurfurstinnan Anna, som tidigare bromsat frieriet, nu verkade byta ståndpunkt.

I största hemlighet gick kungen ombord på örlogsskeppet ”Scepter” som låg med det något mindre fartyget ”Jupiter” utanför Stockholm. Ombord fanns då redan ett litet sällskap av unga och handplockade personliga vänner, bland andra svågern, pfalzgreven Johan Kasimir, 31, kaptenslöjtnanten vid hovregementet Johan Banér, 24, en av dem som blivit faderlös i Linköpings blodbad och en man som Sverige så småningom kommer att höra mycket om. Yngste man var kapten Johan Hand, 23, barnbarn till Erik XIV på frillolinjen. Det är genom Johan Hands dagbok eftervärlden fått så många detaljer om denna romantiska resa. Färden var så hemlig att den stackars bonden Nils Eriksson från Dalahamn, som rodde kungen ut till fartyget vid Älvsnabben, tvingades följa med ombord och hans båt sänktes; en annan av följebåtarna lät man driva i land.

Åtta dagar senare dök kungen upp vid ön Rügen. Nu kallade han sig överste Gustav Karlsson och låtsades vara en vanlig officer i pfalzgreven Kasimirs lilla grupp på väg till Berlin. De tog en långsam väg genom Mecklenburg; Johan Hand skriver livfullt om vad de fick uppleva i de tyska småstäderna: ”Varje morgon hör man en mäkta vacker musica. Koherden begynner blåsa i hornet; sedan kommer getaherden och fåraherden med små pipor, svinaherden med sin piska och smäller för var dörr; gåsherden försummar inte heller sin tid. Därpå svarar oxe, ko, får, get, so och gås, var efter sin art. Barn, höns, hund och katta stämma gärna med in: mäkta lustiga för den som gärna sover länge!”

Så kom de till Berlin, men där var de nära att bli utan rum för natten, för krögarna trodde att svenskarna tillhörde ett förband illa omtyckta engelska legotrupper. Så fick de rum i alla fall och sände ett hemligt bud till änkekurfurstinnan Anna om att de hade anlänt.

Nästa morgon gick de in i slottet där morgongudstjänsten fortfarande pågick. De fick vänta en stund. Ingen visste vem Gustav Karlsson var, men många undrade varför just han plötsligt blev inkallad till änkekurfurstinnans privata rum.

Där mötte han för första gången Maria Eleonora öga mot öga. Hon var exakt så vacker som man hade sagt. Båda verkade nöjda med den ömsesidiga inspektionen. Flickan visste mycket väl vem den svenske ”översten” var.

Mötet avslutades med att alla åt middag tillsammans. ”Var frökens tankar voro, vet jag icke, men ögonen voro alltid vända på Kungl. M:t”, skriver Johan Hand i sin dagbok. Han berättar att mycket sent den natten – vid tretiden – knackade det på värdshusets dörr. Ett bud ville omedelbart tala med överste Karlsson. Kungen klädde snabbt på sig och var försvunnen i några timmar.

Då han återvände på morgonen förmodade alla att han träffat Maria Eleonora. Den unge Johan Hand påstår till och med: ”Hans Maj:t hade så vitt konverserat med fröken, att han hade bekommit en kyss av Hennes furstliga Nådes mun uti hennes kammar.”

Men den lilla gruppen stannade inte i Berlin, utan fortsatte resan söderut genom Tyskland. Nu kallade sig kungen kapten Gars, ett kodnamn sammansatt av Gustavus Adolphus Rex Sveciae. De reste till pfalzgrevens släktingar i Heidelberg vid Neckars strand. Där fanns en annan furstinna, tänkbar för giftermål, Katarina, som beskrivs som ”mycket rundhylt”, vilket skulle ge giftastycke, ansåg en del, men den redan något omfångsrike Gustav Adolf var själv måttligt entusiastisk. I Heidelberg kom det flera brev från hovet i Berlin, men sällskapet fortsatte att se sig omkring i Tyskland. De kom så långt bort som till Strassburg i väster och Stuttgart i söder. Kungen gjorde även något så förbjudet för vanliga svenskar som att besöka katolska kyrkor.

Det var i Erfurt där han såg jesuitkollegiet, dominikanerklostret och sedan till och med en pågående katolsk gudstjänst. Först ville den vakthavande munken inte släppa in dem, men efter mutor kunde kapten Gars tränga ända in i det allra mest förbjudna, för att, får man förmoda, under avvisande fnysningar på nära håll studera vad Johan Hand kallar ”det papistiska avguderiet”.

Snart återvände de till Hohenzollernas slott i Berlin och denna gång var stämningen ännu mer positiv till den svenske kungen. Nu ansågs de unga förlovade.

Kungen reste hem för att ordna allt inför bröllopet i Sverige. Under tiden återkom kurfursten till sitt slott och försökte riva upp vad modern och systern hade bestämt. Änkekurfurstinnan, som var ett resolut fruntimmer av samma kategori som Gustav Adolfs moder, skickade då iväg flickan till ett annat slott, där hon fick avvakta transporten till Sverige.

En praktfull svensk delegation ledd av Axel Oxenstierna utrustades och avseglade ombord på åtta fartyg under befäl av nyutnämnde riksamiralen Carl Carlsson Gyllenhielm. Kungen skulle invänta sin brud i Kalmar. Överresan till Tyskland blev stormig, amiralsskeppet Rikskronan tappade fockmasten.

På darriga ben kunde sedan delegationen ta sig i land i Travemünde den 23 augusti 1620, sjuttiotre personer med femtiosju hästar och elva vagnar. Före alla andra for finländaren Gustaf Horn, son till fältmarskalken Evert. Han var nu en tjugofemårig kammarherre och en man som snart skulle komma att resa mer än han kanske önskade på de tyska vägarna. Gustaf Horn skulle rekognosera. Han kunde snart

Gustaf Horn (1592–1657), greve av Björneborg, fältmarskalk, tidigt en av Gustav II Adolfs närmaste män och en av befälhavarna i trettioåriga kriget. Krigsfånge i åtta år. Ledde erövringen av Skåne. Riksmarsk, generalfältherre och guvernör i Livland.

meddela att kurfursten var i Ostpreussen och den blivande bruden befann sig i slottet i Wolfenbüttel, bevakad av sin otåligt väntande moder.

Kusten klar med andra ord. Den långa karavanen rullade

iväg över Lybeck genom Mecklenburg till Berlin, där Oxenstierna skulle göra upp alla formaliteter med kurfurstens geheimeråd. Oxenstierna hade med sig en instruktion i femtiotre punkter från kungen. Där reglerades allt in i minsta detalj. Bruden skulle få fyra tusen riksdaler i "fickpengar" varje år. Om Brandenburg skulle råka i konflikt med Polen på grund av bröllopet skulle Sverige sända åtta tusen man fotfolk eller femtio tusen riksdaler i månatligt understöd. Om det fanns sändebud från Danmark eller andra furstehov i Brandenburg, skulle Oxenstierna se till att Sveriges konung respekterades och högaktades som han skulle. Dessutom hade rikskanslern med sig ett dyrbart armband som förlovningspresent från kungen.

Nu visade det sig att geheimeråden varken kunde sluta politiska fördrag eller förhindra att bruden åkte. De hade inga speciella instruktioner från kurfursten och vågade ingenting bestämma själva. För Oxenstierna, som var en man som helst såg till att allting sköttes korrekt – framför allt fick det inte bli skandal – var detta ytterst pinsamt. Där stod han med sin stora delegation, skulle de vända om tomhänta?

Då tar änkekurfurstinnan Anna kommandot och allt ansvar. Bakom ryggen på sin son gör hon upp med Oxenstierna och går personligen in i de brandenburgska kassavalven för att hämta ut vad hon tycker är Maria Eleonoras arvslott. Detta tar hon med som reskassa.

Oxenstierna och hans vagnar åkte vidare över Magdeburg till Wolfenbüttel där han ser Maria Eleonora för första gången och blir helt betagen. Han kallar henne utvald och lyckönskar i ett brev kungen till en sådan gemål och landet till en sådan drottning.

Under resan och i varje tysk stad ser Oxenstierna de politiska framtida åskmolnen och krigshoten från det katols-

Maria Eleonora (1599–1655) av Brandenburg fördes under romantiska förhållanden till sitt bröllop med Gustav II Adolf, men hennes lidelsefulla kärleksuttryck för maken missförstods av omgivningen. Som änka rymde hon till Danmark men återkom senare.

ka södern mot de protestantiska rikena i norr. Han ser söndring och politisk velighet: ”ingen ledning, ingen lydnad, ingen kraft och intet nit för allmänt väl”. Han skriver vidare djupt profetiskt till pfalzgreven Johan Kasimir: ”Man lever här såsom vore elden i Tyskland icke upptänd, eller såsom ville man säga, att den väl av sig själv skulle slockna. Utgången skall tyvärr sluta till ögonen på många och sedan kanske öppna dem på andra.”

Bruden, hennes mor, faster och yngre syster steg ombord på de svenska fartygen som låg och väntade på redden i Wismar. Uppdraget var nästan fullföljt. Någon politisk allians hade Oxenstierna trots sina instruktioner inte lyckats åstadkomma, varken med Brandenburg eller Mecklenburg, Holstein eller några hansastäder, som kungen hade hoppats. Vad värre var, det skulle snart visa sig att drömmen om en politisk eller militär allians med Brandenburg, den som hade gett upphov till hela frieriet, var en politisk felspekulation. Giftermålet gav aldrig vad kungen hade hoppats, varken på det personliga eller politiska planet.

Gustav Adolf mötte den lyckligt rodnande Maria Eleonora i Kalmar och den 25 november 1620 stod bröllopet med pompa och ståt i Stockholm. Som morgongåva fick drottningen inkomsterna från Linköping och Eksjö, kungsgårdarna i Norsholm, Bråborg och Kungsberg. Hon kröntes till drottning och enligt gammal sed slogs det mynt och kastpenningar i guld och silver som kastades ut till folket.

Till kalaset kallades, förutom alla riksråden med fruar, alla de adelsmän som i Sverige och Finland höll hästar till rusttjänst, ärkebiskopen och några andra biskopar, plus ett stort antal andra bemärkta personer i riket och från de största städerna. Dit kom också farfar Gustav Vasas gamla änkedrottning Katarina Stenbock, ett sändebud från Danmark och ett femtiotal adelsmän från Livland. Hertig Karl Filip var där och naturligtvis brudgummens moder, änkedrottning Kristina av Holstein-Gottorp, som nu äntligen fått sonen furstligt gift.

Gästerna bjöds på sång och musik och på något ännu så ovanligt i Sverige som ett historiskt skådespel, skrivet av blivande biskopen i Linköping Andreas Prytz, och som handlade om Olof Skötkonung. I pjäsen finns ett samtal om det götiska folket och där fick bröllopsgästerna höra om götakungen Beriks bravader:

Tyskland, Välskland, Frankerike,
Hispanien, andre slike
Pannomiam, Illyriam, Moesiam,
Daciam, Thraciam, Greciam,
sedan allt bortåt de sträte,
till Maeotis kärr sitt säte
hava göterna haft inne.

Ingen behövde gå törstig hem från festen för till slottet hade beställts och betalats för kopiösa mängder dryckjom: 177 åmar rhenskt vin, vilket motsvarar hela 27 783 liter, plus 70 pipor franskt vin (32 970 l) och 15 pipor spanskt vin (7 065 l). Dessutom hade man en halv åm (78 l) rhenskt brännvin plus enorma mängder öl från Rostock och Stralsund. Allting ordentligt protokollfört i Kammarkollegiet.

Den nyutnämnde protestantiske kungen av Böhmen, Fredrik av Pfalz, ledare för den protestantiska unionen, var också inbjuden, men han skrev ett artigt tackbrev och beklagade sin frånvaro. Han skyllde på politiska problem i sitt rike där protestanterna rest sig mot den katolske kejsaren. Det var problem som hela Europa snart skulle höra talas om.

Sveriges första spionnät

Några veckor före jul 1620 kom rapporter från kontinenten: Kejsarens trupper, ledda av fältherren Tilly, hade fallit in i Böhmen och besegrat Fredrik av Pfalz vid Vita berget utanför Prag. Böhmen katoliserades och den spanske härföraren Spinola ryckte med en stor armé upp genom Rhendalen.

Nyheterna oroade makthavarna i Stockholm. Sverige hade nu redan ett visserligen glest, men fungerande spionnät i norra och östra Europa, personer anställda för att hålla ögonen och öronen öppna för svenska statens räkning. Regelbundet kom rapporter från Ryssland, Ukraina och Polen skrivna av agenter placerade i Moskva och Novgorod, Pskov, Kexholm, Narva, Dorpat, Reval, Riga och Danzig. De flesta av rapportörerna var utlänningar med begränsade uppgifter, de var inte diplomater.

Redan år 1619 hade holländaren Leenart van Sorghen installerats i Hamburg som heltidsanställd svensk agent. I Stettin fanns då redan borgmästaren och hovrådet Elias Pauli, som regelbundet skrev till Stockholm. Hans rapporter gick först till ”vår man” i Hamburg som sedan skickade allting vidare till Helsingör, till en holländsk målare som bodde där, Peter Isacsz. Han i sin tur skickade nyheterna till Markaryd, som då låg i Danmark, där gästgivaren och länsmannen Jakobsson Brodde redan sedan länge fungerat som svensk agent.

Konstnären Isacsz fick betalt från Oxenstierna för ”tavlor” han målat. Ett brådskande meddelande från Hamburg till Markaryd tog fem dagar.

Från 1630 fanns Sten Bielke i Stralsund medan en sydtysk riksgreve som hette Filip Reinhard av Solms och en herre vid

Gustav Adolf lät beställa denna eleganta bröllopsdräkt från Hamburg. Den anlände till Stockholm i lösa delar varför skräddaren bara behövde sy ihop den. Siden med blommor och dekorationer i guldtråd. Till dräkten hörde en kappa. Livrustkammaren.

namn Ludvig Kristoffer Rasche rapporterade från olika tyska furstehov, dit de sändes på uppdrag av rikskanslern.

De fast anställda agenterna hade instruktioner att genom ”konversation eller gåvor” dra till sig personer, ”korrespondenter” sa man på denna tid, som kunde ge intressanta upplysningar, helst dokumenterade med kopior av andras brev och handlingar. Verklig bingo i kansliet blev det då man lyckades muta till sig centralt placerade korrespondenter som till exempel Hamburgs stadssyndikus Lunzmann, som hade tillgång till in- och utgående brev från många länder och viktiga personer, eller den nederländske residenten i Köln, som hade tillgång till brev till och från Spanien, Italien, Frankrike, England och Konstantinopel och dessutom från de katolska hoven i Tyskland.

Efter några år övertog Anders Svensson, vår man från Helsingör, posten i Hamburg och gjorde den till ett verkligt centrum för all svensk underrättelsetjänst i Europa fram till början av 1630-talet. Han blev vår förste spionchef.

Det vanligaste sättet att skicka brev på kontinenten var med det postsystem som ägdes av familjen Thurn und Taxis. Från början var det ett transportsystem för kejsarens regeringspost från alla delar av det habsburgska väldet. Men så småningom fick även privatpersoner, mot avgift förstås, posta brev. På så sätt blev Thurn und Taxis rika och det är de än i dag. Familjens färg var gul, därför målades alla droskorna gula, liksom de svenska brevlådorna, och det är därför som taxibilar i till exempel Tyskland och vissa delar av USA är gula i denna dag och därför heter droska taxi på de flesta språk.

Det taxisska nätet utvidgades hela tiden och band snart samman alla viktiga städer i det tyska riket. Breven fördes med ridande postiljoner som byttes var tredje mil. Parallellt fanns andra och långsammare postsystem mellan vissa städer.

Postmästarna i samtliga städer var troligtvis köpta av minst en främmande nation, ofta av flera. Brev kopierades rutinmässigt, vad som sänts med posten var aldrig hemligt. Alltså använde man för känslig korrespondens många former av koder och chiffer. Breven kunde formuleras som vanliga affärsbrev och för att inte dra ögonen åt sig var adressaten alltid någon för de flesta okänd och obetydlig person, mellanhand för Oxenstierna eller kungen personligen.

Viktiga källor för information var de tidningar som nu började spridas i de största tyska städerna. Mycket tidigt prenumererade svenska staten på ett slags klipp- och tidningsservice som veckovis sände material till Stockholm via Leipzig.

Instruktionerna och de flesta av rapporterna var skrivna på latin och sändes till regeringskansliet i Stockholm, där man 1618 för första gången får en riktig utrikesförvaltning med anställda experter och tolkar för fyra olika geografiska områden: en för ryska frågor, en för danska och polska, en för brevväxling och rapportering till och från Frankrike, England och Nederländerna och slutligen en fjärde avdelning för tyska frågor.

Huvudansvarig var under flera decennier Axel Oxenstierna. Under sig hade han Per Banér, som också fungerade som vikarie de långa perioder då Oxenstierna var borta. Det var denne Per Banér, som kom instormande i historien första gången som kungens livräddare på den knakande isen vid Vittsjö 1612.

KAPITEL 6

Akademiskt slagsmål med ödesdigra konsekvenser Uppsala blommar upp Den nya skolan

AKADEMISK PAJKASTNING är inte helt ovanlig i vår tid men i Uppsala grep man till betydligt hårdare medel i början av 1600-talet. Här räckte det inte ens med blåtiror och sparkar på smalbenen, man tog till värjor, stenar och fönsterkrossning. Då Ryssland höll på att få en svensk tsar.

Det var den häftiga maktkampen mellan historikern Johannes Messenius och teologiprofessorn Johannes Rudbeckius. Rudbeckius med borgerlig bakgrund från Närke, rikt begåvad och med examen från tyska universitet blev matematikprofessor i Uppsala vid tjugotre års ålder, innan han gick över till hebreiskan och blev professor i teologi fem år senare. Den ett år äldre Messenius var mjölnarson från Vadstena. Han gifte sig med en katolsk kvinna, dotter till Sigismunds informator. Han studerade vid jesuitskolor och universitet i Polen och Tyskland. För att få tjänst hos Sigismund skrev han en pompös släktkrönika på latin, ”Genealogia Sigismundi”, som kungen tydligen bara gäspade åt. Messenius återvände då besviken till Sverige. Han tog sin genealogia med sig, ändrade lite här och där, lade till några dikter och ett företal och tillägnade boken Sigismunds dödsfiende, Karl IX, farbror till Sigismund och alltså en man med i stort sett samma släkthistoria.

Karl IX blev entusiastisk och Messenius utnämndes till professor i juridik, som på den tiden även betydde historia, i Uppsala 1609. Det fanns från början en djup misstänksamhet mot honom och för att i någon mån få bort jesuitstämpeln skrev han en saftig antijesuitisk stridsskrift och avsvor sig allt samröre med påven och katolska kyrkan. Då danska kriget bröt ut skrev han på kungligt uppdrag stridsskrifter mot danskarna och andra, vilket han gjorde med bravur.

Så dog Karl IX och Gustav Adolf tog över. Det var brottsligt och mycket farligt att vara katolik eller att ha kontakt med katoliker, nyligen hade tre personer avrättats anklagade för att vara katoliker i smyg. Huvudskälet var naturligtvis att Polen var katolskt. Kontakt med katolik var detsamma som kontakt med fienden. Ungefär som man resonerade under det kalla krigets kallaste dagar i öst och väst då amerikaner kunde dömas för en resa till Albanien och en östtysk kunde få fängelse för kontakter med USA.

Messenius var av allt att döma en karismatisk pedagog, kvick, snabb i repliken och med sin bakgrund mycket spännande och intressant för studenterna, som uppskattade honom som person, pedagog och författare. Han skrev flera populära historiska dramer till fosterlandets ära, de första i sitt slag på svenska och höll mycket välbesökta privata kollegier, dit i synnerhet adelsynglingarna kom. Hans första pjäs, ”Disa”, uruppfördes på distinget i Uppsala 1611 av hans egna entusiastiska studenter. Hans pjäs ”Svanvita”, som kom sedan, ungefär när Älvsborgs fästning hotades, var riktad mot danskarna med typisk namngivning för danska roller, exempelvis skytten Lurer, bedragaren Kringfot, köp-

Johannes Messenius (1579–1636), professor i juridik, historiker och dramatiker. Råkade i häftig dispyt med Rudbeckius. Misstänkt för kontakter med Polen sändes han till Kajaneborg där han i sin cell i tjugo år skrev på sitt historiska livsverk.

mannen Fuxman. Danskarna betecknades i regel som falska, listiga, lögnaktiga och fega medan svenskarna naturligtvis var rättskaffens och hederliga. Hans plan var att i femtio pjäser skildra hela Sveriges historia.

Professorerna på de svenska lärosätena har sällan, under något sekel, tillåtit någon enskild kollega att lysa och synas mer än någon annan, i synnerhet inte om applåderna kommer från hurrande studenter och utomstående. Messenius livliga personlighet var raka motsatsen till Rudbeckius tunga och gammaltestamentliga utstrålning. Bägge var energiska eldsjälar vid universitetet. Naturligtvis tålde de inte varandra. Dålig personkemi, kanske man skulle säga i dag. Rudbeckius lät många gånger förstå att han satte lika lite tilltro till Messenius som till ”andra förlupna jesuitiska skälmar”.

Så skulle det bli rektorsval. Huvudkandidater: Rudbeckius och Messenius. Rudbeckius vann. Messenius fick en röst. Troligtvis hans egen.

Han protesterade våldsamt och menade att studenterna borde ha fått välja, inte de akademiska myndigheterna. Den dag den nye rektorn med akademisk pompa skulle installeras i sitt höga ämbete, lät Messenius sätta upp anslag om att han själv skulle installeras några dagar senare i samma funktion.

Rudbeckius höll sitt allvarstyngda installationstal, där han starkt kritiserade studenterna som han ansåg uppträda och leva som ”oskäliga djurs like”. Mitt i all högtidlighet slogs dörrarna plötsligt upp och in i salen brakade professor Messenius i spetsen för en grupp beväpnade anhängare. ”Ska du nedsvärta landets ungdom?” ropade han. ”Du ljuger, du är en åsna, en narr, en galning, en bottenjute (Rudbeckius far var dansk invandrare).” Han visslade, skrek och levde, livligt understödd av sina supportrar. Varpå följde allmänt handgemäng och stenkastning i den nyss så solenna salen.

Ärkebiskopen skrev bekymrade brev till rikskanslern och till kungen. Gustav Adolf, som då själv var i studenternas ålder, svarade med ett brev, i vilket man kan ana Oxenstiernas penna. Han förbjöd såväl de lärda männen som deras studenter ”strängeligen och allvarligen” att fortsätta detta leverne. Studenterna förbjöds att ”draga värjor eller bössor, ej heller bedriva dryckenskap, svärmeri (dvs nattrumlande på gator och torg), perlemente (häftiga gräl), agerande, fönsters utslående eller något annat som en ärlig student, den sina studier akta bör, icke väl anstår.”

Men vad hjälpte det. Messenius anhängare, kanske majoriteten av studentkåren, blev allt vildare. De drog gatorna runt, slog ner folk och ödelade enskild egendom. Allt i protest mot Rudbeckius och hans män, etablissemanget, som studenterna sa på 1960-talet. Till slut blev striden så het att Messenius utmanade Rudbeckius på duell med värja och hans hustru bröt in ”med åska och blixt” på ett professorsmöte och skällde ut församlingen ordentligt. Hon brukade minst sagt en ”ovittig” mun, som det står i protokollen.

Nu fick regeringen nog. En kommission tillsattes, men inte ens under förhören kunde Rudbeckius och Messenius lugna ner sig. Messenius titulerade den lärde teologiprofessorn ”åsna” och då detta upprepats några gånger tröttnade Rudbeckius. Han steg upp, tog sin hebreiska bibel, slog upp en sida och bad Messenius läsa högt: ”Läs om du är karl, varom icke är du själv en åsna.”

Regeringen beslöt att flytta bägge från Uppsala. Messenius blev ledamot av den nyöppnade hovrätten med specialuppdrag att vara ansvarig för kronans gamla arkiv, ett slags riksarkivarie. Rudbeckius blev hovpredikant och kommenderades ut i det ryska kriget med Gustav Adolf. Det blev ett hårt liv, har han själv berättat: ”Nu haver man måst sitta på hästen hela dagen i regn och slagg, nu på släden i snö och urväder och likväl om morgonen hållit predikan. Nu till sjöss i storm och bullrande havsvågen, nu till lands i fält och krigsbuller. Nu höra trummor gå och skjutas, nu ridas och blåsas alarm mitt i predikan...”

Som vi redan vet fick han senare bli biskop och skolreformator i Västerås där han kom att göra en historisk insats för svensk undervisning.

Värre gick det för Messenius. Där satt han med sina gamla handlingar i arkiven, avskuren från den stimulerande studentvärlden. Kanske var det så att han ända från början såg som sin uppgift att försöka infiltrera det protestantiska Sverige för att försiktigt bana väg för en katolsk motreformation. Nu tog han i alla fall kontakt med polackerna, fienden. Då han avslöjades försvarade han sig med att han bara försökte komma över dokument som fanns i polsk ägo och som kunde bevisa att Gotland var svenskt. Dokumenten fanns i Danzig, dit ju många katolska svenskar flydde under Gustav Vasas dagar.

Ingen trodde på honom, för just vid den tiden gick det rykten om ett polskt anfall på Sverige. Stämningen var nervös i landet. En av dem som hjälpte till att fälla Messenius var Erik Jöransson Tegel, sonen till Erik XIV:s beryktade och sedermera grymt avrättade sekreterare Jöran Persson. Messenius dömdes till döden, men ”benådades” med livstids förvisning till Kajaneborgs fästning vid Ule träsk mitt i Finland. Han var då trettiosex år gammal. Hans familj följde honom i fängelset. Han fick rätt att arbeta i sin cell och han kunde skaffa böcker, men tidvis behandlades han mycket hårt.

Borgen, som en gång byggts som gränsfästning mot

Ryssland, låg på en klipphäll mitt emellan Koivukoski och Ämma vattenfall och kunde nås med broar från bägge håll. Fukten och kylan i cellen bröt ner Messenius hälsa. Fångvaktarna har själva beskrivit deras behandling: "Stängda ifrån all människors tal och umgänge ute på forsen inne om två lås i ett trångt, vått, skitigt och stinkande fängelse." Ingen fick hälsa på dem "så framt han icke strax ville heta en skälm och bliva jämmerligen slagen och fängslader".

Senare flyttades han till ett eländigt kyffe av timmer som stod ute i den dånande forsen, stoppat med våt mossa, fönstren var trasiga och vattnet rann nerför ena väggen och ofta upp över golvet. Där levde han i fyra år och där fortsatte han arbetet på sitt planerade storverk om Sveriges historia, "Scondia illustrata", i tjugo band. Då han suttit fängslad i nitton år blev hans forne elev Melker von Wernstedt landshövding i Österbotten. Messenius kunde då lämna Kajaneborg, men måste stanna i Österbotten. Han var då så svag att han avled efter bara ett år i frihet, femtiosex år gammal. Han hade då hunnit skriva femton band av sin historia med början från Noaks ättlingar strax efter syndafallet till Karl IX:s död.

In i det sista trodde han att detta verk skulle göra honom odödlig. Därför skrev han själv texten på sin gravsten:

> *"Här under vilar sig Doctoris Johannes Messenii ben.*
> *Själen i Guds rike men ryktet kring hela världen."*

Men den olyckliga familjen Messenius strider med svenska staten slutar inte här. Hans son Arnold Johan, som växte upp i fängelset med fadern och sedan levde ett äventyrligt liv bland annat i Polen, lyckades så småningom själv göra karriär i Sverige som historiker, han blev till och med adlad, men ställdes inför rätta för landsförräderi i en process som egentligen gällde hans son, kammarpage hos drottning Kristina. Både far och son avrättades genom halshuggning på Norrmalmstorg och deras adelssköld togs ner från Riddarhuset 1651.

Så lugnade allt ner sig i Uppsala där det akademiska livet snart blev mycket seriöst och universitetet levde upp till nytt liv. Ny kansler blev Johan Skytte och han fick ordentliga ekonomiska resurser. Gustav Adolf donerade hela eller delar av 374 gårdar ur sitt eget arvegods.

Gåvan var så stor att man nu kunde avlöna dubbelt fler professorer än förr. Skytte inrättade och betalade dessutom en helt egen professur, den skytteanska i vältalighet och statskunskap. Man kunde bygga en ny universitetsbyggnad, tryckeri med mera, och inom några år fanns det långt över tusen studenter i Uppsala; majoriteten var inte adelsmän. Dit kom bondpojkar (ca 15 %), borgarsöner (ca 15 %) och i synnerhet prästsönerna, som snart var cirka fyrtio procent av samtliga inskrivna, resten var adelsmän.

Universitetet hade fyra fakulteter: teologisk, juridisk, medicinsk och filosofisk. Undervisningen var på latin i alla fakulteter. Dagarna och terminerna var längre för studenterna på den tiden, sommarlovet bara en månad.

Studentlivet var bullrigt, tiden rå och ohyfsad, dryckeslagen täta och ytterst våta. Studenter från samma landskap höll ihop. Fasta studentnationer bildades redan på 1640-talet och medlemskap blev obligatoriskt för varje nyanländ.

Under Gustav Adolfs sista levnadsår grundades Sveriges andra universitet, i Dorpat i Livland, invigt av Johan Skytte som då blivit generalguvernör över Livland, Ingermanland och Karelen. Till det svenska universitetet i Dorpat for baltiska studenter, men också många smålänningar.

Den östra rikshalvan fick Sveriges tredje universitet i Åbo Akademi, grundad 1640 och som fortfarande är det enda universitetet i världen utanför Sverige där undervisningsspråket är svenska. När Skånelandskapen så småningom blir svenska får Lund Sveriges fjärde universitet 1666 och det femte blir i Greifswald, i svenska Pommern, ett universitet som redan fanns då svenskarna kom.

Detta var en dynamisk tid med stora och snabba förändringar och med ett ständigt ökande behov av språkkunniga och välutbildade tjänstemän på alla nivåer. Skolsystemet gjordes om från grunden. Nu tillkommer Sveriges första gymnasium, det grundas av Johannes Rudbeckius i Västerås där eleverna får undervisning i moderna ämnen som matematik, naturkunskap, historia och geografi, alltså inte bara i teologi, som förr. Dessutom även nymodigheten: undervisning i modersmålet, även om latinet fortfarande var huvudämnet i skolan, eftersom alla lärda skrifter enbart skrevs på det språket som dessutom var den tidens enda fungerande internationella språk.

Västerås fick också Sveriges första flickskola och Stockholm fick landets första yrkesskola för fattigbarn, ”barn- och tuktehus avsett för barn av mans och kvinners personer, som löpa på gatan och inge föräldrar hava”. Den första skolan för fattiga barn på landet grundades av Gustav Adolfs halvbror Carl Carlsson Gyllenhielm på hans egendom Sundby i Södermanland.

Skollivet var hårt. Dagen kunde börja klockan fem på morgonen då den i klassen som stod på tur anlände för att tända brasan, om det fanns någon spis. Varje morgon började med gudstjänst och psalmsång. Rummet var upplyst av osande talgljus och rökiga facklor, alla elever satt i samma

Detta träsnitt i Comenius lärobok i latin, "Orbis sensualium pictus", föreställer en lektion i en skolsal på 1600-talet.

rum. Det var ett oerhört oväsen, för nybörjarna kunde rabbla eller skrika alfabetet medan klass två ropade latinska böjningsformer och klass tre läste en psalm. Allt samtidigt. Den som tröttnade på rabblet eller verkade mindre kunskapsintresserad, korrigerades snabbt av lärarens eller tuktomästarens ris.

Men redan på den här tiden fanns det framsynta pedagoger med moderna idéer. Den främste var Johan Skyttes bror, Ericus Schroderus i Nyköping. Han skrev en avhandling där han rekommenderar mjuka och milda metoder: Lärarna ska inte slå utan i stället uppmuntra sina elever med små gåvor, en bok till exempel, eller ett bläckhorn, kanske lite socker. Föräldrarna ska inte skrämma barnen med skolan, inte föra dem dit som ”kalven till slaktning” utan förklara nyttan med att gå i skolan.

Gustav Adolf hade personligen mycket radikala idéer om folkundervisningen, idéer som egentligen inte var helt genomförda förrän en bra bit in i vårt sekel. Han ville inte bara att det skulle finnas läroverk i alla städer, dessutom skulle man ha ”barnaskolor” och ”räkneskolor”.

I ett påbud för Jönköping från år 1625 heter det exempelvis att alla barn ”så snart de 7 år uppfyllt hava, genast och utan undskyllan sätta till en ärlig konst eller hantverk, som är först till skolan, där att läsa och skriva, sedan till räknekonsten, bokhålleriet och redelig köpenskap eller för det tredje till något hantverk och ämbete”. Han ville alltså ha obligatorisk skola och yrkesutbildning för alla barn mellan sju och sexton år. Föräldrar som inte skickade sina barn skulle bötfällas.

Men naturligtvis fanns det en gräns även för den moderna pedagogikens tålamod med trilskande barn. Förr eller senare kom riset fram i alla fall, enligt den filosofi som besjöngs i den samtida visan:

”Såsom dagg och måttlig fukt
liva blomsterknoppen,
fruktan och en lagom tukt
pigga råa kroppen,
Som med pisk, ok och töm
stut av bonden tämjes,
pilt av ris och färla öm
bäst med boken sämjes”

KAPITEL 7

Sverige får Europas modernaste armé
och tuffaste krigslagar
Riga blir svenskt, Livland erövras
Wallhof, kungens första fältslag
Kriget flyttar till Preussen
Kristina föds
Gustav Adolf två gånger nära döden

GUSTAV ADOLF var nu tjugosex år. Han hade fred med sina närmaste och farligaste grannar men kvar fanns fortfarande problemet Polen och kusinen Sigismund, som aldrig slutade att kräva tillbaka sin svenska krona. Han skrev brev till Gustav Adolf, varje gång med olika påhittade titlar som till exempel ”hertigen av Södermanland, Nerike och Vermland”. Det var oförskämda brev där han menade att kusinen inte var bättre än fadern som ”med list och våld alla sina saker företaga ville” och att Gustav Adolf ”till plåga och yttersta fördärv för Sveriges trogna inbyggare födder vore”.

Stilleståndsavtalet med Polen hade löpt ut, krigstillstånd rådde, svenska fartyg strök utanför polska kusten, incidenterna och attackerna var många. I Sverige hade man skärpt bevakning mot alla suspekta katolska, det vill säga polska, infiltratörer.

Att bli katolik eller umgås med äkta katoliker var detsamma som landsförräderi och straffades med landsförvisning, i värsta fall med döden. Kungen varnade för ”papistiske utliggare och lögndragare, polska spyflugor”. Var och en som sände sin son till polska universitet fick i bästa fall sin

Den kraftigt markerade buken var ett manligt skönhetsideal på 1600-talet. Här har det spanska hovmodet vikit för de senaste holländska modetrenderna som den magnifika spetskragen och de generösa spetsarna på stövlarna. Oljemålning efter L Kilian ca 1660.

egendom indragen. Det kunde bli dödsstraff.

Två personer, borgmästaren i Södertälje och en av sekreterarna i rikskansliet, misstänktes ha brutit mot dessa lagar. De greps, förhördes av kungen personligen, torterades illa på Stockholms slott samt halshöggs offentligt. De blev omedelbart saligförklarade av katolska kyrkan.

Polen var Europas stormakt i öster, betraktad som kristenhetens väktare mot turkar och tatarer, men just nu var landet inrikespolitiskt splittrat och militärt och utrikespolitiskt fullt upptaget med sitt värnande mot det muslimska hotet, det vill säga det var fullt krig med sultanen. Alltså var det polska direkta hotet mot Sverige för ögonblicket inte särskilt reellt.

Därför passade Gustav Adolf på att gå till anfall. Han hade två skäl, visst ville han bli erkänd av Sigismund som Sveriges kung, men framför allt ville han utvidga det svenska väldet i Baltikum. Målet var i första hand den stora och rika staden Riga och sedan Livland (ungefär dagens Lettland). Riga med sina över 30 000 invånare hade blivit rikt på den ryska handeln, flera tusen holländska fartyg passerade den gamla hansastaden och de baltiska hamnarna varje år. Den handeln ville Gustav Adolf få kontrollen över.

Nu hade den svenska armén snabbt utvecklats till något helt annat än den som Karl IX hade fört med sig till sitt misslyckade krig i Livland. Det fattiga Sverige kunde inte bygga upp sitt försvar enbart på legotrupper från utlandet. En totalt ny organisation behövdes, en armé sammansatt av utskrivet inhemskt folk.

I princip kunde varje yngling som fyllt femton år tas in i armén. För att kronan skulle veta hur många män som var tillgängliga måste prästerna föra längder över den manliga befolkningen i församlingen; detta blir grunden för världens äldsta kyrkobokföring.

Dagarna då rekryterna skulle plockas ut var dramatiska för häradet. En särskild kommission anlände till socknen, ledd av en hög civil ämbetsman och några högre officerare från närmaste regemente. Närvarande var också prästen, befallningsmannen och ofta ledande personer från trakten.

Alla vapenföra män grupperades i rotar tio om tio. Ur varje rote måste en man bli knekt. Oftast tog man den som lättast kunde undvaras i församlingen, lösdrivare och liknande, sedan kom de yngre sönerna i de fattigaste torpen och gårdarna. Rika bondsöner, män som arbetade på adelns gods, prästdrängar och andra kom ofta undan.

Den som blev uttagen tog ofta beskedet som en dödsdom, för under långa perioder då krigen avlöste varandra och trupperna ständigt drabbades av fältsjukdomar fanns det byar där bara en handfull av flera hundra tvångsutskrivna knektar återvände levande och friska. Några kom hem svårt invalidiserade. Det finns byar i de glest befolkade delarna av Norrland där mer än nittio procent av de utskrivna försvann. De allra flesta dog i epidemier. Många utskrivna försökte fly, i synnerhet i de finska landskapen.

I modern historieskrivning har det allmänt accepterats som ett faktum att alla utskrivna automatiskt alltid skulle ha varit emot utskrivningen och emot alla krigen. Detta är nu inte helt säkert och långt ifrån historiskt dokumenterat. I alla tider har det alltid funnits unga män som gärna ger sig iväg, lockade av spänningen och äventyret, i synnerhet under tider då krigen går bra. Utsikterna till ett långt och lyckligt liv var nämligen inte särskilt stora som yngste son i ett fattigtorp uppe i skogen. Pesten och koleran kom dit också.

Ett bevis för att många gärna gav sig iväg är det faktum att dragonregementena aldrig hade problem med rekryteringen. Dragonerna var ett slags beridet infanteri, bondpojkar som ofta kom med sina egna hästar direkt från plogen. De fick en viss summa årlig skattelindring för att de ställde upp med häst och vapen. Det fanns oftast fler sökande än platser hos dragonerna.

Det finns exempel på ynglingar från enkla familjer som arbetade sig upp från lägsta till högsta graden, fick adelskap, blev riksråd och till och med generalguvernör, som till exempel Erik Dahlbergh. Så småningom, då den svenska armén sväller ut till långt över 100 000 man utspridda över en stor del av Europas yta, är de inhemska utskrivna en klar minoritet, resten är värvade trupper, det vill säga frivilliga utländska män och pojkar som valt knektyrket. Men hela tiden förblir eliten och kärnan av armén svensk och finsk liksom den högsta försvarsledningen. De utländska legoofficerarna drillade sina trupper enligt den svenska krigskonsten och följde svensk taktik.

Det fanns ur krigsledningens synvinkel klara fördelar med att fotsoldaterna var vanliga sega inhemska bondpojkar. Gustav Adolf har själv helt frankt formulerat det hela så här: ”De äro med säkert omdöme utskrivna ur lantbefolkningen, i sina bästa år och förtrogna med att arbeta, bära bördor och uthärda köld, hetta, svält och vaka men däremot icke vana vid några njutningar utan i stället nöjda med att leva av litet. De äro lydiga mot sina överordnade och vägra ej att utföra några som helst uppdrag. De iakttaga en noggrann krigstukt och hava lätt för att lära och äga stark kroppsbyggnad; om det krävs och de äro rätt ledda, kunna de förakta döden och allt ont.”

Landet indelades i ett antal utskrivningsområden. Vart och ett skulle ställa upp ett så kallat landsregemente om cirka tretusen man, men antalet knektar varierade stort. Ut ur

Schabrak, tillverkat i den holländska staden Delft. Det beställdes av Gustav II Adolf, troligen till hundraårsjubileet av Vasadynastins trontillträde. Livrustkammaren.

detta regemente plockades sedan de mindre fältregementena. Vid den tidpunkt då Polen skulle anfallas hade kungen cirka tjugotusen man fotfolk plus cirka femtusen man i rytteriet, men de flesta av dem var frivilliga.

Det fanns också värvade svenska trupper, det intressantaste exemplet var fransmannen Richard De la Chapelles dragonregemente. Han, som redan hade varit med i flera av Sveriges krig, kom nu med ett intressant förslag. Han ville samla ihop unga män som dömts till enklare brott, våldsmän och bråkmakare, skogskarlar och lösdrivare. Kort sagt vad svenska massmedia i vår tid kallar ”utåtagerande ungdomar”, andra säger ”värstingar”. De skulle benådas från sina straff om de blev dragoner hos honom. Kungen var först tveksam, men experimentet slog väl ut. De la Chapelles kanske vilda men mycket modiga och krigsdugliga dragoner utmärkte sig i Baltikum, vilket gav deras överste förläningar i bland annat Brännkyrka, där han till slut slog sig ner, något ärrad av krigens mödor, "en krympling helt förlamad vorden" som han själv formulerat det. Hans söner blev svenska adelsmän. De la Chapellarna var mycket populära, men svenskar och finnar kunde inte uttala det franska namnet. De sa "Laskepelle" i stället. Sonen Johan Casimir efterträdde sin far och därefter fick De la Chapellarna heta Stora och Lilla Laskepelle.

Det är den tjugotreårige Gustav Adolf personligen som driver fram den nya armén, dess beväpning och taktik. Med holländsk krigskonst som förebild når han förbluffande resultat. Franska, engelska och tyska krigshistoriker är eniga om att Sverige under de närmaste årtiondena har Europas effektivaste, bäst beväpnade och mest väldisciplinerade armé.

De svenska pikenerarna, fotsoldaterna med de långa lansarna, får kortare och lättare lansar, cirka tre meter långa mot fiendens tunga järnskodda nära sex meter långa pikar.

De svenska pikenerarna hade lätt harnesk och en lätt hjälm, stormpotta sa man på den tiden. I den kejserliga armén hade man tyngre harnesk och dessutom arm- och benskenor och en sköld, allt av stål och järn.

Det svenska infanteriet fick musköter som vägde cirka fem kilo, två kilo lättare än fiendens. De svenska musköterna kunde dessutom laddas och skjutas tre gånger snabbare än fiendens och Sverige försökte som första nation införa enhetskaliber och enhetspatroner; i andra arméer laddade man med många olika sorters kulor, vilket självklart var opraktiskt. De kejserliga musköterna laddades om i över åttio moment och var så tunga att de måste vila på en särskild gaffelställning som soldaten släpade med sig. Det tog lång tid att ladda om, men det gick långsamt även för de nya snabba svenska musköterna. Det ansågs sensationellt att Gustav Adolfs musketerare kunde skjuta fyra gånger i timmen. Träffsäkerheten var normalt inte så stor, på tvåhundra meters håll missade nittio procent av skotten. De svenska musköterna tillverkades i varje landskap av särskilda rörsmeder som också gjorde lansarna.

I den kejserliga armén hade man fortfarande enheter helt klädda som medeltida riddare, de så kallade kyrassiärerna, vars utrustning kunde väga mellan sextio och sjuttio kilo. De satt på stora hästar, oftast hingstar som anföll i trav. Kyrassiärerna var sin tids pansarvagnar. Det var inte lätt för pikenerare att stå kvar för att möta en sådan framrullande skrammelarmé med fällda visir och blixtrande svärd.

Gustav Adolf är den förste som använder artilleriet på ett effektivt sätt. Fram till nu hade arméerna haft ett fåtal, mycket tunga kanoner som måste dras fram till slagfältet av trettio till fyrtio hästar eller oxar. De kunde väga över ett och ett halvt ton. Det är lätt att förstå att en sådan pjäs inte kunde rubbas ur fläcken efter det att slaget börjat.

Gick bataljen illa, föll kanonerna därför alltid i fiendens händer. Den svenska armén utrustades med lätta (ca 150 kg) svensktillverkade kanoner, regementsstycken, så kallade trepundare, som sköt kulor som vägde cirka ett och ett halvt kilo. Kanonen var monterad på en kanonvagn som kunde dras av en eller två hästar och den kunde också flyttas mitt under striden med handkraft. Den laddades med skrotladdningar som exploderade vid nedslaget, druvhagel och kartescher, ett slags massförintelsevapen på kort håll och dessa pjäser tvingade fienden att ändra sin egen häruppställning.

Gustav Adolf började experimentera med nya härupp-

Clas Fleming (1592–1644) från Finland, amiral och en av dem som byggde upp den svenska flottan under Gustav II Adolf. Skicklig administratör, riksråd, amiralitetsråd. Slutade som överståthållare i Stockholm.

ställningar och ny taktik som finslipades i Baltikum och drevs till perfektion i trettioåriga kriget, då hans krigskonst för honom till krigshistorien, och gör honom till en av de sju stora härförare som Napoleon brukade säga att varje fältherre måste studera.

Även flottan rustades upp och moderniserades, vilket var

livsviktigt allteftersom de svenska intressena ökade runt Östersjöns kuster. Flottan förbättrades snabbt under kungens halvbror Carl Carlsson Gyllenhielm, som blev riksamiral, och finländaren Clas Fleming, viceamiralen.

Holländska skeppsbyggare kallades in, de arrenderade kronans varv och byggde nya fartyg, framför allt på Blasieholmen och Skeppsholmen i Stockholm. Även kanontillverkningen låg i händerna på holländarna, som utvecklade tillverkningen så att Sverige snart blev den största kanonexportören i Europa.

Europas strängaste krigslagar

Strax innan trupperna gav sig iväg mot Baltikum offentliggjorde Gustav Adolf sina nya krigslagar, som var de strängaste i Europa och som även noga efterföljdes de första åren. Den utskrivne knekten riskerade dödsstraff för fyrtiofyra olika förseelser. Soldat som missbrukade Guds namn, vare sig det hände i fyllan eller då han var nykter och om det fanns tre vittnen till hädandet: ”han skall döden dö, utan nåder”. Soldat som tre gånger spelat pajas under de dagliga obligatoriska gudstjänsterna straffades med arkebusering.

Soldat som ”bjuder näven” åt sitt befäl, det vill säga gör motstånd eller slår sina överordnade, kom i fredstid undan med att man kapade handen som slagit eller hotat, i krigstid blev han avrättad. Den som var full eller somnade under vakttjänsten dömdes till döden liksom den som försökte lämna eller gå in i lägret på annat sätt än genom porten. Den som var lat eller försökte dra sig undan sina uppgifter sattes på den så kallade trähästen, ett tortyrredskap.

Regemente som flydde i strid ställdes inför krigsrätt. Var tionde man lottades ut ur gruppen för att bli arkebuserad.

De överlevande fråntogs alla sina fanor och hedersemblem, de fick inte tälta innanför härlägret. De fick hand om städning och andra förnedrande uppdrag tills de, som man tyckte, hade gjort sig förtjänta av att bli upptagna i leden igen.

Krigslagarna hade klara bestämmelser om var och när och vem som fick plundra och bränna i städer och byar. Ingen knekt fick exempelvis sätta eld på en stad, en kyrka eller ett sjukhus utan tilltånd, det vill säga utan att ha fått order om det, inte ens i fiendeland. Gjorde han det dömdes han till döden. Ingen fick heller "våldföra präster, utgammalt folk, kvinnor, jungfrur och barn, med mindre någon av dem sätter sig till värns". En desertör hängdes utan vidare. Han kunde under vissa omständigheter benådas men fick då bägge öronen avskurna.

En vanlig bestraffning för många förseelser var gatlopp, då den dömde fick springa några varv runt lägret mellan led av kamrater som slog på den olycklige med käppar och piskor.

Lika stränga lagar gällde till sjöss. Styrman som "genom vårdslöshet löper på klippa" bestraffades först med kölhalning, sen fick han betala skadorna själv. Matros som klagade på maten ombord bestraffades med järnbojor och vatten och bröd. Den som "av oaktsamhet släpper elden lös i skeppet, så att det brinner, ska kastas på samma eld. Den som vägrar utföra order ombord ska kölhalas första gången men arkebuseras om det händer en gång till."

För vår tid kan de hårda straffen verka orimliga. Men de måste ses i relation till de lagar som gällde för civila i fredstid. De var minst lika hårda med dödsstraff för ett sjuttiotal olika brott och även där dömdes tjuvar och våldsmän till stympning.

Rigas erövring

Sommaren 1621 var tiden alltså inne för anfallet mot den protestantiska staden Riga, som med sina 30 000 invånare hade större befolkning än alla Sveriges dåtida städer tillsammans. Det var en tysktalande stad under polsk kontroll och anfallet kom trots diplomatiskt gnissel från europeiska grannar, som menade att ett svenskt anfall på Riga inte precis hjälpte polackerna i deras kamp mot kristendomens fiender.

Trupperna inspekterades på Årsta ängar utanför dåtida Stockholm. Där blev de nya krigslagarna upplästa och godkända av de utskrivna medelst dånande jarop. Hur nejrop hade bestraffats, framgår inte.

Över 14 000 man med hästar och kanoner steg ombord på den största flotta Sverige dittills hade dragit samman, 52 örlogsfartyg och över 100 lastfartyg av varierande storlek. Kungens bror Karl Filip hade krävt att få följa med och till änkedrottningens och Axel Oxenstiernas förtvivlan fick han det också. Helst skulle ju inte både kungen och arvprinsen bägge samtidigt befinna sig i samma utländska krig, vem skulle ärva kronan om någonting hände dem? Johan av Östergötland hade ju nyligen dött, barnlös.

Spänningen var stor i Stockholm. Kungens gravida och gråtande hustru var med ute vid Älvsnabben. Hertig Karl Filips "hemliga" hustru Elisabet Ribbing var också gravid, men troligtvis gömd på en mer undanskymd plats denna dag. De sista dokument som kungen undertecknade ombord på sitt fartyg var privilegiet för Axel Oxenstierna att i sitt Kimito i Åbolands skärgård bygga en stad för hantverksfolk. Av detta blev nu ingenting. Bättre gick det för staden Luleå, som fick sina papper samma dag.

Då flottan till slut seglade ut den 24 juli 1621 blev

nervpåfrestningen för stor för den gravida drottningen. Inom ett dygn fick hon en dödfödd flicka. Kungen var då redan helt uppslukad av den nya krigsoperationen. Vädret var mycket dåligt och kungen skriver i ett brev till Oxenstierna hur fartygen "höllo sjön i tre dagar i regn, blåst och elakt, mörkt väder". Han berättar att många master gick av, hästarna tog svår skada och saltvatten slog in i mat- och dryckesförråden. Kungens och Karl Filips fartyg Scepter drevs norrut, mot Pernau.

Men större delen av flottan kom fram i alla fall och förberedelserna började för belägringen av Riga, nyckeln till Livland där köpmän från Polen, Litauen, Moskva och Novgorod bodde för att exportera lin från Litauen och hampa från Vitryssland. De sålde också master för fartyg, skinn och hudar, vax med flera varor som var begärliga i synnerhet hos de snabbt växande sjöfararnationerna Nederländerna och England.

Kungen och Karl Filip steg i land i Pernau den 28 juli där de mötte Jakob De la Gardie som kom marscherande med truppförstärkningar från Finland och Estland. Kungen hade nu över 19 000 man till sitt förfogande. Trupperna lades i fyra stora läger runt om staden vars hamn blockerades av flottan under Carl Carlsson Gyllenhielm och Clas Fleming. Kungen och Karl Filip med Gustaf Horn satt i lägret vid Sandberget, Herman Wrangel höll ställningarna i öster och Herman Fleming låg vid Kobrun och närmast Riga låg en skotsk överste som hette Seaton med sina styrkor. Under ständigt bombardemang från Riga började svenskarna att bygga skansar och palissader. Den 13 augusti var förberedelserna helt klara och nu inleddes den svenska attacken på allvar.

Rigaborna gjorde segt motstånd, belägringen drog ut i

fyra veckor. Svenskarna hade fört med sig den modernaste teknik som fanns, skött av specialinkallade utländska experter som lärt sig konsten under bland andra Vilhelm av Oranien. Svenskarna grävde sig under beskjutning fram mot murarna i maskerade löpgravar.

Över hundra svenska kanoner öppnade eld. Vissa dagar visslade mer än tusen projektiler in över Rigas tak och gränder, hundra timmar i sträck kunde bombardemanget pågå. Totalt sköts över 15 000 projektiler. De tappra Rigaborna sköt tillbaka. De planterade motminor och hällde kokande beck och lut över dem som försökte storma. Gång på gång misslyckades svenskarnas försök att ta sig in. Varpå följde nya intensiva regn av glödande projektiler, de tyngsta vägde mellan åtta och åttio kilo, projektiler som fick marken att skälva innanför de alltmer sönderskjutna murarna.

Kungen och hans bror var hela tiden med i främsta leden. En kanonkula flög en dag rakt genom kungens tält och nuddade hans huvud och en annan gång träffades en livländare som hette Stackelberg intill kungen så att blodet stänkte över Gustav Adolf.

Till slut orkade inte Riga längre. Söndagen den 16 september 1621 tågade Gustav Adolf, Karl Filip och de andra in i den erövrade staden. Tacksägelsegudstjänst hölls i Rigas Peterskyrka. Stadens nycklar överlämnades och bland borgarna fanns en man som svenskarna kände igen, den nu över åttio år gamle Klosterlasse, den norskättade katoliken som på Johan III:s tid drev skola på Riddarholmen innan han kördes ut ur Sverige. (Mer om honom i ”Gustav Vasa och hans söner och döttrar”.) Jesuiterna fick lämna staden, men deras bibliotek beslagtogs och skickades till Uppsala universitet där samlingen blev den första att fylla kunskapens gapande tomrum i hemlandet. Under åren som följer kommer tusentals volymer som erövrats på samma sätt att hamna på svenska universitet och skolor.

Svensk guvernör över Riga blev finländaren Jesper Mattson Cruus. Staden fick behålla sina stads- och handelsrättigheter och Riga fick rätt att sända representanter till den svenska riksdagen. Guvernören hade över fyratusen man, de flesta från Finland, som skydd, men läget var spänt, för i ett brev till Oxenstierna skriver han att ”jag icke en stund är säker där”.

Karl Filip dör

Kort efter segern insjuknar en stor del av armén i fältsjuka, bland dem även hertig Karl Filip. Han fördes hastigt till Narva, men orkade inte segla vidare. Han avled, eller som Gustav Adolf skrev i en minnesanteckning över sin bror: ”Men då gick det efter som i psalmen står. Då kommer där en gäst som klappar och slår, den vi pläga döden kalla. Han klappade ock för Hans furstliga Nådes dörr.” Karl Filip blev bara tjugo år.

Hans hustru, Elisabet Ribbing, nedkom några månader senare med en dotter, som fick heta Elisabet Gyllenhielm. Hon togs väl om hand av sin gamla farmor, änkedrottningen Kristina. Flickan giftes bort först med en man ur släkten Natt och Dag, sedan med en herre som hette Balthazar Marskalk. Hon växte upp och blev så småningom en förträfflig hovmästarinna hos drottningarna Maria Eleonora och Hedvig Eleonora.

Karl Filip har kallats den siste hertigen, för några år tidigare hade hertig Johan av Östergötland avlidit, trettio år gammal. Nu fick Gustav Adolf och kronan tillbaka kontrollen över hertigarnas rika och viktiga landskap. Sverige blev ett igen.

Oxenstierna kommenterar i brev hur bra detta var för landet, för annars vore allt bäddat för framtida blodiga familjeuppgörelser. Aldrig mer får Sverige en regerande hertig, alla de hertig- och hertiginnetitlar som sedan 1772 tilldelats kungliga barn ända fram till våra dagar, är rent symboliska.

Det blev en svår vinter för armén i Livland; fältsjukdomar härjade, det var ont om mat och kläder för soldaterna. Av de cirka 14 000 man utskrivna trupper kungen haft med sig, dog långt över hälften. Då våren kom fanns bara 5 000 man kvar. Av 250 ryttare från Småland, kunde bara 105 komma hem igen.

Men kriget gick vidare och snart hade svenskarna lagt under sig en stor del av Livland och kontrollen över all handel på floden Düna. Kungen reste hem den norra vägen över Estland och Finland. Det tog drygt två månader.

Han hade vunnit en stor militär seger. Men ännu var han inte erkänd av kung Sigismund och hans egen unga dynasti var inte särskilt stabil. Landet saknade tronföljare och själv saknade han tronarvinge.

Därför skriver han nu till sin svåger Johan Kasimir, vars lilla rike drabbats hårt av de kejserliga trupperna. Pfalzgreven, hans hustru Katarina och två döttrar kommer på sommaren 1622 till Sverige. I november föds sonen Karl Gustav och familjen slår sig ner på Stegeborgs slott. Den lille Karl Gustavs mor var i alla fall av huset Vasa, alltså betraktades pojken av kungen som en möjlig framtida tronarvinge.

På sommaren 1623 var drottningen Maria Eleonora gravid igen och Gustav Adolf redo för ett nytt krigståg mot Livland, som delvis fortfarande var i polska händer. Med sig hade han 10 000 man nya trupper och dessutom rikskanslern Axel Oxenstierna. Men kriget gick trögt och gav inte många framgångar. Oxenstierna fick inleda nya förhandlingar, ny vapenvila slöts och som tack för sina insatser fick Axel Oxenstierna hela biskopsdömet Wenden i belöning. Dit hörde staden Wolmar och mycket annat som i donationsbrevet beskrivs som ”hus, adelsgårdar, hov, land, län, gods, byar, åkrar, ängar, skog, mark, sjöar, strömmar, fiskeri, krogar, jakter, räntor, rättigheter, inkomster”. Till förläningen hörde 350 bondgårdar. All denna härlighet låg vid det svenska väldets yttersta gräns, vilket kanske skulle stimulera Oxenstierna att ännu ivrigare slåss för att säkra hela regionen för svenska kronan.

Så småningom kommer släkten Oxenstierna att äga en tiondel av hela Livland och 1641 tillhörde halva Livland svenska adelsfamiljer. Generalguvernör över den ockuperade delen av Livland blev Jakob De la Gardie.

På hösten 1623 då kungen var tillbaka i Stockholm igen födde Maria Eleonora sitt första barn, en flicka som döptes till Kristina Augusta. ”Flickan artar sig”, skrev drottningen och lyckan var fullständig.

Men kungen hade knappast tid för ett stilla familjeliv. Pesten drog över landet och närmade sig huvudstaden. Den kungliga familjen flyttades till Gripsholm och Gustav Adolf själv var ständigt på resor, övervakande den sjudande aktivitet som rådde överallt i riket, nu när Sverige på några decennier förändras mer än under de föregående hundra åren.

Dessutom var kriget mot Sigismund långt ifrån slut. Kungen fick veta att kusinen höll på att värva många tusen skotska och tyska legoknektar och att en flotta byggdes i

Danzigs hamn. Sigismund ville slutgiltigt lösa den polsk-svenska konflikten med en kraftfull offensiv mot Sverige och Finland samtidigt som han skulle driva fram en revolt i landet. Fortfarande fanns det svenskar kvar i Polen, i synnerhet i Danzig, ättlingar till adelsmän och andra som började fly redan på Gustav Vasas tid, men de flesta var sådana som hade valt Sigismunds sida i kampen mot Karl IX. En typisk sådan var Gabriel Posse, son till riksrådet Göran Posse. Sonen var nu den som ledde arbetet på den nya polska flottan i Danzig och han värvade ett eget regemente som senare sattes in på Wallensteins sida mot Gustav Adolf. Han och många andra drömde om att komma tillbaka i ledningen för en ny regim.

I Sverige rustades kustfästningarna upp, trupper flyttades mot väntade landstigningsplatser, bland annat i närheten av Kalmar. Den gamla änkedrottningen Kristina flyttades med alla sina dyrbarheter från Nyköping till Gripsholm som var lättare att försvara. Nya soldater kallades in. Befälhavare utnämndes för södra Sverige och Finland. Alla var beredda.

Gustav Adolf beslöt då att hellre förekomma än förekommas. Han seglade iväg med ett tjugotal fartyg direkt till Danzig, som fungerade som en fri handelsrepublik i polska Ostpreussen. Flottan blockerade infarten och genom diverse brev och skrivelser hotade kungen Danzigborna.

Deras blomstrande handel skulle ta slut om de fortsatte att samarbeta med Sigismund i hans planer mot Sverige. Under tiden tog svenska spanare reda på exakt hur det stod till med de polska krigsförberedelserna. Beskeden var lugnande. Ryktena var överdrivna, hotet minimalt. Kungen sände lugnande bud hemåt, många inkallade bönder skickades hem igen, de största försvarsprojekten avbröts och kungen seglade tillbaka till Sverige. Nu kunde han koncentrera sig på att slutföra kriget i Livland.

På hösten, då Gustav Adolf var sysselsatt med alla dessa bekymmer, fick han bud från Stockholms slott: Hans lilla flicka Kristina Augusta hade dött. Ännu en gång stod han själv utan tronarvinge och landet utan tronföljare.

Hela vintern förbereddes ett nytt fälttåg mot Livland. På våren 1625 var drottningen gravid och som vanligt vek hon inte från hans sida, hon följde honom överallt. En dag i maj seglade kungaparet i en liten båt över Stockholms ström mot Skeppsholmen för att inspektera några nya fartyg. En plötslig vindil från Södermalm höll på att stjälpa båten. Den uppskrämda drottningen fördes hastigt tillbaka upp till slottet. Då hörde någon henne säga: ”Ich fühle mein Kind nicht mehr” (Jag känner inte mitt barn längre). Kort efteråt födde hon en död son. Kungen höll på att skriva ett brev till sin svåger Johan Kasimir då han fick beskedet. ”Innan jag kan sluta detta brev, träffar mig den olyckan att min gemål fött mig ett dödfött barn, vilket jag vid begynnelsen av detta brev icke hade hoppats. Våra synder hava förtjänat, att det så har behagat Gud.”

I juli 1625 var en ny flotta och 12 000 svenskar och finnar beredda att sändas till Livland. Axel Oxenstierna var med också denna gång. Nu gick det bättre, kriget gav flera framgångar, större delen av Livland och Kurland med floden Dünas nedre lopp blev svenskt.

Maria Eleonora hemma i Stockholm blev nu alltmer otålig. Plötsligt meddelade hon de förskräckta rådsherrarna att hon nu tänkte fara till sin make i kriget. Vilket hon också gjorde. Hon anlände till Reval och var beredd att resa genom det krigs- och pesthärjade Livland för att nå Gustav Adolf. Förskräckt skickade han brev där han försökte få henne att stanna i Reval tills vidare, han skulle komma till henne så fort han kunde. Vintern var nära och arméerna skulle gå i vinterläger. Men det var svåra tider, fältsjukdomarna fortsatte att härja och många av kungens närmaste medarbetare var sjuka.

"Soldaterna dör som hundar sin kos", skriver kungen till Oxenstierna och han berättar att han själv får göra allting: "Jag är både sekreterare och kamrer. Vore ock kalefaktorn sjuk, så bleve jag omnia tria." Det var som vanligt svår brist på allting, kungen fortsätter: "Här måste jag smula för folket som man plägar göra för hönsen."

Kungens första fältslag

Det var då avgörandet kom. Gustav Adolf, som nu var trettioett år fyllda och som hade varit ute i fält hela sitt vuxna liv, hade fortfarande inte lett eller deltagit i ett enda riktigt fältslag. Nu kom hans elddop. Det hette Wallhof, en liten by i norra Kurland, i dagens Lettland, där polackerna slagit sitt vinterläger.

Kungen beslöt att gå till blixtattack. Om hans trupper bara kom fram tillräckligt snabbt skulle fienden tas med överraskning. På ett och ett halvt dygn tog sig över 1 000 musketerare och 2 100 ryttare med sex fältkanoner över svår terräng mer än fem mil fram till polackerna, som var varnade, men inte hunnit förbereda sig ordentligt.

Slaget stod tidigt på morgonen den 7 januari 1626. Polackerna hade 2 525 man kavalleri, det berömda och granna polska adelskavalleriet som ansågs överlägset de oprövde svenska och finska dragonregementena, som kom ridande på sina små hästar från torp och gårdar. Dessutom hade polackerna 3 425 man fotfolk och fem kanoner. På papperet var det alltså en överlägsen polsk armé.

Polackerna ställde upp sig på en ås framför den skog ur vilken Gustav Adolfs armé skulle komma. Så snart svenskarna visade sig skulle polackerna gå till anfall. Men Gustav Adolf var förberedd. Hela armén kom ut ur skogen i full stridsformering med infanteriet i mitten och kavalleriet på flyglarna.

Polackerna överraskades och försökte gruppera om sig. Då anföll Gustav Adolf med rytteriet. De flesta av dragonerna var finnar, de så kallade hakkapeliterna av det finska stridsropet "hakka päälle" som ordagrant betyder "slå mot huvudet" men som översätts med "hugg in!".

De vann en lysande seger. Det polska adelsrytteriet skingrades och höggs ner, resten flydde, förföljda av svenskar och finnar. Polackerna förlorade cirka 1 500 man, tre kanoner, fem fanor och hela sin tross med över tusen slädar. Över hundrafemtio polacker blev krigsfångar, bland dem några högre officerare. Den andra hälften av polska armén, som var på väg mot Wallhof, vände och flydde till Litauen då de fick höra om sina landsmäns nederlag. Det låter otroligt, men kungen bedyrar i ett brev efteråt att inte en enda svensk skulle ha stupat i detta slag där en femtedel av hela polska armén utplånades. Detta var första gången kungen helt själv ledde ett större slag. De la Gardie, Wrangel och de äldre fältherrarna var inte med. Och för första gången hade det fruktade polska kavalleriet slagits ur fältet. Det var en stor moralisk framgång för Gustav Adolf och en kännbar prestigeförlust för Sigismund. Hela Livland blev svenskt.

Nu reste kungen till Reval i svenska Estland där drottningen suttit och väntat. Även Axel Oxenstierna var där. Efter några veckor av fester och överläggningar åkte alla hem mot

Stockholm, kungen för att aldrig mera återkomma till Baltikum. Men först utnämndes Johan De la Gardie till ståthållare över Estland med säte i Reval, hans yngre bror Jakob De la Gardie satt redan i Riga för att styra över Livland. De flesta av de framgångsrika officerarna i Livland fick erövrade gods och gårdar som belöning, Braherna, Gyllenhielm, Clas Fleming, Banérarna och många andra.

Oxenstierna reste först i en snabbtransport runt Finska viken upp över Finland till Vasa och därifrån över Kvarkens isar. Det tog tre veckor till Stockholm. Under de långa respassen satt han och skrev och fick ta emot depescher på kod till och från Stockholm. Meddelandena sändes med så kallade enspännare, kurirer som tog sig fram dubbelt fortare än vanliga resenärer. Kungen och drottningen kom efter, betydligt långsammare. I ett brev från Viborg klagar kungen över att han, på grund av drottningen, inte kunde röra sig snabbare än en lus på en tjärsticka. Den utmattade Maria Eleonora blev tvungen att stanna och vila ut i Umeå innan hon kom fram till Uppsala i slutet av mars.

Detta var år 1626. Nere på kontinenten ryckte kejsarens trupper segrande fram över de protestantiska länderna. Europas karta ritades om, Sveriges ärkefiende Danmark och handelskonkurrenterna Nederländerna och England var strängt upptagna. Stunden var inne att fullborda det som nu var så nära, att göra Östersjön till ett svenskt innanhav. Sverige skulle bli ”ett nordiskt Rom, behärskande Nordens Medelhav”, som Martin Weibull formulerar det hela.

Kriget flyttas till Preussen

Därför flyttades fronten en bit söderut till det polska Preussen och den sista och viktigaste handelsstaden vid Östersjön,

Danzig (numera Gdańsk). Den som hade Ostpreussen fick tullinkomsterna från Weichsel, Pregel och Njemen och då skulle Polen, precis som Ryssland, vara helt utestängt från Östersjön och, som Oxenstierna skrev, ”den polska nationen gripen vid strupen”. Dessutom var Ostpreussen ett rikt och bördigt land som ännu inte drabbats av krigen, alltså skulle armén som lidit så illa i Livland nu kunna försörja sig själv.

Exakt när och var svenskarna skulle slå till hölls hemligt in i det sista. Hamnarna i polska Ostpreussen låg under kungens svågers beskydd, kurfursten av Brandenburg Georg Vilhelm, men denna diplomatiska komplikation bekymrade inte Gustav Adolf nämnvärt. I slutet av juni samlades flottan ännu en gång vid Älvsnabben, över 150 fartyg med mer än 14 000 man togs ombord. Den 22 juni 1626 tog Gustav Adolf avsked av sin drottning, som nu var gravid igen, för fjärde gången.

Med sig hade kungen en rad officerare som snart skulle låta höra talas om sig: Gustaf Horn, 33, utbildad i Nederländerna, veteran från ryska kriget, Johan Banér, 30, veteran från de baltiska krigen, och den unge Lennart Torstenson, 23, som var kungens harneskbärare då Reval togs och som nyss fått studera krigskonst i Nederländerna.

Efter bara fyra dagars seglats var flottan framme vid staden Pillau, där man inte hade gjort några som helst försvarsförberedelser. Pillau hade stor strategisk betydelse eftersom man därifrån kunde stänga av den smala havsvik som heter Frisches Haff där två viktiga polska floder mynnar ut och varifrån man kunde nå Weichsel. Med andra ord, med en stark flotta vid Pillau kunde man ta tull av nästan all handel från Preussen.

Utan besvär lade Gustav Adolf beslag på sin svågers stad.

Pillau föll utan strid, snart erövrades ytterligare ett tiotal städer, bland dem Braunsberg som plundrades på sitt magnifika bibliotek, Frauenburg, som fick se sina mässhakar, nattvardskalkar och kyrkklockor skeppas till Sverige, Oliva, vars kloster plundrades och som dessutom fick sända flera hundra hästar och får till Sverige , Elbing och Dirschau, där man slog en bro över Weichsel.

Svenskarna var snart ända framme vid den pommerska gränsen. Därmed var Danzig avspärrat från landsidan; utanför kusten låg redan den svenska flottan, som nu fick allt större betydelse. Kungen behövde fler och större skepp, därför gav han nu order om att regalskeppet Vasa skulle byggas på Stockholms skeppsgård, där holländaren Henrik Hybertson och hans folk arbetade nästan dygnet runt. Kungen hade själv vissa idéer om skeppets storlek och kapacitet, idéer som skeppsbyggarna bara hade att följa, även om de kanske anade konsekvenserna.

Danzig var den sista av de gamla hansastäderna som fortfarande hade en exklusiv och egen ställning. Den fungerade som en fri handelsrepublik som inte betalade tullar till någon, där samlades enorma förmögenheter, framför allt på handeln med spannmål till Västeuropa. I staden fanns en rad ståtliga renässanspalats fyllda med konst från Nederländerna, Spanien och Venedig och stadsborna hade en egen armé på cirka sjutusen man. Befolkningen var protestantisk, varför svenskarna räknade med ett visst stöd i kampen mot den ärkekatolske Sigismund, som nu försökte komma till Danzigs undsättning. Men Danzig vägrade att öppna sig för svenskarna och staden vägrade lika styvnackat att ansluta sig till Sigismund och angripa Gustav Adolf.

Kristina föds

Längre än så kom man inte denna sommar. Resultatet hade varit lysande för Sverige. Axel Oxenstierna utnämndes till generalguvernör över de preussiska besittningarna. Han fick sitt säte i Elbing där han först bodde hos en rik borgaränka innan han kunde flytta in i ett av de största och finaste husen, "Stora Christoffel", vid Alter Markt. Herman Wrangel blev lokal befälhavare. Så åkte kungen hem till Stockholm där han mottogs i triumf, lagom till drottningens väntade nedkomst.

Kungen var nu en mycket fyllig trettioettåring med högt blodtryck och högröd ansiktsfärg. I Preussen hade han fått ett slags varannandagsfrossa som han försökte bota med åderlåtning och häftiga fäktningsövningar med den nu tjugofyraårige kammarherren Per Brahe. Tillsammans med goda vänner och en mängd klingande pokaler satt kungen och inväntade besked från drottningens sängkammare. I närheten fanns hovkaplanen Zynthius, redo att ge nöddop och inte långt därifrån fanns hovastrologerna Forsius och Schomerus, bekymrade herrar eftersom konstellationen inte var den allra bästa.

Hela riket hoppades på en arvprins. Drottningen själv var övertygad om att det skulle bli en pojke. Den 7 december 1626 föddes barnet. Födelsen skapade stor förvirring på slottet, för barnet kom med segerhuva från huvudet till knäna, starkt ludet och med hög röst; även erfarna personer som stod närmast trodde att det var en pojke. Signal gavs till det väntande salutbatteriet. Då skotten dånade ut över Stockholms vatten gladde sig hela huvudstaden, inklusive kungen, över att en liten prins hade blivit född. Då upptäckte någon att tronföljaren trots allt var en flicka.

På sommaren 1630 möttes svenska och polska styrkor vid staden Dirschau. Under en rekognosering råkade kungen komma för nära polackerna. Skottlossning utbröt och kungen träffades i halsen, alldeles intill halspulsådern. Skadan förlamade två fingrar på höger hand.

Ingen vågade gå in till kungen med vad man trodde skulle vara ett chockbesked. Till slut tog kungens tio år äldre halvsyster Katarina mod till sig, lyfte upp barnet och bar det på sådant sätt att kungen själv kunde se att pojken var en flicka.

Alla väntade på ett utbrott som inte kom. I stället

skrattade kungen lyckligt och förklarade att ”hon blir slug med tiden, ty hon har lurat oss alla!”. Så gav han order om att festligheterna skulle fortsätta som för en förstfödd pojke. Flickan fick heta Kristina Augusta, precis som sin döda storasyster. Hon var bara några veckor gammal då ständerna förklarade henne som Gustav Adolfs efterträdare.

Kungen skottskadad

I maj 1627 var kungen tillbaka i Ostpreussen med nya förstärkningar. De behövdes verkligen, för under vintern hade var femte soldat dött i epidemier. Nu gjorde man nya försök att ta Danzig.

Natten mellan den 23 och 24 maj befann han sig vid skansen Danzigerhaupt. Kungen och cirka tolvhundra man skulle i skydd av mörkret försöka ta sig över floden Weichsel. De första båtarna kom iväg, men bullret väckte upp polackerna som öppnade eld. I mörkret och krutröken tappade båtarna riktningen.

Kungen som såg detta från land kastade sig genast i en egen båt tillsammans med Per Brahe och en handfull män. Kungen ville ro ut för att leda överfarten men hans båt hamnade mitt i skottlinjen. Han fick en kula i underlivet och ramlade ner i båten, övertygad om att han skulle dö. Per Brahe tog kommandot, befallde roddarna att vända om. Polackerna riktade då mer eld mot kungens båt som träffades av nio kulor och började läcka. Per Brahe försökte hålla för hålen med sina kläder. Kungen kom i land och man upptäckte att kulan inte hade träffat något vitalt organ. Kanske kungens fetma räddade honom. Efter några dagars vila var han bra igen.

Det finns många vittnesmål om hur nära kungen var att

råka illa ut många gånger; riktigt illa höll det på att gå den 8 augusti 1627 vid staden Dirschau. Kungen satt till häst och studerade genom sin fältkikare fiendens aktiviteter då han plötsligt fick en muskötkula strax ovanför bröstbenet några centimeter från strupen på höger sida. Axel Oxenstierna, som var i närheten, lyckades få tillbaka den sårade kungen till lägret. Få trodde att han skulle överleva.

Kulan gick inte att ta ut. Den satt kvar på ryggsidan i övre hörnet av höger skulderblad. ”Låt den sitta där”, sa kungen till fältskären, ”till minne av en levnad som ej förflutit i sysslolöshet och veklighet.” Efter detta skott kunde kungen aldrig mer bära harnesk, eftersom kulan skavde mot metallkanten. Två fingrar på höger hand blev för alltid förlamade och plågade honom något varje gång han skulle signera dokument.

Efter de här två, som alla ansåg, mirakulösa räddningarna lät kungen sända de grå och blodbestänkta fältdräkter han hade haft på sig då han blev träffad till Stockholms slott för att ställas ut till allmänt påseende. De är därför i dag Sveriges första museiföremål och finns fortfarande att beskåda, ömt vårdade på Livrustkammaren i slottet.

Kungen själv var hemma igen några veckor senare, men kriget fortsatte länge till, samtidigt som diplomater och andra gjorde vad de kunde för att få slut på striderna.

Sommaren 1628 seglade kungen iväg igen, nu med cirka 12 000 man och nya fartyg. Tyvärr hade det nya regalskeppet Vasa inte blivit färdigt i tid, men arbetet forcerades. Den sommaren hade Gustav Adolf den hittills största armé han någonsin hade kommenderat, över 33 000 man, eftersom han fick förstärkningar av tyska rytteriregementen. Men trots kraftansträngningen kom det ändå inte till ett avgöran-

Vasas akterskepp pryddes av ett över tre meter brett snidat och från början grant målat riksvapen. Ovanför riksvapnet fanns en mängd skulpturer ur antikens form- och idévärld som alla på olika sätt skulle framhäva skeppets, Vasadynastins och Sveriges storhet.

Vasa var bestyckat med 64 bronskanoner. De tunga 24-pundiga kanonerna, som var placerade på två batteridäck, anses i dag ha varit huvudorsaken till katastrofen.

Besättningen på Vasa var indelad i så kallade backlag, där sju man åt samtidigt ur en stor svarvad träskål.

de mot polackerna, och staden Danzig föll inte.

Under striderna i slutet av augusti 1628 fick kungen ett skakande meddelande från Stockholm. Hans nya regalskepp Vasa, flottans och hans egen stolthet, hade kapsejsat under sin jungfrusegling och gått under med femtio man ombord strax utanför Beckholmen inför ögonen på hundratals stockholmare. Skeppet som skulle demonstrera Sveriges och Gustav Adolfs nya maktställning som Östersjöns herre och Danzigs besegrare hade inte tålt en plötslig kastvind, utan krängt till och stjälpt eller som ett ögonvittne skrev: "föll det alldeles på sida... till dess det så sakta gick i grund (till botten) med stående segel, flaggor och allo."

Inte förrän 1629 lyckades Sverige och Polen nå en uppgörelse, stilleståndsavtalet i Altmark. Danzig besegrades aldrig, men tvingades betala vissa tullar till Sverige, som i sex år fick behålla det ockuperade Preussen med de viktiga städerna Elbing, Frauenburg, Braunsberg och Memel samt hela Livland.

Kronan skulle få in nästan lika mycket i tullavgifter från de erövrade städerna som de extraskatter för krigen som svenska och finska folket hade tvingats att betala. Enbart Preussen gav cirka en femtedel av statens totala skatteinkomst.

Men priset var mycket högt för de nya områdena. Enligt försiktiga beräkningar ska så många som 40 000 svenska och finska pojkar ha dött i krigen mot Polen i Livland och Ostpreussen. De flesta dog i fältsjukdomar. Hur många som dog på den andra sidan och hur många civila som dog, är det ingen som vet.

KAPITEL 8

De stora reformerna
Ett nytt Sverige växer fram tack vare krigen
Lokala uppror – men aldrig revolt
Nya industrier, handelsbolag
Louis De Geer och vallonerna

SVERIGES KRIG och den ökade spänningen i Europa gjorde att utländska diplomater allt oftare dök upp i Stockholm, huvudstaden i detta för de flesta européer ännu ganska okända, avlägsna och något skrämmande land. Resan norrut ansågs så äventyrlig att deltagarna ibland skrev dagböcker som sedan blev utgivna och lästa i många länder.

På 1620-talet kom en holländsk delegation ledd av Anthonis Goeteeris. Han skrev så här då han för första gången såg Sveriges huvudstad, som då hade cirka tiotusen invånare: ”Staden Stockholm tog sig vid anblicken alldeles grön ut, där den låg emot bergen ty husen ha alla avplattade tak, täckta med björknäver och grönskande grästorvor på samma sätt som bondstugorna i Ryssland.”

Den franske legationssekreteraren Charles Ogier skrev tio år senare då han kom hem till Jakob De la Gardies Jakobsdal (Ulriksdal): ”Ett hus som inte är bättre än de stugor som enklare köpmän och hantverkare uppför åt sig i Paris omnejder... Här finns ej någon trädgård, ej en gårdsplan, ingen slät eller rak väg, där man kan gå och spatsera; ej en åker, ej en vingård, ej några fruktträd; blott klippor och stenar och branta hällar... För övrigt finns i de svenska

Stockholm som det såg ut kröningsåret 1650. Skeppsbron är fylld med fartyg. Till vänster Södermalm med de ryska köpmännens bodar, ålänningarna ligger vid Stadsgården. Hartmann.

stormännens salar och rum inga bonader, ingenting utom bara trästolarna.”

Bara trettio år senare skrev Erik Dahlbergh då han såg Stockholm, som då hade över 40 000 invånare: ”Överallt i Stockholm här och var utmärkta byggnader, nästan alla prydda med huggen sten och såväl staden som förstäderna erbjuda desto större prydlighet som nästan alla gator, särskilt i förstäderna, under drottning Kristinas tid, reglerades efter raka gator, vilket ger staden ett sådant utseende, att densamma numera börjar tävla med världens förnämsta städer i synnerhet därför att kopparen, varmed de flesta husen och palatsen äro täckta, gör dessa byggnader präktigare och kostbara.”

Och vad familjen De la Gardie beträffar ägde de just då ett tjugotal av stormaktstidens pampigaste slott och herresäten, bland dem ett flertal palats i och omkring Stockholm: Makalös, Karlbergs slott, ett totalt nybyggt Jakobsdal (Ulriksdal) och många andra, de flesta med praktfulla barockträdgårdar.

Det låg ungefär femtio år mellan den holländske diplomatens och Erik Dahlberghs beskrivning av samma stad, ett halvsekel fyllt av krig och umbäranden för svenska folket, men samtidigt en period då Sverige genomgick en förvandling och utveckling utan motstycke hittills i vår historia. Förändringen var på alla plan: politisk, ekonomisk och social, och den omfattade inte bara den rikaste adeln.

Erik Gustaf Geijer kallade en gång Gustav Adolf för ”såningsmannen på stridsvagnen” och han skrev att det fanns något ”fjärran i hela Gustav Adolfs levnad, som lättare låter sig kännas än beskrivas. Det är den gränslösa blicken över världen som är alla erövrare medfödd.” Man uttryckte sig så på 1800-talet. Vad Geijer menade var att kungen inte bara var en stor fältherre och politiker med vida vyer utan också lika stor som regent i fredstid, att han var en framsynt och skicklig administratör och planerare för folkets bästa. Som om stormaktstidens snabba ekonomiska utveckling och politiska förändringar varit programmerade från början.

Detta stämmer bara delvis. Axel Oxenstierna skrev ”att vi kunde ock komma till förmögenhet om Gud gåve vett och flit och vi sloge oss från dryckenskap. Svenskarna finge då ej längre ligga och röka på landet och dricka gott öl, utan vi måste bruka det Indien som Gud har givit oss i Sverige.” Det fanns en viss planering och en klar företagsvänlig politik som ville få fart på Sverige, men detta räcker inte som förklaring till vad som hände.

Denna snabba förvandling hade antagligen inte varit möjlig utan krigen. Det var i själva verket krigens behov hos oss och de ekonomiska och politiska situationer som uppstod genom krigen hos våra konkurrenter och handelspartner, som drev fram utvecklingen och förändringarna i Sverige.

Detta var en tid då nya gränser öppnades hela tiden, horisonten vidgades och allting verkade möjligt. Det var de stora äventyrens och äventyrarnas tid, den som i konsten, arkitekturen och musiken kallas för barocken. Det är tidsandan som speglas i de svällande formerna, i pompans pukor och dånande orgelackord, i den förgyllda ståten, i de djärva linjerna som spränger alla tidigare strikta klassiska ramar, för detta var en tid då alla gamla vedertagna sanningar hade vänts upp och ner på, i religionen, i politiken, i vetenskaperna och filosofin.

De gamla auktoriteterna, från Aristoteles till påven i Rom, vacklade. Det var en skakande känsla och upplevelse, och denna starka känsla förstorades i konsten genom skarpa motsatser, dramatiska paradoxer. Döden vid sidan av det eviga livet, triumfen och katastrofen, bägge fanns där intill varandra. Det fanns ingen fast ordning längre i tankens värld. Man sökte och fann med Galilei, Francis Bacon och René Descartes en helt ny världsbild. Nu kom även andra än spanjorer och portugiser ut på kombinerade krigs- och handelsexpeditioner långt bortom vad man förr trodde var möjligt, världen var så mycket större, rikare och mer komplicerad, och möjligheterna så många fler än vad man någonsin trott.

Det var i denna bullrande epok den svenska stormakten växte fram och för de svenska makthavarna som marscherade fram i sin götiska berusning passade barockens bombastiska trumpetstötar alldeles perfekt. Snart omformas den svenska svulstigheten i en stramare, nordisk stil, den nyktra karolinska, men då är det inte heller mycket kvar av stormakten.

Den växande svenska armén, de nya provinserna, Sveriges ökade politiska och ekonomiska intressen över större områden krävde en ny och modernare handel och ekonomi, ny byråkrati, nya lagar och nya domstolar, en helt ny förvaltning.

Under medeltiden och ända in till Gustav Vasas dagar kunde kungen personligen styra allting; han hade överblicken och inte mycket kunde ske utan att han först hade gett order om det. Han kände alla sina befattningshavare personligen. Nu var detta inte längre möjligt, Sverige kunde inte styras enbart med handplockade fogdar.

Med Axel Oxenstierna som spindeln i nätet i rikskansliets fyra rum på slottet Tre Kronor, växer allt det nya fram. ”Anima regni” eller konungarikets själ, kallades kansliet. Rikskanslern ville ända från början att hans kansli skulle fungera som en plantskola för adelns unga talanger. Där skulle de tränas i administration och diplomati inför framtida befattningar. Oxenstierna, hans två kansliråd och staben av sekreterare började arbetet mellan klockan sex och sju på morgonen. De tjänstemän som inte infann sig fick lönen indragen. Hände detta fyra gånger blev det fängelse med vatten och bröd längre ner i slottet. Själv brukade Oxenstierna stiga upp klockan fyra varje morgon.

Rikets fem högsta ämbetsmän var i rangordning: drotsen, marsken, riksamiralen, rikskanslern och riksskattmästaren. Vid deras sida fanns ett tjugotal riksråd, nästan alla ur den högsta aristokratin; några få, som Johan Skytte, och senare Adler Salvius, var nyadlade uppkomlingar. Drotsen var chef för rättsväsendet och president i Svea hovrätt, den förste under Gustav Adolfs tid hette Magnus Brahe, greve av Visingsborg. Riksmarsken var försvarschef och ledde ett nytt ämbetsverk för försvaret, Krigskollegium, vars förste president var Axel Oxenstiernas svåger Jakob De la Gardie. Riksamiral var kungens halvbror Carl Carlsson Gyllenhielm, chef för Amiralitetskollegium och ansvarig för flottan.

Kungens svåger, pfalzgreven Johan Kasimir, skötte i praktiken riksskattmästarens ämbete, fast han aldrig fick någon officiell utnämning till detta. Han var ansvarig för att skatterna kom in så att arméerna kunde försörjas. Men i räknekammaren fanns flera andra utlänningar, till exempel holländaren Abraham Cabiljau, Göteborgs förste borgmästare – han blev senare generalbokhållare – och Mårten Wewitzer (adlad Rosenstierna) som var räntmästare, inkallad för att lägga om den statliga bokföringen som man gjorde i affärsvärlden, det vill säga med dubbel italiensk bokföring.

Rikskanslern, ungefär vår tids statsminister, var bara den fjärde i rangen av de fem högsta ämbetsmännen, men Axel Oxenstierna, som hade ämbetet i över fyrtio år, var ändå den som i verkligheten höll i alla trådar och fick som han ville. Bland riksråden fanns inte mindre än tre söner till den i Linköpings blodbad avrättade Gustaf Banér.

Riksrådens löner var också bestämda. Mest fick Gyllenstierna, över 7 000 daler per år, Oxenstierna fick 4 154 och minst Johan Skytte, "bara" 3 000 daler. Men för den summan kunde man köpa 600 kor eller betala årslönen för 500 arbetare i Falu koppargruva. Så Skytte hade nog så att han klarade sig.

Riksdagen sammanträdde nästan varje år. Under början av 1600-talet räknade man ibland med fler stånd än fyra. Så länge arvfurstarna hade sina självständiga hertigdömen bildade de ett eget stånd och krigsbefälet betraktades ibland som ett stånd för sig. Det var också svårt att få in bergsmännen i rätt stånd, liksom den svällande tjänstemannakåren, som ju inte alltid var adlig, inte var köpmän längre och absolut inga bönder.

Det var först med riksdagsordningen av 1617 som man fick någon ordning på hur ständernas möten skulle organiseras. De tre högsta stånden tillsammans var säkert aldrig mer än tio procent av hela befolkningen. Adeln bestod under Gustav Adolfs tid av bara cirka hundrasjuttio ätter, på Karl XI:s tid femtio år senare fanns det över åttahundra familjer på Riddarhuset.

Enligt lag från 1612 var rikets högsta poster, både de civila och militära, reserverade för adelsmän. Eftersom antalet ämbetsmän och högre officerare ständigt ökade, fanns det möjligheter för begåvade karriärister med goda kontakter och beskyddare att slå sig fram ända till samhällsstegens översta del. De blev adlade och kunde därmed få de högsta posterna. En mycket stor del av de nyadlade var ämbetsmän med hemmagjorda klingande namn som Silfverstierna, Solenblomma, Biörnklou, Gyldenstolpe, Leijonsköld eller Pistolekors.

År 1626 kom riddarhusordningen, som organiserade adeln som en sluten korporation. Varje ätt som ville bli ansluten måste bevisa sitt adelskap. Inom adeln fanns tre skarpt avskilda klasser: I den första – herreståndet – placerades adelsmän med titlar, det vill säga grevar och friherrar, i den andra – riddarståndet – fanns riksrådsättlingar och resten av adeln samlades i svenneståndet. Adeln sammanträdde under ledning av lantmarskalken; den förste blev Johan Sparre, son till Gustav Adolfs avrättade gudfar Erik Sparre.

Borgarståndet växte snabbt i rikedom, betydelse och politisk styrka. Härifrån rekryterades arméns lägre officerare och den stora ämbetsmannakåren. Stockholm var den enda större staden, med sina cirka 40 000 invånare. De flesta andra städer hade bara 2 000–3 000 invånare. Borgmästaren i Stockholm fungerade som borgarståndets talman.

Ett typiskt inslag i städerna var det stora antalet holländska, tyska och en del skotska och franska köpmän och experter av allehanda slag som kommit själva eller kallats till Sverige och som sedan snabbt gled in i samhället.

Det finns många exempel på framgångsrika köpmansfamiljer som på egen hand och i samarbete med utländska invandrare klättrar upp för karriärstegen, som en holländare med det svenskklingande namnet Erik Larsson, en betydande affärsman under Gustav Adolfs tid. Han hade intressen i kopparhandeln och mycket annat inom och utanför Sverige. Affärerna gick strålande. Han adlades von der Linde. För hans söner öppnades då alla möjligheter, en blev riksråd och fältmarskalk, en landshövding och den tredje assessor i Svea hovrätt. Sönerna upphöjdes i sin tur i friherrligt stånd, en blev riksråd. En av hans döttrar blev drottning Kristinas amma, två gifte sig med framstående tyska köpmän som Herman Campenhausen och direktören i det svenska Afrikanska kompaniet, Hans Neuman. Ytterligare två gifte sig med landshövdingar.

Prästeståndet, lett av ärkebiskopen Petrus Kenicius, hade genom reformationen förlorat den makt det hade under medeltiden. Biskoparna, som förr alltid var högadliga, kom numera oftast från det lägre borgerskapet och rikare bondefamiljer eller direkt från de breda allmogeleden. Prästerna drev själva sina gårdar och stod därför nära bönderna och deras problem. Ett klassiskt sätt för en begåvad bondpojke eller son till en lägre tjänsteman eller hantverkare att komma sig upp var att först läsa till präst. Sedan kunde han själv eller hans söner gå vidare till universitetsposter eller till armén, ämbetsverken och kanske adelskap. Biskopssöner blev oftast adlade.

Under större delen av 1600-talet rådde kyrkotvång i Sverige och Finland. Det betydde att varje församlingsbo, till och med varje främling som kom till Sverige, var tvungen att gå i kyrkan varje söndag. De som inte kom straffades hårt. Genom att hela församlingen satt där i sina bänkar fick prästerna en viktig roll som språkrör för kungamakten. Prästen gav de – givetvis friserade – nyheter från krigen som kungen ville att folket skulle få och prästen meddelade från predikstolen vad rikets herrar hade beslutat borta i Stockholm och vad som nu skulle hända. Församlingen kunde inte göra mycket annat än att gömma och begrunda detta i sina hjärtan. Samhällspyramiden var länge ytterst stabil. Det tunna översta skiktet som styrde, krävde och fick lydnad uppifrån och ner. Det cement som höll ihop detta än så länge långt ifrån enhetliga rike, var protestantismen genom den svenska kyrkan och kungen; därför har en del historiker kallat Sverige under 1600-talet för det lutherska Spanien.

Men allteftersom Sverige blir stormakt, problemen ökar, förvaltningen sväller, gränserna förskjuts allt längre bort, ökar också möjligheterna för de lägre samhällsklasserna att ta sig upp. Oppositionen växer och kan snart göra sig hörd.

De många utskrivningarna av soldater som drabbade vissa trakter mycket hårt, ledde många gånger till lokalt missnöje, mycket nära en revolt. Kungen var ständigt på vakt mot vad han kallade "inländes uppror eller ovilja bland allmogen".

Den stora massan av befolkningen, kring 90 procent, var bönder ute på landet. Antalet som själva ägde sin jord var större än i något annat land i Europa: i det egentliga Sverige var de över 45 procent men om man räknar med Finland blir det 62 procent i hela riket. Adelns jordinnehav ökar visserligen dramatiskt under mitten av 1600-talet men minskar sen igen då reduktionerna kommer.

Bönderna valde sina riksdagsmän på häradstinget. De var oftast besuttna storbönder och mycket ofta män som utvalts efter påtryckningar uppifrån. Man valde dem som redan stod nära makten, även om det naturligtvis hände att klagande bönder valde en egen talesman som skulle föra fram deras synpunkter i Stockholm. Men radikal lokal opposition tystades ganska snabbt. Under 1600-talet fördes inga protokoll i bondeståndet; deras sekreterare var en av kronan utsedd tjänsteman.

Självklart kunde bönderna inte påverka eller förändra politiken i någon högre grad. Men det skulle komma tider under detta sekel då bönderna och deras närstående bröder i prästeståndet tillsammans med borgarna blev en viktig påtryckargrupp mot adeln. Och på lokal nivå, hemma på häradstinget och i sockenstämman, förlorade bönderna aldrig möjligheten att yttra sig och påverka. Bönderna hade inte så mycket direkt makt, men det är ett faktum att inte mycket kunde genomföras ens av den store krigarkungen Gustav Adolf utan att han på något sätt fick med sig bönderna först – även detta var unikt i Europa.

Livet på landet var knapert, men inte alltid fattigt. Den franske legationssekreteraren Ogier skriver till exempel: "Jag erinrar mig icke i hela Sverige ha sett en naken eller trasig människa. Även de fattigaste bönder äro icke klädda i linne och hampa som vanligen hos oss, utan i kläder av svart ull, ty denna färg ha de svenska fåren. På fötterna ha de läderkängor och icke träskor, på huvudet nattmössor och på händerna ullvantar. På så sätt äro de väl rustade att uthärda den stränga köld som hemsöker detta land."

Explosivt missnöje

De farligaste missnöjeshärdarna var de gamla orosområdena Dalarna och Småland, i synnerhet i Dalarna där missnöjet kokade sedan kriget mot Ryssland. Många dalkarlar flydde från fronten och tog sig hem igen. Ända sedan Johan Skyttes svärfar, den skotskfödde fogden Jacob Näf, hade dräpts av dalkarlarna 1598, hade stämningen där varit orolig (mer om det så kallade Nävtåget i "Gustav Vasa och hans söner och döttrar"). Då trycket ökade med nya utskrivningar och pålagor, började Siljanssocknarnas bönder mumla man och man emellan att man borde gå man ur huse och "slå ihjäl all adel". Kungen åkte själv flera gånger upp till Dalarna för att tala till folket.

I Småland led man länge av sviterna efter Kalmarkriget, nöden var stor men fogdarna och skatteindrivarna skoningslösa. Den gamle kyrkoherden Jonas Rothovius varnade för att om inte bönderna snart fick hjälp "så är icke annars möjeligt än att här bliver en öde landsända". År 1616 blev det riktigt allvarligt vid Västbo häradsting. Bönderna hade mött upp mangrant för att göra upp räkningen med en hatad befallningsman. Han vågade inte komma själv, men hade skickat sin skrivare Anders Svensson i stället. Under den häftiga ordväxlingen hade skrivaren tagit skydd under bordet mellan benen på häradshövdingen Olof Hård. Men ingenting hjälpte. Skrivaren drogs fram och slogs ihjäl. Kungen kom själv strax efteråt till Småland. Allmogen kallades in till Jönköping för att bevittna rättegången. Huvudmännen för dråpet dömdes till stegel och hjul och alla män mellan femton och sextio år i hela häradet fick betala böter. En tröst för bönderna var kanske att även den grymme fogden greps av kungen och avrättades.

Några år senare blev det upplop i Möre, huvudsakligen riktat mot utländska officerare i svensk tjänst. Det började som soldatmyteri och spred sig till allmogen i närheten. Ledare var en man som hette Jon Stind, som påstås ha varit släkt med Nils Dacke och kallades ”Smålandskungen”. Gustav Adolf gjorde processen kort med de upproriska. Jon Stind fördes i bojor till Stockholm där han avrättades, hans anhängare slogs ihjäl eller skickades med sina familjer till Ingermanland.

I Östergötland, där ju Vadstena kloster låg, cirkulerade rykten om att Sigismund snart skulle vara tillbaka och på 1620-talet blev det allvar i Dalarna igen, nu i Orsatrakten där en tysk skräddare som bönderna kallade ”Duken” reste hela socknen i vapen för att befria landet från de nya skatterna. Det verkar som om skräddaren Mattias, som han hette, var en religiös svärmare som fått många med sig – han påstod sig vara ”judarnas, israeliternas och svenskarnas konung”. Upproret fick ett snöpligt slut. Då skräddaren och hans folk kom marscherande till Älvdalen lät den gamle prästen, mäster Hans, bjuda in dem till sig på öl och mat. Trakteringen var så frikostig att upprorsmännen föll i sömn, varpå prästen och hans folk bakband och låste in den sovande revolutionen samt kallade på kungens befallningshavare. Skräddaren avrättades och de flesta av hans anhängare dömdes till döden, men benådades med utflyttning till Ingermanland. Prästen däremot fick en rundlig pension, men dog snart.

Det jäste i Dalarna några gånger till och det var oroligt i Finland, bland annat i norra Tavastland där bönderna var upprörda över det sätt på vilket kungens trupper på väg till ryska kriget drog över deras gårdar och ägor.

Lite senare, på 1650-talet, drev allmogens missnöje fram ett uppror i Närke där några hundra bönder tog till vapen och valde sig en egen kung, en bonde som utsåg sina egna rådsherrar, en drots, en marsk och en kansler. De lät titulera sig så. Det slutade naturligtvis som alla de andra upproren. Kungen av Närke och hans rådsherrar greps och fördes till Stockholm där de avrättades under avskräckande former inför en uppskrämd men entusiastisk publik.

Vare sig bönderna ville det eller inte fortsatte det snabba reformarbetet och omformningen av hela Sverige.

Förutom de fem stora ämbetsverken, egentligen ministerier, skapades en rad myndigheter, grunden för flera av våra statliga verk, till exempel Bergskollegiet, för den värdefulla bergshanteringen, lantmäterikontoret, tullväsendet osv. En stor nyhet var att de nya ämbetsverken inte styrdes av en enda stark man utan av ett kollegium. Varje beslut måste fattas genom omröstning inom detta kollegium. Diskussionerna innan och vad som beslöts antecknades ordentligt i protokollen, dokument som dagens historiker är ytterst tacksamma för. Liknande protokoll fördes också i riksdagen och då riksråden sammanträdde.

Statstjänstemännen fick en garanterad årslön. Detta var också något nytt. Tidigare hade sådana tjänster innehafts oavlönade av rika adelsmän. Men lönegarantin gällde bara i princip. Under svåra år då statens kassa var tom var det många som inte fick någon lön alls. Det gällde också för de högsta tjänstemännen som inte bara blev utan betalning utan dessutom ofta fick sätta sin privata egendom i borgen för statliga lån. För att tjänstemännen skulle få några säkra inkomster överhuvudtaget hade de rätt att ta så kallade sportler, det vill säga en privat expeditionsavgift för varje ärende. I vissa fall urartade detta, men i stort sett var rena mutor än så länge ovanliga och Sverige fick aldrig heller den öppna handel med tjänster och ämbeten som man hade i många andra länder.

Det är nu Stockholm blir huvudstad på riktigt eftersom ämbetsverken och den centrala statliga förvaltningen finns här. För att kunna sköta sina ämbeten och bevaka sina intressen måste adelsmännen, som förr helst höll till på sina gods, finnas till hands. De låter därför bygga privata hus och palats på Riddarholmen och i Gamla stan, hus som så småningom blir alltmer eleganta och fyllda med möbler, tavlor, böcker och konst från Europa, ofta egenhändigt hopplockat krigsbyte från slott och samlingar i Tyskland. Den gamla stadsmuren rivs och Stockholm får en ny hamn vid Skeppsbron.

Många av stormaktstidens hus står fortfarande kvar, till exempel Wrangelska palatset, Axel Oxenstiernas palats, Riddarhuset och Bondeska palatset. Arkitekterna var nästan alla utlänningar, först holländare, sen tyskar och fransmän. Främst bland de nyanlända var Simon de la Vallée, som kom till Sverige efter att ha blivit uppmärksammad i Nederländerna.

Han hade rest vida i världen och bland annat varit i Persien och Syrien. På kort tid hann han rita en rad praktfulla byggnader, bland andra Riddarhuset, innan han dödades i ett slagsmål på Stortorget med överste Erik Oxenstierna,

Riddarhuset i Stockholm är en av stormaktstidens märkligaste skapelser, ritat av flera arkitekter: Simon de la Vallée, Jost Vingboons och Jean de la Vallée. Figurerna på takåsen symboliserar krig och vetenskaper.

kusinbarn till rikskanslern. Den betydligt yngre Oxenstierna var känd som en drinkare och bråkmakare. Han stötte ihop med de la Vallée på torget, de hamnade i ordväxling som slutade med att Oxenstierna slog ihjäl den franske arkitekten med sin pistolkolv. Händelsen hindrade inte på något sätt Oxenstiernas karriär. Han slutade sina dagar som landshövding i Skaraborgs län.

Simons son Jean de la Vallée, född i Frankrike, fortsatte faderns arbete, han var till och med borgmästare i Stockholm under en period. Det var han som ritade den första slussen vid Södertälje. Snart kom en ung invandrare från Stralsund, Nicodemus Tessin den äldre. Han lärde sig arkitektyrket i de la Vallées ateljé. Han och hans son blev sedan våra kanske främsta arkitekter, mästare till en rad slott och kyrkor i landsorten och palats i Stockholm, i synnerhet det nuvarande Stockholms slott. Invandrarna adlades snart och släkten blev så småningom grevlig.

Samtidigt som förvaltningen byggdes ut och reformerades i Stockholm, förvandlades den också i landsorten och i Finland, snart också i de baltiska provinserna, som man först försökte inlemma i riket som de andra landskapen genom att införa svenska lagar, skolor etc. Rigaborna fick till och med rätt att i början sända riksdagsmän till Stockholm.

Svea hovrätt tillkom redan 1614, följd 1623 av hovrätten i Åbo för hela Finland, ledd av Nils Bielke som också blev den förste guvernören över hela Finland, men den "mödesamma och hatfulla tjänsten" ville han snabbt bli av med. Han var frustrerad över att inte kunna finska. Åbo kallade han "ond och barbarisk" och folket halsstarrigt, som envist höll fast vid sina "gamble bruk och osedvana". Johan Skytte upprättade en hovrätt i Dorpat för de baltiska provinserna, och år 1634 fick de södra svenska provinserna en egen hovrätt, Göta hovrätt i Jönköping. Gustav Adolfs ton i brevväxlingen med denna nya byråkratiska elit skilde sig inte mycket från farfar Gustav Vasas. En domare som missskött sig fick veta att kungen ville "låta draga huden av honom och spika den på domstolen och öronen på kåken (skampålen)". Kungen förblev den högsta juridiska instansen. Man kunde alltid vädja till Kungl Maj:t.

Sverige och Finland fick nu grunden till den länsindelning som finns i dag, med län ledda av en landshövding som bland annat skulle övervaka att fogdarna drev in skatterna i länet. Sverige fick elva län, Finland fyra och biländerna fem. Elva städer grundades i Sverige, förutom Göteborg kan nämnas Luleå, Umeå, Sundsvall och Norrtälje. I Finland tre: Nystad, Gamlakarleby och Nykarleby.

För att bekosta krigen och upprustningen behövdes en helt ny ekonomi. Den kom igång då Älvsborgs lösen skulle betalas och Sverige tvingades dra igång kopparexporten i stor skala och samarbetet med holländarna började.

Regeringen prövade alla vägar för att få fart på handeln och därigenom öka skatteinkomsterna. Man försökte först med statliga monopolföretag och man provade med extrem privatisering, ja man gick till och med så långt att själva skatteindrivningen lades på privatpersoner, de så kallade förpaktarna, som för egen vinning drev in skatterna, i synnerhet de som skulle betalas in natura. De sålde skattevarorna och betalade kronan vad kronan skulle ha. Förpaktarna blev till slut för effektiva; de väckte en oerhörd avsky. Gustav Adolf kallar dem en gång i en saftig utskällning för "judar, skinnare och landsfördärvare". Till slut återinfördes det gamla fogdesystemet.

Statens viktigaste inkomstkälla var skatter och acciser. Därför arrenderades nästan all handel och industri ut, både sådan som kronan bedrivit förut och ny, till företagsamma entreprenörer och finansiärer, oftast utlänningar, i synnerhet nederländare, tyskar och skottar. De tog hand om skeppsvarven, både de civila och flottans egna, tjärkokningen, sillexporten, garverierna, väverierna, färgerierna, en stor del av koppar- och järntillverkningen och exporten av metallerna, samt alla de industrier som växte upp i kopparns och järnets spår som mässingsfabriker, kanon- och andra vapenfabriker, spik- och hästskotillverkning m.m.

De flesta av utlänningarna stannade kvar i Sverige och blev svenska medborgare. Många adlades. Några av dem lockades hit personligen för sina kunskapers skull, men de flesta kom självmant därför att de såg att här fanns stora möjligheter. Med dessa nyadlade entreprenörer och kapitalister växer det för första gången fram en ny typ av överklass där rikedomen ligger i tillgången på gruvor, hyttor och manufakturverk, inte i jorden. Deras livsinställning var annorlunda än den traditionella högadelns som vördade och vårdade det förflutna och slog vakt om börden. Den nya generationens män var inriktade på framtiden. För dem var dygden viktigare än gamla anor och de var mer intresserade av att spara pengar för investeringar än omedelbar lyxkonsumtion.

Sverige var som ett typiskt utvecklingsland i världen i dag. En energisk entreprenör med startkapital kunde snabbt bli förmögen, för här fanns det råvaror: Europas bästa järnmalm och koppar. Här fanns hur mycket bränsle som helst, vattenkraft och mycket billig arbetskraft. Vintertid fanns det prima vägar för de tunga transporterna, på sommaren kunde mycket gå sjövägen.

Här kunde man dessutom hämta tjära, pälsar och torkad fisk, varor som gick bra att sälja i Nederländerna och England, Europas rikaste och växande handels- och sjöfartsnationer som inte var direkt berörda av krigen i Europa utan i stället kunde utnyttja bägge sidor för sina egna syften. Dessutom var den svenska regeringen ytterst företagsvänlig. Därtill nödd och tvungen, krigen krävde snabba kontanter för trupperna. Bara ökad export kunde ge mer pengar. Alltså måste produktionen komma igång snabbt och öka hela tiden.

Sverige störst i koppar och järn

De första kompanierna var Svenska handelskompaniet och det så kallade Andra kopparkompaniet, som skötte kopparexporten från Falun. De var privata företag som betalade drygt fyrtio procent i skatt till kronan, resten gick till aktieägarna. Produktionen rörde sig länge mellan två och tre tusen ton per år, men efter det stora gruvraset 1687 gick produktionen brant nedåt.

Sverige hade tur med sin malm, för under trettioåriga kriget fanns det inga andra länder i Europa som kunde bryta och exportera koppar. Den enda konkurrenten var Japan, vars koppar kom på holländska kölar hela vägen runt Asien och Afrika och därför knappast var något hot mot den svenska kopparn vare sig pris- eller volymmässigt.

Sverige hade nästan monopol på den värdefulla metallen i Europa och det under en tid då de rika länderna ropade på koppar, för detta var under barockens tid då ståtliga kyrkor och palats byggdes och alla skulle ha koppartak. Kopparn användes också för mässingstillverkning och i destillationsapparater och hushållsföremål.

Då kopparpriserna började sjunka införde Gustav Adolf kopparmyntfot i Sverige 1624. På det sättet skulle kopparn stanna kvar i landet och man slapp importera silver nu då Sala silvergruva nästan var tom. Kopparmynten växte senare till tunga, otympliga plåtar – de kunde väga upp till tjugo kilo – som ibland släpptes ut i alltför stort antal. Då köptes de upp av affärsmän som skeppade dem till utlandet som handelskoppar, vilket pressade ner priserna ännu mera. Kopparplåtarna fanns kvar i Sverige som betalningsmedel till slutet av 1700-talet.

Kopparbrytningen i stor skala var ett gigantiskt arbete som krävde mycket arbetskraft och gjorde Kopparberget till vår största tekniska och ekonomiska sevärdhet under 1600-talet. Malmen hade bara cirka fyra procent råkoppar i sig.

Många tusen människor var sysselsatta i hanteringen alltifrån flottningen av timmer för gruvveden till brytningen och transporten till bearbetningen, raffineringen, i Avesta, där man också valsade och präglade kopparmynt, till transporten och försäljningen av den färdiga kopparn till utlandet.

Det mesta av all denna hantering sköttes av holländska experter som Marcus Kock, adlad Cronström, med tre söner, alla myntmästare, och i Stockholm verkade bland andra den nederländska köpmannen Mårten Wewitzer, adlad Rosenstierna, och lybeckaren Peter Kruse, som till och med fick bli landshövding i Dalarna och Kopparbergslagen.

Snart slog järnexporten ut kopparn i volym och betydelse. I början av seklet exporterades cirka 7 000 ton järn om året, i slutet var det ca 27 000 ton, även här blev vi störst i Europa. Det var Nederländerna och England som köpte det svenska järnet och det var som på alla områden där det fanns något att tjäna, utlänningar som finansierade ny teknik och drog igång tillverkningen i stor skala.

De första som lyckades bra var den nederländska familjen de Besche, fem bröder flyttade hit och sist även deras far. Bröderna de Besche var både tekniker och byggmästare. De var arkitekter och företagsledare, i synnerhet i Södermanland, där de bland annat tillverkade ämnesjärn och mässing samt harnesk för armén. De arrenderade många av kronans bruk och lockade hit kunnigt folk från biskopsdömet Liège i Vallonien, den fransktalande delen av dagens Belgien (då Spanska Nederländerna), där smideskonsten hade nått långt.

Det var i samband med de här affärerna som Willem de Besche kom i kontakt med sin landsman Louis De Geer, som kopplades in i samband med Älvsborgs lösen.

De Geer var född i Liège 1587 och utbildad bland annat i Frankrike. Från sitt huvudkontor i Amsterdam styrde han ett multinationellt företag som i vår tid skulle motsvara familjerna Krupps och Rothschilds tillsammans. Han hade mycket stora intressen i vapenindustrierna och i spannmåls-

Louis De Geer (1587–1652), född i Liège i Belgien, blev stormaktstidens störste industriman. Han och hans medarbetare, vallonerna, fick fart på bergsbruket och vapenindustrierna i Sverige. Han blev svensk medborgare och svensk greve. David Beck, Gripsholm.

handeln. Han köpte skeppsförnödenheter och värdemetaller från Östersjöområdet, i retur sände han salt, vin och kolonialvaror från Asien och Sydamerika. Dessutom var han bankir och skeppsredare. Han hade redan livliga affärer i

Sveriges grannområden, då chansen kom att tränga in på denna vita fläck på Europas karta.

De holländska fartygen dominerade handeln på Östersjön totalt. Rekordåret 1618 passerade 4 300 fartyg med nederländsk flagg genom Öresund. De svenska och finska fartygen var inte fler än ett trettiotal och kom att förbli mycket få. Inte förrän på 1760-talet passerar över tusen svenska och finska skepp genom sundet.

Vi vet att De Geer redan hjälpte till med leveranser av vapen och utrustning, till och med legotrupper för kriget mot Ryssland, och att det var han som ordnade lånen till svenska staten för Älvsborgs lösen och att han då gick in i den svenska kopparhandeln. Men han gjorde mycket mer än så. Han arrenderade Finspångs bruk i Östergötland samt en rad bruk i Uppland, bland dem Leufsta och Gimo där han lät bygga nya masugnar, hamrar och manufakturer. Centrum för hans nya industrier blev Norrköping, som snart blev Sveriges tredje största stad, tack vare De Geers anläggningar, bland annat en stor vapenfabrik, mässingsbruk och mycket annat. Det är inte utan orsak som De Geer har kallats den svenska industrins fader.

Genom De Geer kom Sverige att bli Europas ledande kanonexportör. Detta var en tid då i synnerhet Nederländerna byggde ut sitt försvar och sin flotta där de gjutna järnkanonerna – så kallade stycken – var idealiska. Även den svenska armén hade ständigt stigande behov liksom många andra länder. Under en lång tid hade De Geer tillsammans med de Besche monopol på tillverkningen och försäljningen av dessa regementsstycken och Sverige blev då till och med världens största kanonexportör.

De Geer blev svensk medborgare redan 1627; fördelen var stor för honom personligen – det var bara som svensk

Denna gröna sörmländska idyll, Julita bruk, förvandlades av Louis De Geer till en av Europas största vapensmedjor. Här göts kanoner för Europas alla krig.

medborgare han hade tullfrihet i Öresund – men han stannade kvar i Amsterdam ända till 1641, då han också blev svensk adelsman. Han var då femtiofyra år, men långt ifrån slut som företagare, för nu inleddes en ny intensiv utbyggnadsperiod under vilken han köpte ett stort antal bruk och egendomar i Sverige. Under kriget mot Danmark 1643–45 reste han som hemligt ombud till Nederländerna för att skaffa en flotteskader som sattes in på den svenska sidan. Själv satsade han cirka en halv miljon riksdaler på denna flotta, en kredit till svenska staten som han aldrig fick tillbaka. Men han kompenserade säkert sina utlägg på annat sätt.

Vallonerna

För att få kompetent och pålitlig arbetskraft till sina nya anläggningar genomförde De Geer Sveriges andra stora organiserade invandring av utländsk arbetskraft. Den första var till Göteborg efter freden i Knäred.

De Geer drog igång den stora valloninvandringen, yrkesfolk från samma trakter som de Besches anställda. De kom av ekonomiska skäl; krigen hade försämrat ekonomin i deras del av Europa, dessutom var många reformerta och kände sig hotade av katolikerna. De utvandrade alltså av både ekonomiska och politiska skäl. De lockades med speciella förmåner, bra betalning, bra bostäder, religionsfrihet, egna skolor.

Vallonerna införde den så kallade fransöske ugnen, en typ av masugn som gav en jämnare och mer pålitlig vara än den vanliga ugnen i Sverige som var en tysk uppfinning. Vallonernas metod var bra då det gällde tillverkning i större skala. Totalt, med kvinnor och barn, kom kanske mellan två och tre tusen valloner. Med dagens folkmängd skulle det motsvara minst 30 000 invandrare. Många återvände senare, men de flesta stannade i Sverige.

De ansågs yrkesstolta och avslöjade inte gärna sina yrkeshemligheter. De höll sig länge för sig själva, behöll sina skolor och sitt hemspråk och gifte sig enbart inom sin grupp, vilket gjorde att man ännu långt in på 1800-talet kunde peka ut typiska vallonättlingar vid bruken i Uppland. De hade i allmänhet mörkt hår, bruna ögon och skilde sig på många sätt från sina vanliga svenska arbetskamrater. Deras hem var annorlunda inredda och på söndagar och helger uppträdde de gärna i mer eleganta kläder än sina svenska kolleger. Många familjer talade franska hemma ännu hundra år efter invandringen. Många av släkterna lämnade snart bruken och gjorde stora insater i svenskt kultur- och näringsliv.

Det finns många hundra typiska vallonnamn kvar i dagens Sverige, till exempel Allard, Anjou, Baude, de Besche, Bonnevier, Bouveng, Charpentier, Du Rietz, Gauffin, Grill, Pripp, Porath, Pousette, Sporrong, Steffens, Stille och Toll.

Vallonerna väckte stort uppseende, men vi måste komma ihåg att majoriteten av de svenska bruken i Uppland och Värmland drevs av svenska medborgare och den teknik man oftast hade var den tyska som införts på 1500-talet och som förbättrades av inflyttade tyskar.

Förutom de Besche och De Geer fanns det en tredje utländsk familj som hade mycket stora framgångar, nämligen de tre bröderna Momma från Aachen. De drev grosshandel från Stockholm med förbindelser över hela Östersjöområdet och satsade stort på järnhanteringen och trängde långt upp i Norrbotten där de på 1650-talet byggde upp Svappavaara kopparbruk och Kengis järnbruk i Övertorneå.

För sina stora insater för svenskt näringsliv, i synnerhet i Norrland, adlades familjen och tog namnet Reenstierna. Men bröderna drev också rederi och skeppsbyggnad och det var de som arrenderade drottning Kristinas underhållsländer Gotland och Ösel. Då tiderna blev sämre rasade deras imperium hastigt och alla tre dog ruinerade.

KAPITEL 9

Då Gustav Adolf drömde om Jamaica och Sverige fick kolonier i Amerika och Afrika

Detta var de stora sjöfararnas tid då framför allt Nederländerna och England sträckte ut sina intressen till andra sidan jorden och köpmännen kom hem med exotiska varor som tobak, kaffe, kakao och snart också med exklusiva produkter från Japan och Kina. Kolonier och handelsstationer grundades i Afrika, Asien, i Nord- och Sydamerika.

I början av 1620-talet drömde även Gustav Adolf om att Sverige skulle få sin del av dessa – som man trodde – omätliga koloniala rikedomar. Holländaren Willem Usselinx, som omnämndes i kapitel 3, lyckades övertala både kungen och Oxenstierna om att tiden nu var inne också för Sverige.

År 1626 fick han bilda Svenska Söderkompaniet, med rätt att driva handel, som man sa, ”åt Asiam, Africam, Americam och Magellanicam” (Australien). Med stor entusiasm satsades pengar från många håll: av Gustav Adolf personligen, av Oxenstierna och många andra. I synnerhet prästerskapet uppmanades köpa andelar i bolaget eftersom affärsverksamheten skulle kombineras med missionsverksamhet bland de vilda folken ”som härtill uti vederstyggeligit, hedniskt avguderi och all ogudaktighet levat hava”, som kungen formule-

Kolonin Nya Sverige vid Delawarefloden strax söder om dagens Philadelphia på Nordamerikas östkust grundades 1638. I sjutton år lyckades svenskarna styra kolonin innan området föll i holländarnas händer, och den svenska flaggan halades för alltid 14 september 1655.

rade det hela.

Usselinx var speciellt intresserad av Västindien, där spanjorerna hittat så mycket guld – trodde man. Då Sverige och Spanien kom i krigstillstånd med varandra ansåg Gustav Adolf att tiden var inne för en svenskstödd expedition för att erövra spanska Jamaica.

Han skrev ett fördrag år 1628 med engelske kungens förtrogne, hertigen av Buckingham, som mot tio procent av vinsten i alla erövrade guldgruvor åtog sig att inta Jamaica för svenske kungens räkning. Hertigen blev dessvärre mördad kort efteråt, varför expeditionen aldrig blev av. Lika bra var kanske det.

Nu riktades intresset i stället mot Nordamerika, kring trakten av Delawarefloden. Sverige hade vid den här tiden förlorat några av sina bästa tullinkomster vid de polska floderna och man sökte ivrigt efter nya inkomstkällor. Axel Oxenstierna tog då kontakt med en tysk som hette Peter Minuit och som en tid styrt över en holländsk koloni nära dagens New York och alltså kände till dessa för svenskarna ännu helt okända farvatten och kustlinjer. Ett konsortium bildades, Oxenstierna satsade en hel del eget kapital.

I augusti 1637 avseglade expeditionen. Peter Minuit fick två fartyg, ”Kalmare Nyckel” och ”Fågel Grip”. De var framme vid Paradisudden vid Delawareflodens strand i mars året efteråt.

Minuit fortsatte några mil inåt landet längs floden som då hette Maniquas kil, för att se ”om där fanns några kristna människor”. Han hade skjutit några skott med sin kanon,

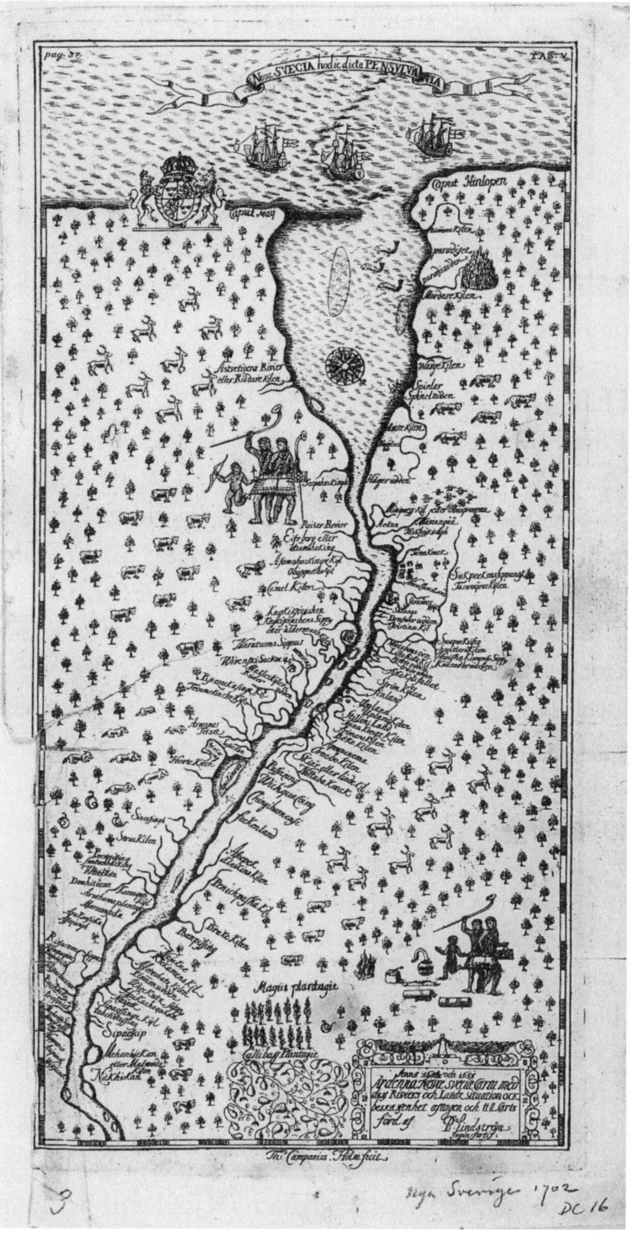
Nova SVECIA hodie dicta PENSYLVANIA
Caput Hinlopen
Caput May
Magus plantagie
Th. Campanius. Holm fecit
Nya Sverige 1702
DC 16

men inte fått något svar. Då hade han tagit kontakt med fem indianhövdingar ur irokoserstammen som just då kontrollerade större delen av området. Han bad att få köpa ett landområde om några dagsresors storlek i gränsområdet mellan dagens New Jersey och Pennsylvania. Köpekontraktet, skrivet på holländska, signerades med hövdingarnas bomärken och Minuits signatur.

Priset är okänt, men köpeskillingen betalades troligtvis i varor från Europa. Annars använde indianerna två slags pärlor, slipade av sten och snäckskal som mynt.

Floden kallade Minuit, förmodligen av nostalgiska skäl, för Elbe, men den döptes senare om till ”Kristinas kil”, varför den ännu i dag heter Christeen.

Så var det bara att för första gången hissa den blågula flaggan på Amerikas jord över Sveriges första koloni i världen. Den döptes till Nya Sverige och omedelbart började man bygga en liten fästning som fick heta Fort Kristina och som fick tjugotre mans besättning. Försvarsförberedelserna var inte så mycket riktade mot indianerna som mot grannkolonialisterna, holländarna. Sverige hade tagit ett område som det holländska kompaniet gjorde anspråk på.

I rapporter hem till Sverige beskrivs den nya kolonin så här: ”Uti hela Amerika finns ingen ljuvligare ort, bekvämligare till allehanda plantering, och som bättre kommer överens med våra kroppars konstitution. Landet är bergaktigt och det av åtskillig art. Somlige äro med marmor beblandade. Kristall finnes ock, som genom vattnens makt drives utför bergen. När snön smälter av bergen, bliver stor flod, och det nederfallande vattnet haver en skön hög, gul färg, vilken synes giva tillkänna, att där skall vara gull.”

Kolonialisterna skrev hem och berättade: ”De skuggerika trän och buskar äro där allestädes med fåglar uppfyllte, vilka

Johan Printz (1592–1663) var den förste guvernören i kolonin Nya Sverige där indianerna kallade honom "Storbuken". Han hade ett brokigt förflutet som officer i trettioåriga kriget. Efter guvernörstiden blev han hyllad och utnämnd till landshövding.

med sina rara färgor och mångahanda stämmor sin skapares lov härligen utbreda." Där fanns de ljuvligaste frukter, vindruvor och "en övermåttan skön och kostelig frukt, som av de svenska kallas vattumelon. Det som inuti skalet växer har en övermåttan ljuvlig och skön smak och smälter i munnen likasom socker." Bland de mindre ljuvliga upptäckterna var "ett slags store och faseliga ormar, som hava käftar som en hund och kunna hugga och bita av en människas liv, som han vore med en yxa avhuggen.

På stjärten hava de hornleder, som skallra lika som barnskallror, och när han märker att någon människa är nära för handen lägger han sig i en ring och sätter upp stjärten att skallra med, som höres väl 100 alnar ifrån ormen."

Ett annat djur som nybyggarna gjorde bäst i att hålla sig ifrån var det de kallade "fiskattan", mer bekant i dag som skunken. Peter Minuit seglade hem via ön Saint Christopher i Västindien där han steg ombord på ett holländskt fartyg och hördes sedan aldrig mera av. Troligtvis gick fartyget under i en tropisk storm.

Svensk guvernör blev den äventyrlige smålänningen Johan Printz, "Storbuken" kallad av indianerna. Han var en femtio år fyllda, före detta präst med studier i bland annat Greifswald, sedan soldat och officer i flera olika tyska, österrikiska, danska, finska och svenska regementen under trettioåriga kriget. Han adlades för sina insatser och utnämndes samma år, 1642, till guvernör över den nya kolonin där han lät bygga en svensk kyrka och en rad nya bosättningar längs floden, små byar som kallades Finland, Uppland, Nya Sverige. Han hade alla militära och civila rättigheter att styra och ställa som han fann bäst för Sverige. Han medförde till och med en egen bödel.

Guvernören hade klara instruktioner med sig om vad

regeringen i Stockholm förväntade sig: ”Efter fast allestädes i marken vilde vinrankor och druvor finnas och klimatet synes vara disponerat till vinbruk borde man verka för vinodling och desslikes för tobaksplantering i allt större skala så att en god kvantitet tobak kunde sändas hem till Sverige.” Man väntade sig också prima ull, silke och timmer, närmast ”eketrä och valnöteträ”. Dessutom skulle guvernören noga undersöka förekomsten av ädelstenar och mineraler. Guvernören skulle även se till att det drevs saltsjuderi, fiske och valfångst.

Det var nu inte helt lätt, för befolkningen var ganska liten och få var från början intresserade att utvandra. Därför fick landshövdingarna i vissa län order om att låta benåda vissa brottslingar från dödsstraff mot att de åkte med hustru och barn till Nya Sverige i stället. Finnar som mot förbud fortsatte driva svedjebruk i Värmlands skogar samlades ihop och sändes iväg till Nya Sverige, enligt order från regeringen.

Många av överresorna från Sverige blev oerhört dramatiska och en tredjedel eller fler av deltagarna dog på vägen. De drunknade i stormar, de dödades av pirater eller av angripande spanjorer och fransmän. De flesta dog av olika sjukdomar.

Trots den långa och farliga resan spred sig inom några år den första Amerikafebern i Sverige, i synnerhet i finnbygderna i Värmland och Dalarna. Flera hundra bondefamiljer därifrån vandrade till Göteborg för att få komma med nästa båt till Nya Sverige. Vid en tidpunkt hade inte mindre än tre hundra finnar ansökt om utresetillstånd till kolonin. Nu fanns det plötsligt fler sökande än det fanns platser i båtarna. Namnen på de nya bosättningarna visade varifrån inbyggarna kom: Nya Göteborg, Älvsborg, Korsholm, Mölndal, Nya Vasa.

Trots de klara direktiven hemifrån blev det aldrig riktig

I Nya Sverige konfronterades svenskar och indianer för första gången. Relationerna var i stort sett goda. De svenska prästerna lyckades inte döpa mer än en handfull "hedningar", här avritade av en ung svensk officer, Per Lindeström.

fart på handeln. I stället blev Nya Sverige alltmer en jordbrukarkoloni som själv konsumerade vad invånarna producerade. Hem till Sverige kom i alla fall tobak och bäverskinn, som blev Söderkompaniets viktigaste handelsvara.

Svenskarnas relationer till indianerna var i det stora hela mycket bra. Regeringens instruktioner var också tydliga: "De på alle andre sidor avgränsade vilde nationer skall guvernören veta att med all humanitet och beskedenhet hantera, att dem ej tillfogas någon våld eller obillighet."

Han skulle göra klart för indianerna att han och hans folk "icke är kommen att tillfoga dem något ont eller lett", i stället skulle de låta indianerna få vad de behövde till lägre pris än vad de fick ge för samma varor från engelsmännen och holländarna. Indianerna blev aldrig slavar, i Nya Sverige bodde bara fria människor. De flersta svenskar hade naturligtvis samma inställning till icke vita som alla andra i Europa vid denna tid, nämligen att alla afrikaner, indianer och andra "vilda" visserligen var människor, men ändå inte riktigt av samma art som vi, någonstans mellan djur och människa, i synnerhet så länge "vilden" förblev vild och icke kristen.

Vad "Storbuken" Printz tyckte om "vildarna" framkommer ganska klart av följande citat av honom: "De äro långe, starke, välvoxne karlar, illsnedige (illistiga) och kloke, uti deras handel falske, harmgiruge, långvreckne (långsinta) och snare, kunna väl arbeta med yxa och kniv, fege och fruktsamme (rädda av sig), goda skyttar med deras båge och pilar, gå nakne, brunaktige med svarte ögon och hår, riva ut skägget, veta av Gud intet och tjäna satan."

Holländarna, som opponerade sig mot den svenska närvaron ända från början, trängde hela tiden på. Johan Printz började nu komma till åren. Han åkte hem 1655, blev väl mottagen samt utnämnd till landshövding i sin födelsestad Jönköping. Ny guvernör blev ämbetsmannen Johan Risingh, som faktiskt lyckades driva bort en holländsk styrka som slagit sig ner i kolonin. Även han hade bra relationer till indianerna, eller som indianhövdingen Naman sa då de träffades första gången och denne prisade relationerna med Storbuken Printz: "Liksom de då hade varit en kropp och ett hjärta, så skulle de härefter vara ett huvud med svenskarna."

Missionsverksamheten gick inte alls trots att man på svenska statens bekostnad lät översätta Luthers katekes till indianspråket. Flera svenska präster försökte tappert, men vad man vet blev bara en indian kristnad. Pastor Björk berättar att indianerna oftast sa så här: "Om de kristne efter sin religion bättre levde, än vi leva, så skulle vi bliva kristna. Men vi kunna intet finna det. Ty vi se och höra dem dricka, dundra, slåss, mörda, hora, stjäla, ljuga, bedraga, vara giriga, obarmhärtiga, orätträdiga och dylika synder tillgivna. Sådant hava vi aldrig vetat utav förr, än som I kommen hit; ty förblir vi hellre vid det vi äre." De flesta svenska präster som verkat några år bland indianerna kände i allmänhet stor sympati och respekt för dem.

Slutet för Nya Sverige kom redan 1655, efter bara sjutton och ett halvt år. Den enbente holländske guvernören Peter Stuyvesant trängde med sina trupper upp för Delawarefloden och erövrade kolonins starkaste fäste, Nya Älvsborg, där staden Elsingborough ligger i dag. Kort därefter föll också Fort Kristina och därmed var den svenska Amerikakolonins saga slut. Den 14 september 1655 halades flaggan och Nya Sverige fanns inte längre. Den svenska regeringen var inte tillräckligt intresserad, eller hade inte resurserna att sända militär förstärkning och på allvar hävda sina rättigheter.

Holländarna förlorade snart marken till engelsmännen. I slutet av 1600-talet fick William Penn kontroll över området där staten Pennsylvania grundades med Philadelphia som huvudstad. De flesta av svenskarna som fanns på platsen då flaggan halades stannade kvar. Knappt hundra år senare hade alla deras ättlingar förlorat sitt svenska modersmål och ungefär samtidigt tappade svenska kyrkan kontakten med församlingsborna som nu helt hade inlemmat sig i den engelska kolonin. Den siste guvernören blev senare hög tjänsteman i svenska Pommern och Sveriges förste nationalekonomiske författare.

Cabo Corso, kolonin i Afrika

Axel Oxenstierna och Louis De Geer var mycket intresserade av kolonialhandeln. Ytterligare ett bolag bildades därför 1649, Afrikanska kompaniet, som hade rättigheter att handla med slavar, guld och elfenben från Västafrika. De Geer ägde den överväldigande majoriteten i företaget, Gustaf Horn och de svenska diplomaterna Johan Adler Salvius, Peter Julius Coyet och andra köpte små andelar.

Det fanns ännu ingen som helst debatt kring lämpligheten eller moralen i slavhandel, den debatten kommer hundra år senare. De Geer hade i förväg gjort noggranna marknadsundersökningar. Först sände han iväg en man som hette Arent Gabbe på fartyget "S:t Jacobs" med trettio man ombord, alla holländare, för att se vad man kunde köpa och sälja.

Gabbe hade tjänstgjort i det holländska Afrikakompaniet och kände till handelsstationen Cabo Corso i dagens Ghana. Den hade fått sitt namn av portugisiska handelsmän för länge sedan. Holländare och engelsmän hade passerat där men just nu var området, som låg i den afrikanske kungen Brewedas land Fetu, utan europeiska inbyggare.

Gabbe konfererade med kungen och fann att Cabo Corso skulle passa bra. För att demonstrera för sina uppdragsgivare i Nederländerna och Sverige vad man kunde göra på Guldkusten tog han 260 slavar med sig på det trånga fartyget och seglade över till Barbados i Västindien. Där byttes människorna mot socker. Förhållandena ombord på de trånga skeppen måste ha varit olidliga för de stackars slavarna, för enligt räkenskaperna avled 110 av afrikanerna under resan. Så seglade Gabbe direkt till Göteborg med sin sockerlast.

Affären var så lyckad att Louis De Geer beslöt att satsa på

Cabo Corso hette Sveriges kortlivade koloni i Afrika, vid Guldkusten i dagens Ghana. Här byggdes några fort, det ena finns delvis kvar i huvudstaden Accra. Äventyret började 1649 och var avslutat 1663.

en ny expedition. Två skepp utrustades, ”Christina” och ”Stockholms Slott”. Drottning Kristina deltog entusiastiskt i förberedelserna. Från Europa hade fartygen med sig tyger, koppar, järn, tenn, glaspärlor, knivar, speglar och brännvin att göra affärer med på Guldkusten. Fartygen kom hem igen med nya koloniala produkter. Då var De Geer mogen att grunda Svenska Afrikakompaniet.

En tysk medhjälpare till De Geer, Heinrich Carloff, utnämndes till svensk guvernör över Cabo Corso. Han hade också holländsk kolonial erfarenhet och gamla förbindelser med kung Breweda. Han upphöjdes till svensk general och fick svenskt adelsbrev med ett afrikanskt huvud och tre flygfiskar i sin sköld.

Under trumvirvlar och kanonsalut överlämnade Carloff köpesumman i guld. Den svenska flaggan hissades och kung Breweda fick ett pampigt brev med hälsningar och välgångsönskningar från drottning Kristina av Sverige, skrivet på svenska.

Omedelbart byggde Carloff ett fort uppe på en klippa, som han kallade Karlsborg, dessutom två mindre kastell, Taccorari eller Anten och Annamabo, samt små faktorier i Gemoree och på en plats som hette Accra vilket betydde myrstacken. Fortet byggdes av sten och kalk som Carloff hade haft med sig hela vägen från Sverige. Accra är som bekant numera Ghanas huvudstad. En udde i kolonin döptes raskt till Cap De Geer. Avståndet mellan östligaste fortet Accra och Cabo Corso i väster var cirka tio mil. Enligt avtalet med kungen fick bolaget hålla sig med så kallade kompanislavar som användes för att bygga fortet, som bärare och soldater.

Handeln kom igång ganska snart. Några hundra kilo elfenben och guld skeppades hem samt slavar som levererades av kung Breweda. De skeppades på bolagets fartyg till den portugisiska kolonin São Tomé utanför Afrikas västkust där de byttes mot socker som fartygen sedan seglade med upp till Stade i Nederländerna. I arkiven kan man se att fartygen ”Stockholms Slott” och ”Johannesburg” den 2 februari 1655 medförde trettiosex slavar, nittio mark guld samt en del andra produkter.

Om räkenskaperna stämmer transporterade det svenska Afrikakompaniet sammanlagt högst trehundra slavar till São Tomé, vilket trots allt är en blygsam insats i denna för Europas stater förnedrande människohandel.

En del svarta fördes ända till Sverige, antagligen för att visas upp för hovet och i slotten som något ytterst märkligt och intressant att beskåda. "Tre svarta gossar och en flicka" kom till Göteborg. Åtminstone en av dem hamnade hemma hos Oxenstierna, för i dåvarande rikskanslern Erik Oxenstiernas räkenskaper finns begravningskostnader för en afrikan på Tidö. Oxenstierna hade satsat sex tusen riksdaler i bolaget. De var inte de första kända afrikanerna i Sverige. Gustav Vasa hade en "blåman" i sitt livgarde och ända sedan 1600-talet har det sporadiskt funnits någon afrikan vid hovet som levande kuriosum och muntration.

Guld, elfenben och socker dominerade den svenska handeln från Guldkusten, men man förde också ut mindre mängder kryddor av olika slag. Slavhandeln kom aldrig riktigt i gång på allvar, vilket inte alls berodde på moraliska betänkligheter utan på marknadsmässiga problem. Sverige hade inga kolonier i Västindien att skeppa slavar till och tillgången på afrikaner för den lilla holländsk-svenska kolonin var inte så god.

Bolaget ombildades 1654 och fick många nya delägare, de flesta var riksråd eller fruar till dem, bland andra Ebba Brahe och Brita Skytte.

Precis som i Nya Sverige kom svenskarna i Afrika i konflikt med andra europeiska makter som konkurrerade om handeln på Västafrika. Engelska flottan började kapa det svenska Afrikakompaniets fartyg och då Sverige sände ner en ny, svensk guvernör, Johan Filip von Krusenstierna, blev Heinrich Carloff mycket upprörd och försvann. Han återkom 1658 ombord på ett danskt krigsskepp "Glückstadt" och erövrade kolonin för Danmarks räkning. Krusenstierna jagades iväg medan hans folk deserterade till Carloffs sida.

Kompaniets stolta skepp "Stockholms Slott" togs i beslag och snart var resten av Cabo Corso i Carloffs och danskarnas händer. Detta blev en av krigsorsakerna då Karl X Gustav angriper Danmark.

Carloff lät nu tömma alla lagerlokaler och lastade ombord allt av värde i hela kolonin på skeppet "Stockhoms Slott" och på sitt eget skepp "Glückstadt". Riksarkivet har en lista över allt som Carloff ska ha tagit med sig, bland annat följande: fyrtio säckar guld, cirka fem ton elefantbetar, ett tjugotal kanoner av varierande storlek, skeppet "Stockholms Slott" med fjorton kanoner, galeasen "Staden" med två kanoner, möbler, porslin, inredningar med mera, till ett värde av 800 mark, 73 musköter med tillbehör m.m. Därpå lämnade han kvar en dansk underhuggare vid namn Samuel Schmidt med fyrtio man att hålla ställningarna, varpå han avseglade norrut med sin lilla piratflotta lastad med tjuvgods.

Hans förhoppning var att han skulle tas emot som en hjälte då han kom till Danmark. Han hissade tysk flagg och sköt tysk lösen. Nu blev det inga hjältehyllningar. Sverige och Danmark hade slutit fred. Carloff fattade snabbt vad som hade hänt. Han satte segel igen och avseglade till okänd ort, redan nu efterlyst av svenska kronan. Enligt vissa uppgifter ska han tio år senare ha dykt upp någonstans som välbeställd fransk slavhandlare. Hans vapensköld kom aldrig upp på Riddarhuset i Stockholm.

Heinrich Carloffs underhuggare Schmidt hade inte tänkt sig någon längre framtid i den redan utplundrade kolonin. Han sålde alltihopa för åtta tusen floriner till det holländska Afrikakompaniet, samt försvann med pengarna. In marscherade Nederländerna.

Nu reagerade den afrikanske kungen. Han ville inte ha holländarna dit, det skulle öka Nederländernas redan stora inflytande på Guldkusten. Afrikanerna tog tillbaka Cabo Corso, samt överlät det till Sverige igen. En ny svensk expedition avseglade och för sista gången blev Cabo Corso åter svenskt i december 1660. Ny guvernör blev Anton Voss från Hamburg som betalade 27 000 riksdaler specie i guld till kung Breweda. Femtio afrikaner anställdes för fem riksdaler i månadslön och affärerna kom igång igen.

Holländarna hade naturligtvis inte gett upp. De kom tillbaka 1662 och den här gången slog de till ordentligt. Trots att det var fred mellan Sverige och Nederländerna bombarderade holländarna det svenska fortet och alla svenska fartyg som närmade sig, bland annat ett med den nye kommendanten Johan Neuman kapades. Neuman torterades svårt i fängelset och dog ett år senare. Den lilla besättningen i Karlsborg höll ut i över ett år, tack vare hjälp från afrikanerna. Kommendanten Voss vädjade desperat efter hjälp: ”En bov som mördat både far och mor, kunde inte placeras i en värre belägenhet än svenskarna i Cabo Corso”, skrev han. Men ingen hjälp kom.

I april 1663 lyckades holländarna till slut storma byggnaden. Kommendanten och hans folk släpades bort och dömdes till döden. Överlevande berättade långt senare hur kommendanten Voss så länge och hjältemodigt försökt försvara kastellet och hur holländarna klädde av Voss och ställde honom under galgen med ett rep om halsen. Där fick han stå i tre timmar innan han knuffades ut bland infödingarna för att dansa och sjunga naken inför dem "Kungl Maj:t och Svenska Afrikanska kompaniet till spott och spe".

Kommendanten Voss överlevde äventyret. Han kom till Sverige, men fick inte mycket av vare sig tack eller ersättning för sin insats. Han fick nöja sig med några månadslöner, resan till Sverige samt några kraftiga uppmuntrande ryggdunkningar som beröm för sin tapperhet. Efter denna holländska attack var Afrikakompaniet ruinerat. I många år försökte svenskarna få ersättning från Nederländerna och 1667 kom det också 140 000 riksdaler mot att Sverige lovade att aldrig handla på Västafrika.

Holländarnas glädje varade inte länge. Bara några år senare kom engelsmännen och tog alltihopa. Cabo Corso blev Cape Coast för att 1957 bli den fria republiken Ghana. Sveriges Afrikakoloni föll av samma skäl som Nya Sverige i Amerika: bristande intresse och resurser hemifrån. I dag då vi vet hur de europeiska kolonierna utvecklades kan vi säkert vara glada över att de svenska koloniala experimenten blev kortvariga. Vinsterna var aldrig lysande: totalt beräknas bolaget ha utfört från Afrika cirka hundraåttio kilo guld och cirka sex ton elfenben och socker till ett värde av 77 000–90 000 holländska gulden per år.

Svenskars drömmar om kolonier slutade inte på 1600-talet. Sverige kommer tillbaka till Amerika och har drömmar om Afrika och många andra platser. Mer om detta i en kommande bok i denna serie.

KAPITEL 10

Det stora kriget kommer
Lejonet från Norden
Varför gick Sverige med?
Gustav Adolfs avsked

Tider av krig, kaos, svält och massflykt är alltid siarnas och teckentydarnas tid. Nu var omvälvningarna så stora i Europa att många trodde jordens undergång, apokalypsen, var nära och man sökte tröst och förklaringar i de skrifter man hade i bibeln och i spåmännens dunkla skrifter och man tittade i stjärnorna.

Trettioåriga kriget var det största kriget i Europa före franska revolutionen hundrasextio år senare. Men trots att vi kallar det så är det egentligen inte fråga om ett krig utan en hel serie krig och konflikter som sträcker sig över femtio år och mer. De som var med hörde aldrig benämningen ”trettioåriga kriget”; den användes första gången i slutet av 1600-talet.

Det började som en religionskonflikt. En rad länder övergick till protestantismen i mitten på 1500-talet. Den katolska kyrkan slog tillbaka med motreformationen. Protestanterna försvarade sig och i flera länder som Frankrike, Nederländerna och England, där de ofta var rika och välorganiserade borgare, blev det öppna strider och inbördeskrig. År 1555 hade man inom det stora tyska riket bestämt att medborgarna skulle följa furstens religion. Avled fursten blev efterföljarens religion därför en het politisk fråga.

Kejsaren av huset Habsburg ledde motreformationen. Han styrde, i alla fall i teorin, över ett väldigt rike som på kartan sträckte sig från Östersjön i norr till Adriatiska havet i söder, från de spanska Nederländerna vid Engelska kanalen i väster till Karpaterna i öster. Kejsarens rike hade det ståtliga namnet "det heliga romerska riket av tysk nation" och var en märklig konstruktion. Det bestod av de länder och områden som familjen Habsburg gift sig till, plus de historiska resterna av Karl den stores kejsardöme från medeltiden, då den tysktalande kejsaren kröntes av påven i Rom; därav rikets namn. Kejsaren hade många pampiga titlar, bland annat var han "Kung av Jerusalem" och "advokat och världsligt överhuvud för kristenheten".

Han styrde över Österrike, Tyrolen, Kärnten, Krain, Böhmen och större delen av Ungern, Schlesien, Mähren, större delen av Burgund och Nederländerna, delar av Elsass. I Italien hade han hertigdömet Milano och en del mindre områden i norr plus kungariket Neapel med Sicilien och Sardinien i söder. Habsburgs spanska gren regerade över Spanien och Portugal och större delen av den nya världen med Chile, Peru, Brasilien och Mexico.

Nu var det heliga romerska riket av tysk nation varken särskilt heligt, romerskt eller helt tyskt för där talades också, nederländska, franska, italienska, spanska, polska, tjeckiska, slovakiska, ungerska och många andra språk. Det var ett slags förbund eller samvälde av över 1 800 olika enheter av vilka 296 var länder, kurfustendömen, grevskap, biskopsdömen och fria riksstäder av varierande storlek som alla hade säte i riksdagen. Resten var ridderskaps- och andra små territorier, ibland bara ett gods, det enda som efter krig och arvskiften blivit kvar av ett en gång större område. Det var ett myller av monarkier och republiker vars områden skar in i varandra och som alla hade sina egna lagar, mynt, vikt och mått. Och som alla ville driva sin egen politik utan inblandning utifrån. Totalt bodde över tjugo miljoner människor i riket som bara hade kejsaren i Wien gemensam.

Den tyska riksdagen var ingen riksdag som parlamentet i England eller riksdagen i Sverige. Eftersom där inte fanns några folkens ombud var det mer en kongress med de ledande furstarna. Det fanns inga medel eller organ som kunde kontrollera att riksdagens beslut verkställdes.

Då spänningen började stiga mellan protestaniska och katolska områden inom det tyska riket, gick protestanterna 1608 samman i en union under ledning av kurfursten av Pfalz, som fick stöd av bland andra Brandenburg och Hessen-Kassel. Katolikerna bildade då sitt eget förbund, katolska ligan, lett av Maximilian av Bayern. Ordet ”liga” betydde helt enkelt ”förbund”; det kommer av det latinska ordet för sammanbinda, ”ligare”. Men de långa och svåra krigen som följer och den effektiva svenska krigspropagandan gjorde att ordet liga och de som var med i ”ligan”, det vill säga ”ligisterna”, för alltid blev negativt laddat på svenska språket, vilket är unikt i Europa.

I maj 1618 gjorde protestanterna i Böhmen, i dagens Tjeckien, uppror mot kejsaren. En grupp böhmiska adelsmän marscherade upp till slottet, där de kom i häftig diskussion med kejsarens ståthållare Martinitz och Slawata. Efter en stund hördes ropet: ”Ut genom fönstret med dem enligt gammal böhmisk sed!” Så hade man sedan husiternas dagar skipat folklig rättvisa i Böhmen. Sagt och gjort. De förtvivlat kämpande herrarna slängdes ut och föll sjutton meter ner i vallgraven ropande Jungfru Marias namn hela

Så här började trettioåriga kriget med ”defenestrationen” i Prag 23 maj 1618. Uppretade protestanter kastade ut de två kejserliga ståthållarna i Böhmen genom fönstret i borgen i Prag. Deras protesterande sekreterare slängdes ut även han. Alla överlevde fallet.

vägen. Deras sekreterare Fabricius protesterade högljutt mot detta flagranta brott mot god förhandlingsetikett, men hans opposition ledde bara till att även han slängdes ut.

Då böhmarna rusade fram till fönstret såg de hur alla tre, visserligen blodiga och skakade, ändå hade överlevt fallet. Pistolskott slängdes efter dem men de lyckades ta sig levande därifrån. Fabricius adlades senare för denna sin högt flygande fysiska insats för kejsaren. Han fick heta von Hohenfall. Tidens teckentydare hade den självklara förklaringen till att de överlevde: Jungfru Maria hade tagit emot dem. Ännu en seger för katolicismen!

Händelsen beskrivs som startpunkten för det trettioåriga kriget därför att böhmarna nu valde den protestantiska unionens ledare Fredrik av Pfalz till sin egen kung, vilket kejsaren naturligtvis satte sig emot eftersom det var han som var kung av Böhmen.

Kejsaren, Ferdinand II, sände sina trupper ledda av den katolska ligans fältherre, den ärrade veteranen Jean Tserclaes Tilly, 61. Fredrik av Pfalz, kallad "vinterkonungen" eftersom han bara regerade en vinter, jagades iväg och böhmarna tvingades hårdhänt bli katoliker igen. Tillys trupper utplånade allt protestantiskt motstånd i Österrike och i Sydtyskland och den protestantiska unionen sprängdes 1621. Med Tillys trupper kom jesuiterna som avlägsnade alla protestantiska lämningar i städer och byar.

Kejsaren, som bara några år tidigare varit nära att tappa greppet om sitt rike, började nu känna starka uppvindar, kanske han kunde återupprätta sin store föregångare Karl V:s väldiga rike? Kejsaren, Ferdinand II, var varm katolik, uppfostrad av jesuiterna men naturligtvis hade han både religiösa och politiska motiv då han snabbt började driva denna katolska väpnade motreformation norrut. Hans förr så splittrade rike skulle enas igen under honom och genom den katolska tron.

Nu kände sig Nederländerna och de nordiska länderna hotade. Det tyska religionskriget blev en internationell angelägenhet. Frankrike reagerade. Om Tysk-romerska riket stärkte sin ställning i Europa var detta ett hot mot Frankrike, eftersom Frankrike var omgivet av habsburgarnas länder, Spanien i söder, Italien i sydost, delar av dagens Belgien i norr. Kampen mellan huset Habsburg och Frankrike hade pågått sedan 1490-talet, då Frankrike invaderade habsburgarnas områden i norra Italien och Neapel.

Då kejserliga trupper marscherade längs Rhen för att hålla vägen öppen till Spanska Nederländerna gick det katolska Frankrike in på protestanternas sida. För kardinal Richelieu, Frankrikes starke man, gällde kriget inte kampen om den rätta läran utan kampen om Frankrikes framtid. Då kriget nått denna nivå var England och den fria delen av Nederländerna tvungna att gripa in, för nu hotades Europas handelsvägar och den rådande ordningen. Allvarliga ekonomiska och sociala spänningar inom och mellan många av Europas länder exploderade politiskt och militärt.

Danmark går in i kriget

År 1624 vädjade Frankrike, England och Nederländerna till de nordiska länderna att bilda en protestantisk allians och komma sina protestantiska tyska bröder till hjälp. Danmarks kung Kristian IV var närmast, han regerade över två riken och hade kontrollen över Öresund, dessutom var han hertig över Holstein, ett tyskt furstendöme, och alltså direkt berörd av konflikten. Men samtidigt gick budet till Gustav Adolf, ännu sysselsatt med kriget i Livland.

Detta måste ha varit ett triumfens ögonblick för den då trettio år gamle Gustav Adolf. Han hade stigit upp på tronen som en usurpators son, en uppkomling inte erkänd av någon av de fina herrarna på Europas troner. Nu kom furstar och sändebud och bad honom om hjälp. Gustav Adolf, som först ville slutföra kriget i Livland, satte höga villkor för att gå med. Han ville bli den protestantiska alliansens härförare, han krävde en armé på 50 000 man och han behövde som garanti mot Danmarks hållning, två hamnstäder, en vid Östersjön och en vid Nordsjön, helst Wismar och Bremen. Dessutom skulle en allierad flotta ställas under svenskt befäl.

Kristian, som ville förhindra att Sverige fick några fördelar, satte sitt bud betydligt lägre och fick därför uppdraget att leda den nya protestantiska alliansen England–Nederländerna–Danmark. Utan Sveriges hjälp fick han ta sig an den kejserliga armén under Tilly och den nye fältherren, den gåtfulle och skrämmande Wallenstein, hertigen av Friedland, storgodsägaren från Böhmen som satte upp en armé på 50 000 man på villkor att han förlänades erövrade länder.

Gustav Adolf lär ha ryckt på axlarna då meddelandet kom om att Kristian IV blivit protestanternas ledare. ”Väl unnas dansken denna dans”, ska han ha sagt enligt Grimberg, varpå han återvände till sitt eget krig mot polackerna i Livland. I januari 1626 utkämpades slaget vid Wallhof i Kurland, kungens första fältslag, och han flyttar över kriget till Ostpreussen där han på kort tid erövrar de viktiga polska hamnstäderna, segrar som ytterligare höjde hans prestige internationellt och ökade hans inkomster genom alla nya tullar.

I augusti samma år mötte Kristian IV, uppbackad av sina allierade, den kejserliga armén. Det blev ett svårt och förnedrande nederlag mot Tilly och hans erfarna legoknektar vid Lutter am Barenberge ungefär mitt i Tyskland.

Följande år rycker både Tilly och Wallenstein in i Danmark. De ockuperar snabbt hela Jylland. Kristian IV flyr över till sina öar. Danmark är slaget och efter detta nederlag är Danmark aldrig mer militärt starkare än Sverige.

Wallenstein hotade furstendömet Mecklenburg, vars hertig vädjade till Gustav Adolf om hjälp men kungen krävde att hertigen slöt ett öppet förbund med Sverige först, vilket han vägrade. Wallenstein tog hans land och i kejserlig belöning fick han den mecklenburgska hertigtiteln. Hela Nordtyskland ända fram till Östersjöns stränder var nu i de kejserligas och motreformationens händer. Protestanterna var besegrade överallt.

Wallenstein (1583–1634), katolikernas härförare, hette egentligen Albrecht Wenzel Eusebius von Waldstein. Född i en protestantisk böhmisk familj blev han katolik som vuxen. Omstridd, maktlysten och gåtfull mördades han på kejsarens order.

Wallenstein utnämndes till ”högste general över de baltiska och oceaniska haven” och därmed kom kejsarens och katolikernas uttalade mål i direkt kollision med Gustav Adolfs eftersom det var hans ambition att få kontrollen över all handel på Östersjön.

Kejsaren sände trupper för att hjälpa kung Sigismund mot Gustav Adolf i Ostpreussen, samtidigt som det gick rykten om en stor planerad katolsk flottexpedition mot Sverige. Situationen skärptes vid Östersjön. Sommaren 1627 belägrade Wallenstein staden Stralsund, som nu var protestanternas sista fäste i Tyskland. Stralsund bad både Sverige och Danmark om hjälp. Bägge sände trupper: från Sverige kom över tvåtusen man som hjälpte till att driva bort det katolska hotet; belägringen hävdes. Sverige och staden Stralsund slöt ett förbund och därmed hade Gustav Adolf fått sitt första fotfäste på tysk mark och svenska trupper stod öga mot öga med kejsarens. Gustav Adolf skrev till Axel Oxenstierna: ”Så är sakerna så vitt komne, att alle de krigen uti Europa föres, äro blandade uti varannan och vordne till ett.”

Sverige förbereder sig för kriget

Redan flera år tidigare hade Gustav Adolf och Oxenstierna inlett den största och mest omfattande politiska och diplomatiska aktivitet som Sverige dittills varit med om. Det gällde att skaffa sig bundsförvanter och stöd och manövrera in sig i bästa tänkbara politiskt diplomatiska läge inför det väntade kriget mot katolikerna och kejsaren. Svenska diplomater förhandlade i Köpenhamn, i London, i Schweiz och hos många tyska furstar. De var i Haag, men holländarna som hjälpt till att dra igång den svenska utrikeshandeln såg nu Sverige som sin största konkurrent och ett hot i Östersjön. Skulle de hjälpa Sverige till ännu större rikedomar? Nej tack och adjö. De svenska diplomaterna reste till kejsarens fiendeländer, till alla som var emot Habsburg.

Det var ett komplicerat politiskt diplomatiskt spel. Kungen hade periodvis till och med kontakter med dem som ledde kejsarens egna härar. Under år 1627 försökte Wallenstein själv få kontakter med Sverige, han lovade Gustav Adolf Danmarks krona om han gick med i en allians *med* kejsaren. Ett förslag som kallt avvisades.

Frankrikes kardinal Richelieu sände i januari 1629 sin frände, diplomaten Hercule de Charnacé, till Sverige för att föreslå ett svensk-franskt förbund. Han lovade betala 400 000 riksdaler om kungen angrep kejsaren. Det lät ju bra, men Gustav Adolf krävde dessutom en armé på minst 55 000 man och ett svensk-franskt flottsamarbete i Nord- och Östersjön. Annars ingen allians med Paris. Diplomaten åkte hem igen.

De svenska sändebuden reste allt längre bort, till dogen i Venedig och till Moskva, där tsaren uppmuntrades gå samman med svenskarna mot det katolska hotet som ju även var ett hot mot den grekisk-ortodoxa kyrkan, vilket Gustav Adolfs utsände påpekade. De fortsatte till de zaporogiska kosackerna i Ukraina och ner till den tatariske khanen på Krim.

Svenskar reste ända till Istanbul för att trängas i Stora Porten med kejsarens ombud för att få audiens hos sultanen, och förhandlingar inleddes med protestanternas sydligaste utpost, Siebenbürgen i dagens Rumänien mellan sultanens rike och Österrike, regerat av Gustav Adolfs svåger, Bethlen Gábor. Men all denna möda gav mycket få konkreta resultat annat än uppmuntrande tillrop och varma handslag.

Bethlen Gábor (1580–1629), vald kung av Ungern och furste av Siebenbürgen, var protestant och svåger till Gustav II Adolf. Det militära samarbetet med svågern blev dock en stor besvikelse för den svenske kungen. Kopparstick av E Kieser som här avporträtterat Bethlen Gábor som en halvt orientalisk furste.

Kungamötet i Ulvsbäck

I februari 1629 möttes Gustav Adolf och Kristian IV i Ulvsbäcks prästgård i Småland. Kristian hade då ännu inte slutit fred med kejsaren och Sveriges krig med Polen i Ostpreussen var inte avslutat. Närvarande var några danska och svenska riksråd, bland dem Gabriel Oxenstierna, som skrev protokoll. Gustav Adolf har själv berättat om vad som hände i brev till Axel Oxenstierna: ”Litet åts där, mycket dracks där av ont vin, som tilläventyrs ock fruset varit hade”. Oxenstierna berättar i sin rapport om hur Gustav Adolf under hela mötet försökte övertala Kristian att ansluta sig till en gemensam svensk-dansk aktion mot kejsaren men Kristian, som själv mött Tilly och Wallenstein på slagfältet, var inte så entusiastisk, milt sagt. Han vägrade. Gustav Adolf vädjade och vädjade.

De drack mer av det dåliga vinet och fortsatte att prata och Kristian fick till och med känna på Gustav Adolfs skottskada i axeln där den polska kulan hade fastnat. Men Kristian, som redan i början av mötet hade förolämpats av Gustav Adolfs något odiplomatiska synpunkter på den danska krigföringen mot Tilly, vägrade låta sig övertalas.

Herrarna blev alltmer upphetsade och högljudda. Gustav Adolf ska till slut ha vänt sig till de danska riksråden och sagt: ”Vi måste först taga Gud till hjälp och inte förlita oss på främmande, utan danska och svenska män måste det göra. Tager ett manligt mod till eder och låter oss göra vårt bästa! Med förenade krafter kunde Nordens folk hoppas att nedslå kejsarens stora tyranni som ville uppsluka herraväldet över världen.”

Kristian försökte protestera mot denna analys av läget i Europa men Gustav Adolf hade då hetsat upp sig ännu mer och i ett fräsande ordflöde i detalj redogjort för allt ont kejsaren hade gjort protestanterna och Sveriges bundsförvanter i allmänhet och de svenska trupperna i Polen och Gustav Adolf personligen i synnerhet och så hade kungen slutat sin salivsprutande föreläsning med orden: ”att vara vem det vill, som oss detta gör, det må vara kejsare eller kung, furste eller republik eller vem tusan knävlar det vill, vi skole så taga varandra vid öron, att sylstrån (hårstråna) skola ryka därvid.” Därmed var det inte mycket mer att tillägga. De bägge kungarna hade blängt på varandra och så skildes de för att aldrig mera mötas. I slutet av året slöt Kristian IV fred med kejsaren i Lybeck. Danmark kom lindrigt undan mot löftet att aldrig mer blanda sig i den tyska konflikten. De svenska delegater som försökte vara med under förhandlingarna skickades bryskt bort av Wallenstein, vilket Gustav Adolf kom att nämna som en av orsakerna till det kommande kriget.

Varför gick Sverige med i kriget?

Krigsförberedelserna i Sverige var i full gång. Gustav Adolf hade för länge sedan bestämt sig för att gå in i det europeiska kriget. Hur långt han innerst inne hade tänkt sig att Sverige skulle gå och vad han skulle uppnå i detta första skede, vet man inte. Men man vet att frågan om när, var och hur Sverige skulle gå in, sysselsatte kungen dag och natt under hela 1629.

Då pressen blev för stor på kungen avreagerade han sig som mången gör i vår tid – med häftig motion. Av räkenskaperna från våren 1629 framgår nämligen att den annars så upptagne kungen tillbringade många timmar i bollhuset vid slottet. Han hade då inkallat riksdagen som skulle hållas i

Stockholm i juni.

Men då ständerna samlades var kungen inte där. Den 21 maj anländer han plötsligt och oförberett till Axel Oxenstierna i Preussen; slutuppgörelsen var nära med Polen och kungen ville vara med. Då dyker den franske diplomaten Hercule de Charnacé upp igen, han infinner sig i kungens läger för att förnya försöken att få med Sverige i ett förbund med Frankrike. Villkoren är fortfarande oacceptabla. Snart kommer även en engelsk diplomat i samma ärende. De bägge diplomaterna hjälper till att förhandla fram ett stilleståndsavtal med Sigismund. Fördraget sluts i Altmark den 13 september. Resultatet blir en sexårig vapenvila där Sverige får behålla hela Livland samt tullinkomsterna från Preussens städer. ”Alla Östersjöns hamnar bliva i H. K. M:ts händer ifrån Kalmar och intill Danzig genom Livland och Preussen”, skriver en ganska stolt Axel Oxenstierna; det var han som hade skrivit fördragstexten. Men huvudkonflikten med Sigismund, hans anspråk på Sveriges tron, var fortfarande lika olöst som då kriget hade börjat.

Där i Preussen höll kungen krigsråd med hela det högre befälet, alla var eniga om att kriget nu var oundvikligt.

Riksdagen i Stockholm sommaren 1629 däremot önskade fred – om man kunde få fred på värdiga och betryggande villkor. Men om kriget var oundvikligt skulle ständerna sluta upp bakom kungen, hette det.

Orsakerna till att Sverige gick med i trettioåriga kriget hör till de mest omskrivna och omdebatterade frågorna i vår historia. I nära trehundra år var historikerna i stort sett eniga om att kungen hade de ädlaste motiv, det vill säga han var beredd att med sitt eget liv försvara protestantismen och förhindra den katolska utbredningen.

Carl Grimberg uttrycker det så som de flesta tänkte ännu en bit in på 1900-talet: ”Skulle man offra freden med att offra framtida frihet och låta sina trosbröder förgås? Nej, hellre då släppa till landets yttersta krafter. Hellre våga liv och gods än att åter av påvens kreatur tvingas att tillbedja beläten under korstecken och knäfall och frammumlande av böner på ett obegripligt språk. Hellre döden än att tvingas föda skaror av lata munkar och feta prelater, på vilka ett protestantiskt folk icke kunna tänka utan vämjelse. Ingen fick sätta egen fördel och bekvämlighet framför samhällets bästa. Det var den enande tanken hos den nation, som gamle kung Gösta kallat ett styvsint och för storverk fallet folk”.

Alltså skulle Sverige gå till anfall i Tyskland. Det var bättre att möta fienden på annans mark än på Sveriges, eller som bondeståndet formulerade det: ”Det är bättre att binda våra hästar i fiendens gässlegårdar än han i våra.”

Senare historiker menar att kriget enbart var ett erövrar- och anfallskrig, framtvingat av Gustav Adolfs personliga fåfänga, girighet och ärelystnad. Det existerade inget direkt hot mot Sverige, säger de.

I modern tid har en del, bland andra tyska historiker, fört fram tanken att Gustav Adolf gick in i kriget därför att han ville försvara inte bara trosfriheten och samvetsfriheten i allmänhet utan vad man kallade den tyska ”liberteten”, det vill säga den tyska författningen med starka delstater och fria städer, i synnerhet.

Till allt detta resonerande kan man bara tillägga att man måste försöka se situationen 1629 så som samtidens svenskar såg den. De kunde ju inte tjuvtitta i historiens facit, de kunde inte veta exakt hur stort ett hot som alla starkt känslomässigt upplevde egentligen var.

Dagens historiker sitter med alla fakta från bägge sidor i

konflikten: de har arkivmaterialet, de militära rullorna, den totala ekonomiska och politiska och militära situationen, före, under och efter konflikten.

Gustav Adolf och de svenska riksråden hade inte ens bråkdelen av allt detta. De levde helt i sin götiska nutid, fylld av stora svenska militära framgångar under en period av historien då sådana framgångar var berömvärda och hedrande. Den kung som utvidgade sitt område på fiendens bekostnad hyllades av folket och respekterades av både vän och fiende. Nu hade grannlandet Danmark varit ockuperat av Tilly och Wallenstein. Kom ihåg att Danmark på den tiden var ännu närmare än nu, det gränsade till Småland och Västergötland. Kejsarens arméer hade krossat alla protestantiska stater i norra Tyskland. Bakom kejsaren stod den mäktiga romerska kyrkan. Wallenstein var redan på andra sidan Östersjön, alldeles intill Sveriges besittningar. Var inte allt detta nog för att även den mest kallblodige skulle känna ett stort psykologiskt hot? Var det så underligt om svenskarna trodde på något slags kejserlig-katolsk dominoteori? Alla länder som stått i vägen hittills hade ju fallit. Gustav Adolf, vars unga dynasti inte hade någon manlig arvinge, skulle antagligen vara slut om Sigismund kom tillbaka med Wallenstein och de kejserliga härarna.

Religionen betydde oerhört mycket under 1600-talet, lika mycket som till exempel tron på "frihet och demokrati" eller den blinda tron på kommunismen eller fascismen som fått hundratusentals människor att frivilligt gå ut i krig under 1900-talet. Kampen mellan protestanter och katoliker var lika mycket en religiös som en politisk fråga. Gustav Adolf slogs gärna för protestantismen, i synnerhet om det gav Sverige stora fördelar.

Han hade nu undan för undan erövrat de flesta av

Östersjöns viktigaste hamnar och flodmynningar. Sedan freden i Stolbova och de freder och stillestånd som följde hade Sverige kontrollen över all handel som passerade från Ryssland och Baltikum.

Det primära målet måste vara att i första hand försvara allt vad han hittills uppnått samt att gärna få lite till, till exempel ett tyskt furstendöme, Pommern eller Mecklenburg – helst båda – med de ytterst lönsamma hamnarna vid Oder- och Wesermynningarna i Östersjön. Han hade redan fotfäste i Stralsund. Därifrån var det inte så långt till Stettin.

Lejonet från Norden

Febrila krigsförberedelser pågick redan på alla plan: militärt, politiskt, ekonomiskt och psykologiskt. Hemmaopinionen måste förberedas och entusiasmeras för denna nya stora uppoffring. Man använde då som nu, alla medel i det psykologiska försvaret: rykten, rena lögner, flygblad och viskningskampanjer. Kungen talade till riksråden, till adeln och direkt till bönderna. Prästerna bidrog från predikstolarna.

Lika viktig var den förberedande propagandan i fiendeland. Psykologisk krigföring är något som använts sedan antikens dagar. Gustav Adolf behärskade naturligtvis även den konsten.

Det är nu myten om ”der Löwe aus der Mitternacht”, Lejonet från Midnattslandet eller Lejonet från Norden, med hjälp av flinka pennor i kungens kansli, började spridas över norra Europa. Bakgrunden var en spådom som läkaren och mystikern Aurelio Philippi Paracelsus hade skrivit hundra år tidigare. Han skrev att det fanns tre omätliga skatter av guld och ädelstenar och skrifter om universums inre hemligheter gömda på olika ställen i Europa. Tre män skulle hitta skatterna; en skulle då vara trettiotvå år gammal, den andre femtio och den tredje tjugoåtta. Skatterna skulle hittas då det österrikiska kejsardömet brakade samman.

Just vid den tiden skulle det komma ett gult Lejon från Norden som skulle angripa och besegra Örnen (dvs kejsaren). Men innan detta skedde skulle Europa drabbas av svåra hemsökelser: krig, svält och sjukdomar, men det väldiga Lejonet skulle med sin lilla hop av rättfärdiga, stärkta av Guds allmakt, besegra ondskan, gripa Örnens spira och lägga under sig hela Europa och delar av Asien och Afrika.

Folken skulle hälsa honom med glädje och de återfunna skatterna skulle användas till allas bästa. Då Lejonet var klart med sin uppgift skulle frid och endräkt råda över hela världen och Herrens ankomst och den yttersta dagen vara nära.

Paracelsus skrift spreds i ständigt nya upplagor och de nådde även Sverige där Gustav Adolfs lärare och näre förtrogne Johannes Bureus läste och väl kände till profetian. Ett exemplar finns för övrigt i Uppsala universitetsbibliotek. Man kan utgå ifrån att Gustav Adolf, som stod Bureus mycket nära, tidigt fick höra och läsa den. Men tiden var fylld av liknande svärmiska religiösa spådomar, påspädda av de många religiösa och hemliga sällskap som fanns under 1600-talet, inte minst rosenkreutzarna.

Den som ville hitta stöd för spådomarna om Guds omedelbara straffdom kunde hitta dem i Bibeln. Lovade inte Herren genom Jesaja att någon från Norden skulle komma och gå över makthavarna som över lera? Profeten Daniel, siade inte han om en väldig kamp mellan Söderlandet och Nordlandet, vars kung ingen kunde motstå? Och Jeremia, skriver han inte om Lejonet som ska komma och totalt ödelägga de orättfärdigas länder, bränna upp deras städer ”så där skall ingen bo uti”? Esra talar om det rytande Lejonet som ska komma från skogen och tillintetgöra det romerska riket.

Som om inte allt detta räckte cirkulerade berättelser om underverk, himmelsfenomen och annat. Vi måste komma ihåg att detta var hundra år före upplysningen och det stora genombrottet för naturvetenskaperna. Ingen hade ännu vågat ifrågasätta Bibelns skapelseberättelse. Få hade något annat än aningar om hur människan, jorden eller världsrymden egentligen fungerade. Bibeln var livets och den mänskliga kunskapens högsta auktoritet.

I denna upphetsade apokalyptiska stämning var det många som fick märkliga syner. Lejon och örnar sågs kämpa på himmelen, lejonet vann alltid. De mest uppseendeväckande synerna spreds i flygblad. En garvare i Schlesien hade genom änglar fått veta att Rom-Babylon snart skulle störtas av Lejonet från Norden. En flicka från Böhmen fick en uppenbarelse där Gud skulle sända hjälp från Norden, Lejonet skulle komma. En skollärare från Pfalz såg Lejonet fördriva de onda med sitt blodiga svärd. En stum återfick talförmågan och började genast predika för Tillys soldater att deras tid var ute. Lejonet skulle komma.

En hel folksamling i Sonderburg, som då var ockuperat av Wallenstein, såg 1628 på himmelen hur en mäktig armé komplett med artilleri, musköter och kavalleri kom dragande från norr. Från söder kom en annan här. Det blev en blodig kamp där den nordiske härföraren avgick med segern. Synen pågick i flera timmar och bevittnades av flera hundra personer som naturligtvis var skräckslagna över detta plötsliga himmelska ljud- och ljusspel. I staden Eger såg invånarna 1630 hur en örn och ett från Norden kommande lejon kämpade en hård strid. Lejonet vann.

För att ytterligare spä på ryktena och den starka förväntan som fanns och få blickarna riktade åt rätt håll lät det svenska fältkansliet trycka nya upplagor av Tycho Brahes gamla spådom från 1573 där han efter att ha skådat den uppflammande stjärnan i Cassiopeia drog slutsatsen att detta fenomen, som på sin tid fick hela Europa att darra, bara kunde tolkas som ett järtecken om att mycket stora politiska omvälvningar stod för dörren och att dessa skulle genomföras av en konung från Norden och att allt detta skulle ske före år 1632. De nya upplagorna hade påpassligt nog Gustav Adolfs bild på pärmen.

Marken var så väl förberedd att till och med Wallenstein år 1629 skrev: "Här väntar man på konungen av Sverige som judarna väntade på Messias." Man vet att Gustav Adolf i alla fall så sent som 1630 kände till denna Messiasväntan, för det franska sändebudet Hercule de Charnacé berättar det i ett personligt möte med kungen i Västerås.

Beslutet fattas

Alla visste alltså att Lejonet från Norden skulle komma. Men när? Frågan hade redan diskuterats av ett hemligt riksdagsutskott 1627–28. Självklart ville majoriteten av ständernas medlemmar inte ha ett nytt krig med allt vad det innebar av människoförluster, ekonomiska påfrestningar och allmän oro. Kungen hade då förklarat den utrikespolitiska situationen så som han såg den. Han tonade inte ner det katolska hotet. Till slut förklarar det uppskrämda utskottet att svenska folket självklart ställer upp bakom kungen så att "kejsarens och de påviskes välde här vid Östersjön icke må rotfästas utan att Hans Maj:t ville gå dessa farligheter under ögonen". Ständerna gick med på en rad nya tunga skatter för folket, de begärde bara att kriget måtte föras så långt som möjligt från rikets egna gränser.

I oktober och november 1629 hölls det avgörande riksrådsmötet på Uppsala slott dit herrarna var tvungna att fly från det pestsmittade Stockholm. Enligt rådsprotokollen var följande riksråd närvarande:

Axel Oxenstiernas bror och vikarie då hans själv var i Preussen, riksskattmästaren Gabriel Bengtsson Oxenstierna, kungens halvbror, riksamiralen Carl Carlsson Gyllenhielm, landshövdingen i Uppland, ståthållaren bland annat över Uppsala slott Clas Horn från Finland, kungens gamle lärare, nyutnämnde generalguvernören över de baltiska provinserna Johan Skytte, lagmannen över Östergötland Per Banér, diplomaten och lagmannen Johan Sparre och ståthållaren över Kalmar slott Mattias Soop.

Kungen hade lagt upp sin framställning som en akademisk debatt med synpunkter för och emot ett krig mot kejsaren och för och emot att det skulle föras i Tyskland och inte i Sverige. Varje statsråd fick sedan komma med sina synpunkter för eller emot, allt antecknades i protokollen. Alla visste självklart redan vilket beslut kungen hade fattat, debatten var såtillvida en skendebatt. Dessutom var dessa herrar inte de som skulle debattera krigets för- eller nackdelar, de var antagligen redan innan de kom lika beredda som kungen på att ta steget in i den europeiska konflikten. De stödde alla ett svenskt anfallskrig i Tyskland mot kejsaren. Riksamiralen Gyllenhielm sammanfattade det hela med att önska ”Kungl Maj:t lycka till i allt, att det måtte lända Gud till ära, Hans Maj:t till beröm och fäderneslandet till en äntlig rolighet (fred)”.

Det beslut som fattades där på Uppsala slott den 3 november 1629 var det viktigaste som svenska statsråd dittills hade tagit ställning till. Det skulle få världshistoriska konsekvenser.

För vad man nu hade beslutat betydde ju i första hand att riket Sverige med Finland och de baltiska provinserna, kanske en och en halv miljon invånare, nu skulle gå till anfall mot Europas största stat och krigsmaskineri med sammanlagt över tjugo miljoner invånare, som kunde sätta upp härar på över 100 000 man, ledda av tidens förnämsta och mest erfarna fältherrar. Så måste samtiden, inte minst svenskarna själva, ha uppfattat det. För dem var beslutet ett hisnande språng in i det okända.

De gamla nationalromantiska historikerna brukar här uttrycka sig ungefär som Carl Grimberg: "Vårt lilla folk skulle visa världen, vad det dugde till."

Den vintern glödde härdarna mer än vanligt hos rörsmederna i hela riket. Det dånade i masugnarna och hamrades i smedjorna: över 8 000 musköter, över 14 000 undervärjor och 10 000 stormhattar (hjälmar), 5 000 pikar, tusentals harnesk tillverkades. Över hundra kanoner rullades ut ur vapensmedjorna. Många tusen hästar skulle skaffas fram. Stora matförråd samlades in hos bönderna och kompletterades med köp i Danmark och Ryssland. Kulor, krut och luntor kom från Nederländerna och England. Över 105 000 palissadpinnar täljdes till och skickades till Stockholm med 10 000 skansverktyg.

Nya soldater utskrevs i varje socken: över 6 000 i Sverige, 2 400 i Finland. Flera tusen av dem rymde, mest i Småland, Norrland och Finland, där var femte utskriven försvann till skogs. Av de totalt 35 796 man som fanns i rullorna då våren kom, hade inte mindre än 4 443 försvunnit.

Legoknektar värvades i Nederländerna, Danmark, Baltikum, Tyskland, England, Skottland och Irland. Många av dem fick övervintra i Småland och Östergötland. Skottarna hamnade i Hudiksvall och Gävle, engelsmännen i Sigtuna och Uppsala, andra låg i Örebro, Arboga, Köping, Skänninge, Vadstena, Linköping, Eksjö och Vimmerby. Det blivande elitförbandet, kungens livgarde, som också var värvad trupp, låg i Stockholm.

Totalt var de 5 639 man från många länder som skulle ha husrum, mat och dryck. Och övervakning, för med legosoldater följde alltid en brokig samling av diverse köpmän, skojare och horor.

I kungens kansli räknade man om och om igen på folk och fartyg. På våren visste man att det fanns nära 76 000 man i rikets totala försvar, men av dem måste hälften stanna för Sveriges, Finlands och de baltiska provinsernas försvar. Totalt 30 272 man skulle ut i kriget, av dem var 11 976 från Finland.

Den största flotta Sverige någonsin rustat gjordes i ordning, totalt 172 fartyg, av vilka 31 var örlogsskepp och resten fartyg av alla typer och storlekar. Mindre flottenheter skulle samtidigt segla från Åbo, Riga och Preussen.

I mars 1630 började trupperna marschera mot sina utskeppningshamnar. Långa kolonner av män och pojkar, hästar och skramlande trossvagnar ringlade genom landskapen. De första dök upp i Stockholm i början av april dit nu också ständernas ledamöter sökte sig. En riksdag hade nämligen sammankallats, men ledamöterna hade svårt att komma fram på de blockerade vägarna. Krogar och rastställen var fulla. Det var svårt att få tag i hästar; de flesta hade gått till armén eller stulits av legoknektarna. Det var ont om mat på många ställen, arméns förråd krävde allt. Den danske diplomaten i Stockholm skrev att ”landet är utarmat och tämligen desperat”.

Gustav Adolfs avsked

Den 19 maj tog Gustav Adolf för sista gången avsked av sitt folk i en ceremoni på Stockholms slott. Han höll den ännu bara treåriga Kristina i sina armar. Förmodligen var inget öga torrt då kungen förklarade att han nu gick ut i kriget inte för att han önskade krig utan för att han är ”därtill retad och utmanad uti några åtskillige år” och han gjorde det för att ”de förtryckte religionsförvanter måtte befrias ifrån det påviska oket”. Han påminde om hur många gånger han riskerat och gett sitt blod för Sverige. Han lät förstå att detta kunde vara sista gången men att han hoppades att ”vi efter dette usle och mödosamme levernet efter Guds behag måge möta varannan i det himmelska och oförgängliga hos Gud oss beredda livet och glädjen”.

Så riktade han sig till vart och ett av stånden med en särskild hälsning. Adeln hoppades han att ”de åter måtte göra de gamle våre förfäders göters berömliga namn utbrett över hela världen” och på det sättet inte bara skaffa sig odödlig ära utan också gods och gårdar som belöning.

Borgarna önskade han ”att edra små kåtor måge bliva stora stenhus, edre små båtar stora skepp och farkoster och att oljan i edre krukor aldrig må tryta och felas”.

För bönderna hoppades han att ”deras ängar må grönskas, deras åkrar bära hundrafallt, så att deras lador blive fulla, och att de i all ymnighet måge tillaga och växa till att med glädje och utan suckan kunna utgöra deras plikt och rättigheter”.

De uppslitande dygnen kring faderns avsked kan mycket väl ha varit ett av Kristinas första starka barndomsminnen. Hon skriver själv långt senare om detta avsked. Hon hade fått lära sig ett eget litet tal som hon skulle hålla för sin far.

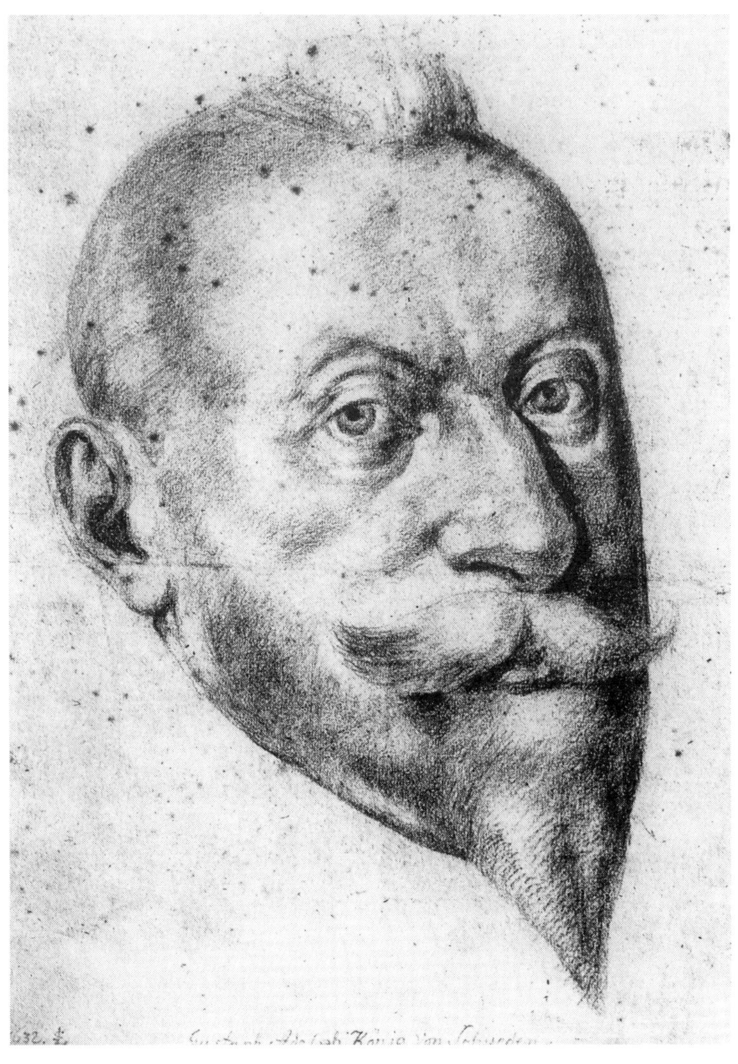

Den här studien av Gustav II Adolf från hans sista år är en av de mest porträttlika och har därför troligen tjänat som förebild vid senare avbildningar. Den är signerad L. S. vilket anses stå för Lorenz Strauch i Nürnberg.

Men Gustav Adolf var så upptagen av annat att han inte såg sin dotter. Hon ska då ha ryckt honom i kyllret och sagt sina avskedsord. Den ärrade krigarkungen hade med tårar i ögonen lyft upp sin lilla flicka och omfamnat henne. Då han slutligen for iväg, berättar hon, "grät jag så bitterligen i tre hela dagar utan uppehåll att detta skadade mina ögon, så att jag nästan förlorade synen, som hos mig liksom hos kungen var ytterligt svag. Man uppfattade mina tårar såsom onda förebud, då jag av naturen grät föga och sällan". Det var sista gången hon såg honom.

Den 31 maj gick kungen ombord på sitt skepp "Tre Kronor", bestyckat med 32 kanoner och med 160 man ombord. Men den dagen kunde ingen segla ut. Vinden slog i segel och flaggor, men den slog från fel håll. Det gick inte nästa dag heller. Och inte nästa. Inte den veckan. Mången nyutskriven dräng började säkert hoppas att kriget kanske var inställt. Han kanske skulle få gå hem igen?

Men den 11 juni blåste vindarna rätt och den väldiga armadan kunde segla ut genom Stockholms skärgård, en skog av master med smällande flaggor och svällande segel med gnisslande tåg och tjärdoftande skrov som klöv sommarkvällens böljor. Det var trångt ombord och knektar, sjömän, hästar och kanoner halkade omkring i hästspillning. Man fick sova där det fanns en tom plats på däck eller mellan kanonlavetterna.

Men nu kom inte flottan särskilt långt, vid Mellsten cirka åtta kilometer sydost om Nynäshamn blev det stopp igen. En hel vecka. Nu började det bli kris ombord på många fartyg. Provianten sinade, dricksvattnet smakade illa. Nerverna var spända. Djuren klagade högljutt.

Kungen sände bud i land om att matförråd snabbt måste föras till Ölands norra udde, samlingsplatsen för alla fartyg som kommit från andra hamnar. Förråden hann fram och med dem fick kungen det första segerbeskedet från Tyskland: Svenskarna i Stralsund hade redan erövrat ön Rügen.

Torsdagen den 17 juni klockan två på eftermiddagen lättade man ankar för sista gången. Seglen fylldes av rätt vindar och flottan styrde mot den tyska kusten, rakt mot Greifswalder Oie, utanför Rügen.

I Krigsarkivet finns en skriftlig order till flottans ansvariga om hur fartygen skulle grupperas under överfarten. Den är skriven på tyska, för hur skulle annars chefen för generalstaben, generalmajoren Dodo von Knyphausen, hovmarskalken Didrik von Falkenberg, generalstabens generalkvartermästare Georg Gunter Kraill von Bamberg, proviantmästaren Fredrik Zeritz von Langenburg eller någon annan av de många höga officerarna från utlandet förstå ett enda ord?

Fartygen skulle segla fullt stridsberedda i fyra eskadrar; kungen ledde den första. Med sig hade han hela hovstaten med riksstallmästaren Bengt Oxenstierna i spetsen. Där fanns, förutom fältkansliet med diplomaten Johan Adler Salvius, kungens hovpredikanter och livläkaren med sina två ”barberare”.

Där fanns naturligtvis också kungens personliga mästerkockar och köksskrivare, hans slaktare, bagare, två vinskänkar, sex kökspojkar, tre silverknektar, en skräddare och sist på hovstatens lista ”en tvätterska”. Vem var hon? Vad tänkte hon då flottan seglade ut? Kom hon tillbaka? Det är ingen som vet, hennes namn finns inte i arkiven.

Vad tänkte kungen där han satt i sin kajuta på väg mot världshistorien? Han var nu trettiofem år gammal. Bakom sig hade han nitton intensiva år fyllda av krig och regeringsbekymmer. Här kom han seglande med hela den svenska hären. Framför honom låg alla möjligheter: ära och framgång för honom och Sverige – eller total katastrof för dem alla.

Tänkte han på Berik, göterkungen som erövrade Europa och halva världen? Var det hans tur nu? Tänkte han på sin far, Karl IX, som aldrig fick uppleva något riktigt framgångsrikt krig och som de flesta av Europas furstar såg ner på och få hade erkänt? Eller på sin gråtande hustru? Eller på Kristinas fina avskedstal? Ömmade kanske den polska kulan i axeln mer än vanligt?

Var han Lejonet från Norden?

KAPITEL II

Landstigningen
Vem vill bli befriad?
Kampen för bundsförvanter
Agneta Horns "vedervärdigheter"
Segern vid Breitenfeld
Varför slutade inte kriget nu?
Triumfmarschen söderut

PÅ MIDSOMMARAFTONEN 1630 såg de första svenska fartygen Tysklands kust. Ankartrossarna rasslade, seglen beslogs, tusentals ögon blickade mot land, fartygens kanoner bemannades. Det var tryckande hett, vindstilla. Under följande dag anslöt fler fartyg i den fortfarande mycket svaga vinden, de sista gled in mot kvällen. På natten lät kungen ro sig i land för en första rekognosering på ön Usedom. Ljusningen kom med ännu en dag med långa timmar av spänd väntan i sommarhetta. Svarta moln tornade upp sig över horisonten, åskan mullrade, blixtarna for över kustlinjen. Så, äntligen kom ordern: Halva infanteriet ska sättas i land. Det var lördagen den 26 juni 1630, klockan fyra på eftermiddagen, landstigningsplatsen var nordvästra udden av Usedom vid Peenes utlopp.

Kungen med Nils och Joakim Brahe var bland de första som vadade upp för den grunda stranden. Gustav Adolf föll på knä och tackade Gud för överfarten och så ska han enligt ögonvittnen som citeras i alla gamla historieböcker, med hög röst ha bett en bön: "Du vet att jag företagit detta tåg, icke till min utan Din ära och Din förtryckta kyrkas hjälp! Giv ock framledes lycka att utföra detta Ditt heliga verk till den stund

Den 26 juni 1630 vid fyratiden på eftermiddagen landsteg Gustav II Adolf på nordvästra udden av ön Usedom vid floden Peenes utlopp. Enligt ögonvittnen ska kungen ha fallit på knä och tackat Gud för en lycklig överfart. Målning av Johan Hammer på 1670-talet, Karlbergs slott.

och det mål som av Dig bestämt är!”

Då skymningen föll såg svenskarna hur tyska vårdkasar lyste längs kusten och den närmaste byn stod i flammor, övergiven och antänd av flyende kejserliga trupper.

I ett manifest skrivet ombord på fartyget och som spreds över norra Tyskland förklarade kungen att han kommit för att leda frihetskampen mot kejsaren. Sverige hade förorättats och därför måste han försvara sig, inte angripa.

Han hade alltså kommit för att försvara Sverige i Tyskland och för att befria det tyska folket och de tyska furstarna. Men där fanns ingen som ville bli befriad. Inte en enda av regenterna hade slutit förbund med Sverige, ingen hälsade Gustav Adolf välkommen, tvärtom. Den gamle Bogislav av Pommern, som fick den ena efter den andra av sina kustbyar och städer ockuperade av svenska trupper, hade gjort allt vad han kunde för att förhindra landstigningen. Hans sändebud hade till och med varit ute vid Älvsnabben dagarna innan flottan seglade iväg för ett sista desperat vädjande. Men förgäves.

Fartyg efter fartyg tömdes, det tog flera dagar. Snart hade kungen över 38 000 man i Pommern, av dem var 14 500 utskrivna bondesoldater från Sverige och Finland, resten var utländska värvade knektar. Ännu fler soldater väntades från Finland, Baltikum och Preussen. Bara cirka trehundra man rapporterades sjuka efter överfarten. Värst var det för de utmattade hästarna som nästan fick bäras i land.

Någon större fiendestyrka syntes inte till utom några ”krabater som försökte bravera” utanför Wolgast. Krabaterna var svenskarnas uttal av ”kroater” som då var ett samlingsnamn för den kejserliga sidans mest fruktade soldater från Balkan. Senare kom ordet ”krabat” på svenska språket att betyda ungefär skojig krumelur eller pigg gynnare. En del av krabaterna i kriget hade en lustig halsduk som franska trupper tog med sig till Paris där den blev högsta mode och kallades för cravatte, eftersom den burits av en croite, franska för kroat.

Var var Wallenstein?

Jo, ögonblicket för den svenska invasionen var perfekt vald. Just nu satt kejsaren med sina kurfurstar på kongress nere i Regensburg, ett tiotal raska dagsmarscher söderut i Bayern. Där skulle man dryfta Frankrikes krig mot habsburgarnas områden i Italien och man skulle ta upp frågan om Wallensteins framtid. Kritiken var hård mot fältherren som kurfurstarna såg som ett farligt hot mot dem själva. Wallenstein själv befann sig i Memel ännu längre söderut, redo att marschera till italienska fronten. Fältherren Tilly, som vädrade morgonluft och upphöjelse till ny överbefälhavare, var med i Regensburg.

Då kommer nyheten till Regensburg att svenskarna håller på att landsätta en stor här i Pommern och är på marsch mot dess huvudstad Stettin (dagens Szczecin i västra Polen).

Kejsaren och kurfurstarna låter sig inte stressas, Pommern är långt borta. De slutför uppgörelsen med Wallenstein som får sparken ungefär samtidigt som Gustav Adolf tågar in i Stettin och därmed får kontrollen över handeln på den stora floden Oder. Wallenstein drar sig tillbaka till sina enorma gods i Böhmen. Vallonen Jean Tserclaes, greve till slottet Tilly i Waterloo strax utanför dagens Bryssel, blir nu både den katolska ligans och kejsarens överbefälhavare. Dessutom beslutar mötet, märkligt nog, att sända hem halva den kejserliga armén. Något rytande från Lejonet från

Norden hade inte hörts till Regensburg. Inte ännu.

Snabbt och än så länge under god ordning och under bästa disciplin breder svenskarna ut sig över norra Pommern, brohuvudet mellan Oder och Peene tryggas. Kungen upprättade sitt högkvarter i Stettin. Vad skulle han göra nu?

Han hade fortfarande inga bundsförvanter, utom den stackars Bogislav av Pommern, förstås, som medelst kanoner och sabelskrammel övertalats att samarbeta. Sverige och Pommern skrev ett fördrag ”för eviga tider”, det första svenska med en tysk stat. Staden Stralsund var redan på hans sida.

Hur var det med det katolska oket som skulle kastas av? Fortfarande var de närmast berörda protestantiska kurfurstendömena Sachsen och Brandenburg totalt ointresserade av svensk räddningstjänst.

Gustav Adolfs svåger, Georg Vilhelm av Brandenburg i Berlin, vars rike låg närmast Pommern, förklarade sig neutral. Gustav Adolf blev rasande och utgöt på ett sätt som går stick i stäv mot moderna svenska politikers programförklaring: ”Om någon neutralitet vill jag varken veta eller höra av! Varm eller kall! Fiende eller vän måste man vara! Detta var en strid mellan Gud och den onde. Vill han hålla med sin Gud, går han på Sveriges sida, men vill han hellre hålla med den onde, så får han slåss med svenske kungen. Ett tredje alternativ finns inte.”

Från grannlandet Sachsens huvudstad Dresden intet nytt, kurfursten Johan Georg svarade inte ens på brev.

Johan Adler Salvius sändes iväg till Lybeck, Hamburg och Bremen för att försöka få dem att gå i förbund med Sverige, men de duckade bakom sina egna neutralitetsskyltar. Ingen vågade sätta sig upp mot eller bryta med kejsaren. Samma sak med det hårt drabbade Mecklenburg. De hade

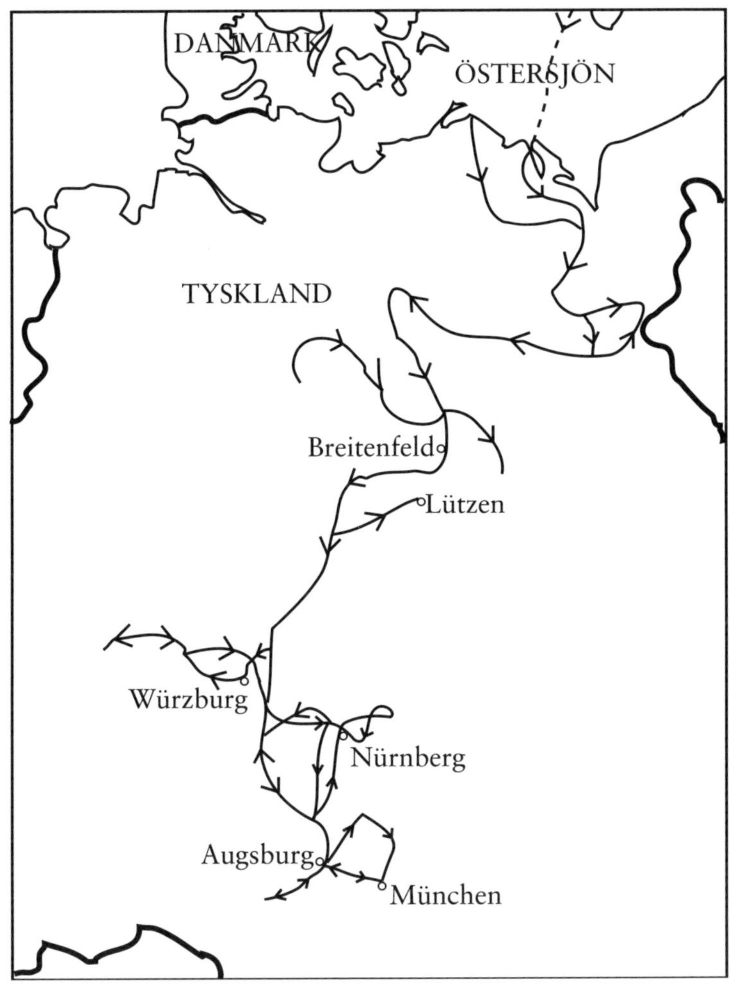

Karta över Tyskland undet trettioåriga kriget med Gustav II Adolfs fälttåg och slag.

alla fått uppleva Wallensteins arméer.

De enda som anslöt sig var furstesöner utan land, yngre söner till regenter, de som inte hade något att förlora. Bara två förbundspartner anmälde sig frivilligt. Först kom den rika staden Magdeburg vid Elbe, Niedersachens och Nordtysklands största och rikaste stad, nyckeln till floden Elbe, eftersom det norr om Magdeburg inte fanns någon bro över floden.

Det var ett försvarsförbund som gav svenskarna rätt att marschera igenom staden, men enligt fördraget skulle aldrig mer än femhundra svenska soldater få vistas i stan på en gång. I händelse av katolskt hot mot Magdeburg skulle svenskarna komma till hjälp. Magdeburg utgjorde porten till de katolska staterna i sydväst.

Sen kom lantgreven Vilhelm av Hessen, hans armé ställdes till Gustav Adolfs förfogande och lantgreven själv blev svensk general.

I denna tid av osäkerhet går kungens tankar ofta hem till familjen, det märks i breven. Den 5 november 1630 ber han att svågern, pfalzgreven i Stockholm, ska ta hand om drottningen på bästa sätt: "att tiden i vår frånvaro icke må falla henne för ledsam och svår" och han lovade försöka komma hem till vintern, annars kunde hon komma över till Tyskland till sommaren. Han tänker på Kristina också, för i ett annat brev skriver han: "Eljest ser jag gärna, att hennes kärlighet, min syster, ville taga mitt barn till sig, ty jag ser icke, huru hon skulle kunna tagas med härut, och jag hyser betänkligheter att lemna henne allena hos folket (hovpersonalen). Jag hoppas, att hon icke skall falla eder, eller min syster besvärlig, emedan hon ännu är så liten."

Så dyker en bekant diplomat upp i högkvarteret i Stettin, Hercule de Charnacé, med nya förbundsförslag. Gustav Adolf inser att han har lika stort behov av fransk ekonomisk och militär hjälp som Frankrike har behov av hans insatser mot Habsburg. Alltså inleds ett diplomatiskt spel som kan beskrivas som ett kallt pokerspel med allt högre insatser där ingen vågar syna, men så småningom får man fram ett utkast till fördragstext. Det låg klart i två exemplar. Då upptäckte Gustav Adolf att den franske kungen Ludvig XIII:s namn stod överst på bägge dokumenten. Gustav Adolf, som kämpat mer än någon monark för att bli erkänd, vägrade skriva under om inte detta ändrades.

Ett fördragsdokument med Gustav Adolf överst, ett annat med Ludvig XIII. Annars skulle det inte bli något. Den franske diplomaten vägrade. Ludvig XIII kunde omöjligt jämställas med Gustav Adolf. Förhandlingarna avbröts.

Korten blandades, ny giv. Språket under förhandlingarna var alltid latin. Franska brev som kom skrivna på franska till kungens kansli fick svar på svenska. Varför skulle svenskan vara mindre värd?

Nytt försök och äntligen, den 13 januari 1631 undertecknades i Bärwalde en svensk-fransk förbundstraktat, en stor seger för svensk diplomati. Sverige skulle detta år få 300 000 livres i bidrag och under vart och ett av följande fem åren 1 000 000 livres (400 000 riksdaler).

Gustav Adolf behöll full handlingsfrihet, han måste bara lova att behandla katoliker i ockuperade områden på ett korrekt sätt. För de franska pengarna skulle Sverige hålla en armé på 36 000 man av vilka 6 000 skulle vara ryttare.

Det var inte så mycket pengar som det låter, för ett års krig kostade vid den här tidpunkten ungefär 2 000 000 riksdaler, men det var exakt det kontanta tillskott som behövdes för att kungen skulle kunna fortsätta där han var.

Hans styrkor tog stad efter stad längs floden Oder ända ner till Frankfurt an der Oder. I varje stad stationerades svensk eller finsk trupp. På vägen förintades några kroatiska förband, en del skonades till livet och skickades som krigsfångar till Falu koppargruva. Det var några skotska kompanier som först lyckades ta sig igenom Frankfurt an der Oders fästningsvallar och stadsmurar. De kejserliga trupperna, som ockuperat staden, mejades utan vidare ner varpå skottarna fick tre timmars fri plundring.

Frankfurt an der Oder var visserligen protestantiskt men hade tagits med stormning och nu var det en gång så att varje stad som stormades måste få plundras, den regeln följdes av bägge sidor i kriget. Kungen lovade alltså tre timmars plundring ”i måttlighet” mot löfte att ingen civilperson skulle slås ihjäl.

Så blev det nu inte. Då plundringen kommit igång accelererade dårskapen och berusningen, alla goda föresatser rasade samman. Tjugofyra timmar senare var Frankfurt an der Oders gator och gränder fyllda av ihjälslagna människor, hysteriskt skrikande kvinnor och rykande tomma bodar. Det tog sex dagar att begrava alla döda.

Massakern i Magdeburg

Från Frankfurt an der Oder kunde Gustav Adolf marschera rakt ner till de kejserliga arvländerna i söder, men dit skulle han ännu inte. I stället var han tvungen att så fort som möjligt ta sig cirka tjugo mil västerut för att nå förbundsvännen Magdeburg som plötsligt omringats av Tilly med en stor här.

Tilly, som var sjuttioett år gammal, kallades ”Fader Johan” av sina soldater. Som ung hemma i Brabant ville han bli präst, det sägs att han aldrig drack vin och aldrig rörde vid en kvinna. Dessutom hade han aldrig förlorat ett fältslag. Hela sitt liv dyrkade han den heliga jungfrun, alla hans regementen hade därför Jungfru Maria på fanorna.

Det var hans första drag som kejserlig överbefälhavare att

Fältherren Tillys (1559–1632) fullständiga namn var Jean (Johann) Tserclaes, greve av Tilly, född i Vallonien i dagens Belgien. Var som ung i spansk krigstjänst, sedan hos kejsaren. Överbefälhavare för katolska ligan. Dödligt sårad då svenskarna gick över Lech.

omringa Magdeburg, staden måste bestraffas för sitt fördrag med Sverige. Här måste statueras ett exempel och porten till det rika södra och katolska Tyskland måste låsas igen.

Mellan det allvarligt hotade Magdeburg och Gustav Adolf i Frankfurt an der Oder låg kurfurstendömena Brandenburg och Sachsen. Gustav Adolfs och Sveriges trovärdighet stod på spel: Kunde svenskarna undsätta Magdeburg? Var försvarspakten med Sverige bara bluff?

Vid första nyheten om Magdeburgs belägring hade kungen sänt sin nära vän och medarbetare Didrik von Falkenberg dit. Han lyckades förklädd ta sig genom fiendens led in i staden där han övertog ledningen av försvaret. Svenska förstärkningar skulle komma, staden uppmuntrades att göra hårt motstånd. Problemet var Gustav Adolfs svåger Georg Vilhelm som vägrade ge fri passage genom Brandenburg. Han ville inte ha med kriget att göra. Han var neutral. Precis som näste kurfurste på vägen till Magdeburg, Johan Georg av Sachsen. Denne avvisade alla försök till förbundsdiskussioner. Oftast svarade han inte ens på brev. Han var en mycket enkel man, vars stora törst gav honom smeknamnet ”Öl-Göran”, en man som sällan såg längre än över skummet i sin bägare och vars tankar oftast kretsade kring jakt – den som nyss varit och den som komma skulle. Själv hade han lagt ner 150 000 djur, skröt han med. Annars sa han inte så mycket, vilket en och annan diplomat fått erfara då de hamnat i sju timmars långa middagar under fullständig tystnad, endast avbruten av ”Öl-Görans” sörplingar och smackningar. Honom rubbade man inte så lätt, i alla fall inte med kurirer och upphetsade brev.

Gustav Adolf använde alla former av diplomatiska påtryckningar. Ingenting hjälpte. Varken Sachsens eller Brandenburgs furstar gav med sig. Den svenska hären marschera-

"Öl-Göran" kallades han av svenskarna, kurfursten Johan Georg av Sachsen (1585–1656). Han ses här tilll vänster om Gustav II Adolf. Trots att han var protestant försökte han i det längsta hålla sig utanför kriget, men tvingades med av Gustav II Adolf.

de in i Brandenburg i alla fall. Utan tillstånd. Gustav Adolf måste nå Magdeburg innan det blev katastrof. Georg Vilhelm i Berlin sa fortfarande nej, ingen passage över hans åkrar och ängar, inget förbund med Sverige. Då stod redan

Gustav Adolf djupt inne i Brandenburg, framme vid Spandau inte så långt från Berlin.

Under tiden som de diplomatiska kurirerna red i sporrsträck mellan kungens läger och slottet i Berlin blev situationen alltmer desperat inne i Magdeburg. Så var det försent. Den katolska hären stormade staden. Först kom Pappenheim med sina kroater. Det blev en fruktansvärd massaker: staden plundrades, tusentals invånare dödades, kvinnor våldtogs, barn spetsades på pikar. Samtidigt som kroaterna vällde in började det brinna på många ställen i stan. Elden spred sig snabbt och till slut var det lågorna som drev bort de sista plundrarna. ”Det äro icke över 10 eller 12 hus i staden och några få fiskarbåtar, som äro behållne”, rapporterade kungens skrivare Grubbe till riksrådet i Stockholm. ”Allt det andra är i grunden förstört och mesta folket ihjelslaget, uppbrändt, fördrunknadt.” Mer än två tredjedelar av Magdeburgs befolkning, cirka 30 000, försvann i detta glödande, skrikande, skärande helvete. Didrik von Falkenberg var en av dem. Efteråt har det spekulerats mycket om vem som tände eldarna. Inte var det Tilly och hans folk, för de skulle ha haft Magdeburg som bas för det fortsatta kriget. Kanske det var försvararna som ville förhindra att fienden fick vad de själva inte kunde behålla.

Efteråt kom Tilly ridande till ruinerna, påtagligt skakad över den ohyggliga förödelsen. Under kanonmuller och gevärseld sjöngs Te Deum och i ett brev till kejsaren skriver Tilly: ”Efter Trojas och Jerusalems förstöring har någon sådan victoria icke blivit sedd.”

I mångas ögon var skulden Gustav Adolfs. Svenska flygblad försökte skylla på kurfurstarna som vägrat förbund och passage. Kungen hade ingenting kunnat göra. Nyheten om Magdeburgs fall spred sig snabbt över Europa. Det trycktes nära trehundra olika flygblad och pamfletter om katastrofen.

Människorna greps av fasa, för något liknande hade aldrig hänt förut, aldrig en massaker av så gigantiska dimensioner. Gustav Adolf lär ha utbrustit då han fick nyheten: "Gode Gud jag skall en gång hämnas det på den gamle korpralen om det så ska kosta mitt liv!"

Tillys stora armé kom nu inte, som man hade trott, för att möta svenskarna, utan vände sakta plundrande och brännande söderut.

Kurfursten i Berlin blev nu, om möjligt, ännu mer tveksam till förbund med Sverige. Det skulle dröja många generationer innan tyskarna glömde vad som hände i Magdeburg. Fursten skrev ett ampert brev till Gustav Adolf där han uppmanades att lämna Spandau och försvinna ur Brandenburg med allt sitt folk. Då tog Gustav Adolfs tålamod slut. Hela den svenska hären, över 20 000 man, närmade sig Berlin, kanonerna i täten. Då de kommit så nära att berlinarna såg de svenska fanorna, reagerade slottet. Ut kom några vagnar. I dem satt Gustav Adolfs svärmor, Anna av Preussen, och svägerskan. Fursten själv stod kanske bakom någon gardin och tittade på. Kvinnorna bad Gustav Adolf skona Berlin och Brandenburg.

Samtalet tog mycket lång tid men kungen lyckades förklara den politiska och militära situationen så att kurfurstinnan (hon hade ju gripit in i Gustav Adolfs liv förut) till slut tog med sig kungen in till Berlin. Tillsammans skulle de bearbeta den vankelmodige kurfursten. Han vägrade. Nästa dag drog sig den svenska hären ännu närmare slottet. Nu kunde man se röken från de tända luntorna vid kanonerna.

Då insåg Georg Vilhelm att han måste bli vän med Sverige. Han hade inget val. Sverige och Brandenburg skrev ett fördrag. Sverige behöll Brandenburgs två viktigaste fästningar, Spandau och Kustrin. De svenska trupperna fick fri passage.

Pesten hade brutit ut, så lättade kunde svenskarna lämna Berlin och marschera norrut och upprättade ett starkt läger vid Werben, där floden Havel flyter ut i Elbe, ett stycke ovanför Magdeburg. Därifrån behärskade man Brandenburg.

Att ta och befästa Werben var en stor famgång för svenskarna, men den kanske inte var så mycket värd, för pengarna började ta slut igen för Gustav Adolf. Han skrev det ena nödropet efter det andra till Oxenstierna och bad om kontanter och nya trupper.

Då kommer Tilly med en överlägsen här för att driva bort svenskarna från Elbe. Han kom i full slagordning, men hejdades. Werben kunde inte tas på det viset. Alla byar i närheten sattes i brand, svenska och katolska förtrupper hade skärmytslingar, kanonerna besköt varandra, men Tilly kunde inte ta sig fram. Kungen ledde själv en styrka på bland annat åttahundra finska ryttare, hakkapeliter eller som den engelske översten och dagboksskrivaren Monroe säger, ”Horsemen of Hagapells”, i en djärv framstöt mot kroaterna och tusen kyrassiärer. Det blev en våldsam sammanstötning, men kungen försvann igen med sitt folk innan Tilly hann anlända med hären. Hakkapeliternas insats var så imponerande att de alltid efteråt fick hedersuppdraget att i drabbningarna stå längst ute på högerflygeln, närmast kungen och närmast fienden.

Tillys belägring pågick ett par veckor. Det var en het sommar, pesten härjade nu vilt och dessutom blev kungens utländska legotrupper allt otåligare. I ett brev till Oxenstierna skrev han: ”Hären har i sexton veckor inga penningar bekommit... Vi hava endast haft att underhålla dem med komissbröd, som vi pressat av städerna men nu haver ock detta en ände. Med ryttarna som ej därmed sig nöja har man ingen ordning kunnat hålla, de hava endast levat av oordentligt och otillbörligt plundrande... så att nu mer intet är till fångs varken för dem eller soldater i städer eller på landet."

Kungens räddning blev att det var lika illa för Tillys soldater. Till slut fanns det inte något att hämta på sju mils omkrets. Då drog han sig tillbaka. Detta var Tillys första misslyckade större militära operation.

Nu hade det gått ett år sedan Gustav Adolf vadade i land uppe vid Usedom. I juli 1630 hade han bara haft själva ön Usedom och en liten skans, nu hade han alla hamnar från Rügenwalde ända till Ribnitz. Dessutom kontrollerade hans och hans allierades trupper Pommern, Brandenburg och Mecklenburg med de flesta städer och fästningar. Hem till Sverige hade man skickat en hel del krigsbyte, bland annat fyrtiosex kejserliga fanor som stockholmarna midsommaraftonen 1631 stolt lät hänga ut från kyrkorna i Gamla stan, och i Sveriges alla kyrkor bad man tacksägelseböner och man bad för kungen, samt med Fryxells ord: "För sanningens rättvisa sak."

I juli kom hans drottning Maria Eleonora i en flotteskader över från Sverige. Med ombord fanns över åttatusen man nya trupper; samtidigt kom överste Hamilton med sextusen man nya skotska trupper, det var efterlängtade förstärkningar.

Den ivriga Maria Eleonora skulle få vänta ännu några månader innan hon fick se sin man, för nu var han fullt upptagen med andra saker.

Den olyckliga Agneta Horn

Det var inte bara kungen som längtade efter och fick sin hustru över till Tyskland. Efter alla de stora arméerna kom en tross med hundratals, snart flera tusen och i slutet upp till hundratusen människor, hela rullande städer där officerarnas familjer med barn, tjänare, pigor och drängar följde efter. Även många soldater hade sina familjer med sig. Det är en av förklaringarna till att så många av krigsfångarna utan vidare gick över till fiendesidan då ett slag var förlorat. Det var inte bara lönen som lockade, de var rädda att förlora sina familjer.

Fältherren Gustaf Horn var gift med Axel Oxenstiernas dotter. Då Horn och hela den svenska armén for till Tyskland, blev familjen kvar på godsen i Finland, men på sommaren 1631 fick de följa efter. Horns dotter Agneta var då två år gammal, hon har senare skrivit sin självbiografi, en starkt personlig berättelse som i sin kärva och tidsenliga stil väl beskriver strapatserna som var hårda, även för fältherrens dotter och rikskanslerns dotterdotter. Hon börjar sin bok så här: ”Anno 1629 den 18 augusti och om en måndags morgon kl 7 är jag, Agneta Horn Gustavsdotter, född hit till denna onda och för mig mycket mödosamma och bedrövliga världen uti staden Riga, mig själv till allsomstörsta sorg och vedervärdighet.”

Hon berättar hur hennes mor tog den tvååriga flickan och den ännu yngre sonen med sig till Brandenburg. De kom fram den sommaren då pesten härjade i det svenska fältlägret: ”Men bäst jag hade både far och mor och bror och allt det jag ville önska mig, och intet något lyckligare barn kunde vara till, än jag då var, vändes min lycka i en stor olycka och hjärtans sorg och vedervärdighet, efter Gud av sin faderliga vilja lät i juli månad min kära fru mor falla i den leda pesten.

Agneta Horn (1629–72) var dotter till överbefälhavaren och dotterdotter till rikskanslern Axel Oxenstierna. Hennes självbiografi beskriver det dramatiska och ibland tragiska liv hon hade som officersbarn och senare officershustru i trettioåriga kriget. Ehrenstrahl.

Ty han gick mycket starkt i lägret, och dödde många av honom.”

Gustaf Horn lät då flytta familjen till Stettin där hustrun först till allas glädje blev bättre. Horn var tvungen att dra ut i kriget igen och lämnade familjen där. Då blev hustrun plötsligt sämre och avled: ”Så kom Gud och tog min saliga fru mor ifrån mig, arma och elända barn. Då jag ännu inte var mina två år fullt, så voro redan alla mina goda och glada dagar borta.”

Nu levde Agneta med familjens piga, brodern med sin

amma: ”Och finge vi mången dag icke en bit mat förrän sent om aftonen. Och vet Gud vad di slarva uti oss, som inte di ville hava... Därföre foro vi inte mycket väl, utan om nättren fingo vi väl ligga hela nättren och skrika, efter ingen av dem ville stiga upp, ifrån sina bussar, som de hade i sängen hos sig. Det blev mycket ris. Löp nu och klaga för fru mor, din förgiftiga kläpp.” Till slut tog familjen Horn hand om dem och de hamnade hos fru Ebba Horn, hon också av allt att döma en hård kvinna: ”Till råga på allt lade fru Ebba oss i en kammare där alla fönstren voro sönder. Och när det snöga så låg stora snödrivan i kammaren och ingenstans fingo vi göra upp eld.” Lillebror klarade inte kölden utan dog efter fjorton dagar i riksrådinnan Ebba Horns vård. ”Men jag arma och elända barn, som är född till mycken sorg och hjärtans vedervärdighet, fick allena behålla livet efter både min kära fru mor och ende bror.” Fru Ebba drev sitt hårda regemente vidare: ”Ingen dag gick förbi, utan att jag måste till det ringaste få ris en gång och stundom tre gånger.”

Hon hamnade snart hos sin mormor, där det blev lite bättre. Då kom bud om att hennes far Gustaf Horn hade blivit tillfångatagen. Trots allt växte hon upp och blev giftasvuxen. Släkten ville pracka på henne en man, den visserligen högättade, men fattige Erik Sparre, som Agneta avskydde, bland annat därför att den gänglige mannen tydligen var driftkucku bland kamraterna, ”det i synnerhet att han låter göra narr av sig, det tycker jag är allt för svårt för mig. En brav soldat vill jag hava och inte en sådan där, som Sparren är.”

Hon drev en för sin tid mycket ovanlig stark kvinnovilja i opposition mot släkten: ”Ty mig tycktes, det var inte hästebyte, utan att jag väl måtte se mig för, vem jag gav mig åt.” Hon hittade sin brava soldat, överste Lars Kruus hette han, som hade ”hela mitt hjärta inne”. De gifte sig och seglade över till kriget och nya bataljer. Hon följde honom på skakande bondvagnar genom ett krigshärjat Tyskland där de ömsom hotades av kejsarens trupper, ömsom av vilda bondehopar. Mannen skulle till fronten i Polen. Där ute till fälts föddes och dog hennes första barn. I åtta år reste hon med honom genom eld och vatten, svält och pest. Han upphöjs till överste för Västgöta kavalleriregemente. Under marschen mot Warszawa 1656 drabbas han av av en febersjukdom och avlider.

Agneta, som då bara var tjugosju år gammal, vände hem till Sverige igen med liket av sin döde man och sina tre små barn. De slog sig ner på familjegodset Sätuna i Uppland. Hon gifte aldrig om sig, vilket var ytterst ovanligt. Men det slitsamma och farofyllda livet hade skadat hennes kropp, hon var svag och sjuklig och dog vid fyrtiotvå års ålder. Av de fem barnen blev tre vuxna. Sonen Gustaf blev också militär och slogs bland annat mot turkarna i Ungern.

Hennes bok utgavs så sent som 1908 och hade från början denna långa och skakande titel: ”Beskrivning över min elända och mycket vedervärtiga vandringens tid samt alla mina mycket stora olyckor och hjärtans hårda sorger och vedervärtighet, som mig därunder hopetals har mött alltifrån min första barndom, och huru Gud alltid har hulpit mig med ett gott tålamod igenom gå alla mina vedervärtigheter”.

Slaget vid Breitenfeld

Tilly föll mördande och brännande in i Sachsen. Då äntligen reagerade kurfursten Johan Georg. Det ena ilbudet efter det andra sändes till Gustav Adolf. Nu tiggde han om hjälp från Sverige. Förhandlingarna kom genast igång och den 1 september slöts förbundet i Wittenberg. Tilly hade då redan tagit Leipzig.

Med förbundet med Sachsen hade situationen förändrats totalt för Gustav Adolf. Nu var han ledare för alla de protestantiska arméerna, en styrka lika stor som kejsarens. Nu kunde han möta Tilly på öppna fältet. Var ett avgörande nära?

Stora fältslag där man kastar in hela sin armé var ytterst ovanliga och undveks i det längsta av varje klok fältherre. Det fanns nämligen ingenting så slutgiltigt som ett fältslag. På några timmar kunde flera års framgångar förvandlas till totalt sammanbrott, en stor fältherres hela lysande karriär satt bokstavligt talat i hans värjspets. Förlust betydde nästan alltid tusentals döda och kanske total kollaps för hela armén och riket.

Det var därför som Gustav Adolf, nu trettiosex år gammal, fortfarande bara hade varit med om ett enda riktigt fältslag, det vid Wallhof i Kurland. Fältslag tog man till bara då man var övertygad om seger eller då det helt enkelt inte fanns någon möjlighet att komma undan.

Det var därför som kriget fram till nu mest verkar ha varit en kamp om floder och pass, om fästningar och städer. Ofta en katt och råtta-lek med fienden där den alltid är starkare vars trupper har gott om mat och tillgång till förstärkningar och som lyckas förhindra att fienden får detsamma. Trupperna måste försörjas där de går och står, därför kan härarnas marscher verka ytterst irrationella på kartan, men speglar förmodligen bara den ekonomiska verkligheten. Soldaterna går dit där det finns något att hämta. Kan man inte vinna en drabbning är det bättre att dra sig undan i tid.

Därför tvekade Gustav Adolf nu också. Hans egen framtid, hela hans armés framtid och Sveriges framtida roll i

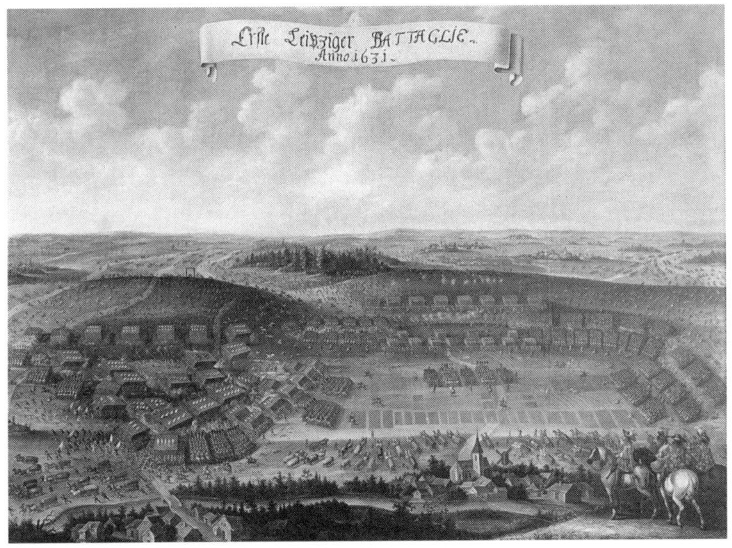

Den 7 september 1631 möttes de svenska och katolska härarna vid Breitenfeld nära Leipzig. Det blev total svensk framgång och därmed öppnades vägen söderut för Gustav Adolfs arméer. Målning av Johan Hammer ca 1670, Karlbergs slott.

Tyskland stod på spel, men också kurfurstarnas, Johan Georgs av Sachsen och Georg Vilhelms av Brandenburg öde låg i vågskålen. Men bägge ville ha strid med Tilly. Johan Georg kom till kungens härläger den 30 augusti. Enligt fältdagboken red kungen emot kurfursten för att möta honom under militära hedersbetygelser och "hela natten till tidigt på morgonen roade man sig. Det fanns musik och man lät avfyra kanoner och musketerarna fick ge fyr."

Den gamle Tilly var tveksam. Han var sjuttiotvå år och hade aldrig under hela sitt långa krigarliv förlorat ett enda fältslag. Han ville vänta ännu en tid, förstärkningar var på väg men hans fältmarskalk, den trettiosex år gamle Pappenheim, ville ha strid.

Mötesplatsen blev de vida slätterna utanför Leipzig vid byn Breitenfeld. Svenskar och sachsare hade mötts dagen innan. De svenska utskrivna bondesoldaterna i sina gråa kläder och med svenskarnas igenkänningstecken, en grön kvist i mössan (enhetliga uniformer fanns ännu inte i armén), såg de nyvärvade, nyekiperade sachsiska legotrupperna marschera upp i nyskräddade röda mantlar med grant snidade, putsade harnesk som gnistrade i solen. Deras konstfullt knutna halsdukar stack upp under krås och spetsar.

Ett ögonvittne skriver: ”Rivet, slitet, smutsigt såg vårt folk ut mot de försilvrade, förgyllda fjäderbuskade kejserska, små vore våra svenska och finska hästar emot de stora tyska hästarna. Intet stort utvärtes anseende bragte våra svenska bonddrängar på platsen emot de romarnäsiga och snorrhättiska (mustaschprydda) tillyanerna.”

De, som man får förmoda, stumt blängande svenska och finska bondsönerna som tittade på den sachsiska grannlåten, hade kvaliteter som inte glimmade i solen. De var sega, envisa, vältränade, samspelta. De kände varandra sedan många år, de kom av ett tåligt folk, vana vid strapatser. De stod pall.

Tidigt nästa morgon, fredagen den 7 september 1631, började Tillys trupper, med den vita bindeln om armen som igenkänningstecken, att ställa upp sig i en cirka tre kilometer lång linje över de öppna, kala fälten några kilometer nordost om Leipzig, vid byn Breitenfeld.

De trettio tunga kanonerna drogs på plats uppe på en låg ås, ett trettiotal hästar förspända för varje kanon. Trupperna formerades på linje under höjden. Kanonerna hade medlut. Totalt 32 000 man ställdes upp så som Tilly alltid ställt upp dem, i den spanska klassiska krigsskolans stora tunga fyrkanter, tertier i upp till trettio man djupa led. Pikenerarnas nära sex meter långa pikar stack upp som en skog i mitten, musketerarna stod framtill med sina grova bössor som krävde nittio handgrepp för att laddas om och som måste ligga på en gaffelställning då de avfyrades.

Alla hade harnesk, hjälmar och skydd av järn. Fotfolket bildade tolv sådana fyrkanter i mitten, Tilly och hans valloner främst bland dem. Rytteriet på bägge flyglarna. Fältmarskalken Pappenheim, "mannen med de hundra ärren", som faktiskt hette Gottfried (Guds fred) i förnamn, stod längst fram till vänster med sina kyrassiärer, ryttare i tunga svarta riddarrustningar som kunde väga sexti–sjuttio kilo – deras hästar var därför stora och kraftiga.

Detta var en armé av veteraner, de var värvade yrkessoldater från många länder. Kroater, tyskar, spanjorer, italienare, fransmän, danskar. De leddes av män som hette Baumgarten, Isolani, Chiesa, Gallas, Merode, Piccolomini. Det var en europeisk armé som alltid vunnit sina slag. Deras fältrop blev: Jesus Maria.

Från sin plats uppe på Galgenberg kunde Tilly se och strax höra Gustav Adolfs styrkor, över 40 000 man, komma marscherande under pukslag och trumpetfanfarer i ett flera kilometer brett moln av torrt jorddamm upprivet av de över 8 000 hästarna och 54 kanonerna på sina lavetter. Denna armé var inte mindre europeisk. Kärnan var svenska och finska bondpojkar, ledda av svenska härförare.

Närmast under kungen fanns fältmarskalken Gustaf Horn, generalen Johan Banér och översten Lennart Torstenson. Men den stora majoriteten av trupperna var redan nu utländska värvade soldater från Tyskland, Böhmen, England, Skottland, Irland, Nederländerna, Baltikum, Frankrike, anförda av män som hette Hepburn, von Efferen-Hall, Callenbach, Ramsay, Monroe, Baudissin, Teuffel och Tott.

Tyskarna brukade säga att en armé som leddes av både Teuffel (djävulen) och Tott (Todt=döden) var omöjlig att slå. Teuffel anförde kungens hovregemente, Gula Brigaden kallad. Finländaren Åke Tott var släkt med Gustav Adolf, barnbarn till Erik XIV och Karin Månsdotter.

Där stod Tillys perfekt uppställda armé exakt så som den skulle stå enligt all militär erfarenhet och tradition. Dessutom hade de solen och den friska västliga vinden i ryggen. Men det var sista gången allt var perfekt för Tilly.

Den nya tiden kom marscherande emot honom, en helt ny arméuppställning, ett nytt sätt att slåss med nya vapen. Nu skulle Gustav Adolf demonstrera erfarenheterna från de svenska arméernas många och långa krig i Baltikum och Preussen. Resultatet blev en världssensation som på sex timmar förändrade historiens gång för miljontals människor.

Tilly blev den sista lysande härföraren av den gamla skolan. Gustav Adolf den första i den nya.

Den svenska armén var lätt utrustad: här fanns inga riddarrustningar. Artilleriets tunga kanoner drogs av få hästar. Varje regemente hade dessutom sina egna snabbskjutande svensktillverkade pjäser som lätt kunde flyttas under stridens gång. De svenska pikenerarnas spjut var kortare och lättare, musköterna två kilo lättare än kejsarens och de kunde skjuta tre gånger snabbare. Dessutom var de många fler än i den kejserliga armén där pikenerarna dominerade.

Där fanns framför allt inga stora och otympliga vandrande fästningar av män i fyrkanter där bara de främsta leden kunde skjuta och göra någon nytta. Svenskarna kom formerade i sex man djupa avdelningar, så kallade träffar, där varje man hela tiden kunde göra vad han skulle. Reserverna bakom tog sig lätt fram. Martin Weibull har formulerat skillnaden mellan de två krigsskolorna som "intelligensens seger över massan".

Då svenskarna klockan tolv var mindre än en kilometer ifrån Tilly och han började urskilja fanorna öppnade det kejserliga artilleriet eld, riktad mot sachsarna på den vänstra flygeln. Fräsande och visslande projektiler skar upp de främsta leden. Hären stannade. Lennart Torstenson med de tolv tyngsta kanonerna, som befann sig i centrum, arbetade febrilt och snart besvarades elden. De svenska och finska landskapsregementena stod bakom artilleriet. I två och en halv timme skar Tillys exploderande, glödande järnskrot in i fotfolkets led. De sårade fördes snabbt bakåt till fältskärerna, luckorna fylldes med reserver som mötte nya projektiler. Men som den skotske översten Monroe skriver: "Fast som en vall" stod svenskarna.

Kungen fanns med kavalleriet och Johan Banér på den högra flygeln och ute till höger, på hedersplatsen, det finska rytteriet, hakkapeliterna, anförda av finlandsfödde Torsten Stålhandske.

Den vänstra flygeln anfördes av Gustaf Horn. Mellan kavalleristyrkorna hade kungen stoppat in musketerare. Till vänster om Horn kom sachsarna formerade delvis enligt den gamla skolan i fyrkanter, delvis i svenska led.

Vid halvtretiden rusade Pappenheims fem tusen beridna kyrassiärer fram i sina tunga svarta rustningar. De kom rakt mot den högra flygeln. Svenskar och finnar väntade tills den tungt framrullande skvadronen, sin tids pansarförband, var på ungefär hundra meters avstånd. Då öppnade man eld och det var en typ av eldstorm som ingen mött förut. Plutoneld heter det.

Det första ledet av musketerare stod på knä, bakom dem hukade ett led och bakom dem stod det tredje ledet rakt. Alla

Greve Gottfried Heinrich von Pappenheim (1594–1632), född protestant blev han som vuxen katolik. Bayersk och kejserlig fältherre. Med sina bepansrade kyrassiärer mötte Pappenheim Gustav II Adolf flera gånger, sista gången vid Lützen, då även Pappenheim avled.

sköt på en gång. Pappenheims folk kastades tillbaka.

Då gick det svenska och finska rytteriet till motangrepp och det blev en ny chock. Traditionellt red kavalleriet fram i trav mot fienden, sköt av sina eldvapen och vände åt höger eller vänster i en vid cirkel för att låta nästa led av ryttare rida fram och göra likadant; karakol hette det. Det svenska och finska rytteriet däremot sköt av sina pistoler, men i stället för att väja bort drog de sina blanka vapen, satte sporrarna i hästen och högg rakt in mot fienden. Då de huggit ner vad de kunde, vände de tillbaka, nya musketerare var då klara, ny plutoneld, följd av nytt anfall med blanka vapen.

De självsäkra Pappenheimarna drevs tillbaka gång på gång men sju gånger piskade han fram sitt folk igen. Under tiden satte Tilly in sitt huvudanfall. De tunga fyrkanterna, en gungande skog av vassa pikar, hundratals musketerare på marsch framåt i täta led, en framrullande levande fästning av eld, vasst stål och mänskliga avgrundsvrål. De kom i ett allt tätare moln av damm och rök.

Det gick som det brukar då Tillys män kom på detta sätt, sachsarna flydde. Först retirerade några kompanier, så allt fler och snart hade hela den sachsiska hären vänt och försvunnit hals över huvud över den svenska trossen som delvis drogs med och delvis plundrades i farten. Kurfursten försökte först med värjan i hand få dem att vända om, men ingen hörde på honom. Han gjorde till slut som de och stannade inte själv förrän han var ett par mil från slagfältet.

Sachsarnas flykt gjorde att den svenska armén plötsligt var mycket mindre än Tillys, som naturligtvis försökte utnyttja läget.

Gustav Adolf hade under hela den här tiden varit upptagen av sina egna strider. Det var cirka tre kilometer från högerflygeln till vänsterflygeln. Han visste ännu inte vad som hade hänt med sachsarna.

Slagfältet var helt insvept i dimma av damm och rök, den upptrampade marken var slipprig av blod och slem från de snart många tusen skjutna och skadade människorna och hästarna intrasslade i sina egna utslitna inälvor, ett vrålande, skjutande, adrenalindunkande, öronbedövande skräckens helvete, där långa stunder ingen såg mer än några meter framför sig och det var svårt att skilja vän från fiende. Överste Monroe berättar hur han lät sina trumslagare slå den skotska marschen för att hans folk skulle hitta sin fana i röken och dimman. Ingen hade någon överblick, varje enhet slogs för sig.

Kungen sände iväg Teuffel för att undersöka läget. Han kom inte tillbaka. Dödligt sårad hade han ramlat ner bland kadavren och var borta. Kungen red då själv över till den vänstra flygeln där Horn nu i klart underläge mot kejsarens huvudstyrka försökte reparera den stora lucka som uppstått då sachsarna flydde. De svenska linjerna kunde snabbt omgrupperas, vilket Tilly inte kunde göra med sina tröga fyrkanter.

Kungen drog med sig finnar, östgötar och smålänningar och lyckades erövra Tillys kanoner uppe på åsen och riktade deras eld mot kejsarens eget fotfolk som greps av panik och började fly.

Då var slaget slut för Tilly, hans ena flygel hade försvunnit i jakten på de flyende sachsarna, den andra flydde själv åt andra hållet. Själv var han nästan omringad och mycket nära att bli tillfångatagen, då hertig Rudolf Maximilian av Sachsen-Lauenburg räddade honom och drog den illa tilltufsade gamle fältherren i säkerhet. Men hans valloner stod kvar tills mörkret föll, de kämpade en sista ursinnig, vansinnig strid. Några sägs ha fortsatt att skjuta stående på sina avskjutna benstumpar. I fem timmar pågick striden.

Kvar i mörkret fanns hela den svenska armén med kungen som slog läger med sitt folk bland kadavren. De tände eldar av fiendens sönderhuggna vagnar och avbruta pikar och åt vad som fanns kvar i den plundrade trossen.

Ett ögonvittne berättar att kungen firade sitt livs största seger med en festmåltid av höna och vatten innan, vilket dagboken i kungens fältkansli påpekar, ”äntligen vin kom” intaget i lägereldens sken med jämmern från sårade vänner och fiender i mörkret, uppblandad med ljudet av plingande nattvardsklockor som skrattande och plundrande soldater i fackelsken hittade hos stupade katolska fältpräster och munkar. I dagboken står det att ”soldaterna roade sig med byte och annat som fienden lämnat efter sig”.

Tillys förluster var förkrossande: minst sjutusen stupade, sextusen tillfångatagna. Mer än femtusen av dem som lyckades springa undan slaktades av Sachsens uppretade bönder som angrep de flyende med skoningslös grymhet. Bland de döda fanns många av kejsarens regementschefer och högsta befäl, som Gustav Adolfs frände Adolf av Holstein. Sverige förlorade 2 100 man, inklusive de svårt sårade, sachsarna 2 000 man.

I gryningen nästa dag kom kungen in i fiendens övergivna fältläger – där fanns till och med krigskassan. Hela Tillys artilleri blev nu svenskt. Över hundratjugo fanor och standar skickades till Sverige, bland dem Tillys befälsfana med inskriften ”För kyrkan och riket”.

Fortfarande var disciplinen i allmänhet god inom armén, soldater och till och med officerare som på egen hand for våldsamt fram straffades hårt. Bara några dagar efter Breitenfeld lät en svensk ryttmästare sin trupp plundra en sachsisk stad och döda tolv oskyldiga borgare. Gustav Adolf kom själv dit och blev så upprörd att han personligen avrättade några av plundrarna och lät hänga ryttmästaren. Stadens invånare fick riklig ersättning, allt enligt fältdagboken.

Varför slutar inte kriget nu?

Nu har det politiska läget ändrats totalt. Kejsarens dröm om en katolsk enhetsstat styrd från Wien var krossad. De protestantiska länderna i norr befriade. Försöken att återinföra katolicismen i norra Tyskland avslutade. Den kejserliga hären utplånad. För kejsaren blev det en ofattbar chock. I tio år hade katolikerna gått från seger till seger. Hade Gud plötsligt blivit lutheran?

Gustav Adolf hade nu uppnått det maximala av vad han drömde om att kunna uppnå då han genomförde den svenska landstigningen i juni 1630. Alltså kunde han skicka hem sina soldater, upplösa de värvade regementena och återvända till Stockholm för att njuta av vad som säkert hade blivit de största segerfesterna någonsin i Sverige. Och belöningen hade de svenska kartritarna snart fått rita in: Pommern helt säkert, kanske Mecklenburg också. Hamnar och flodmynningar. Så ser moderna historiker i dag på Gustav Adolf dagen efter slaget vid Breitenfeld.

Men så blev det nu inte. I stället inleds ett nytt och ännu mer dramatiskt kapitel i vår och Europas historia. För att förstå varför måste man ännu en gång försöka se situationen så som kungen och hans samtid såg den. Vi som har historiens facit, vi vet vad som hände sen, vi kan i dag i vår lugna avskildhet, mycket långt från den explosivt laddade upphetsning som rådde kring kungen och det svenska lägret i september 1631, överblicka de totala konsekvenserna.

I dag hade slaget förmodligen direktsänts i TV med omedelbara kommentarer efteråt från Wien och Stockholm. De som i gryningen den 8 september 1631 segerrusiga men trötta, rivna och med ömmande lemmar satte sig upp på hästarna för att sakta rida mellan ännu flämtande, skadskjutna hästar och förvridna kroppar av människor och djur, de såg just då inte så mycket mer än just detta och rörelser av plundrare över liken och strömmen av knektar på väg bort. De hade ingen överblick. Inte politiskt och inte militärt.

De visste bara att de hade segrat just där, men de visste inte hur skadad fienden var. De visste inte ens exakt var han var, än mindre vilka motattacker som planerades.

De närmaste dagarna efter varje stor militär operation – det gäller ännu i denna dag – utgörs området omkring slagfältet av nya mindre slagfält, för var som helst kan det finnas enstaka fiendesoldater eller till och med större eller mindre fiendehopar som skräckslaget gömmer sig, rädda att bli tillfångatagna eller ihjälslagna. Där finns panikslagna desertörer från bägge sidor, redo att göra vad som helst bara de kommer därifrån, livrädda att möta egen trupp. Där finns skojare och bovar, ute efter rov. Är det vän eller fiende som kommer på vägen, som rör sig inne i skogen?

Det skulle ta flera veckor innan segerbudet kom till Stockholm. Flera dagar innan kejaren fick nyheten. Under tiden kunde Gustav Adolf och hans allierade försöka förstå vad som hänt och besluta sig för hur framgången skulle följas upp.

Det var en stor seger, i svensk historia kallas den ofta den största och i Generalstabens stora översikt över Gustav Adolfs krig heter det: ”Den 7 september 1631 är därför ett av vår krigshistorias stoltaste minnen.” För många generationer svenska folkskolebarn ända långt in på 1900-talet, har Breitenfeld framställts som en världshistorisk händelse och det allra största ögonblicket i hela vår historia.

Vad skulle Gustav Adolf nu göra? Skulle han förfölja Tilly och en gång för alla göra slut på resterna av hans armé eller skulle han gå direkt till Wien och personligen diktera fredsvillkoren för Ferdinand II? Om han skyndade sig fanns det ingen som kunde ställa sig i vägen.

Svaret blev att kungen satte efter Tilly, och kurfusten av Sachsen, som nu dykt upp igen med svansen mellan benen, fick marschera mot Böhmen, riktning Wien. Bakom detta låg politisk taktik. Om en tysk furste är den som slutgiltigt utmanar kejsaren för ”det heliga romerska riket av tysk nation”, är sprickan och upplösningen fullständig i riket. Gustav Adolf var, trots allt, en utländsk kung.

Men om det är just han som slutgiltigt krossar kejsarens miltära resurser kan han, som protestanternas och den militära situationens verklige ledare, kejsarens jämlike, sedan samla Europas makter till en ny öppning, nya allianser och förbund. I Wien eller någon annanstans. Det räckte inte att bara tåga in i staden Wien för att krossa kejsarmakten, lika lite som den som tågade in i till exempel Warszawa hade kuvat Polen, vilket flera svenska kungar skulle få erfara. Kejsarens makt vilade på hans arméer och på resurserna för arméerna i de rika katolska staterna och de låg här alldeles söder om platsen där Gustav Adolfs trupper stod just nu.

Dessutom fanns det ett näraliggande och alltmer pockande praktiskt problem. Hösten var här. I väntan på att alla de stora politiska frågorna skulle lösas måste Gustav Adolfs medel och verktyg för att överhuvudtaget nå sitt slutmål, hans egen stora armé, få vinterläger och det kunde ju inte bli hos en vän och allierad. Hären måste försörja sig själv, alltså söker den sig söderut, mot det bördiga Sydtyskland genom Thüringerwald ner mot den leende Maindalen med sina riddarborgar, furstbiskopsdömen, kloster och burgna städer. Därför kunde kriget inte ta slut än.

Triumfmarschen till södra Tyskland

Staden Schweinfurt hälsade Gustav Adolf välkommen, Würzburg gav sig utan större motstånd men furstbiskopens egen borg, Marienberg, uppe på en klippa stormades efter korta men hårda och blodiga strider. Sagolika skatter skyfflades fram: tavlor, tunnor med guld, kostbara klenoder i silver och guld, gobelänger och mynt samt vapen, ett trettiotal kanoner och ett tusental musköter. Dessutom: ammunition, spannmål och vin i stora mängder. Det furstbiskopliga biblioteket, en praktsamling utsirade renässansband med det furstbiskopliga vapnet på pärmarna, plundrades liksom samlingarna inne i stan och här gjorde man som man kommer att göra under biblioteksplundringarna i hela Tyskland. Med trupperna följde lärda män som noga undersökte biblioteken för att plocka ut det som kunde vara mest intressant. De gjorde också oftast detaljerade inventarielistor som delvis finns kvar. Uppsala universitet fick de största samlingarna.

Den som inventerade biblioteken i Würzburg hette Johannes Matthiae och skulle så småningom bli berömd som drottning Kristinas lärare. Mången bok stoppades naturligtvis ner av svenskar innan konungens bibliotekarier hann fram. En typisk sådan finns i universitetsbiblioteket i Lund; det är ett exemplar av Poggi Florentini Opera, tryckt i Basel 1538 i folio. I den har någon nämligen skrivit så här: ”Dänna bok hörer migh Karl Hårdh til och haffuer iagh hänne bekommit i Tijslandh i lante Francken år 1631.” Översten Kalle Hård blev den förste svenske chefen för garnisonen i Würzburg. Från Würzburg togs uppskattningsvis långt över tusen böcker.

Trupperna fortsätter västerut längs floden Main mot

Rhen. Miltenberg, Aschaffenburg, Steinheim och Kirchhain, överallt möts Gustav Adolf av jublande protestanter i ena änden av stan samtidigt som katolska biskopar, munkar och nunnor flyr i panik i den andra. Städernas makthavare och köpmän bugar och överlämnar sina nycklar, därtill nödda och tvungna. Det sved och det kostade mycket. Men det blev ändå billigare så. Billigare än för exempelvis Marienberg. Snart hade alla protestantiska furstar och fria riksstäder slutit förbund med Gustav Adolf.

För de så länge halvsvältande fattiga bondpojkarna från Sverige och Finland var detta paradiset. Diplomaten Adler Salvius skriver de ofta citerade raderna: ”Våre finnepojkar som nu vänja sig vid vinlandet, läre ej så snart komma till Savolaks igen. I de livländska krigen måste de ofta taga till godo med vatten och mögladt bröd till ölsupa, men nu gör finnen kallskål (soppa) i stormhatten (hjälmen) med semla och vin.”

Den svenska hären fortsatte söderut i två kolonner på vardera sidan av floden Main medan Torstenssons kanoner flottades på själva floden. Framgång följde på framgång. Som i rus fortsatte segertåget ända till Frankfurt am Main, den stad där den tysk-romerske kejsaren valdes och kröntes. Ingen främmande armé hade tagit Frankfurt sedan romarna var där. Stadens borgare försökte förhandla, men kungen förklarade kort: ”Vägrar de att öppna sina portar, så skulle han nog hitta rätt på nycklarna, såsom förut skett med alla de orter, vilka fallit i hans händer.”

Intåget den 20 november blev en riktig militärparad. Först kom artilleriet med kanonerna dragna på lavetter, så några ryttarkompanier och folk till fots, så kom kungens trumpetare med sina fanfarer och efter dem kungen själv, klädd i en guldbroderad scharlakansröd jacka. Han satt på en

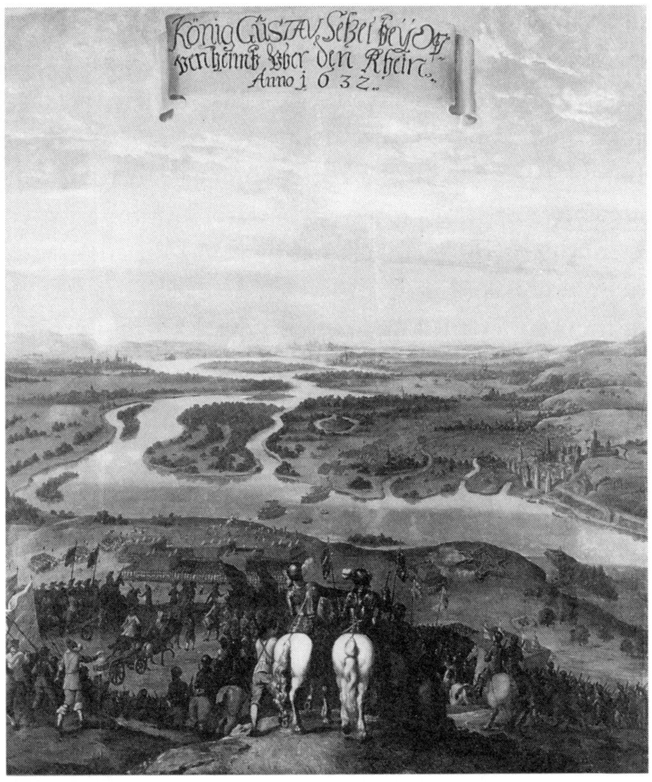

Efter framgångarna i norra Tyskland nådde Gustav II Adolf Rhen vid Oppenheim där armén tog sig över för att möta spanska trupper på den andra sidan. Ännu i denna dag finns det ett monument, "Die Schwedensäule", på den plats där kungen steg i land. Målning av Johan Hammer, Karlberg.

hög spansk hingst, hatten i handen. Med en kort bugning hälsade han de jublande folkmassorna till höger och vänster som fyllde gatorna och satt i alla fönster längs härens marschväg genom staden. Strax bakom kungen red en mängd tyska furstar och grevar och bakom dem kungens personliga livknektar och hovfolk. Efter dem kom hertig

Bernhard av Weimar ensam i en grann dräkt och efter honom det kungliga hovgardet med kungens rikt prydda personliga vagn, dragen av åtta vita hästar. Därefter tågade hela den svenska hären, regemente efter regemente, först de nationalsvenska och finska regementena: dalkarlar, östgötar, smålänningar, västgötar, savolaxare, björneborgare och alla de andra. Middagen åts i det pampiga huset Braunfels, där kejsaren brukade bo.

Så kom turen till kurfurstendömet Mainz, styrt av en katolsk ärkebiskop som i god tid hade satt sig i säkerhet. Hans huvudstad Mainz ligger där floderna Main och Rhen möts. Denna strategiskt, politiskt och militärt oerhört viktiga stad försvarades av tvåtusen spanska soldater anförda av generalen don Silva.

Hären tog sig utan större besvär över Rhen och vidare mot Mainz. På platsen där de första svenskarna ledda av Nils Brahe och Gula Brigaden gick över floden uppfördes kort efteråt en obelisk, krönt av ett götiskt lejon med hjälm och en krona på hjälmen och med ett svärd i handen som pekar västerut, över floden.

Mindre spanska besättningar på vägen sopades undan i detta det första väpnade mötet mellan svenska och spanska trupper. Att Sverige nu kommit i krigstillstånd med Spanien ledde bland annat till ökad bevakning kring Göteborg. Den spanska flottan var hela tiden ett möjligt hot mot Sverige.

Don Silva började förhandla, samtidigt som hans folk plundrade staden. Portarna öppnades den 13 december 1631 och Gustav Adolf marscherade in, som det står i fältdagboken ”med flygande fanor och brinnande luntor”. Mer jubel från de rika borgarna, troligtvis med korsade fingrar bakom ryggen. Svensk regering tillsattes här precis som man gjort överallt där den gamla regimen försvunnit. Kungens skrivare fyllde i nya inventarielistor över byte: åttio kanoner, hundratjugo tunnor krut, stora mängder konst, böcker och konsthantverk.

Nu kom Fredrik V av Pfalz till Gustav Adolf i Mainz, ”Vinterkungen”, upphovet till hela kriget. Han mottogs med stora hedersbetygelser och Gustav Adolf behandlade honom som den kung av Böhmen han aldrig riktigt fick vara. Vid Gustav Adolf sida och under svenska fanor fick han rida hem till sitt befriade Pfalz. Vid jultiden hade Gustav Adolfs arméer brett ut sig från Koblenz vid Rhen ända bort till Prag vid Moldau.

Kungen slog vinterläger i Mainz. Armén förlades i ett befäst stjärnformat läger som fick heta Gustavsburg och som fortfarande finns kvar som namnet på en stadsdel mitt i staden.

Nu hade Gustav Adolf och hans arméer tagit halva Tyskland och man hade erövrat mer än hundra tyska städer; de viktigaste av dem vaktades av svenska och finska garnisoner. Att Gustav Adolf var Lejonet från Norden var det ingen som längre tvekade om i norra Europa. Att han varit lika framgångsrik som hans ungdomsideal, göterkungen Berik, kunde alla se. Det fanns skriftliga bevis på allt detta. Det svenska fältkansliets propagandaavdelning såg till att pamfletterna och flygbladen med kungens bild och Lejonet från Norden fanns att få där människor möttes. Liksom hånfulla politiska skämtteckningar som visade hur de feta biskoparna flydde och de befriade folkmassorna hyllade hjältekungen. Enkelt men tydligt.

Vem kunde nu hindra honom att ta det sista steget. Varför inte göra sig själv till kejsare?

KAPITEL 12

Ville Gustav Adolf bli kejsare?
Försöken att bli polsk kung
Övergången av Lech
Förödelsen av Bayern
Intåg i München
Gustav Adolfs första motgångar
Lützen

INGEN SVENSK KUNG har någonsin nått den position i internationell politik som Gustav Adolf hade i Mainz vintern 1631–32. Han hade Europas framtid i sin hand. I salarna och korridorerna i kungens högkvarter vimlade det av tyska riksfustar, riksgrevar och friherrar. Där fanns sändebud från tolv olika länder. Dit kom generaler och höga officerare från när och fjärran för att få ansluta sig till Gustav Adolf eller för att studera hans krigskonst.

Den 13 januari var drottningen äntligen framme, Maria Eleonora, som hade varit på resande fot genom Tyskland sedan sommaren året innan. De möttes på vägen utanför Frankfurt; hon kastade sig ut ur sin vagn och i armarna på kungen ropande: ”Äntligen är den store Gustav Adolf fången!” Fast på tyska förstås.

En vecka senare kom den inte mindre efterlängtade, men betydligt mer behärskade Axel Oxenstierna för att överta ledningen av kungens nu snabbt expanderande kansli.

Ständerna hemma i Stockholm hade gärna sänt en delegation för att inför hela Europa hylla och gratulera sin kung, men förslaget röstades ner sedan någon påpekat att ytterst få av delegaterna hade lämpliga kläder och utrustning för att vara sin kung till annat än skam och åtlöje nere i det fina Mainz. Varför skylta med vår fattigdom? Det blev ett hyllningsbrev i stället, sänt med en representativ kurir.

Aldrig har en svensk kung haft så stora planer som Gustav Adolf denna vinter. Detta var hans mål: att med honom själv som överhuvud skapa ett protestantiskt statsförbund, "Corpus evangelicorum". Sverige skulle behålla Pommern och Mecklenburg och därför vara med i förbundet.

De tyska småfurstarna som kom till Mainz, diplomater och vanligt folk på krogar och torg antog att Gustav Adolf skulle låta välja sig till ny kejsare. Han var ju mycket nära nu. Frågan låg i luften. Det har skrivits mycket om detta.

Det finns skriftliga vittnesmål från diplomater, Johan Salvius, Filip Sadler och Johan Skytte till exempel, om att frågan dök upp några gånger under glada bordssamtal, inte minst med "Öl-Göran", kurfursten av Sachsen, men varje gång hade kungen viftat bort det hela. Det finns inga brev eller dokument bevarade där han själv skriftligen diskuterar kejsarkronan.

Självklart måste Gustav Adolf, son till hertigen av Södermanland, ändå ha lekt med tanken dessa berusande veckor då han höll hov i Mainz. Just nu gällde Europas maktpolitik kampen mellan honom och kejsaren. Om han besegrade kejsaren vore han ju själv framme vid denna alla kungars högsta prispall, kejsartronen. Han hade för länge sedan nått längre än vad han någonsin kunde drömma om, de där krigsladdade och osäkra åren då han som tonåring inte erkändes som kung av någon enda utländsk potentat. Nu kunde han ta kejsarkronan! Idén om en kejartitel fanns där, men inte den tyska titeln utan en helt ny.

Professor Ahnlund och många andra seriösa Gustav Adolf-vetare tror att vad kungen strävade efter var att skapa

Gustav Adolf i "polsk rock" heter denna Merian-målning som hänger på Skokloster. Samma röda rock hade kungen på sig då han tågade in i Frankfurt. Här är han avporträtterad på höjden av sin makt, våren 1632. Han är då 37 år gammal.

sig ett eget kejsardöme. Först skulle han slutföra sin uppgift i Tyskland, besegra katolikerna, skapa lugn och ordning för protestanterna. Sedan skulle han ge sig den kompensation han var värd för den enorma krigsinsatsen: Han skulle skapa ett skandinaviskt kejsardöme av Sverige med Finland och alla besittningar, gamla och nya, runt Östersjön plus Danmark med Norge och Island, allt detta i union med Brandenburg.

Det finns till och med ett citat av Axel Oxenstierna som stöder den teorin, rikskanslerns frände Bengt Oxenstierna, Karl XI:s kanslipresident, berättar nämligen att kanslern skulle ha sagt så här: ”Hans Majt:s tanke var att en gång antaga titeln kejsare över Skandinavien, däri inbegripande Sverige, Finland, Norge, Danmark intill Bältet och Östersjöländerna.”

Unionen med Brandenburg skulle cementeras med giftermål mellan hans egen dotter Kristina, 4, och Georg Vilhelms son Fredrik Vilhelm, 11, hennes kusin. I bakgrunden låg kungens oro över att han saknade manlig arvinge. Diskussionerna ledde till ett konkret förslag som behandlades av svenska och brandenburgska diplomater: att Fredrik Vilhelm skulle skickas till Sverige för uppfostran. Om kungen stupade utan son skulle den unge prinsen ta över hela Sverige med alla arvländer plus Brandenburg. Det skulle bli en union där varje land skulle styras efter sina egna lagar. ”Näppeligen vore i Europa en sådan stat att finnas och kunde bjuda huvudet åt vem det ville”, skriver Axel Oxenstierna.

Drottning Maria Eleonora var entusiastisk men hon anade svårigheterna för en blivande svensk kung: ”Han måste vara soldat. Den som vill ha Sverige måste förstå sig på krig.” Vad Kristina tyckte vet man inte. Kurfurstesonen var visserligen protestant men han var kalvinist och detta var icke godkänt i Sverige. Men religionsfrågan hade nog kunnat lösas. Planerna var alltså ytterst långt gångna och mycket seriösa.

Fyraåriga Kristina var ett mycket försigkommet och

intelligent barn som tidigt lärde sig skriva. Det finns utkast till två brev som kungen fick i Tyskland, skrivna med den lilla flickans spretiga och sneda bokstäver. Breven är skrivna på tyska. Förmodligen har mamman funnits alldeles i närheten. De talade bara tyska med varandra. Så här skriver Kristina i det ena brevet:

”Nådigaste hjärtans käre Herr Fader. Som jag inte har lyckan att vara hos Eders Majestät, så sänder jag ödmjukast E. M. mitt konterfej (porträtt). Jag ber E. M. att komma ihåg mig när Han ser det och snart komma tillbaka till mig och skicka mig något vackert så länge. Jag skall alltid vara snäll och lära mig be flitigt. Gud vare lov mår jag bra. Gud give oss alltid goda nyheter från E. M. Jag anbefaller mig evigt hos E. M. och förblir

Ers Kungliga Höghets
lydiga dotter
Christina”

(I arkiven kan man se att holländaren Cornelius Arendtz fick tjugo riksdaler i februari 1632 för den ”1 st F. N:des Frökens Conterphei han förfärdigadt hafwer”.)

Snart fick kungen andra saker att tänka på, Kristinas giftermålsplaner sköts på framtiden. Många år senare är det Fredrik Vilhelm som själv hör av sig i Stockholm. Han är då på väg att bli ”den store kurfursten”, en av de stora i tysk historia, varför ett äktenskap mellan Kristina och honom hade blivit mycket intressant. Vid den tidpunkten kan inte ens den störste kejsare i världen få Kristina att gifta sig, men vi är inte där än.

Från Polen kom kurirer med intressanta meddelanden. Sigismund, 74, låg på sin dödsbädd. Spelet om den polska

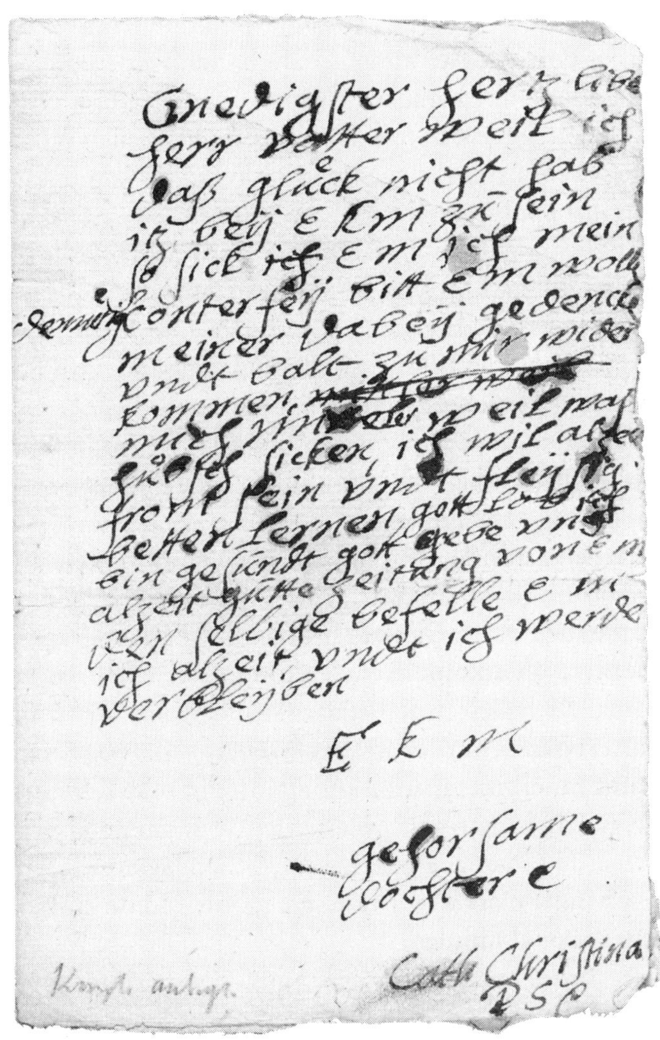

En kort tid före Lützen skrev den fem år gamla Kristina detta brev på tyska till sin far. Tyska var hemspråket. Hon skriver bl a att hon sänt ”Nådigaste hjärtans käre Herr Fader” sitt porträtt och hoppas fadern kan skicka något vackert från Tyskland.

kronan hade redan pågått i många år. Gustav Adolf, protestanternas store förkämpe, var en av kandidaterna som det katolska Polens näste kung. Underhandlingar pågick med polska adelsmän. Kungens religion var inget hinder; han lovade helt generöst full religionsfrihet åt alla i Polen, samtidigt som svenska agenter gjorde vad de kunde för att uppmuntra polska protestanter till uppror. En svensk plan var att Gustav Adolf som svensk och polsk kung skulle kasta ut Romanov från Moskva och sätta en av Sigismunds söner på tsarernas tron. En fransk äventyrare som hette Jacques Roussel upphöjdes till svenskt hovråd och sändes till Polen för att sköta Gustav Adolfs kort i Warszawa.

Sigismund dör i april men de utsända svenska ombuden dribblas bort i kungavalet som följer. Sigismunds son Vladislav IV blir i stället kung.

Allt detta svenska storpolitiska planerande oroade givetvis dem som skulle drabbas, det vill säga kejsaren och hans allierade men också Danmark, Polen, Nederländerna, som skulle bli totalt utkonkurrerade ekonomiskt, och Frankrike. Kardinal Richelieu hade betalat Gustav Adolf för att hålla tillbaka kejsaren, inte för att själv bli en ny kejsare och ett nytt hot mot Frankrike. Därför kom det tre franska diplomater till Mainz och Frankfurt, bland dem den gamle bekanten Hercule de Charnacé och kardinal Richelieus svåger och ende arvinge, markis de Brezé. De gjorde vad de kunde för att sätta käppar i hjulen.

Det fördes många allvarliga samtal denna vinter av män lutade över kartor i många slott och borgar. För varje svensk plan som sipprade ut fanns det genast motdrag från andra sidan. En del idéer om hur Gustav Adolf skulle hejdas var ganska handgripliga.

En kväll kom en präst in i kungens kammare, i sista

minuten upptäckte vakterna att prästen hade en dolk under kappan. Man kan lätt föreställa sig förhörsmetoderna efteråt nere i källaren, ett förhör som avslöjade en mordplan med sex inblandade jesuiter.

För att söka allierade mot Sveriges ovänner sändes diplomater för att ta fienden i ryggen. Till Moskva för att komma åt Polen. Till Turkiet och Siebenbürgen för att komma åt kejsaren. Det var ett invecklat, brådskande och farligt spel med höga insatser.

Men Gustav Adolf kom ingenstans utan militär kraft och muskel. För att nå sitt slutmål, att först skapa det protestantiska statsförbundet, måste han vinna en total militär seger och dit var det fortfarande en liten bit kvar. Breitenfeld var bara kvalificering till slutomgången.

Under vintermånaderna 1632 växte en fantastisk militär plan fram. Aldrig förut i Europas historia hade någon fältherre planerat i de dimensioner som Gustav Adolf och hans fältherrar nu gjorde.

Hans sammanslagna arméer är på vårvintern 1632 cirka 100 000 man, av dem är bara cirka 20 000 man från Sverige och Finland, resten är värvade trupper från hela Europa, framför allt Tyskland.

Men det var inte nog. Planerna krävde uppemot 200 000 knektar uppdelade i sju separata arméer som redan fanns men som skulle växa kraftigt. Alla sju skulle sedan samtidigt söka sig nedåt genom Tyskland mot Bayern och kejsarens arvländer.

Gustav Adolf var överbefälhavare och chef för huvudarmén, Gustaf Horn var chef för den frankiska, som hade en del framgångar i bland annat Elsass intill franska gränsen.

Johan Banér besatte Magdeburg och ledde en egen armé därifrån. Kungens frände, finländaren Åke Tott, ledde den niedersachsiska armén och tog Wismar med hela den kejserliga flottan i hamn. Lantgreven av Hessen tilldelades sin egen armé medan hertigarna Bernhard och Wilhem av Weimar samsades om sin; den sjunde armén var ”Öl-Görans” sachsiska armé. Krigsoperationer av varierande storlek pågick redan från Östersjöområdet ända ner mot Alperna, inne i norra Schweiz.

1632 skulle bli det avgörande året. Nu när Gustav Adolf kontrollerade de tyska huvudfloderna Oder, Elbe och Rhen återstod Donau. Huvudoperationen skulle riktas mot och över den floden. Därefter Bayern. Slutstriden skulle stå i kejsarens egna arvländer i Österrike.

Under tiden hade den katolska sidan samlat sig till en stor kraftansträngning, nya arméer mobiliserades och i februari 1632 gjorde kejsaren det första draget. Tilly bröt upp från Donau och gick till anfall mot Gustaf Horn.

Därmed var det slut på drömmandet och planerandet för Gustav Adolf; kriget hade börjat. Skulle avgörandet komma?

Kungen gick österut med tjugotusen man för att förena sig med Horn och Banér och sedan försöka locka till sig Tilly.

Första målet var den stora protestantiska staden Nürnberg, ”de fria städernas drottning”, där Gustav Adolf togs emot i en festsmyckad stad med musik, klockringning och enastående hyllningar. En del av de dyrbara presenter han fick fyller fortfarande hela hyllor i flera av Sveriges museer: silverpokaler och andra praktpjäser.

Övergången av Lech

Men han marscherade vidare, mot Tilly och Donau. Övergången skedde vid staden Donauwörth, där motståndet sopades undan ganska lätt. Så mot Bayern som låg på andra sidan Donaus biflod Lech. Där mötte han Tilly.

Lech var vid den här tiden en forsande flod som dessutom fick ännu mer kraft av snösmältningen. Tilly hade rivit alla broar och förskansat sig på det enda ställe där Gustav Adolf hade en teoretisk chans att ta sig över med sin armé. Tillys folk låg väl placerade med kanoner uppe på en höjd cirka åttahundra meter från floden. Med sig hade han kurfurst Maximilian av Bayern och generalen Johann von Aldringen.

Övergången av Lech har gått till svensk krigshistoria på grund av kungens djärvhets och truppernas, i synnerhet finnarnas, tapperhets skull. Gustav Adolf rekognoserade själv längs den branta och sumpiga stranden; den 3 april 1632 var hans plan klar.

Tilly får då se i sin kikare hur svenskarnas huvudstyrka närmar sig i slagordning. Han öppnar eld men svenskarna fortsätter fram till stranden där de bygger några kraftiga infanterivärn och ställer upp batterier med inte mindre än sjuttiotvå kanoner som snart besvarar Tillys eld. Vid mörkrets inbrott uppfattar Tillys spejare att svenskarna för fram bromaterial. De förbereder alltså en övergång. Men allt detta är bara skenfäktningar, för cirka tre kilometer därifrån förbereds den verkliga flodövergången.

Där låg en liten holme i floden. På holmens andra sida var det så grunt att man kunde vada i land. Virke bröts loss från böndernas korsvirkeshus i närmaste byar. Småbåtar hämtades landvägen ända borta från Donaumünde och fördes till ett gömställe nära holmen. Nästa dag kunde Tilly se hur svenskarna gjorde nya förberedelser för strid. Han var övertygad om att det stora anfallet skulle komma när som helst. Kanondruellerna intensifierades. Under natten hade Lennart Torstenson låtit ställa en del av kanonerna ute på flyglarna så att han nu kunde ge korseld.

Då uppfattade man på den katolska sidan att något höll på att hända längre ner längs stranden vid holmen. Men man kunde inte veta vad, för kungen hade låtit tända på fuktiga halmbalar vars rök drev med vinden över till Tillys sida och dolde hela flodområdet.

Där bakom denna dimridå lät kungen den 5 april klockan åtta på morgonen trehundra handplockade finska fotsoldater ur Savolax regemente, under ledning av den estniske majoren Jürgen Wrangel, gå i båtarna som hastigt fördes fram och under mycket intensiv kanoneld tog sig över till holmen, samtidigt som de i den täta röken lade ut de specialsnickrade bockarna i vattnet, anpassade exakt till flodens djup.

För att avleda Tilly öppnade Gustav Adolf ett artilleribombardemang utan motstycke. Marken skalv och dånet hördes många kilometer därifrån. Kungen ska själv ha avfyrat ett sextiotal projektiler som regnade ner över Tillys ställningar. Tilly försökte flytta folk och kanoner närmare holmen som lades under hård musköteld.

Wrangel och hans finnar kämpade på i röken och dimman och det täta kulregnet. De fäste bockarna och förenade dem med plankor. De arbetade under de allra svåraste förhållanden, men sent på eftermiddagen var bron klar.

Då hade Tilly själv, Maximilian och generalen Aldringen skyndat mot vadstället. Maximilian skrev där på stående fot ett nödrop till Wallenstein om omedelbara förstärkningar: Fienden är på väg över floden! Just då träffades general

Aldringen av en kula i huvudet. Han föll dödligt sårad och kort därefter träffades Tilly av skottet från en regementskanon som krossade hans högra ben ovanför knät. De båda generalerna måste föras ur elden.

Kungen och tre svenska brigader sprang över den färdiga bron och bet sig fast på Tillys sida av floden. Samtidigt hade Stålhandskes finska och en del svenska ryttare hittat ännu ett ställe ett stycke därifrån där man också kunde ta sig över. Stålhandskes ryttare och katolikerna drabbade samman. Det började skymma och då mörket föll gav Maximilian order om reträtt mot Bayerns starkaste militära fäste, Ingolstadt. Den natten hade Gustav Adolf ingen aning om att Tilly och hans general hade förts bort, döende.

Nästa morgon upptäckte spanare att fiendens läger uppe på kullen var tomt. Resten av den svenska armén kunde då ta sig över utan besvär. Där vid Lech stupade minst två tusen av Gustav Adolfs folk, katolikerna förlorade kanske tre tusen.

Nu stod svenskarna inne i det katolska Bayern, där befolkningen aldrig sett en protestantisk armé, i ett rikt, bördigt land som ännu inte drabbats alls av kriget. Den tyska propagandan spred flygblad om de exotiska nordborna, en armé fylld med trollkunniga lappar, skottar i kjol och annat för bayrarna mycket underligt. De var kättare och hedningar.

Plundringarna, morden och förödelsen gjorde naturligtvis inte svenskarna särskilt populära. Ända in på 1900-talet levde folkvisor i Tyskland, Österrike och långt in i Frankrike där man tydligt hör den skräck och avsky många måste ha känt för svenskarna. En typisk visa låter så här i svensk översättning:

Här har svensken varit
roffat åt sig allt och farit
fönstret har han sönderkrossat,
blyet ur det har han lossat,
kulor därav har han gjutit,
och sen bönder skjutit.

Kungen marscherade mot Augsburg, staden där den protestantiska trosbekännelsen första gången formulerades. Katolikerna hade farit hårt fram med stadens protestanter.

Under mycket stora festligheter tågade svenskarna in i den praktfullt smyckade staden där kungens hovpredikant, tysken Fabricius, höll predikan om religionsfrihet, mot trosförföljelse, ett tal som hemma i Sverige, där hårda lagar mot katolicismen rådde, skulle ha lett till plågsamma förhörsstunder med myndigheterna i de djupaste källarvalven. På kvällen var det stor bal i det Fuggerska palatset där kungen själv, en ivrig och entusiastisk dansör, roade sig med "engelska och tyska danser" som det står i ögonvittnens rapporter.

Stadens katolska styrelse avskedades, en ny protestantisk tillsattes och ny guvernör blev Bengt Bengtsson Oxenstierna, kusin till rikskanslern, århundradets mest bereste svensk, Resare-Bengt kallad. Efter långa och seriösa studier i flera europeiska länder for Oxenstierna över Jerusalem och Jordanien upp till Turkiet och Venedig, där han gick i krigstjänst mot turkarna. Sen for han vidare österut, över Bagdad till Persien, ända bort till den indiska gränsen. På hemvägen var han bland annat i Armenien, Jerusalem, Kairo och Alexandria. Han skrev dagbok om sina resor och i modern tid har forskare kunnat resa i hans spår, eftersom han, som så många andra glada turister, har ristat sitt namn på historiska platser från Bagdad till Isfahan. Hans stora språkkunskaper – han var den förste svensken som lärde sig persiska och turkiska –

gjorde honom till en mycket användbar ambassadör, specialist på avlägsna och svåra länder. Nu, fyrtio år gammal, fick han en svensk garnison vid sin sida och fullmakt att styra över stora delar av Bayern.

Nytt uppbrott och avmarsch för svenska armén. Omkring femton mil söderut låg Bayerns starkaste fästning, Ingolstadt. Dit hade Maximilian retirerat med Tillys armé och där låg nu den gamle fältherren i svåra plågor i väntan på en kirurg som skulle komma från Augsburg.

Nödropet efter denne hade uppsnappats av svenska armén. Av respekt för sin motståndare såg kungen till att meddelandet gick fram. Den första rekognoseringen av Ingolstadt blev våldsam. Häftig skottlossning bröt ut, majoren Jürgen Wrangel, hjälten från Lech, dödades och kungen var nära att bli tillfångatagen.

Nästa dag var Gustav Adolf tillbaka igen. Han red långt fram mot den vita fästningen för att få en överblick av läget. Det kunde ha gått mycket illa, för inifrån fortet såg en bayersk artillerist hur uppenbarligen en mycket förnäm herre på en ljus häst satt och spejade mot fortet. ”Den där ska jag skjuta rätt av”, sa mannen och riktade in sin kanon; dess smeknamn var ”Fikonet”. Ett skott brann av. Alla såg hur den förnäme herren och hans häst kastades till marken. Det var Gustav Adolf. Hans häst dödades, blod sköljde över kungen, som reste sig och enligt alla gamla krönikor ska ha sagt: ”Ännu är äpplet icke moget.” Så kom ännu en projektil och slog ner alldeles intill honom; den här gången dödades den unge markgreven av Baden.

Det märkliga är att ungefär samtidigt som Gustav Adolf var nära att träffas utanför stadens murar avled Tilly där inne i händerna på den ende fältskär trupperna lyckades få tag i, en fumlig barberare.

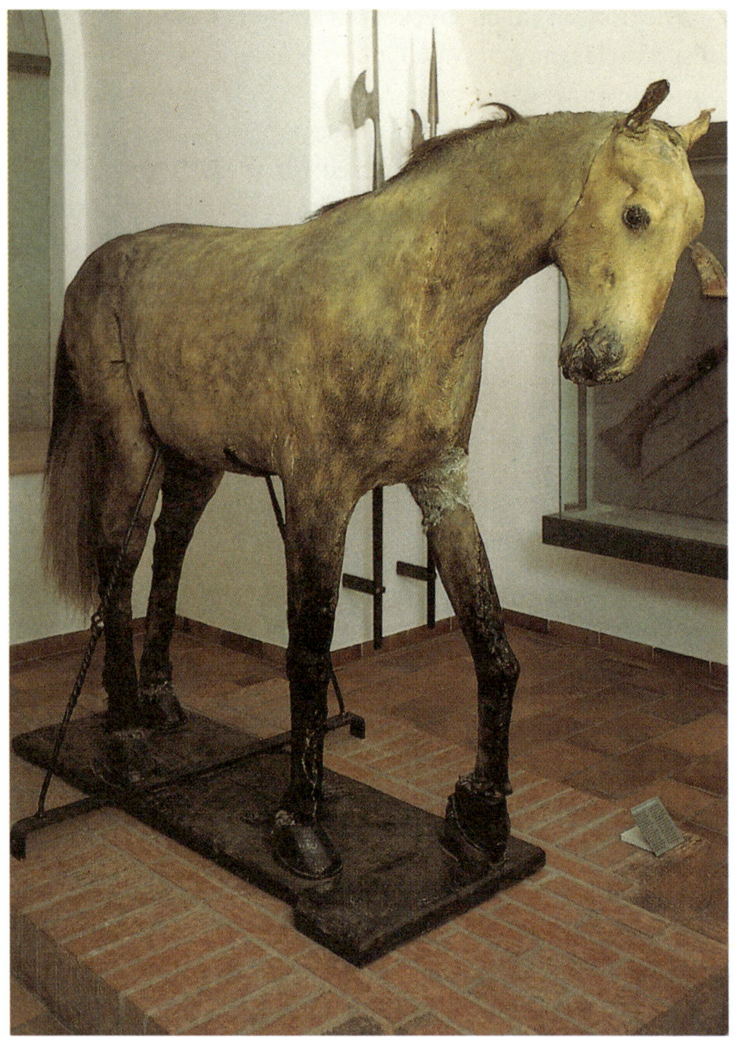

Då svenskarna belägrade Ingolstadt i Bayern, träffades Gustav Adolfs häst av en lätt kanonkula. Kungen klarade sig oskadd. Den stupade hästen togs om hand av fienden och finns sedan dess på Krigsmuseet i Ingolstadt.

Hästen som kungen satt på finns fortfarande kvar att beskåda i uppstoppat skick på Krigsmuseet i Ingolstadt, en liten, apelgrå krake.

Kungen beslöt att Ingolstadt omöjligt kunde intas just nu. Det var första gången han misslyckades med att ta en fästning. Hade hans soldattur nu tagit slut, detta svårfångade som tyskarna kallar ”Soldatenglück” och som måste följa en framgångsrik fältherre?

Napoleon, vars Soldatenglück höll ända till Leipzig, var medveten om denna ”egenskap” och brukade därför alltid fråga då han skulle befordra någon till de högsta posterna: ”Har han tur?” Om man får välja mellan två lika meriterade kandidater, varför ta den som inte har tur? Från det ögonblick turen vänder kommer den sällan tillbaka, som Karl XII fick uppleva efter skottet i foten utanför Poltava.

München

Kungen marscherade vidare på bred front med sina trettiotusen man mot Bayerns huvudstad München, där befolkningen darrande väntade på hämndens timme. De utgick ifrån att de skulle få betala Magdeburgs förstörelse. Deras skräck var förståelig, för kungens armé drog med fruktansvärda fasor genom landet. Gustav Adolfs folk, som hittills i detta krig uppträtt relativ humant, betedde sig nu som danskarna gjorde i Sydsverige då Gustav Adolf var ung.

Varje by som passerades brändes och plundrades. Civila slogs ihjäl, kvinnor våldtogs. Bayrarna svarade på samma sätt som Gustav Adolf och svenska folket hade svarat danskarna: med bakhåll, överfall, gerillaräder och stor brutalitet då man fick tag i någon fiende. En grupp svenska soldater överfölls, torterades, fick händer och fötter avskurna samt lämnades med utstuckna ögon och avskurna öron liggande på marken.

Svenskarnas hämnd kom genast. Minst tvåhundra byar jämnades med marken. Allt detta skedde på kungens order. Det var en brutal och grym styrkeuppvisning, ett påtryckningsmedel i de politiska och diplomatiska förhandlingar som pågick med franska diplomater som mellanhänder. Slutmålet var Österrike och kejsarens arvländer där. Gustav Adolf ville besätta Donauflodens södra strand för att hindra fienden från alla möjligheter att komma över. Bayern fick därför välja: antingen samarbetade man med Gustav Adolf eller så förstördes hela kurfurstendömet. Kungen uttrycker detta klart och tydligt i ett brev till Oxenstierna. Kunde inte protestanterna ha fördel av Bayern så skulle inte kejsaren ha det heller. I kyrkorna bad folket Gud bevara dem från ”arvfienden den svenske djävulen”!

De darrande Münchenborna gick till slut med på att betala 300 000 riksdaler i brandskatt, den största summan någon tysk stad fick betala. Nytt jubel- och triumfintåg under pukor och trumpeter. Kungen kom med tre utplockade och upputsade regementen som livvakt.

Med sig hade han ”Vinterkungen” från Böhmen, Fredrik V av Pfalz, en mängd tyska mindre furstar och grevar samt alla de svenska generalerna. Fredrik V fick njuta triumfen att marschera in i ärkefiendens hemstad ända in i hans palats. Kurfursten och hans familj hade satt sig i säkerhet långt innan, liksom de flesta av de rikaste borgarna: de flydde till Österrike.

Som vanligt blev bytet stort, konst och konstföremål, bibliotek och andra skatter men man hittade först mycket få kanoner, bara sjutton stycken. Närmare undersökningar avslöjade gömda förråd under golvet i kurfurstens tyghus. Där låg ytterligare 119 förnäma pjäser av olika kaliber. I

Kriget blev allt grymmare på bägge sidor. Den franske konstnären Jacques Callot (1592–1635) reste omkring i det krigshärjade Europa och ritade vad han såg. Det blev över 1 000 skakande reportageteckningar som kallats ”de första krigsreportagen”.

magasinen fanns färdigsydda kläder för över tusen soldater, kläder som kungens armé tog hand om och sålunda nyekiperade kunde kasta sig in i stadens festligheter. Stränga order förbjöd allmän plundring utom i de hus vars ägare hade flytt. Fredrik V hade krävt att slottet skulle förstöras helt eller åtminstone plundras, men det förbjöd Gustav Adolf.

Kungen gick i katolsk gudstjänst, besökte jesuitkollegiet och pratade hjärtligt på latin med prästerna. Guvernör över München blev den skotske översten Jakob Hepburn som bland annat via tjänst hos ”Vinterkungen” kommit till Gustav Adolf och gjort stora insatser både vid Frankfurt an der Oder och Breitenfeld.

Då och då kom det rapporter om jäsningar och oroligheter bland protestantiska bönder i Österrike, oroligheter som svenskarna uppmuntrade på alla sätt. I kungens fältkansli förbereddes olika alternativa planer, aldrig tidigare under kriget hade Gustav Adolf verkat så rådvill som nu. Men så fortsatte han söderut, oroligheterna i Österrike måste utnyttjas. Då kom skakande meddelanden.

Den en gång så snöpligt avtågade Wallenstein var tillbaka! Han hade stampat fram en här på 30 000–40 000 man! Han betalade allting själv, men hans motkrav var höga: Han ville ha tillbaka hertigtiteln över Mecklenburg, han ville ha furstendömet Glogau i Schlesien, han skulle ha fria händer att agera hur han själv ville osv. Kejsaren gick med på allt. Svenskarna stod ju bara tio mil från gränsen.

Wallenstein var en gåtfull människa som gick sina egna vägar. Född protestant hade han i tjugoårsåldern blivit katolik, han hade studerat i Italien och gift sig till stora gods och gårdar. Nu var hans egentliga namn Albrecht Wenzel Eusebius von Waldstein, hertig till Friedland och till Saga, furste av Wenden, greve till Schwerin, greve över landet Rostock och Stargardh, samt herre över några hundra större gods m.m.

Han levde ett mytomspunnet furstеliv i sitt palats i Prag. I hans stall påstods trehundra hästar mumsa ur krubbor av marmor. I hans enastående slott i centrala Prag satt tidens förnämsta astrologer för att utröna stjärnornas svar på Wallensteins skiftande och ofta kolliderande planer och förslag. Efter sin avsättning hade han till och med kontakter med Gustav Adolf; han erbjöd sig gå mot Wien för Sveriges räkning. Ända in i det sista fortsatte hans gåtfulla bakomkulisserna-kontakter med motparten, ett spel där han ofta gick helt emot vad kejsaren ville.

Han var nyckfull och farlig för dem som kom honom nära. En tjänare som råkade väcka honom vid fel tidpunkt avrättades av hans personlige bödel som alltid reste med honom. Han hade den för fältherrar ovanliga svagheten att han inte tålde vissa skarpa ljud, hundskall till exempel. Det sägs att hans folk därför var tvungna att skjuta alla lösa hundar nära hans högkvarter. Han var fyrtioåtta år, men redan så plågad av gikt och reumatism att han hade svårt att gå. Därför bars han ofta på bår. Då han absolut måste sitta till häst var stigbyglarna lindade med sidentrasor för att bli mjuka och inte skava.

Nu var han tillbaka, hans trupper rensade upp i Böhmen, de sachsiska trupperna drevs bort varefter han förenade sig med den bayerska armén och gick mot Nürnberg. Han ville locka Gustav Adolf till en uppgörelse.

Gustav Adolf blir nu tvungen att ändra på alla sina planer. Han avbryter tåget mot Österrike och marscherar med 28 000 man fotfolk, 17 000 ryttare och 175 artilleripjäser norrut, för att rädda Nürnberg. Det är den största armé

Gustav Adolf någonsin kom att kommendera under hela detta krig. Svenskar och finnar är en klar minoritet, cirka tio procent av den totala styrkan, men krigsledningen är fortfarande svensk.

Kungen hinner fram först och tillsammans med Nürnbergborna förbättras snabbt stadens befästningar samtidigt som den stora armén förläggs i ett läger som moderna militärer beskriver som höjdpunkten i svensk fältbefästningskonst under hela trettioåriga kriget.

Problemet är att Wallenstein anländer med en något mindre armé som han förlägger i en lika sinnrikt konstruerad lägeranordning bara några kilometer därifrån. Centrum i hans läger är en höjd med en gammal borgruin, Alte Feste. Katolikerna lägger sig så strategiskt att Gustav Adolfs stora armé och staden Nürnberg är nästan avskurna.

Detta är ett helt nytt sätt att föra krig. Hungerkrig. För Gustav Adolf svarar på samma sätt. Han sänder bud efter förstärkningar, som också anländer från tre håll, för att i sin tur skära av Wallenstein. Det lyckas ganska bra.

Där ligger nu sammanlagt långt över 50 000 människor nergrävda, stridsberedda men avvaktande. Tiden går. Förråden sinar. Alla byar i närheten är redan nerbrända, de längre bort har ingenting att ge. Svenska och katolska enheter spanar på varandra, överfaller varandras försörjningstransporter. Kungen är personligen med på flera livsfarliga operationer. Ingenting förändras i grunden. Nöden ökar snabbt. Det går en hel månad. Detta blir katastrof.

En stor här kan bara leva så länge den är i rörelse. Den får näring av ständigt nya ännu oplundrade åkrar och ängar, städer och byar. Sårade och sjuka kan lämnas kvar i samhällena, nya rekryter värvas. Nu hotar inre sönderfall, förruttnelse och upplösning. Alla byar, förråd, åkrar och ängar inom sju mils omkrets är utplundrade, avbrända eller förstörda av fienden.

Staden Nürnberg, som en gång hyllat Gustav Adolf som sin store vän och beskyddare, betackar sig för sina vänner. Folk dör på gatorna av svält. Utsvultna hästar ruttnar i gränderna. Sjukdomar sprider sig. Det går två månader.

Men ingen av arméerna vågar sig fram till drabbning. Kungen gör flera försök, men Wallenstein låter sig inte provoceras. Svälten blir allt värre. Wallenstein väntar. Moralen luckras upp, den stora armén sjunker sakta bokstavligt talat ner i jorden. För att inte svälta ihjäl rymmer många, först några tiotal, så hundratals. På slutet tror man att så många som över tio tusen sipprat bort.

Det är Gustav Adolf som först tappar nerverna. Skickligt utspridda rykten får kungen att tro att Wallenstein håller på att dra sig undan. Alte Feste påstås bara hållas av en liten kvarvarande trupp. Snabbt förs stora svenska truppenheter, artilleri, kavalleri och fotfolk dit och den 24 augusti rycker infanteriet fram, men då svenskarna börjar gå upp för berget öppnar Wallensteins armé eld, ingen har dragit sig undan någonstans. Hela styrkan är kvar.

Svenskarna är i fällan. Gång på gång försöker de erövra kullen. Kungen sänder in sina handplockade elitförband, Stålhandskes finnar, hakkapeliterna, som gör två hjältemodiga anfallsförsök, men drivs tillbaka. Striden om Alte Feste är en krigshistorisk händelse. Det är första gången härar av den här storleken möts, inte på öppna fältet, utan i svår bergsterräng och där Gustav Adolf visar hur man kan samordna skilda stridsgrupper mot samma mål.

Men vad hjälper det. Anfallet misslyckas, svenskarna förlorar över tusen dödade och minst lika många i sårade, bland dem Johan Banér. Många höga officerare tillfångatas, bland andra Lennart Torstenson och kungens frände översten Erik Hand. Gustav Adolfs armé är fortfarande större än Wallensteins, men kungen har lidit en svår prestigeförlust.

Han beslutar sig nu för att lämna Nürnberg. Den 17 september går han tillbaka söderut, mot Donau för inne i Österrike har ett uppror brutit ut bland protestantiska bönder. Deras ledare Tomas Ecklehner har varit i Nürnberg och fått skriftliga löften av Gustav Adolf att han ska komma och hjälpa dem. Bönderna besätter pass och tillfartsvägar till Donau, förbereder svenskarnas ankomst. Kungen har samtidigt kontakter med protestanterna i Schweiz där nya trupper värvas och med hugenotterna i Frankrike.

Hösten närmar sig, trupperna måste gå i vinterläger. Kungens plan är att lägga en del av armén i södra Bayern och resten i Elsass, där Evert Horn opererar längs Rhen. Därför går kungen söderut mot Bodensjön men under vägen ändrar han sina planer och bestämmer sig för att i stället redan nu gå in i Österrike.

Ännu en gång är det Wallenstein som tar initiativet och tvingar Gustav Adolf att för tredje gången på kort tid ändra alla sina planer.

Kungen får rapporter om att Wallensteins huvudarmé är brännande och plundrande på väg norrut, mot Sachsen där han ska förena sig med Pappenheim. Kroatiska förband är redan inne i Sachsen där de härjar värre än någonsin. Lyckas den stora katolska hären bryta in där och slå vinterläger vid Elbe och tränga in i Mecklenburg, är Gustav Adolf avskuren från kontakterna med besittningarna i norr. Det skulle bli svårt att få ner förstärkningar och den sachsiske kurfursten ”Öl-Göran”, som hela tiden vacklat, riskerar att överge Gustav Adolf.

Den 8 oktober vänder Gustav Adolf därför norrut och

tvingar armén till en av de hårdaste marscher den någonsin genomfört.

Normalt rörde sig en koloss som en fältarmé mycket långsamt. Vägarna var desamma som romarna byggde för länge sedan. Nu på hösten var de uppblötta och sönderkörda av kanonlavetternas tunga hjul och trampet av tusentals hästhovar.

Varje rörelse framåt planerades noga med långt framskjutna spejare i spetsen, följda av förtrupper som kontrollerade och snabbreparerade broar eller stakade ut övergångsställen. Så kom armén alltid enligt en bestämd marschordning, varje enhet visste var den skulle slå nattkvarter. Efter armén kom den stora trossen som svällde ut till många tusen människor i vagnar och kärror, förråd, anhöriga till officerarna och soldaterna, köpmän, rullande fältbordeller och hela följet av fixare och småtjuvar som hakade på för att se vilka möjligheter som kunde tänkas öppna sig.

I vanliga fall flyttar sig hela denna rullande krigsmaskin sällan mer än fyra kilometer på ett dygn, nu blir det upp till fyra mil och mer om dagen. Axel Oxenstierna möter kungen i Nürnberg, där kanslern får fullmakt att verka som kungens legat i hela södra Tyskland, att besluta i både civila och militära frågor.

Huvudarmén fortsätter framåt medan kungen är med om att sopa bort några katolska förband nära Nürnberg, innan han ansluter igen vid Rothenburg ob der Tauber, dit drottning Maria Eleonora har rest. Drottningen följer med under något dygn i kungens vagn innan han fortsätter ensam norrut i högt tempo. Kurir kommer med bud om hur Wallensteins folk plundrar och bränner stad efter stad. Leipzig och Halle hade redan fallit.

Den 28 oktober kommer han till Erfurt där han inväntar

resten av armén och där alla tillgängliga protestantiska trupper ska samlas, sedan ska kungen rycka fram och skära av Wallensteins väg mot Elbe. Drottningen hinner ifatt kungen här och de möts för sista gången; de övernattar i ett hus vid Fredrik Wilhelms-platsen. Följande dag säger han till stadens rådsherrar: ”Jag överlämnar i Eder vård det dyrbaraste jag äger på jorden, min drottning. Allting är underkastat växlande skiften, framför allt kriget, detta plågoris, som Gud pålagt människor för deras ondska. Snart nog kan också jag träffas av olyckan, må hända av döden, och skulle detta vara Herrens vilje, så bevisa min maka samma trohet och tillgivenhet, som I alltid haven visat mig.” Drottningen grät, rådsherrarna var djupt gripna. Kungen satte sig till häst, riktning Leipzig. Den 31 oktober gjorde han halt i Naumburg, fem mil sydväst om Leipzig.

Här stod han nu med över tjugo tusen man; den katolska armén fanns vid Weissenfels, cirka två mil österut. Kungen väntade att kurfurstarna av Brandenburg och Sachsen skulle infinna sig med sina arméer. Under tiden byggde svenskarna ett befäst läger av samma typ som i Werben. Här kunde de gå i vinterläger om så fordrades. Wallenstein trodde att svenskarna skulle anfall när som helst.

Framskjutna svenska och kroatiska förband stötte ihop, men annars hade arméerna ingen känning av varandra ännu. Wallenstein och Gustav Adolf avvaktade den andres nästa drag. Båda var osäkra.

Om man tittar på den totala militära och politiska situationen i början av november 1632 var den till Gustav Adolfs fördel. Hans egna och allierade härar, totalt cirka 150 000, kontrollerade större delen av Tyskland i en vid båge från den polska gränsen i öster till Elbe i väster, från Östersjön i norr nästan ända ner till Böhmen i söder. Katolikerna hade totalt cirka 100 000 man. Inför slaget vid Breitenfeld året innan var situationen den omvända.

Slaget vid Lützen

Det fanns ändå två skäl till att kungen måste möta Wallenstein snart. Det ena var politiskt. Han måste behålla initiativet, han kunde inte tillåta att Sachsen, protestanternas största och rikaste område, gick förlorat. Den andra förklaringen var strategisk. Han hade visserligen övertaget i antalet trupper och kvadratkilometer erövrat område, men dåtida bristande medel att kommunicera med varandra och svårigheter att snabbt förflytta stora truppenheter gjorde att man ibland måste slå till snabbt om det perfekta ögonblicket gavs.

Det kom nu. Kungen fick plötsligt veta att Wallensteins armé skulle dra sig mot Lützen, uppenbarligen för att gå i vinterläger. Pappenheim var på väg mot Halle för att förlägga sina fem tusen ryttare i den staden, tre mil från Lützen. Detta var förmodligen det första och sista riktigt stora misstaget Wallenstein skulle göra som fältherre. Han hade väntat ett anfall i nästan två veckor, då det inte kom nu trodde han inte det skulle komma alls.

”Nu tror jag sannerligen att Gud givit mig fienden i händerna!”, lär kungen ha utropat då han hörde detta. Han beslöt att omedelbart gå till anfall. Redan klockan fyra på morgonen den 5 november bröt armén upp från Naumburg för att rycka fram i full slagordning mot Lützen.

Då det ljusnade denna dag blåste Wallenstein för uppbrott från Weissenfels och alla de olika förbanden marscherade dit de skulle för sitt vinterläger. Själv skulle han bo i slottet inne i Lützen, numera stadsmuseum. Pappenheimarna hade redan gett sig iväg.

Vid tiotiden hade svenskarna nått staden Weissenfels, där Wallenstein lämnat kvar en liten styrka under general Rudolf von Colloredo. Colloredo insåg omedelbart vilken fara som hotade. Han sköt signal för omedelbar samling – tre kanonskott – och sände ilbud tillbaka till Wallenstein.

Så gick hans lilla grupp på kanske hundra man i ställning vid floden Rippach som svenskarna snart var framme vid. Den var cirka sju meter bred och upp till två meter djup och utgjorde därför ett visst problem för de många tusen hästarna och cirka hundra ammunitionsvagnarna.

Colloredo öppnade eld. Svenskarna hejdades. Genom skickliga manövrer lyckades Colloredos få soldater fördröja den svenska framryckningen i flera timmar. Den sista sträckan gick över regnvåta och uppblötta fält där svenskarna sjönk djupt ner i en lera som sög fast stövlar och hovar. I den kyliga novemberdagen började det skymma redan vid fyratiden. Snart var det mörkt, borta i öster såg de då staden Lützens torn vid horisonten.

Hela armén slog läger fullt stridsberedda på den plats där de stod. Gustav Adolfs plan att överraska Wallenstein hade spruckit. Men fortfarande hade kungen den större armén och om han bara kunde anfalla snart kunde han ännu besegra Wallenstein. Kungen och hans generaler beslöt att genomföra anfallet tidigt nästa morgon. Lösenordet på slagfältet skulle vara ”Gud med oss”, ett av Gustav Adolfs valspråk.

Colloredos varningar hade nått Wallenstein på eftermiddagen. Även han sköt de tre kanonskotten som betydde lystring och omedelbar samling, och han sände ilbud efter Pappenheim borta i Halle, tre mil längre bort. Men av oförklarliga skäl kom kuriren inte fram förrän vid midnatt, då Wallensteins folk höll på att marschera ut på fälten utanför Lützen. De höll på hela natten.

Den natten sov Gustav Adolf i sin vagn som han delade med sina närmaste män, hertig Bernhard av Weimar och holländaren Dodo von Knyphausen. Hans personliga vänner och stridskamrater från många år tillbaka, Gustaf Horn, Johan Banér och Lennart Torstenson var inte där. Horn låg kvar med sin armé borta i väster, vid Rhen, Banér var fortfarande sjuk av skadorna han fått i Alte Feste och Lennart Torstenson höll på att bli frigiven från sin fuktdrypande fängelsehåla i Ingolstadt, men skulle inte hinna fram i tid.

Det var en spartanskt inredd vagn. Den enda personliga ägodel kungen hade med sig var ett litet schatull som öppnades efter slaget och befanns innehålla brev från Maria Eleonora.

De cirka tjugo tusen soldaterna i Gustav Adolfs armé låg utomhus i novemberkylan direkt på marken. Det blev nog en orolig och kall natt i den stelnade leran. De kunde se fiendens vakteldar borta i öster och höra trummorna virvla då sjutton tusen man med hästar och kanoner gjordes i ordning för drabbning.

Gryningen den 6 november kom. Kungen lät skjuta lösen och alla var beredda att rycka framåt, men dimman som låg över fälten var så tät att kungen tvekade. I väntan på att dimman skulle lätta något höll hovpredikanten Jakob Fabricius morgonandakt. Trupperna sjöng ”Vår Gud är oss en väldig borg” och ”Förfäras ej du lilla hop”, som Fabricius skrivit, eventuellt med visst stöd från kungen. Fabricius var tysk, varför psalmen skrevs på tyska: ”Versage nicht, du Häuflein klein...”

Kungen talade till trupperna på svenska och tyska. Till

svenskarna och finnarna sa han bland annat: ”Kära vänner och landsmän! ...stån faste vid varandra och fäkten ridderligen för eder Gud, edert fädernesland och eder konung. Jag vill då belöna eder alla att i skolen hava orsak att tacka mig därför.” Tyskarna fick bland annat höra: ”Mina redlige bröder och kamrater! ...Gån friskt på! I skolen ej blott strida under mig, utan med mig och jämte mig. Själv skall jag föregå eder och här våga liv och blod. Följen I mig så förtröstar jag till Gud att I vinnen seger, som skall komma både eder och edra efterkommande till godo. Varom icke, så är det slut med eder religion, eder frihet, edra timliga och eviga välfärd.”

Han bad en kort bön och så satte sig armén i rörelse. Kungen fick en ny häst; den han hade haft hela morgonen var redan uttröttad. Den nya var en svartbrun kraftig springare, Streiff, som han fått i gåva strax före slaget. Skottskadan från Polen ömmade fortfarande så att han inte kunde bära harnesk; han hade bara sitt ljusbeiga kyller av älgskinn. Över det hade han en kort rock eller jacka. Under kyllret hade han tre skjortor. Han bar aldrig hjälm i striden, bara sin vidbrättade hatt.

Armén rörde sig fram mot staden Lützen som nu sattes i brand av Wallenstein. Framför sig på andra sidan landsvägen hade svenskarna den kejserliga armén, på över en kilometer bred front, med det brinnande Lützen till vänster och nära staden en kulle med några kvarnar. På kullen stod Wallensteins tunga artilleripjäser.

Kungen red framför den högra kavalleriflygeln, närmast bakom honom finländaren Torsten Stålhandske med de finska ryttarna. Hertig Bernhard av Weimar ledde den vänstra kavalleriflygeln. Centern med artilleriets tjugofyra tunga kanoner anfördes av Nils Brahe, framför varje flygel fanns ytterligare tjugo kanoner och inom varje landskapsregemente fanns lättare pjäser. De nationalsvenska och finska regementena gick i mitten.

Wallensteins armé stod inte längre i spanska fyrkanter, nu prövades en ny uppställning som var mera lik den svenska. Själv bars han på bår mellan leden och fanns någonstans i mitten. Tre italienska prinsar var med honom. Katolikernas fältrop skulle vara ”Jesus Maria”, samma som vid Breitenfeld.

Vid elvatiden lättade dimman så mycket att härarna kunde se varandra. De engelska överstar som var med och som skrivit dagböcker om allt de såg berättar att Gustav Adolf nu grep om svärdfästet med bägge händer och ropade: ”Jesus, Jesus, Jesus, låt oss i dag strida till ditt heliga namns ära!” Så drog han upp svärdet, svängde det över huvudet och ropade: ”Framåt!” Fienden låg cirka en kilometer framför dem, en kilometer av mjuk, sugande lera och små bäckar.

Trummorna virvlade, trumpetsignalerna hördes. Då svenskarna närmade sig öppnade Wallensteins artilleri eld som slog hårt in mot svenskarnas vänstra flygel. Elden besvarades omedelbart. Då de kom närmare upptäckte de Wallensteins musketerare som låg i skyttegravar längs vägkanten och sju kanoner bakom dem. Det blev en fruktansvärd, förvirrad, blodig och hård strid.

Nils Brahe ledde de tre brigaderna: den svenska, den gula och den blåa framåt med smålänningarna och savolaxarna i centrum. De kom först över vägen, östgötarna strax efter i mitten. Ute till höger var Stålhandske och finnarna ungefär samtidigt men hästarna tumlade över varandra då de störtade ner i de djupa dikena. Wallensteins ryttare vräkte sig fram mot svenskarna. Tumultet var totalt. Dimman tätnade, påfylld av röken från den brinnande staden. Hela tiden sköt bägge sidors tunga artilleri in i hoparna.

Vid tolvtiden såg det bra ut för svenskarna. Huvuddelen av armén hade kommit över vägen och dikena, kejsarens infanteri drevs bakåt i närstrider i ett nytt svenskt anfall. Exakt då hände två saker: dels tätnade dimman ännu mer och blev så tjock att man bara såg några meter framför sig, dels kom Pappenheim med sina över två tusen ryttare och kastade sig in där de behövdes som bäst. Wallensteins svagaste flygel blev den starkaste.

Den svenska högra flygeln drevs nu isär från centrum under de fruktansvärda attackerna från kroaterna som ”med skrik och raseri” skar djupt in i de svenska leden ända ner till den svenska ammunitionstrossen, men jagades bort innan de hann göra någon större skada. Pappenheim var med i täten men sårades snart av en projektil från ett regementsstycke och två muskötkulor. Han fördes bort under förtivlade försök att hålla igen sina ymnigt blödande sår. Piccolominis kyrassiärer lyckades skilja den högra svenska flygeln från bataljen.

Kungen var med i täten över landsvägen, stannade där och manade fram sina soldater. Han såg att högerflygeln gled undan, han ryckte med sig Smålands regemente och ledde det i ett anfall framåt för att täcka öppningen. Piccolominis folk anföll de tre svenska brigaderna med ursinnig kraft. Fem gånger fick Piccolomini sin häst dödsskjuten under sig. Fem gånger sårades han själv, men fortsatte striden. Gula Brigadens folk drabbades hårt, ”de stöp i rotlar”, skriver en som var med.

Kungen kämpade mitt i detta kaos. Kanske var det hans alltför snabba häst, kanske var det hans dåliga syn (han var mycket närsynt) men han kom i alla fall, bara omgiven av sina närmaste, för långt ifrån huvudstyrkan och rakt in i en fiendehop. Han sköt med sina pistoler och gick i närstrid med värjan.

En korpral på den katolska sidan, som såg att svenskarna gav plats för kungen, gav order till musketerarna: "Skjut på den där, han är något förnämt." Kungen träffades strax ovanför vänster armbåge så att benpipan gick av och stack ut. Samtidigt fick hästen ett skott i halsen så att den blev svår att styra.

Stallmästaren von der Schulenburg grep kungens häst samtidigt som de svenska ryttarna i närheten ropade: "Kungen är skadad!" Gustav Adolf steg av hästen och fick såret omskött. Efter en stund satte han sig upp igen, ropade åt de närmaste att det inte var någon fara och fortsatte framåt. Men då hästen började galoppera gick såret upp igen. Kungen måste ha haft häftiga smärtor och började blöda. Närmast honom red då den unge hertigen Frans Albrekt av Sachsen-Lauenburg, som nyligen gått över till den svenska sidan.

Gustav Adolf bad att få bli tagen ur strid. Hertigen red fram vid sidan om kungen och la sin arm om honom som stöd. Stallmästare von der Schulenburg höll hästens tyglar, den franske kammarjunkaren Truchess red med dem och strax bakom kom livknekten Anders Jönsson och kungens page August von Leublfing.

I röken och dimman kom de bort från svenska armén och rakt mot fientliga ryttare från Piccolominis regemente som förföljde dem. En av dem, Moritz von Falkenberg, klädd i blank rustning, kände igen kungen och satte efter i sporrsträck. Han ropade: "Det är den rätta fågeln, det är honom vi söker!". Han red upp tätt bakom kungen och sköt ett skott som gick in strax under höger skulderblad. Han sköt så nära att kyllret brändes av pistolmynningen. Stallmästaren släppte kungens häst och sköt mot Falkenberg som träffades och föll.

Gustav II Adolfs död vid Lützen så som Carl Wahlbom målade scenen i Rom 1855. Här har kungen skildrats i sann storsvensk nationalistisk anda som ett svenskt ljust helgon, målad i samma pose som Kristus brukar ha på äldre tavlor över korsnedtagningen. Statens konstmuseer.

Hela tiden galopperade kungen och hans följe framåt, stallmästaren blev efter. Livknekten Anders dödades, hertigen av Sachsen-Lauenburg fick en kula som svedde kinden. Han släppte då kungen som föll ur sadeln och släpades med ett stycke, hängande i stigbygeln innan han blev liggande på marken. Hästen fortsatte i vild galopp in mot den svenska sidan. Hertigen flydde därifrån, kammarjunkaren Truchess antog att kungen var död och red så fort han kunde till den svenska stridsledningen för att berätta vad som hade hänt.

Men kungen levde där han låg på rygg i gyttjan svårt blödande. Pagen Leublfing som följt efter var nu framme vid kungen. Han steg av och försökte få upp den sårade mannen på sin egen häst. Men Gustav Adolf var för tung. Då han kämpar med den tunge kungens slappa kropp kommer några kyrassiärer ridande. De frågar pagen vem den sårade mannen är. Leublfing svarar bara att det är en officer. Kyrassiärerna hugger då ner pagen med värjan och skjuter några skott mot honom. Han blir liggande som död på marken.

De frågar kungen vem han är och då han med matt stämma svarar: ”Jag är kungen av Sverige”, försöker de släpa med sig honom, men orkar inte särskilt långt. De skjuter då en dödande kula genom kungens huvud och stöter ett svärd i bröstet på honom. Klockan är då mellan 1 och 2 på eftermiddagen.

Kungens häst kom springande in på svensksidan, herrelös, med blod i sadeln och med avfyrade pistoler i hölstren. Kammarjunkaren Truchess och stallmästaren von der Schulenburg red samtidigt, vilt ropande vad som hade hänt, genom de svenska linjerna.

Kungens lik plundrades av kyrassiärerna. Först slet de av ringen och guldkedjan, sen kyllret, stövlarna, läderstrumporna och byxorna. Kvar fanns bara de tre nerblodade skjortorna. Kroppen lämnades liggande på magen, ansiktet mot marken. Den siste plundraren högg ett sista hugg med svärdet i ryggen på den redan döde mannen.

Då kroppen så småningom balsamerades hade den nio sår, fem skott (två i huvudet), två eller tre hugg och ett sting. Intill kungens lik låg den svårt sårade Leublfing, som hann berätta vad som hände, innan han själv dog några veckor senare.

Under tiden som kungen kämpade för sitt liv pågick slaget för fullt. Då budet om kungens död nådde fram hade svenskarna just drivits tillbaka över vägen och armén stod ungefär som den gjorde då drabbningen hade börjat. Knypenhausen ville att armén skulle dra sig tillbaka, men Bernhard av Weimar, som övertog befälet, gav order om nytt anfall och nu inträffar det märkliga att hela armén får ny kraft och med Torsten Stålhandske och hans finnar i spetsen för högerflygeln går de ännu en gång över vägen. De erövrar ännu en gång Wallensteins kanoner och driver Pappenheims ryttare tillbaka och kroaterna flyr. Hertig Bernhard och hans folk når väderkvarnskullen vid Lützen där de tar Wallensteins tunga kanoner. Bernhard får en kula i armen men fortsätter striden. Så går de kejserliga till motattack. Fram och tillbaka böljar striden. Då svenskarna är nära att ta till flykten samlar hovpredikanten Jakob Fabricius en grupp omkring sig och börjar sjunga en psalm. De panikslagna lugnar ner sig. Det blir nästan en stunds stillhet på det dimhöljda slagfältet.

Piccolominis kyrassiärer kommer ridande med kungens blodiga kyller och Wallenstein förstår att kungen är död eller i alla fall svårt skadad. Victoria! ropas redan bland katolikerna.

Den sjuke Wallenstein släpar sig upp på sin häst och driver på i nytt anfall, furstbiskopen av Fulda springer mellan leden för att rycka med sig dem som nu börjat vackla. Men han stupar själv med en kula i huvudet.

Svenskarna riktar sina sista krafter mot väderkvarnskullen och de tunga kanonerna som står där. Fram och tillbaka böljar striden ända till det börjar skymma. Då är kanonerna för sista gången i svenskarnas händer. Strax innan kommer Pappenheims över tvåtusen fotsoldater fram till slagfältet, trötta efter en lång hård marsch. Trots förstärkningarna ger Wallenstein signalen till reträtt.

Det är ingen flykt. I god ordning drar han sig tillbaka med ett fyrtiotal svenska fanor och standar som troféer. Svenskarna orkar inte förfölja, de stannar kvar på slagfältet. Mörkret faller. Wallenstein kommer vid midnatt med en eskort av åttio ryttare till Leipzig, varifrån han rider direkt hem till Böhmen, ännu oviss om vad som egentligen har hänt med Gustav Adolf.

Vem vann? Svar: Ingen. Svenskarna var kvar på slagfältet då Wallenstein avtågade kvarlämnande sina kanoner. Men Gustav Adolf var död. Spillrorna av hans armé slog bivack, utan mat och dryck bland de tusentals döda och sårade.

Hela natten letade över tusen soldater med facklor efter kungens lik. Döda, sårade, sönderslitna kroppar låg överallt. Det var ett av de blodigaste slag Sverige varit med om: över femtusen stupade och sårade, bland dem många ur det högre befälet, främst Nils Brahe. Hårdast drabbades de blåa, gula och gröna brigaderna. Av sex svenska och finska musketerare överlevde bara en.

På den kejserliga sidan sårades Wallenstein lätt, likaså hans son. Pappenheim var död. I hans ficka låg, starkt nedblodat brevet han fått från Wallenstein om att han så fort som möjligt skulle skynda till Lützen. Brevet finns nu på krigsmuseet i Wien. Döda var också furstbiskopen av Fulda, Colloredo, Piccolomini och många, många andra.

KAPITEL 13

Vad hände sedan?
Den otröstliga änkan
Begravningen
Gustav Adolfs-dyrkan

DET TOG EN MÅNAD och en dag efter slaget vid Lützen innan dödsbudet kom till Stockholm. Det kom med ordinarie post från det svenska ombudet i Stralsund Johan Hallenius.

Tolv dagar efter drabbningen visste kejsaren i Wien vad som hänt. Kort efteråt fick han handfasta bevis. Kungens nedblodade kyller lades för hans fötter av stolta kyrassiärer från Piccolominis regemente. Kyllret förvarades som trofé i

Gustav Adolfs blodiga kyller fördes i triumf till Wien. Efter första världskriget tackade Österrike för svensk humanitär hjälp genom att ge tillbaka kyllret. Det finns nu på Livrustkammaren med hans pistoler och värja.

krigsmuseet i Wien ända till efter första världskriget, då den österrikiska regeringen tackade Sverige för ambulanshjälp under kriget och sände det till Livrustkammaren i Stockholm, där man i dag kan se plagget och där även kungens pistoler, värja och uppstoppade häst, Streiff, finns till beskådande. Habsburgarna i Madrid fick budet först på juldagen. Omedelbart utbröt vilda glädjescener med klockringning, fyrverkerier, Te Deum och stor jubelfest på kvällen den 27 vid hovet.

Nio dagar efter Gustav Adolfs död fick Wallenstein på sitt slott i Prag en bekräftelse på vad han redan anade.

Fyra dagar efter slaget fick Axel Oxenstierna dödsbudet där han satt i Frankfurt och vägrade tro på rykten.

Redan dagen efter Lützen kom budet till Erfurt och drottning Maria Eleonora, 33, som under natten drömt en ohygglig mardröm och nu gick nervöst fram och tillbaka i sina rum. Ingen vågade gå in till henne med sorgebudet.

Uppdraget föll på hertig Wilhem av Weimar, men han låg sjuk. Först den 16 november, tio dagar senare var han så kry att han orkade berätta för drottningen att kungen stupat.

Hon föll avsvimmad till marken, precis som de alla hade fruktat. Historikerna har varit hårda mot Maria Eleonora, de brukar tala om "nervös kris" och "besynnerligt" beteende. Hon framställs allmänt som hysterisk och beskrivs som "obetydlig och svag" och få historiker av hennes kritiker brukar försumma att berätta vad som hände nu.

Drottningen skyndade så fort hon kunde till Weissenfels för att se sin döde man. Kroppen var då redan balsamerad; en del av de mindre intressanta mjukdelarna hade begravts vid bykyrkan i Meuchen dit kungen hade förts liggande på en ammunitionsvagn, eskorterad av några officerare till häst. De hade ridit med ända in i kyrkan och satt kvar i sadlarna som hedersvakt under natten. Byskolläraren höll en kort gudstjänst och snickrade sedan själv den första kistan. Så hade liket tagits till Weissenfels, där hovapotekare Kaspar Kennig och livkirurgen Hans Kaspar balsamerade, trots att kungen under sin livstid uttryckligen förbjudit detta. Hjärtat togs ut och befanns vara mycket stort; det vägde ett skålpund och tjugo lod (ca 600 gr) enligt protokollet och begravdes i koret i kyrkan.

Då drottningen kom fram ville hon se sin döde man. Kistan öppnades och hjärtat togs upp och gavs till henne. Hon bar det med sig under en lång tid framåt, bevarat i ett skrin. Detta har generationer av svenskar förfasat sig över utan att veta att vad Maria Eleonora gjorde var något ganska naturligt för hennes tid.

Under 1600-talet var hjärtbegravningar vanliga, det vill säga kroppen av en avliden begravdes på ett ställe, hjärtat på ett annat. Den siste Vasakungen, Johan Kasimir till exempel, fick sitt hjärta begravt i Saint-Germain-des-Prés 1672, men kroppen fördes till Kraków. Det var inte ovanligt att en person förvarade en avliden älskads hjärta på det sätt som Maria Eleonora gjorde.

Bland dem som strömmade till kungens bår fanns också en sextonårig ädling som kom eskorterad av fjorton ryttare. Han hette Gustaf Gustafsson, Gustav Adolfs son med den holländska officershustrun. Han studerade nu i Wittenberg, där han bodde uppassad av en egen hovstat på tio personer. Han hade fått en prins uppfostran i Sverige, undervisad av franska och tyska lärare, övervakad av bland andra biskop Rudbeckius, farbrodern Carl Carlsson Gyllenhielm och kungens svåger Johan Kasimir.

Två veckor före slaget vid Lützen fick Gustav Adolf ett brev från sin son. Det var skrivet på latin och är det enda brev som finns bevarat. Det börjar så här: ”Ehuru jag intet högre önskar o Herre, än att se det gudomliga anlete, av vilket kristenheten och världen så mycket fröjdats, att få andaktsfullt kyssa den gudomliga högra hand, som utgör fiendens skräck och blixt...” Han ville träffa sin far, brevet slutar: ”Farväl o Herre, omfatta Din Gustaf med den kärlek Du brukar!”

Mötet blev aldrig av. Då han stått där en lång stund och under tårar sett på den döde kungen ska han, enligt Khevenhüllers Annaler ha sagt: ”Nåväl, nu måste och vill jag tänka på något annat än förr, nu vill jag med Guds hjälp även bliva något av eller ock sätta livet till.”

Kort därefter åkte han till Bernhard av Weimar för att se på belägringen av Chemnitz. Han kom för nära stridsområdet och träffades av ett skott i axeln. Snabbt fördes han i säkerhet till Wittenberg.

Dit kom nu också kungens kista och stod uppställd där ända till nästa sommar då den fördes av den svenska hären i långsam och högtidlig procession upp till Wolgast i svenska Pommern. (Mer om Gustaf Gustafsson senare.)

Närmast kistan red fyrahundra småländska ryttare, resterna av det regemente som hade kämpat med kungen i hans sista strid. Tusentals människor strömmade till under färden som blev ett sorgens triumftåg med klockringning i varje stad genom Tyskland. Hela tiden var Maria Eleonora med, hjärtskärande gråtande, otröstlig. Kungens livhäst reds av lagmannen i Karelen och Ingermanland, Clas Horn, som i sin högra hand höll kungens ännu blodiga och något tillbucklade värja och i den vänstra kungens avfyrade och likaledes nedblodade pistoler, hanarna på pistolerna nedslagna. Hovstallmästare von der Schulenburg och kungens kammarjunkare, den ännu bara nitton år gamle Carl Gustaf

Gustav Adolfs lik fördes sommaren 1633 norrut och överfördes från Wolgast till Nyköping av den svenska flottan under kungens halvbror Carl Carlsson Gyllenhielm. Änkedrottningen och de flesta av riksråden och generalerna var närvarande hela vägen.

Wrangel, ledde sorgehästen. Hovmarskalken Bernolf von Kreilsheim gick ensam framför det kungliga liket. Varje morgon innan processionen kunde fortsätta krävde drottningen att kistan skulle öppnas så att hon kunde se det balsamerade liket en gång till.

I Wolgast mötte en stor delegation av rikets herrar, bland dem kungens gamle stridskamrat Lennart Torstenson, ännu sjuk efter sin fångenskap, och där var ett stort antal tyska furstar och herrar av alla slag. Generalguvernören över Rügen, Sten Bielke, höll ett tal där han bland annat sa att kungen för tre år sedan kom till denna kust med samma flotta som nu skulle föra honom tillbaka till fäderneslandet: ”Men över mörkrets och våldets krossade bojor följer de befriades välsignelser hjälten på återfärden till hans och frihetens fäderneslånd.”

Den 8 augusti anlände fartygen till Nyköping; det var en regntung dag om vilken Fryxell formulerar sig så här: ”Då han nalkades fäderneјorden, överdrogs himmelen av mörka

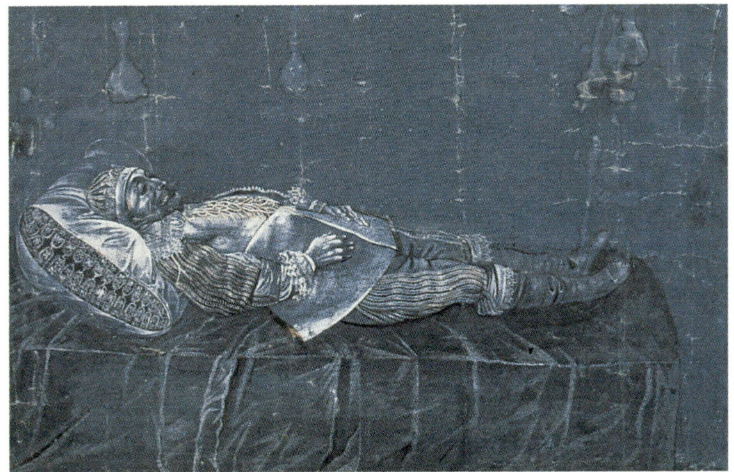

Det skulle ta ett och ett halvt år efter skotten i Lützen innan Gustav II Adolf kom i sin grav. Under hela denna långa sorgetid var hans kista utställd på lit de parade. Tusentals människor vallfärdade till hans bår.

moln, vilka snart utgöto sig i flödande skurar. Det var, liksom ville Svea i sorgdräkt och tårar emottaga stoftet av sin störste och mest älskade son."

Kistan stod i nästan ett år på Nyköpingshus innan begravningen kunde äga rum den 22 juni 1634 i Riddarholmskyrkan i Stockholm, mer än ett och ett halvt år efter kungens död. Oftast har man skyllt den långa väntetiden på den "hysteriska" drottningen.

Det ligger bara ett korn av sanning i detta. Alla stormannabegravningar på 1600-talet krävde mycket långa och noggranna förberedelser. Ju finare begravning desto längre tid för dessa. Gustav Adolf var den störste kung Sverige hade haft; riksråden och ständerna ville naturligtvis att begravningen skulle bli så stor och imponerande som möjligt. Först måste kungens gravkor byggas. Speciella sorgefanor måste broderas liksom tyger och dekorationer att täcka kistan och väggarna i kyrkan. Särskilda hovsorgkläder skulle sys för hovet och de deltagande höga ämbetsmännen. Salar och gästhus måste rustas upp och särskilda mynt präglas.

Alla rikets ledande personligheter måste vara närvarande. Skulle utländska potentater inbjudas, i så fall vilka? Nej tyckte många riksråd; i protokollet står: ”Den 11 januari 1634 discurrerades om någre främmande potentater och herrar skulle inviteras till salig Kungl Majt:s begravning. Mentes nej. Komma deras gesanter hit, så se de vårt armod.”

Så fattigt var det alltså i den gryende stormakten 1634. Falu koppargruva fick sända en särskild leverans till Nederländerna innan de sista pengarna var insamlade.

Maria Eleonora försenade kanske begravningen med några månader. Hon hade svårt att skiljas från kistan. Hon lät beställa en ny, mycket större kista delad i två avdelningar: den ena för kungen, den andra för henne själv. I den skulle hon och Gustav Adolf begravas när hon själv var död.

Hon hade synpunkter på var kistan skulle stå, i vilken kyrka och i vilket slott och med vilken sarkofag och vad som skulle stå på monumentet. Hon ville inte skiljas från skrinet med hjärtat. Allt detta krävde många och tålmodiga samtal mellan henne och riksråden och mellan henne och det högsta prästerskapet innan begravningen slutligen blev av.

Den dagen sköts det sorgesalut med åtta erövrade kanoner från Lützen som hade ställts upp på Brunkebergsåsen i Stockholm. I tåget visades kungens vapen ännu en gång, riksbaneret bars av Lennart Torstenson.

Likpredikan hölls av kungens gamle fältpräst och själasörjare Johannes Bothvidi, som hade varit med vid många slagfält i Baltikum, Preussen och Tyskland, en äldre man med gammaltestamentligt skägg och utstrålning. Till text hade Maria Eleonora själv valt 1 Mack. 9:20–26: ”Och allt Israels folk sörjde efter Juda i långan tid och beklagade sig svårliga och sade: Ack att den hjälten fallen är, som Israel skyddat och befriat haver.”

Långt före det, i februari 1633, hade den svenska riksdagen redan beslutat att kungen för all framtid skulle heta: ”Gustav den andre och store”. Han är den ende kung vi haft som fått ett sådant hedersnamn.

Maria Eleonora knuffades helt åt sidan. Hon uteslöts ur förmyndarregeringen och tre år senare fråntogs hon till och med rätten att uppfostra sin dotter. Ja, hon fick inte ens träffa barnet när hon själv ville. Moderna kvinnohistoriker försöker peka på hur orättvist historiens dom har fallit över Maria Eleonora. Hon illustrerar i själva verket mycket väl den absurda och ofta omänskliga börda som drabbar en drottning.

Hon förs i mycket unga år till ett avlägset land och främmande kultur för att gifta sig med en man hon inte känner. Hon placeras i en ofta totalt främmande miljö, i ett land med ett för henne okänt språk i ett hov bland människor som i regel misstänksamt och avundsjukt studerar varje hennes steg och ord för att sedan samla på hennes misstag. Hon ska vara rik och vacker, klok och bildad, men får givetvis inte på något sätt överglänsa mannen. Hon ska vara lojal och alltid stödja honom, men aldrig ”lägga sig i” eller styra honom då han sköter rikets affärer.

Hennes första och största plikt är att hon ska producera en son, en tronarvinge. Det är därför hon är där.

Under 1600-talet hade man myckt vaga begrepp om varför ett barn blev pojke eller flicka och huruvida någon av parterna kunde påverka detta. Kungen hade ju visat att han kunde göra pojkar. Alltså var det drottningens fel att hon inte lyckades, en uppfattning som levt kvar ända till vår tid: ”Hennes barnafödande var en lång serie av misslyckanden och katastrofer”, skriver Sven Stolpe.

Viveka Heyman beskriver drottningen som en ”infantil hysteriker” och ”en motbjudande karikatyr av en kvinna”; i synnerhet kritiserar man hennes ”oresonliga” svartsjuka. Hon var något så ovanligt som en drottning som faktiskt uppriktigt och innerligt älskade sin man och som ville visa det, även om hon bodde i ett land där man, milt sagt, skulle behärska sina känslor. Att hon hade all anledning att vara svartsjuk är historiskt dokumenterat. Kungen var en glad charmör, eller som hans dotter Kristina skriver: ”Han älskade kvinnorna för mycket” och på ett annat ställe: ”Han var häftig och oöverlagd till sinnes och alltför svag för könet.” Skulle inte då den älskande Maria Eleonora vara svartsjuk? Hur mycket är ”för mycket” svartsjuk?

Dessutom var mannen mycket långa tider bortrest, invecklad i bokstavligt talat livsfarliga situationer. Skulle inte hon vara orolig då? Hennes ”pjoskiga” tillstånd var lättförklarligt mot bakgrunden av hennes fyra svåra graviditeter, av vilka tre slutade så olyckligt.

Hennes förhållande till pengar och ekonomi har kritiserats hånfullt, utan att man påminner sig det faktum att hon hastigt fördes bort från Brandenburg, innan man löst hennes personliga ekonomiska situation och framtid ordentligt. Hon var redan från början skuldsatt och det underhåll hon fick kunde aldrig hinna ifatt hennes redan förstörda finanser. Detta ursäktar naturligtvis inte hennes stora slösaktighet och totala okänslighet för sambandet mellan inkomster och utgifter. En livsinställning hon för övrigt överförde till sin dotter. Men vårdslöshet med pengar och benägenhet att sällan eller aldrig betala sina skulder, var något som utmärkte den styrande eliten i Sverige under hela 1600- och 1700-talen.

Då hon fråntagits rätten till sitt barn är det inte underligt om hon kände aggression och motvilja mot sin svenska omgivning. Hon slog sig ner på Gripsholms slott, där hon levde isolerad, mer eller mindre i husarrest. Inte så märkligt om hon tyckte att tillvaron i Sverige blev alltmer outhärdlig, ett land som hon ansåg vara kallt och fyllt med ”slemma berg”.

I samtal med riksråden beskrev hon Preussen, hennes födelseland, som ”skönt, luftigt, och fruktbart”, medan Sverige var ”fullt av klippor, falsk tro och sorgsenhet”. Svenskarna var grova och övermodiga.

Hon längtade efter sina släktingar i Brandenburg och i Danmark. Men den politiska situationen gjorde det omöjligt för henne att ha officiella kontakter med dessa stater. Hon blev osams med riksråden, i synnerhet med Oxenstiernas bror, riksdrotsen Gabriel, som hon kallade ”Ochsenkopf” (Oxhuvudet).

Natten till den 22 juli 1640 rymde drottningen förklädd från Gripsholm. En agent från Kristian IV av Danmark låg gömd i närheten och förde ut henne till Trosa, därifrån på ett danskt fartyg till danska Gotland och sedan vidare till Kristian IV:s Danmark.

På slottet trodde alla att drottningen låst in sig för en intensiv fasta och bönestund. Hennes personlige själasörjare fick sitta utanför dörren och läsa i bönboken. Då ingenting hördes från drottningens rum nästa dag, upptäckte man flykten. Hon hade tagit sig ut genom en lönngång. Hennes underhåll drogs in och hennes namn ströks ur svenska kyrkans kyrkoböner. Hon bodde några år hos med tiden allt mindre entusiastiska släktingar i Brandenburg och i Danmark. Då det trettioåriga kriget tog slut i westfaliska freden och Sverige stod på höjden av sin glans, begärde hon att få komma tillbaka till Sverige för att ”se sin dotter för sista gången”, som hon sa. Hon var då femtio år och uppgav sig vara sjuk och svag. En svensk flotta hämtade henne i Pommern och hon fick bo på Drottningholms slott, senare Nyköpingshus; några år ägde hon De la Gardieska palatset Makalös i dagens Kungsträdgården.

Franska diplomater som träffade henne i Stockholm hade väntat sig en förgrämd och förgråten änka men talar efteråt nästan förälskat om hur vacker hon var. Så här skriver Charles Ogier: ”...till vår häpnad stodo vi här inför den skönaste, mest strålande kvinna vi någonsin hade skådat. Vi voro fullständigt bländade av hennes skönhet; intet kan giva en föreställning om ansiktets ljuva uttryck och den kungliga gestalten.”

Hon hade renässansmänniskans intresse för konst och musik. Då hon var drottning skapade hon ett tyskt hovkapell i Sverige och lockade hit utländska skådespelare och konstnärer, bland andra den sedermera så berömde David Klöcker Ehrenstrahl. Hon ritade själv slott och byggnader som hon ville ha uppförda, men som aldrig blev byggda av ekonomiska skäl.

Maria Eleonora hade också renässansfurstars något bisarra intresse för dvärgar av bägge könen, vilka hon antagligen tyckte var lika lustiga som de exotiska apor och andra djur som hon lät importera.

Riksänkedrottningen, som hon kallades i kronans räkenskaper, fick en egen ekonomisk övervakare, med riksråds ställning, en av de första utlänningarna i det svenska riksrådet, Paul Khewenhüller, som dessvärre avled kort efteråt då han stod och värmde sig vid spisen i rikssalen på Stockholms slott. Året därpå var Maria Eleonora femtiofem år och sjuklig. Nyheten om att hennes dotter blivit katolik grep henne så hårt att hon fick "häftig frossa" och avled. Maria Eleonora ligger begravd i Riddarholmskyrkan.

Vid den tiden var redan Gustav Adolfs-dyrkan i full gång. Då kungen dog var effekten i den protestantiska världen jämförbar med den psykologiska chock som gick över en stor del av jorden då Kennedy blev skjuten. Folk grät på gator och torg i Tyskland, Nederländerna, Danmark, Sverige och Finland. Fast inte alla, förstås. Valloner på Upplands bruk firade i stället skotten i Lützen; många av dem kände stark lojalitet med sin hjälte och landsman Tilly. I vissa synnerligen hårt krigsdrabbade byar i Norrland hade man också svårt att känna den rätta sorgen.

Omedelbart efteråt började det rika flödet av böcker, pamfletter, dikter och flygblad som hyllade kungen. Redan på 1600-talet kom flera gedigna historiska verk, beställda eller på andra sätt understödda av svenska kronan, som rikshistoriograferna Bogislaus Philipp von Chemnitzs och Samuel von Pufendorfs digra volymer. Biografier över kungen skrevs tidigt av franska och engelska författare, som Voltaire, Eleazar Mauvillon och William Hart. Ganska snart kom även böcker som var kritiska mot Gustav Adolf och mot den svenska inblandningen i Tyskland, oftast beställda av kungens och Sveriges fiender.

Den store skalden Friedrich Schiller skrev 1700-talets största litterära, kritiska verk om trettioåriga kriget. I Sverige utgav rikshistoriografen Jonas Hallenberg ett magnifikt, detaljspäckat verk i fem band, men det slutar tyvärr precis

Det är knappast troligt att Gustav Adolf hade nått så långt som han gjorde utan sin rikskansler, Sveriges genom tiderna märkligaste ämbetsman, Axel Oxenstierna. Här på L'Archevêques staty på Gustav Adolfs torg i Stockholm, dikterar Oxenstierna för historien.

där kungen ska gå ombord på sin flotta för att åka till Tyskland och bli Gustav Adolf den store för resten av världen.

Det är på 1700-talet som Gustav Adolfs ryttarstaty beställs av den franske skulptören L'Archevêque till det för tiden enorma arvodet av 175 000 riksdaler (hela 438 årslöner för exempelvis en hovrättsassessor). Problemet var bara att konstnären hade tänkt sig en djärvare staty än den man kan se i dag på Gustav Adolfs torg. Han ville ha en häst i fyrsprång med Fama (ryktets gudinna) också till häst strax bakom, redo med en krans för kungens huvud. De bestämmande herrarna menade att den svenska allmänheten kunde få fel associationer om kungen "jagades av ett halvklätt fruntimmer"; de kanske inte skulle förstå denna djupt allegoriska kranskullas innersta avsikter. I stället fick konstnären göra dagens mer lugna version i kort trav, modellerad efter Ludvig XIV:s staty framför slottet i Versailles. Många problem med gjutningen och annat gjorde att avtäckningen inte kunde ske förrän 1796. Det blev Sveriges första ryttarstaty. Torget, som förr hette Norrmalmstorg, döptes om till Gustav Adolfs torg 1805.

Under 1800-talet blommade intresset upp för Gustav Adolf ordentligt med en ström av böcker både i utlandet och i Sverige, där i synnerhet Erik Gustaf Geijer och Anders Fryxell står för legendariska hyllningsbeskrivningar. Då kom också de första riktigt kritiska svenska verken, skrivna av Georg Adlersparre och Hans Järta.

Det finns ingen kristallklar historisk sanning om komplicerade politiska militära skeenden. Ibland är till och med datum och orter för själva händelserna starkt ifrågasatta.

Det finns inte och har aldrig funnits någon objektiv historieskrivning. Antingen är pennorna som skrivit om Gustav Adolf medvetet doppade i religionskampens, nationalismens eller politikens bläckhorn eller också är boken skriven i en miljö och kultur där alla redan har samma åsikt, varför skribenter som upprepar dessa åsikter anses objektiva och korrekta. Någon tid senare har de politiska vindarna växlat, varför det som nyss var objektivt och korrekt plötsligt blir dikt och förbannad lögn. Detta har naturligtvis i högsta grad drabbat synen och behandlingen av Gustav Adolf, hans person och gärning.

En förnämlig översikt av all svensk och utländsk litteratur för och mot Gustav Adolf ända sedan 1600-talet, har gjorts av docenten Sverker Oredsson, vars slutsummering är att Gustav Adolfs insats i Tyskland fick ödesdigra följder för detta land och för Europa.

Ännu långt in på 1900-talet kunde ansedda professorer skriva så här om Gustav Adolf som person: ”Det har aldrig funnits en vilja lika stark, en tanke lika förunderligt klar som hans, en känsla lika varm, en inbillningskraft lika brinnande; stora statsmän, stora fältherrar, män, som offrat sig själva för sin sak, har världen sett både före och efter honom, men sällan eller aldrig har den sett så stora egenskaper sammansmälta till en harmonisk enhet, omfattas i en karaktär av så mycken renhet och därför utvecklade till en så sann, så sund och ädel mänsklighet... En renare ärelystnad än hans har historien ej att förtälja om.” Man riktigt ser hur farbröderna nickar bifall i cigarrdimman och man hör klirret från skålande punschglas.

Platsen där kungen antogs ha stupat fick mycket tidigt en minnessten, över vilken man rest ett typiskt 1800-talsmonument i gjutjärn, en plats som fortfarande vårdas och där det även under den tid Lützen låg i Östtyskland firades gudstjänster varje år den 6 november.

Nära stenen finns ett kapell, byggt strax efter sekelskiftet där man kan se en altartavla med kungen och Martin Luther

Gustav Adolf står staty i flera svenska städer. De första gjordes redan på 1700-talet, den senaste i Borås 1952. Denna lagerkransade byst gjordes 1632 av Georg Petel i Augsburg. Nationalmuseum.

knäböjande på den plats på tavlan där helgon normalt brukar finnas i katolska kyrkor. Framme i koret hänger svenska och finska flaggor. Intill kapellet finns en liten svenskby med svenska trähus donerade av svenska intressenter och i dem finns ett nyrestaurerat Lützenmuseum. Även inne i staden Lützen finns ett museum med bland annat slaget uppställt med flera tusen tennsoldater.

Efter andra världskriget har det inte skrivits någon biografi om Gustav Adolf i Sverige (Nils Ahnlunds Gustav Adolf den store utkom 1932), däremot i utlandet. Brittiska och tyska historiker har utgivit åtta biografier, den senaste kom i mitten av 1980-talet och nya tyska seriösa genomgångar ligger klara i manuskript. På samma sätt som det bästa som kommit ut om Gustav Vasa och Karl XII i vår tid har skrivits av utländska forskare, är det tydligen bara utlänningar som intresserar sig för Gustav Adolf, trots att han, genom sitt liv och sitt verk blev den av Sveriges monarker som är mest känd i Europa och vars handlingar, på gott och ont, haft den största påverkan på europeisk politik.

Det finns tre gestalter ur vår historia som då och då tas fram för att få förkroppsliga det för tillfället aktuella behovet av samlande nationell symbol: Engelbrekt, Gustav Vasa och Gustav Adolf. Nu har vi levt en lång period då man flinande fnyst åt nationella symboler. Det kommer helt säkert att finnas ögonblick i framtiden då sådana symboler ännu en gång blir livsviktiga. Historien är, som bekant, inte slut här.

Just nu är Gustav Adolf mest en rubrik i den västsvenska konditorinäringens planeringskalender. I Finland är hans dödsdag ”nationaldag” för finlandssvenskarna, ”svenska dagen” har det stått i deras almanackor sedan 1908. ”Äktfinnarna” kontrade med att fira den 6 november som hakkapeliternas dag och så sent som 1975 invigdes i Lahtis ett monument över dem. De flesta rikssvenskar som ser detta gapar häpna, totalt omedvetna om sakernas tillstånd i det en gång svenska Finland, så här fyrahundra år efter Gustav Adolfs födelse. De svenska historikerna skruvar generat på sig och gräver lite mer där de står.

KAPITEL 14

Oxenstierna tar makten
Förmyndarregeringen
Katastrofen vid Nördlingen
Oxenstiernas återkomst
Kungliga postverket
Den första tidningen
Finland i Grevens tid

Aldrig har det gråtits så mycket offentligt i Sverige som då budet om Gustav Adolfs död nådde hemlandet. Det är historiskt dokumenterat. I riksrådets protokoll står det "att rådet tillbragte hela dagen i gråt och klagan", och då ständerna sammankallades och riksdrotsen Gabriel Oxenstierna reste sig och sa: "... Konungen är död" brast hela församlingen ut i en sådan jämmer att ingen kunde höra något mera av riksdrotsens anförande. Efter en stund kunde han fortsätta: "Konungen är död!" upprepade han som inledning på sitt tal, varpå den högljudda sorgen brakade loss en gång till, så att han blev tvungen att göra en lång paus. Detta har drotsen själv berättat för den franske diplomaten Ogier. Många sörjde så de dog.

Skotten Jakob Spens, som var kungens vän och för en tid hade den unika dubbelpositionen att samtidigt som han var svensk friherre och ambassadör i London, var han också engelsk ambassadör i Stockholm, fick hjärtinfarkt och föll död ner vid nyheten, liksom den mycket gamle greven och förre drotsen Magnus Brahe.

Rikets sorg formulerades kanske mest tidsenligt av biskopen Johannes Rudbeckius. Han sa bland annat: "... Och till sist, du gamla och berömliga Svea och Göta rike, låt dina kindben flyta med tårar, strö aska på ditt huvud, sätt dig ned på jorden och drag sorgkläder på, ty du haver varit en drottning och länge regerat, men nu är du en änka och ensam vorden, ja en änka utan söner och mansarvingar."

Det är osäkert om Axel Oxenstierna strödde aska på sitt huvud, behärskning och kontroll var förmodligen det dominerande draget i hans kroppsspråk, men att han var skakad av dödsbudet vet man av det skälet att natten som följde var hans livs första sömnlösa natt. Det har han berättat för drottning Kristina.

Det är väl troligt att hela tillvaron gungade för rikskanslern och att han för sin inre syn såg hur allt det som hade byggts upp av Gustav Adolf och som tiotusentals svenska och finska soldater dött för, nu skulle rasa ihop. Naturligtvis fick detta inte ske.

Då gryningen kom visste han vad han skulle göra. Han skulle själv ta makten i Sverige. Exakt hur det skulle gå till, framkommer i de planer för framtiden som han nu sänder upp till Stockholm.

Sverige fick ingen riksföreståndare, som en del av ständerna ville, för så hade man alltid gjort förr i vår historia då landet var utan kung. Oxenstierna var emot därför att den starkaste kandidaten för riksföreståndarposten var kungens halvbror, riksamiralen Carl Carlsson Gyllenhielm, möjligtvis svågern, pfalzgreven Johan Kasimir. Bägge var omöjliga för Oxenstierna, som nu såg sin egen och högadelns chans att minska kungamakten och själva gripa initiativet.

Rikskanslern satt kvar i sitt kansli i Tyskland. Där skulle han stanna fyra år till, men eftersom kanslern var den person som stått Gustav Adolf närmare än någon annan svensk, antogs han agera helt så som kungen hade bestämt och velat.

Därför accepterade riksråden utan vidare Oxenstiernas idéer. Men skriftligt på att detta också var kungens tankar, det har man inte.

Oxenstierna förklarar i sina brev hur försvaret skulle ordnas till lands och sjöss, hur rikets finanser skulle läggas upp, i synnerhet hur tullarna skulle organiseras och handeln i landet komma igång på bästa sätt. Han hade konkreta planer för ett nytt vägnät och för hur ett inhemskt postsystem skulle organiseras. Han angav hur bergshanteringen skulle ordnas, hur mynt och koppar skulle behandlas. Det var ett klart, genomtänkt och detaljerat framtidsprogram för Sverige.

Kungens enda barn inom äktenskapet, Kristina, var bara sex år. Alltså måste Sverige ha en förmyndarregering. På samma sätt som Oxenstierna utmanövrerade pfalzgreven och Gyllenhielm från möjligheten att provsitta Sveriges tron, blockerade han alla möjligheter för änkedrottningen att påverka rikets skötsel.

Landet skulle regeras inte av en, utan – i alla fall på papperet – av fem förmyndare, nämligen riksämbetsmännen, det vill säga cheferna för de fem kollegierna, i rangordning: riksdrotsen, chefen för Svea hovrätt, tillika chef för all rättvisa; riksmarsken, det vill säga chefen för rikets armé; riksamiralen, det vill säga chefen för flottan samt rikskanslern, som ungefär motsvarade vår statsminister. På denna tid var det han som var ansvarig för utrikesärenden, riksråds- och riksdagsärenden. Han hade kontrollen över ständernas privilegier, författningen om län, härad och städer. Den femte riksämbetsmannen var riksskattmästaren, vars befattning länge varit vakant. I praktiken hade den skötts av pfalzgreven Johan Kasimir, utan att han någonsin blivit utnämnd till riksråd. Han granskade alla räkenskaperna och såg till att skatterna kom in.

Men vem skulle ha vilken befattning nu? Johan Skytte anlände omedelbart till Stockholm från sin post som generalguvernör över de baltiska provinserna och Ingermanland. Han var huvudkandidat för kanslerposten. Han hade visst stöd från Gyllenhielm och Johan Kasimir; de tre hade gemensamma intressen mot högadeln. Per Brahe ville bli drots, han hade blivit lovad befattningen av Gustav Adolf och i praktiken var det han som skötte sysslan nu också.

Men självklart blir det som Axel Oxenstierna planerat, hans långvariga samarbete med kungen, hans redan nu mer än femton års erfarenhet av kanslerposten, hans mycket stora kunskaper i politik, ekonomi, hans eminenta arbetsförmåga och stora talang för administration samt hans goda rykte och ställning internationellt, gjorde att ingen i riket kunde uttala sig med sådan tyngd och auktoritet som han. Av de många brev som finns bevarade skrivna av Oxenstierna, ser man att han var en klar, metodisk statsman med stor integritet, men uppenbarligen en sval människa, totalt utan humor. Han tappade aldrig kontrollen. Allt detta var naturligtvis positiva egenskaper för en man med Oxenstiernas position just nu.

Rikets högste ämbetsman, drots, blir hans bror Gabriel Gustavsson Oxenstierna. Kansler fortsätter han själv att vara och riksskattmästare blir hans kusin Gabriel Bengtsson Oxenstierna. Gyllenhielm fortsätter som riksamiral och den nu mycket gamle och nästan blinde Jakob De la Gardie fortsätter som riksmarsk. Skytte avfärdades genom att bli den nygrundade Göta hovrätts förste president nere i Jönköping (riksråd förblev man så länge man levde). Per Brahe, som bara var trettio år, sändes som generalguvernör till Preussen.

Bland de tjugo övriga riksråden fanns inom några år: rikskanslerns son Johan Oxenstierna, kusinen Bengt Oxenstierna (Resare-Bengt) som blir generalguvernör i Baltikum, brorsonen Gustav Oxenstierna, brorsonsonen Gabriel Oxenstierna och slutligen kanslerns yngste son Erik, som så småningom övertar rikskanslerposten. Under varje år fram till Axel Oxenstiernas död 1654 var minst fyra Oxenstiernor riksråd samtidigt.

Ett stort antal andra Oxenstiernor hade dessutom de högsta ämbetena strax under riksrådsnivån, som guvernören över Ingermanland Ture, krigsrådet Åke och landshövdingen Erik Oxenstierna. Då kungens halvsyster avled utsåg Axel Oxenstierna sin egen syster som huvudansvarig för den unga kungadotterns uppfostran. Om man dessutom tar med alla de riksråd av familjerna Horn (Gustaf Horn gift med Oxenstiernas dotter), Bonde, Bielke, Bååt, Natt och Dag, De la Gardie med flera, som alla genom giftermål var släkt med Oxenstiernorna, kan man se nästan hela riksrådet som en regerande oxenstiernsk släktförening.

Johan Skytte var än så länge den ende född av icke-adliga föräldrar bland dessa högadliga riksråd; han hade varit kungligt råd ända sedan 1617. Några år efter hans död 1645 kommer diplomaten Johan Adler Salvius och Skyttes egen son Bengt, men då är vi framme vid en annan tid då invandrare från Baltikum, Tyskland och England också är med i ”regeringen”. Skytte drev för övrigt aldrig någon folklig linje i riksrådet, tvärtom, upphöjd till friherre till Duderhof, herre till Strömsrum och Skytteholm, var han lika mån om sina rättigheter och privilegier som de andra riksråden.

Tre av råden var födda i Finland, Åke Tott, Jöns Kurk och Clas Fleming, medan många andra hade sina friherre- och grevskap i Finland, som Axel Oxenstierna, som var friherre till Kimito, Gustaf Horn greve till Björneborg och andra ur släkten Horn, som hade friherreskap i Kankas och Åminne, och släkten Lewenhaupt, som hade sitt grevskap i Raseborg.

En förutsättning för att rikskanslern skulle kunna vara kvar i Tyskland för att leda kriget där till ett för Sverige lyckligt slut och samtidigt behålla och kontrollera makten i hemlandet, var att han hade pålitliga medarbetare i Stockholm. Därför var det fullständigt livsviktigt för honom att han fick denna för dagens Sverige totalt främmande konstruktion med bröder, söner och anförvanter på alla nyckelposter. Nu fungerade det perfekt, han kunde fjärrstyra Sverige per korrespondens.

Ämbetsmännen gjordes ansvariga och skyldiga att en gång per år redogöra för sina räkenskaper och sin verksamhet. Missbruk kunde tas upp i den nya domstolen för de högsta ämbetsmännen, riksrätten. I den satt alla råden, cheferna för hovrätterna, landshövdingarna och representanter från rikets sex förnämsta städer, det vill säga Stockholm, Uppsala, Göteborg, Norrköping, Åbo och Viborg. I regeringsformen talas också om andra höga ämbetsmän, till exempel riksmarskalken som var chef för hovförvaltningen, rikstygmästaren, ansvarig för artilleriet; den förste med denna titel blev Lennart Torstenson, som är svårt giktbruten och reumatisk efter åren i fält och året i fängelsehålan i Bayern. Nya poster var också riksstallmästaren, som var chef för hovstallen, och riksjägmästaren, ansvarig för kronans alla skogar.

Prästerna, bönderna och borgarna knorrade först över Axel Oxenstiernas plan för Sverige, de ville ha sänkta skatter. Inom bondeståndet blev det till och med fullt slagsmål under sammanträdet därför att en finsk bonde ansågs vara alltför herrevänlig i sin attityd. Högst klagade prästerna som hotade riksrådet med ”Guds vrede och hämnd” om inte skattetrycket lättade. Alltså lyftes bördan något. I alla fall för prästerskapet.

Oppositionen, dit också pfalzgreven och Carl Carlsson Gyllenhielm hörde, ville ha en stark kungamakt, stödd på ständerna; de var rädda för det adelsvälde de nu såg växa fram.

Så utropades den lilla Kristina till Sveriges drottning. Men inte utan intermezzon. Då riksdrotsen Gabriel Oxenstierna tog upp frågan hördes sorl i salen. Kristina var ett barn och dessutom flicka. En del bönder i Småland och Finland hade hört att Sigismunds söner var intresserade av protestantismen, varför kunde inte någon av dem bli kung? De var ju Vasaättlingar de också.

Då var det någon som ropade ”Vem är denna dotter av Gustav? Vi känner henne inte och har aldrig sett henne!” Det var en bonde som hette Lars Larsson som skrek. De andra i bondeståndet instämde. Sorlet ökade. Riksdrotsen hade då ropat: ”Ni ska få se henne”, och strax kom han tillbaka med Kristina som han ledde runt i salen. Hans Larsson hade då sagt: ”Det är han själv, ja, det är kung Gustavs näsa, ögon och panna: Hon är vår drottning!” Så blev Kristina vid sex års ålder Sveriges drottning.

Till riksdagen 1634 skickade Oxenstierna upp en färdigskriven regeringsform, Sveriges första. Oxenstierna påstod att Gustav Adolf hade godkänt dokumentet, men dessvärre aldrig haft tid att skriva under. Nutida forskare tvivlar på att kungen någonsin skulle ha signerat denna regeringsform som tog så mycket makt från honom själv och lade det största ansvaret på förvaltningen.

Regeringsformen sade mycket lite om hur riksdagen

skulle arbeta. Det var helt avsiktligt, för Oxenstierna var inte särskilt intresserad av ständerna.

Det finns ett citat ur riksrådens protokoll som på sin magnifika 1600-talssvenska låter så här: ”Han (Oxenstierna) dissvaderade för sin del att man något skulle communicera med ständerna, förr än in senatu är resolveradt hvad raisonabelt och practicabelt är, ty att taga råd av dem, som intet förstå saken, är fåfängt och otryggt; först måste vi här hava concluderat och sedan se till att man kan vinna ständernas applausum, såsom salig Kongl. Maj:t alltid gjorde.” Kort sagt, kalla inte in bondehopen förrän allting är klart och de redan vet vad de ska godkänna.

Europas starke man

Axel Oxenstierna var nu i femtioårsåldern, fortfarande vital och ständigt arbetande. Ingen svensk ämbetsman har någonsin i vår historia haft så mycket makt i Sverige och utomlands som han. Det var han som regerade riket med Finland, Baltikum och en stor del av Tyskland, där de evangeliska städerna alla på något sätt var allierade med Sverige. Svenska trupper fanns i Magdeburg, Halberstadt, Verden och Schwerin.

Oxenstierna hade viss kontroll över hela kusten av Mecklenburg och Pommern, några fästningar i Brandenburg, alla biskopsdömen och kyrkogods i Franken, Schwaben och vid Rhen samt en del av Pfalz. Han kommenderade trupper i Elsass, Schwaben, Bayern, Franken, Sachsen och Schlesien.

Det var han som ledde de rang- och titelmedvetna tyska hertigarna och kurfustarna, fast han själv bara var friherre till Kimito. Det var mången som undrade varför en så viktig och betrodd person inte ens var greve. Själv föredrog han att bli titulerad "excellens".

Rikskanslern fick inte sin tillfredsställelse av yttre glans och titlar. Han var en man som helt levde för och njöt av att inneha, administrera, planera och påverka den politiska makten. Han var fascinerad av administration. Han var Sveriges version av Frankrikes kardinal och hertig Richelieu och Spaniens hertig Olivarez; bägge var kraftfulla män som styrde sina riken över minderåriga eller åsidosatta monarker.

Oxenstierna hade hittills klarat sig utan glansfulla titlar, alla visste redan vem han var, till och med små tyska barn lärde sig det. Många generationer efter svenskarnas styre i Tyskland fick barnen där lära sig denna vaggvisa, som ganska väl illustrerar samtida pedagogik:

"Bet, Kindchen bet!
Morgen kommt der Schwed'
morgen kommt der Oxenstern
wird den Kindern beten lehr'n"

(Bed, barn lilla bed/ I morgon kommer svensken/ I morgon kommer Oxenstierna/ Han ska lära barnen bedja.) Den största skillnaden mellan de svenska, franska och spanska versionerna av starka politiker som styr landet var att i Sverige måste rikskanslern verka innanför de ramar som fanns. Han styrde med lagar och paragrafer och med statstjänstemännen som sina marionetter. Ämbetsmannaväldet växte fram. Det tog längre tid för Oxenstierna att få fram ett beslut än för kollegerna i Paris och Madrid, för i Sverige krävdes det många och långa brev och sega sammanträden, men till slut blev det ändå nästan alltid som Oxenstierna ville. Det svenska systemets klara fördel var att det inte fanns något blod på rikskanslerns händer, inga politiska domar och avrättningar av politiska fiender.

Hans första drag i Tyskland efter kungens död var att sammankalla alla allierade till en stor konferens i Heilbronn vid Neckar i mars 1633, dit han själv reste med ett följe på flera hundra personer. I Heilbronn möttes en lysande samling furstar och ombud från alla länder, städer och biskopsdömen som var allierade med Sverige. Dessutom kom sändebud från Frankrike, England och Nederländerna.

Efter en hel månads intrigerande och förhandlande undertecknades två fördrag enligt vilka Oxenstierna utsågs till ledare för ett fast förbund av de deltagande furstarna och städerna som skulle ”våga liv och förmögenhet” för att försvara ”den tyska liberteten” tills den evangeliska tron var tryggad och Sverige fått kompensation för alla utgifter och stora insatser i detta krig. För att försvara förbundet och uppnå slutmålen skulle nödiga arméer rustas och överste befälhavare över allt detta skulle vara ”huvuddirector” Axel Oxenstierna. Strax innan hade Sverige och Frankrike förnyat sitt gamla avtal om franskt ekonomiskt stöd för svenska arméer. Oxenstierna hade, i alla fall på papperet, lyckats vältra över hela krigskostnaden till de närmast berörda staterna.

Därmed var nu Axel Oxenstierna ”direktor för det evangeliska väsendet”, beväpnad med härar på sammanlagt över 85 000 man och en av Europas absolut mäktigaste män. Det var ett ganska imponerande resultat åstadkommet av en svensk friherre med en sjuårig drottning i ryggen.

Många av de tyska fältherrarna krävde personliga belöningar och förmåner. Bernhard av Weimar, till exempel, ville bli hertig av Franken, ett område som låg under svenska kronan. Oxenstierna accepterade, men lär ha sagt att man inte ska glömma att en tysk furste bett en svensk adelsman om hertigtiteln och att den svenske adelsmannen beviljade fursten detta.

När nu Oxenstierna nått dessa höjder togs frågan om hans egen status upp igen. De tyska furstarna var beredda att låta honom bli kurfurste av Mainz. Frågan diskuterades också i det svenska riksrådet, som efter en del avundsjukt gny inte protesterade. Rikskanslern bad sin bror sända ner till Tyskland "mina barns 16 anor, 8 på min och 8 på min hustrus sida (Anna Åkesdotter Bååt), med namn och vapen". Allt var klart för upphöjelsen.

Ungefär samtidigt gick det envisa rykten om att han ville se sin äldste son gift med drottning Kristina. Om detta skrevs det mycket i diplomatisk, i synnerhet fransk korrespondens. Rikskanslern siktade alltså mycket högt för sig och sin familj. Varför inte? Hans förfäder hade varit riksföreståndare på 1400-talet, varför skulle inte hans söner kunna gifta sig med en kungadotter? Han var för övrigt själv släkt med Vasaätten.

Katastrofen i Nördlingen

Allting såg alltså mycket ljust ut för Oxenstierna personligen och för protestanterna, i synnerhet som Wallenstein, som blivit alltmer egendomlig och drev sitt eget höga politiska spel, troligtvis med målet att bli kung av Böhmen, nu faller i onåd hos kejsaren. Konflikten tillspetsas och når sin kulmen en vinternatt 1634 då kejsarens hantlangare ledda av skotska och irländska officerare bryter in i Wallensteins sängkammare och mördar honom.

År 1634 började därför mycket bra för Sverige och de allierade. Krigsmålet var ännu en gång att försöka rycka fram längs Donau till Wien. Men avundsjuka och oenighet mellan Bernhard av Weimar och Gustaf Horn försenade offensiven. De kejserliga gick till motattack och belägrade den fria riksstaden Nördlingen i augusti 1634. Horn och Bernhard av Weimar anlände med 23 000 man. Då hade de kejserliga 34 000 man på plats. Trots sin numerära underlägsenhet anföll protestanterna. Det blev katastrof för hertig Bernhard och Horn, de förlorade över 6 000 man. Bernhard flydde och Gustaf Horn blev tillfångatagen och inspärrad i fängelset i Ingolstadt, där han fick sitta i nära åtta år.

Budet om denna militära katastrof var så skakande för Axel Oxenstierna att han nu lär ha haft sitt livs andra sömnlösa natt.

Bakslaget blev en chock i hela den protestantiska världen och som alltid i ödesmättade ögonblick inrapporterades mängder med syner och tecken i skyn. Man såg krucifix som svettades blod och helgonbilder som rörde på ögonen och helgonstatyer som ropade ack och ve. Skaror av vitklädda änglar svävade kring domen i Mainz. Många påstod sig ha hört himmelsk övernaturlig musik eller ha sett hur vaxljusen i slottskyrkan i Mainz tändes av sig själva.

Efter Nördlingen försvann, förutom naturligtvis Oxenstiernas kurfustetitel, framför allt den protestantiska enigheten. Vem vågade fortsätta vara allierad med Sverige nu?

Visserligen var inte ett enda svenskt eller finskt regemente med vid Nördlingen och det finns de som inte ens vill se Gustaf Horn som riktigt svensk eftersom han brukade brevväxla till och med med svenska generaler på tyska och sina egna dagboksanteckningar förde han på latin, franska och italienska. Men det var han som var överbefälhavare och hans här hade slagits för det svenskledda förbundet. Oxenstierna och den svenska propagandan skyllde efteråt på hertig Bernhard. Han hade gjort en serie misstag. Horn var oskyldig, hette det.

Men ingenting kan förhindra att Oxenstiernas mäktiga allians nu faller samman. Bundsförvanter, som länge klagat över det utdragna kriget, slöt fred med kejsaren och lovade hjälpa till att driva ut svenskarna ur Tyskland. Sachsen hoppade av först, sen kom Brandenburg och den ena efter den andra av de tyska riksstäderna. Förtivlat skriver Oxenstierna hem i ett brev: ”De som förr hava höjt upp oss till himmelen, säga nu vår nation vara orsak till deras ruin och bemantla sina egna fel och bräckligheter med en annans.”

Som om inte dessa olyckor var nog går samtidigt stilleståndsavtalet med Polen ut. De preussiska hamnarna har varit en ovärderlig hjälp för den svenska statskassan. Nu ryker allt. Tack vare franska diplomatiska insatser blir det i alla fall inget nytt krig med Polen. Det nya stilleståndet undertecknas i Stuhmsdorf den 2 september 1635 och ska gälla i tjugosex år. Sverige får behålla hela Livland men förlorar Preussen med hamnstäderna, Oxenstiernas stora skötebarn. Hans egen son Erik var en av chefsförhandlarna. Oxenstierna hisnar över villkoren i ett brev till sin bror. Sonen och de andra svenskarnas insatser kallas för ”flepiga rådslag”.

Huvudförhandlare var generalguvernören i Preussen, Per Brahe, vars redan spända relationer till Oxenstierna nu blev ännu sämre.

Situationen var med andra ord förtvivlad. Militära motgångar, politisk prestigeförlust, ekonomisk katastrof. I Sverige klagade man också allt högre över att kriget aldrig tog slut. Många, även riksrådet, ville att Sverige skulle sänka sina krav och dra sig ur så fort som möjligt.

Skördarna hade slagit fel. Gabriel Oxenstierna skriver till

Kardinal Richelieu (1585–1642) hette egentligen Armand Jean du Plessis, hertig av Richelieu och var den som i praktiken styrde Frankrike. Från hans tid inleds det nära samarbetet med Sverige som skulle pågå till slutet av 1700-talet.

sin bror: ”En stor plåga är här i landet som är dyr tid och hunger. Norrlanden, fruktar jag och en del av Finland bliver i detta året mest öde, eftersom mycket folk är ihjälsvultet i förledne höstas. Vintersäden här i landet är mestadels borta och måste sås med kornsäd upp igen. Dock äro de många, som intet äga något korn. Gud avvände den plågan!”

Ännu värre blev det på sommaren: ”Nu haver Gud plågat landet med ohörlige maskar, som äta upp gräset på ängarna och fälla säden, såsom om där aldrig något varit; och synes landet en stor olycka att förestå, så framt Gud det nådeligen icke förändrar.” På hösten är det så illa att inte ens riksstallmästaren kunde få ihop tillräckligt med foder till drottningens vagnshästar: ”Skamligt är det om en främmande man kommer och beser Hennes Maj:ts hästar i stallet. Kommer ock ett sändebud, då kan man med heder och reputation honom icke undfå."

Den enda stat som kunde komma till Sveriges hjälp var Frankrike. I Paris fanns sedan en tid tillbaka en svensk ambassadör, den holländske rättsfilosofen Hugo Grotius. Han förberedde ett nytt fördrag och han var med då Oxenstierna i slutet av april 1635 mötte kardinal Richelieu och kung Ludvig XIII i Compiègne utanför Paris. Det måste ha varit ett intressant möte mellan kardinalen och rikskanslern: bägge maktmänniskor, försiktigt iakttagande varandra, lyssnande till varje ord och skiftning i motparterns repliker.

Förhandlingarna tog flera dagar och fördes på latin. Richelieu fick inte den svenske rikskanslern exakt dit han ville. Efteråt beskrev han därför Oxenstiernas förhandlingssätt som "en smula götiskt och mycket finskt" syftande på rikskanslerns kanske något brutala rättframhet, parad med stor envishet. Oxenstierna var alltid misstänksam mot de verkliga franska motiven till ingripandet i kriget. Men fortfarande hade Frankrike nytta av att Sverige fortsatte kriget mot ärkefienden Habsburg, alltså fortsatte det franska stödet.

Den 28 april skrev herrarna under en traktat där Frankrike lovade gå in i kriget mot kejsaren och om det blev fredsförhandlingar skulle länderna förhandla gemensamt. Mera pengar skulle komma, men exakt hur mycket och när, skulle bestämmas senare.

Efter förhandlingarna åkte Oxenstierna in till Paris där han beså̊g stadens sevärdheter i fyra dagar och bland annat besökte den enda protestantiska kyrka som fanns i den franska huvudstaden, nämligen ambassadkapellet på den svenska ambassaden, där pastor Jonas Hambraeus med ensamrätt predikade Luthers lära. Någon katolsk kyrka var ännu inte tillåten i Stockholm.

Det var inget lysande resultat av mötet med Richelieu, men det gav Sverige möjligheter att fortsätta kriget till det slutmål man nu hade satt upp: ersättning för alla utlägg och insatser. Sverige ville ha fred, men freden måste ge landområden i kompensation, minst hela Pommern. I den situation Sverige befann sig hade man övergett alla ambitioner och anspråk på att kriget skulle ha högre ideella mål och syften.

För tyska folket blir detta skede i kriget värre än alla andra krigsåren tillsammans. Då kejsaren undan för undan sluter fred med de forna protestantiska fienderna och sålunda ökar sin egen styrka och ställning, rycker fler utländska makter in. Frankrike, som ännu en gång känner sig inringat, förklarar Spanien krig; de spanska trupperna i Nederländerna går genast till motattack.

Tyskland skakas därför nu av fyra krig samtidigt, konflikter som bara ibland sammanfaller. I botten ligger fortfarande kampen mellan protestanter och katoliker. I den finns också striden mellan kejsaren och hans anspråk på att skapa en stark centralstyrd kejsarmakt i motsats till tyska städer och furstendömen som vill ha ökad självständighet. Inom bägge dessa konflikter fortsätter inbördeskriget, ett slags klasskamp mellan höga och låga, och till allt detta kommer nu det internationella kriget. Innan allting är slut har inte bara Sverige och Danmark deltagit i kriget utan också trupper som slogs för Frankrike, Spanien, Nederländerna, Ryssland, England, Savojen, Transsylvanien, Kyrkostaten och Polen. Detta var den hittills största väpnade konflikten i Europas historia.

De nya offensiverna gick i början illa för Sverige. Oxenstierna, som en tid haft sitt kansli i Magdeburg, fann det säkrast att flytta upp till Wismar i Mecklenburg vid Östersjöns kust. Den svenska armén, cirka 20 000 man, låg då i närheten i Pommern under ledning av Oxenstiernas svåger, Johan Banér, resten av den svenska armén var delad i två hälfter, ledda av Herman Wrangel och skotten Alexander Leslie.

Banér lyckas under vintern 1635–36 med en serie finurliga manövrer hålla de förenade kejserliga och sachsiska förbanden stången men för Axel Oxenstierna är kriget slut sommaren 1636. Nu kan diplomater och politiker ingenting göra, nu är det militärerna som tar över. Våren 1636 reser rikskanslern därför hem till Sverige.

Oxenstierna reser hem

Kvar som svenskt ombud och samordnare av svenska intressen fanns diplomaten Johan Adler Salvius, 36, stationerad i Hamburg. Han kom från en ångermanländsk bondesläkt och hade genom duglighet och intelligens arbetat sig upp till de högsta ämbetena. Efter grundliga studier i medicin i Frankrike, i juridik och teologi vid flera tyska universitet, användes han redan som mycket ung för svåra diplomatiska uppdrag. Han var med som fältskrivare ombord på Gustav Adolfs skepp till tyska kriget och följde sedan kungen och Oxenstierna under alla krigsåren.

Då Oxenstierna anlände till Stockholm var det första gången på tio år han såg sin hustru Anna Bååt igen. Hon födde honom elva eller tolv barn men bara fem blev vuxna: sönerna Gustav, Johan och Erik samt döttrarna Karin och Kristina, gift med fältherren Gustaf Horn.

Oxenstierna tog omedelbart ett fast tag om statsrodret

Johan Adler Salvius (1590–1652) kom från enkla förhållanden men avancerade under Gustav II Adolfs krig till diplomat, adlades och blev riksråd. Han var en av de svenska delegaterna under fredsförhandlingarna i Westfalen. Kopia efter A. V. Hulle, Gripsholm.

och styrde riket många år framåt. Oppositionella riksråd drevs undan. Riksamiralen Gyllenhielm höll sig hemma. Pfalzgreven Johan Kasimir satt och tjurade på sitt Stegeborg och Per Brahe sändes över till Finland, där han fick bli generalguvernör.

Förmyndarregeringen fortsätter, fördjupar och utvecklar allt det som började skapas i Sverige inom handel och industri under Gustav Adolfs tid och som skildrats i kapitel 8 i den här boken. För att underlätta handeln behövdes ett helt nytt kommunikationssystem.

Gästgiverier

Det är därför vägnätet byggs ut ordentligt. Att resa i Sverige på 1600-talet var ofta en dramatisk upplevelse, som många utlänningar har berättat om. Var och en som reste i landet och hade kunglig fullmakt kunde kräva att bönder och borgare skulle ställa hästar, slädar eller vagnar gratis till förfogande; denna friskjuts gällde ända fram till 1642 års riksdag.

Den franska ambassaden som kom resande 1634 landsteg i Sveriges då sydligaste hamnstad Kalmar. Där fick de hästar som var små, oskodda och inte ens sadlade. Detta var en stor och prestigefylld ambassad med många deltagare och stort bagage. De behövde mer än hundra hästar. Man kunde sällan resa mer än fem mil om dagen. Så bytte man till nya hästar. Längs hela vägen sprang bondpojkar och bondflickor vid sidan om resenärerna och vaktade familjens dragare som kanske hade bråttom tillbaka till plogen igen.

Till böndernas stora lättnad avskaffades friskjutsen och det byggdes gästgiverier på minst två mils avstånd från varandra. Vid varje krog skulle det enligt lag finnas en skylt som sa hur långt det var till nästa rastplats.

De franska diplomaterna klagade inte särskilt mycket på maten. De lät sända bud i förväg till nästa dags gästgiveri för att allt skulle bli bra. Då hade krogen skaffat fram spanskt, franskt och rhenskt vin. Öl fanns i alla städer längs vägen.

En annan fransman, författaren Jean-François Regnard, som gjorde en resa långt upp i Norrland, berättar om de öde skogsvägarna: ”Om det än överallt är ledsamt att irra omkring i ödemarker, är det utan tvivel tristast i Sverige med dess ändlösa skogar och branta djup.”

Bekvämast var att åka på vintern i släde; vägen var slät och jämn och farten var hög. Kunde man åka båt var det också bättre än de knöliga och ofta nerkörda vägarna där det under alla omständigheter var bekvämare att rida än sitta på en guppande vagn. Nu tar man upp biskop Brasks gamla idé från Gustav Vasas dagar att bygga ett system av kanaler genom Sverige så att man kunde förena Östersjön med Västerhavet och slippa de danska tullarna i Öresund. Hela Sydsverige är ju fortfarande danskt. De allestädes närvarande holländarna kommer också igång med den första kanalen, Hjälmare kanal.

Tjugo år efter den franska ambassadens färd genom Sverige kommer en annan lika imponerande samling engelska diplomater, ledda av ambassadören Bulstrode Whitelocke, resande från Göteborg. Nu har vägarna förbättrats och resenärerna fått det lite bättre. Engelsmännen behöver inte rida, de åker i fyrhjuliga vagnar dragna i bästa fall av en häst. Annars var oxar vanliga, ja till och med kor användes på många ställen för att dra den brittiska ambassaden till kungliga huvudstaden.

Körsvennerna var oftast kvinnor, berättar engelsmännen. Själv satt ambassadören bekvämt i sin egen engelska resvagn som rymde åtta personer och drogs av sex medhavda engelska hästar, ungefär som utländska statsöverhuvuden i dag tar med sig sina egna bilar på statsbesök.

Nu, på 1650-talet, var de svenska skjutshästarna visserligen sadlade och betslade, men till engelsmännens stora förundran var sadlarna av trä, tyglarna av hampa och stigbyglarna av vidjor.

Den brittiske ambassadören klagar mycket på de svenska gästgiveriernas standard. Han hade visserligen en egen säng med sig, men hans personal fick sova direkt på golv täckta av halm. Maten var usel, ölet odrickbart och det som låg i grytorna var mest självdöda kor, misstänkte han. Däremot var det varmt och ombonat inomhus. Andra resenärer berättar att man ofast fick gåskött eller saltat och rökt fläsk. Drickat kom i stora träståntkor som hade bestrukits med harts inuti för att inte läcka. Hartsen gav alla drycker en smak av rök.

Alla resenärer som ville få plats i diligenserna eller hyra hästar, åka båt eller långt senare tåg, måste ha respass utskrivet av landshövdingen. Utan pass ingen plats. Passtvånget för resor inom Sverige fanns kvar ända till 1860. Resande utan pass betraktades som landsstrykare och kunde gripas av polisen, i värsta fall sändas som arbetare till gruvan i Falun.

Kungliga posten

Oxenstierna, vars hela verksamhet byggde på att posten fungerade, inrättade 1636 det kungliga svenska postverket. Under krigsåren på kontinenten hade svenskarna använt sig av det tyska och kejserliga postsystemet i Europa men nu, då korrespondensen blivit så omfattande och breven så viktiga för svenska kronan, måste man ha ett eget svenskt postverk. Därför är från och med 1650-talet Sverige och Finland, från Torneå och Kajana i norr, förenade med alla de stora städerna på kontinenten.

På varannan eller var tredje mil längs det nya vägsystemet

skulle det finnas en edsvuren bonde som fick vara postiljon, "helst den som läsa och skriva kan", som det står i poststadgan. Dessutom måste han ha två drängar till sin hjälp. Så snart han hör den ankommande postiljonen tuta i sitt horn måste han, enligt stadgan, strax göra sig i ordning för att i det ögonblick då postväskan kommer in på gården vara beredd att ta den och så snabbt som möjligt "natt och dag, oaktandes vad väder som kan vara, vidare fort löpa".

Fort måste det gå för om postiljonen tog mer än två timmar för en mil, blev han inte bara avsatt utan dessutom skulle han "med åtta dagars fängelse vid vatten och bröd straffat bliva". Annat var det förr, kanske nu en och annan modern och missnöjd postkund mumlar.

Postdrängen skulle ha postverkets märke och vapen på bröstet: ett posthorn samt ett spjut mot eventuella rövare och vilda djur. Snart infördes ridande postbud och så småningom postdiligenser.

I varje stad skulle det finnas en särskild edsvuren och betrodd postmästare som vidarebefordrade breven dit de skulle.

Den allra förste svenske postmästaren anställd av kronan var en tysk som hette Anders Wechel och bodde i Leipzig. Så småningom blev han chef för posten i Stockholm men det var i Leipzig det svenska postverket hade sitt första kontor. Där samlades posten från stora delar av de svenska tjänstemännen och trupperna i Tyskland för att föras vidare upp till Sverige eller till andra städer i Europa. Det fanns redan etablerade linjer från Leipzig till exempelvis Amsterdam och Paris i väster och till Venedig i söder.

Ett brev mellan Stockholm och Göteborg tog sju till tio dagar, till Torneå kunde det ta tjugofyra, till Åbo allt mellan fyra och tjugotre dagar, beroende på årstid, väder och vind.

Ordinarie Post-Tijdender.
ANNO 1645.

Ifrån Stockholm.

Rijkzdaghen är omsijder för twå Dagar sedan sluten worden / hwilket skedde med större Frögd än thet på månge Åhr tilförenne skedt är. Ty effter som Rijkzens Stånder hafwa igenom åtskillige theras Besluut vtlofwat / at anamma thenna theras Arffröken för theras regerande Drottning / är thet samma på bem:te Dagh / fullkomnat / the som Rijkzens Ämbetzmän / som Rijket ifrån Konung GUSTAVI dödh / i tolff Åhrs tijdh / berömmligen förestått hafwa / öfwerantwardade H. K. May:tt Regementet i händer. Hwar öfwer man märckte en synnerligh Hugnad hoos alle man / och hördes Lyckönskningar och vivat CHRISTINA, i alle rum.

Ifrån Rom.

Det war intet wäl Tidenderne kommen hijt i Staden / at then vnge Drottningen i Swerige hade begynt sijn Regering / förr än man förnam huru kärkomne the wore så wäl hoos hans Heeligheet som en stoor Deel aff

)(Car-

Sveriges första nyhetstidning hette Ordinarie Post Tijdender och började utkomma 1645, redigerad av postverket. Tidningen finns fortfarande kvar, nu ägd av Svenska Akademien och utgiven under namnet Post- och Inrikes Tidningar.

Ett brev mellan Ystad och Stockholm fick aldrig ta mer än fem dagar.

I krigstider var det viktigt att regeringen hade kontrollen över nyhets- och ryktesspridningen. Landet får därför nu sin första tidning, Ordinarie Post Tijdender, som började utkomma 1645. Tidningen finns fortfarande kvar under namnet Post- och Inrikes Tidningar; den ges ut av Svenska Akademien och innehåller i dag bara notiser om nya lagar och utnämningar, statliga tjänster etc.

Tidningen skrevs och redigerades av postmästaren i Stockholm och blev regeringens viktigaste propagandaverktyg. Han publicerade de krigsnyheter regeringen gav honom och som man trodde skulle stärka krigsmoralen hemma. Dessutom lät postmästaren trycka andra, roligare historier, som han fick från sina kolleger på poststationerna i Sverige och utlandet.

Därför kunde svenska folket redan nu läsa om intressanta brott och märkvärdigheter som påstås ha hänt på fjärran ort. Den 21 maj 1657 började till exempel en artikel så här: ”En förskräcklig händelse, som sig med en kvinna vid namn Ida Glansen den 3 maj 1657 skall hava sig tilldragit.” Därefter följer en för samtiden hårresande berättelse om en kvinna som på hemväg från bagaren skulle gå över en bäck. För att inte bli våt hade hon lagt ut det färska brödet som stenar att gå på. Som straff för att hon på detta sätt missbrukat det värdefulla brödet hade hon ”igenom Guds rättvisa dom in till midjan nedersunken och framgent obeveklig ståndande bliven. Där står hon ännu till denna dag, dock död men ovissnad”, intygar tidningen, som berättar att tusentals människor kommit för att se på henne.

Det är nu vi får Sveriges första annonser; så här kunde det se ut: ”...att såsom fältmedicus doktor Johan Fredrik

Gruwius är genom döden avgången och efter honom finnes en stor kvantitet av hans stålpulver, feber- och tandpulver samt åtskillige andre medicamenter", kunde de som ville köpa restlagret hos änkan "som bor i framlidne rådman Carlings hus strax vid Norremalms torg".

Tidningen hade alltid också lokala nyheter som till exempel den 9 juni 1686: "Stockholm. I förleden söndag efter aftonsången döptes två unge turkar uti Tyske kyrkan, och kallades den ene Alexander Gottlieb och den andre Dorothea Sophia. Hennes Maj:t Drottningen var med i kyrkan.

Ett gruveligt mord är för 8 dagar sedan här förelupit, i det en moder sitt eget barn, nästan 3 år gammalt, obarmherteligen om livet bragt, havandes icke allenast givit det två styng i halsen, utan själva huvudet avhuggit. Hon är fast tagen och lärer få sin förtjänte lön.

I förrgårs drunknade här i Norreströmmen en karl uti månge människors åsyn, som honom dock icke till hjälps komma kunde."

Kring mitten av 1650-talet kunde man alltså resa någorlunda bekvämt i hela riket. Landet hade då sjuttiofem städer som rikskanslern hade graderat i rangordning, vilket bland annat var viktigt för placeringen av borgmästarna i riksdagen. De tjugo viktigaste städerna på listan var: Stockholm, Uppsala, Norrköping, Göteborg, Kalmar, Åbo, Viborg, Nyköping, Västervik, Gävle, Visby, Falun, Halmstad, Västerås, Arboga, Örebro, Jönköping, Köping, Helsingfors och Hudiksvall.

Finland i Grevens tid

Per Brahe och Axel Oxenstierna var två alltför stora egon för att trivas i samma stad. Greven var bara trettiofem år då Oxenstierna återvände till Stockholm. För att bli av med denne ambitiöse maktsugne unge man lät Oxenstierna skicka Brahe som generalguvernör till Finland.

Per Brahe hade fått en aristokratisk utbildning med studier i bland annat Tyskland, Frankrike, England och Italien och han hade skaffat sig militära meriter i Gustav Adolfs närhet. Hans familj stod främst på rangskalan för den finaste högadeln eftersom Brahe var den grevliga ätten nummer 1, släkt med familjen Vasa och med flera furstehus i Tyskland, en förmögen familj med rikets största jordinnehav.

Bördsstolt och med en synnerligen hög uppfattning om sin egen kompetens var Per Brahe förmodligen oförmögen att samarbeta med någon under sitt grevliga stånd, dit ju Oxenstierna ännu hörde.

Hans tid i Finland blev lyckad, både för honom själv och för Finland. Egentligen skulle han inte vara där – inte som generalguvernör i alla fall – för generalguvernörer sändes bara till ockuperade och nyerövrade områden. Finland var ju en sedan medeltiden inlemmad del av riket. Men hans utnämning var en officiell bekräftelse på att den östra rikshalvan försummats så länge att extraordinära maktbefogenheter behövdes. Det visade sig att fogdarna, beskrivna som ”elaka, försumliga och odugliga”, vanskötte sina ämbeten med ”fylleri och försummelser, icke så mycket med stjälande”. Prästerna hade, förmodligen mot ersättning, ”glömt” flera hundra namn i mantalslängderna, de böcker som användes vid knektutskrivning. Det var slarv, försnillningar och maktmissbruk på många håll. Kommunikationer, undervisning och kultur stod på medeltida nivå.

I Finland minns man fortfarande Per Brahes tid som en period av uppryckning och modernisering; det var då Finland kom ifatt resten av riket. Greve Brahe kom sent, men han kom i tid för att rädda landet. I grevens tid, alltså. Begreppet används fortfarande flitigt i Finland, bland annat i kommersiella sammanhang, där greven av dunkel anledning numera oftast förekommer i gastronomisk reklam.

Från sitt residens i Åbo for han på rejäla inspektionsresor runt i hela Finland; hans personliga iakttagelser är fortfarande rolig läsning. Han tyckte att landet var rikt på resurser och om man bara utnyttjade dem rätt så kunde Finland liknas "vid ett icke utav de mindre konungadömena i Europa". Han skriver entusiastiskt att vida områden i norra Finland var så förträffliga att de "under varmare horisont belägne" vore ett ypperligt land. Han tyckte att det österbottniska kustlandet på många sätt överträffade Preussen och Holland, som han ju själv studerat på nära håll. Han menade att sträckan från Torneå intill Åbo "är ett härligt och skönt land".

Dessvärre skulle det inte bli lätt att rycka upp Finland så snabbt. Han hade funnit "mycket oreda i alla saker" och han kunde konstatera att finländarna själva inte precis var ett febrilt aktivt folk arbetande för sitt och landets välstånd. Tvärtom faktiskt. Många representanter för överheten var rent olämpliga, som inom prästerskapet, där vissa själasörjare visade sin hjord "genom deras oskicklighet vägen till laster och alla odygder".

Landshövdingarna får i allmänhet godkänt, men den gamle Arvid Horn, som var hövding över Nylands och Tavastehus län, ansågs för "from" med tanke på de halvvilda skogsborna i norra Tavastland, det ”styvaste folket”, som Brahe skriver.

Bara vid kusten var människorna lite mer flitiga och företagsamma. Sämst var det inåt landet där invånarna föredrog ”lättja och fåfänglighet”, rapporterade generalguvernören. Lösningen på problemet var, enligt Per Brahe, utbildning, goda föredömen, kompetenta ledare och pålitliga statstjänstemän som kunde tala finska.

Därför såg han till att Finland fick ett eget universitet i Åbo, Sveriges andra efter Uppsala, invigt år 1640 och bättre skolor i de största städerna. Han uppmanade den unga svenska adeln att lära sig finska ”vilket tungomål emot skäl föraktas och vore nyttigare än fransyska och italienska, i anseende till att storfurstendömet Finland är den förnämsta och drygaste delen av Ers Kungl Majt:s och Sveriges krona”.

Akademien var Brahes stora skötebarn. Syftet var främst att utbilda inhemska präster, tjänstemän, läkare och domare. En akademi hade också andra positiva effekter, menade Per Brahe, ”ty hon föder först ett gudeligt leverne av sig... och uppeggar mången till bokliga konster och annat ärligt leverne”.

Universitetet fick elva professurer. Av de tio tillsatta de första åren var bara två infödda finländare, resten kom från Sverige. Förste rektor blev värmlänningen Eskil Petraeus, bibelöversättare och senare biskop i Åbo. Eftersom det var ont om kontanter fick professorerna ut sin lön in natura i olika varor som bönderna betalat i skatt.

Det första året kom fyrtiofyra studenter, två år senare var de över trehundra; hälften av dem kom från Sverige. Akademien fick även Finlands första tryckeri och snart också landets största bibliotek då hjälten från trettioåriga kriget, finländaren Torsten Stålhandskes änka Kristina Horn, överlämnade sin makes krigsbyte: över 890 band, som generalen personligen rövat från biskopen i Aarhus under 1644 års fälttåg i Danmark, fältherrens sista.

För att få fart på näringarna behövdes vägar och postnät även i Finland. En herre som hette Steen von Steenhusen organiserade den finska posten så att alla Finlands städer nu förenades med det kontinentala postnätet vars känsligaste och farligaste länk var leden över Åland, där 140 bönder var engagerade i postförseln.

Under krigstider i Danmark kom en del av den kontinentala posten till Stockholm via Stettin, Riga och Reval till Finland för att därifrån gå till huvudstaden. Vintertid gick rutten hela vägen runt Bottenviken. Vägarna mellan de viktigaste städerna var egentligen bara ridstigar. Många breddades nu för att kunna ta emot kärror på hjul och precis som i Sverige öppnades gästgiverier längs vägarna och i varje stad längs resrutten.

Brahe förbättrade de städer som fanns, bland annat flyttades Helsingfors från sin dåliga placering vid Vanda å till den plats där staden ligger nu, varför det egentligen är Per Brahe som ska kallas Helsingfors grundare, inte hans farfars morbror Gustav Vasa.

Det var Per Brahe som gav Tavastehus stadsrättigheter; han grundade staden Sordavala borta i Kexholms län och Nyslott, som ligger vid Olofsborgs fästning. En marknadsplats som hette Lappstrand blev stad (numera Villmanstrand) och han grundlade Vekkelaks (nu Fredrikshamn).

I två perioder var Brahe generalguvernör i Finland. Under den tiden fick han själv mycket stora förläningar i landet: hela Brahelinna län i Stor-Savolaks, Kajana friherreskap m.m. I sina egna områden, som han skötte mycket väl, grundade han Kristinestad, Brahestad, Kajana och Brahea

Per Brahe (1602–80), greve, riksdrots, började sin karriär med gedigna studier i utlandet. Deltog i danska kriget. Förtjänstfull generalguvernör i två perioder i Finland där han bl a grundade Åbo akademi. Sveriges största jordägare. Målning av David Beck, Skokloster.

borta i Karelen. År 1641 lämnade Per Brahe Finland för att bli riksdrots över hela riket.

Per Brahes namn lever än i Finland. Förutom staden Brahestad i Uleåborgs län vid Bottenviken har greven en egen gata i många finska städer och står staty i Åbo, Brahestad och Kajana. På sockeln till statyn i Åbo, skulpterad av Finlands ”nationalskulptör” Walter Runeberg och avtäckt 1888 inför 20 000 människor, kan man ännu läsa: ”Jag var med landet och landet med mig väl tillfreds”, en visserligen självmedveten, men dock korrekt summering, för Per Brahes tid i Finland har i det stora hela fått godkänt även av de modernaste och mest kritiska historiker.

KAPITEL 15

Trettioåriga kriget går mot sitt slut
Sverige anfaller Danmark
Svenskarna plundrar Prag
Freden i Westfalen 1648
Sverige en stormakt

De sista åren av det tyska kriget är de minst ärofulla för Sveriges del. För varje år brutaliseras arméerna alltmer, lidandet ökar dramatiskt för den tyska befolkningen och den som försöker följa krigshandlingarna på kartan, trasslar snart in sig i ett virrvarr av marscher där härarna far plundrande och härjande fram och tillbaka för att vid enstaka tillfällen mötas i öppna drabbningar.

Johan Banér var rätt man för detta slags krig, en rå gåpåartyp, som sällan upprätthöll de strikta krigslagar som hade gällt från början. Hans folk fick gärna plundra och han deltog själv med liv och lust i krigarlivets alla delar, inklusive häftiga perioder av dryckenskap och skörlevnad. Detta gjorde honom populär bland soldaterna, men fruktad av alla andra. Han var bara fyra år då han bevittnade sin fars avrättning i Linköping och han fick uppleva hatfyllda och magra barndomsår eftersom Karl IX drog in släktens gods och gårdar. Den unge Gustav Adolf försonade sig med familjen Banér som fick tillbaka sina egendomar.

Johan och hans bröder togs till hovet. Han blev mycket tidigt militär och nära vän med kungen. Hans tapperhet vid Rigas erövring gjorde honom till överste vid tjugofem års

Johan Banér (1596–1641) var den hårdaste men också den skickligaste av stormaktstidens fältherrar. Hans duglighet i fält och vilda framfart i dryckeslagen mellan slagen gjorde honom populär bland soldaterna, men fruktad av civilbefolkningen. Gripsholm.

ålder. Han följde Gustav Adolf i alla krigen ända till slaget vid Nürnberg, där Banér sårades allvarligt.

Han var svår att samarbeta med, ville aldrig ha någon över sig eller brevid sig. Han var känslig och misstänksam och hans häftiga supperioder under lägertiderna gjorde honom stundtals omöjlig att få kontakt med. Det hände att diplomater fick vänta några dagar utanför hans tält, innan fältherren var mogen att möta världen igen. Däremot hände det aldrig att fyllan hindrade hans verksamhet i strid. Tvärtom, många menade att han var bäst i fält då han var berusad, i motsats till exempelvis den kejserlige befälhavaren Gallas, som hade samma problem men som var, om möjligt, ännu mer oduglig då han var berusad.

Han var en djärv och obändig människa som med sin stora livsaptit och handlingskraft var, på gott och ont, en typisk representant för svensk stormaktstid.

Från 1636 tog Banér initiativet. Lennart Torstenson var då tillbaka i Tyskland och i början hade svenskarna en del framgångar, men så drevs de tillbaka och tvingades överge hela Mecklenburg. Sveriges prestige var ännu en gång skakad. Då inträffade slaget vid Wittstock där Banér med en mycket mindre armé än fiendens lyckades vinna en lysande seger som setts som revansch för Nördlingen. Nu var jämvikten mellan de stridande lägren ännu en gång återställd.

I januari 1637 blev det kritiskt igen för de svenske. Banér med 14 000 man hade nått staden Torgau vid Elbe. Då anlände fienden med 45 000 man. Banér stod ut ända till juni månad, då han slog till reträtt, men på vägen tillbaka mot Pommern lyckades de kejserliga totalt skära av och inringa hans armé. Situationen verkade desperat. Då lät Banér sprida ut rykten om att han skulle fortsätta österut, mot Polen. Fienden försvann då österut för att skära av

Banérs marschväg ditåt, varpå Banér omedelbart kommenderade ilmarsch västerut och efter några dagar var hela armén i trygghet bakom Oder. ”De hade mig i säcken, men de glömde att knyta till den”, ska den belåtne fältherren ha sagt.

Nu hade svenskarna bara Pommern kvar – och knappt det – för fienden följde efter Banér, plundrande och brännande det som ännu fanns kvar att förstöra. Under de svårast tänkbara förhållanden lyckades Banér utan förstärkningar hemifrån omorganisera sin armé och hålla fienden sysselsatt. Efter några månader av marscherande och uppehållande verksamhet, tvingades den kejserliga armén att lämna området; den kunde inte försörja sig längre.

Det ljusnade igen för de svenska trupperna. Sommaren 1638 anlände stora förstärkningar hemifrån och Banér blev ensam befälhavare över dem alla och dessutom generalguvernör över Pommern. Ännu bättre blev det efter ett nytt fördrag med Frankrike som gav pengar och franska trupper. I sin huvudarmé hade Banér femtiotre regementen av vilka svenskarna och finnarna var i klar minoritet, men utgjorde kärntruppen och elitförbanden. Där fanns många veteraner från hela det långa kriget som till exempel Lennart Torstenson, Axel Lillie och finländaren Torsten Stålhandske med hakkapeliter från Nyland.

Nu kunde Banér i december 1638 bryta in i Sachsen som härjades svårt, och efter segern vid Chemnitz var vägen öppen mot Böhmen där han brandskattade städer och plundrade i över ett år. Samtida skildringar från krigets Tyskland är hårresande läsning med en ofattbar grymhet från arméernas sida samtidigt som pesten och andra sjukdomar drabbade den hårt prövade befolkningen. Milsvida sträckor av vad som en gång var Tysklands bördigaste delar låg som ödemark, där de få överlevande bönderna gömde sig i källarna under sina nedbrända hus. Vargar och förvildade hundar strök över ruinerna av nedbrända byar och städer. Det gick rykten om uthungrade människor som rivit upp gravar för att äta lik och om hela band av kannibaler i Bayerns skogar. Härarnas egna hästar stöp av svält och ibland fick soldaterna själva dra kanonerna.

1640 anlände en fransk styrka till det svenska lägret. Gemensamt skulle de genomföra en djärv plan: De tänkte överrumpla den tyska riksdagen som satt samlad med kejsaren och alla furstar, biskopar och andra potentater i Regensburg. Kuppen misslyckades bland annat därför att isen på Donau inte höll i det avgörande ögonblicket.

Vid den här tiden var Banér allt svårare att ha att göra med. Han kunde inte längre samarbeta med någon, han blev plötsligt sjuk och hostade blod. Samarbetet med fransmännen bröts, hans egen här omringades av de kejserliga och slutet verkade nära. Fältherren låg medvetslös i sin stora förgyllda kaross som hastigt fördes norrut av Banérs andreman, den enarmade finländske generalen Erik Slang. Det blev en hård marsch där Johan Banérs enda utsikt genom fönstret var brända byar och rykande ödegårdar, förstörda av hans frustrerade soldatesk som inte hittat något byte.

I närheten av Lützen stannade Banér och inte mindre än fem av Tysklands förnämsta kirurger kallades till fältherrens säng. Läkarna satte in en behandling som för moderna människor verkar direkt livshotande. Man började med några rejäla omgångar lavemang följt av en rad märkliga mediciner, bland annat bezoar, vars förnämsta beståndsdel är ett stenliknande konglomerat som bara finns i magsäcken på en viss getart i Mindre Asien. Dessutom hällde man i honom upplösta pärlor, bröstsaft m.m.

Lennart Torstenson (1603–51) kom som barn i tjänst hos Gustav Adolf, som 27-åring var han chef för artilleriet. Övertog krigsledningen efter Johan Banér men det slitsamma fältlivet hade gett honom svår reumatism. Han tvingades dra sig tillbaka 1645.

Till allas stora häpnad, inte minst hans egen, tillfrisknade fältherren efter tre veckor och kunde då, bara lätt hostande, ta några steg i rummet. Han kastade sig omedelbart in i nya krigsplaner, men eftersom han varken kunde marschera, rida eller åka i vanlig vagn, sattes han i en så kallad ryssbår, uppspänd mellan två mulåsnor. Över båren restes ett tak av grov lärft. Sålunda avreste han mot nya djärva drabbningar, men kom inte längre än till staden Halberstadt, där han plötsligt fick svår feber och avled i maj 1641, fyrtiofyra år gammal.

Ännu en gång stod Sverige utan överbefälhavare i Tyskland. Lennart Torstenson, nu trettioåtta år, hade strax innan rest hem igen, evigt plågad av gikt och reumatism som inte bara drabbade bägge händer och fötter utan dessutom gått upp i armarna. Men han övertalades av Oxenstierna att ställa upp. Han fick en frikostig lön på sammanlagt 44 500 riksdaler per år och skulle samtidigt vara fältmarskalk och generalguvernör i Pommern samt riksråd.

På hösten 1641 anlände han till Pommern med förstärkningar och nya pengar. Han tog omedelbart itu med problemen, avrättade officerare som opponerat sig, rustade upp armén och återställde på kort tid andan till vad den varit under Banérs mest kämpaglada dagar. Torstenson kom från en gammal frälsesläkt från Forstena i Västergötland; hans föräldrar hade, som goda katoliker precis som Johan Banérs föräldrar, också stött Sigismund och därför flytt till Polen, men lämnat sonen kvar hos släktingar i Västergötland.

Han uppfostrades till krigare, fick studera krigskonst i Nederländerna och var som tonåring med som Gustav Adolfs harneskbärare i Riga. Vid tjugosex var han artilleriöverste och den som omskapade hela det svenska artilleriet. General vid tjugonio. Tillfångatagen vid Nürnberg och slängd i fängelset i Ingolstadt där hans hälsa bröts ner och hans forna livsglädje försvann. Han var Banérs motsats i allt, lugn, harmonisk, avvägd och kylig. Hans stränghet gjorde honom inte till soldaternas man, för han höll hårt på krigslagarna och bestraffade övergrepp strängt. Han var heller inte någon glad dryckesbroder eller hetsporre, snarare en varm kristen som drog sig undan med sin bibel och bara talade då det var nödvändigt. Han har kallats karolinen bland Gustav Adolfs generaler.

Våren 1642 var han redo att slå till mot fienden. I ilmarsch tågade han mot Schlesien. Fästningen Glogau föll, det kejserliga kavalleriet krossades vid Schweidnitz, varpå svenskarna fortsatte in i Mähren och den rika huvudstaden Olmütz som kapitulerade och plundrades, enligt krigets lagar skoningslöst. I Olmütz låg en berömd jesuitskola med elever från hela Europa och där fanns ett av kontinentens finaste bibliotek. Över hundratjugo vinfat fyllda med sällsynta volymer och medeltida handskrifter skickades hem till Sverige, över tio tusen nötkreatur sändes norrut; hela Mähren plundrades, fästning efter fästning föll. Till slut tvingades han ändå tillbaka till Sachsen igen. Han återvände med en karavan av över tvåhundra tungt lastade vagnar med krigsbyte.

I Sachsen fick svenskarna förstärkningar varför Torstenson var redo att möta fienden i ett fältslag, det andra slaget vid Breitenfeld 23 oktober 1642. Det blev en kort och oerhört blodig batalj som slutade med fullständig svensk seger. Fienden förlorade mer än en tredjedel av sitt folk. Många höga officerare stupade på den svenska sidan, bland dem Banérs vapenbroder, den enarmade finländaren Erik Slang, som träffades av sin sjätte och sista kula. Torstenson var själv nära att stryka med. Hans häst skadades av en kanonkula i ryggen, sadeln och en del av hans livpäls slets sönder och två soldater i närheten dödades. Kort efter Breitenfeld föll Leipzig i svenskarnas händer, men de lyckades inte ta Freiberg.

Då var vintern inne och Torstensons reumatism förvärrades, vilket försämrade hans humör och han ville ännu en gång resa hem. Oxenstierna vägrade honom avsked.

Krig mot Danmark

Kom våren 1643 och nya fälttåg. Ännu en gång bröt svenskarna in i de redan så hårt prövade Böhmen och Mähren. Nya städer föll och nya plundringar följde. Till slut fanns det ingenting att ta och ingenting att leva av heller. Mähren beskrivs som en öde öken. Tanken var förmodligen att Torstenson skulle fortsätta ända fram till Wien. Men en dag i september 1643, då han vilar ut på slottet Eulenburg i Mähren, kommer en kurir med hemliga order till fältmarskalken från riksrådet i Stockholm. Kuriren hette Törnsköld och hans budskap var så hemligt att det måste framföras muntligt och i sifferchiffer, serier av för alla andra totalt obegripliga nummer. Budskapet dechiffrerades. Det var alldeles kristallklart: Gå omedelbart norrut. Anfall Danmark! Regeringen hade fattat beslutet redan i maj, men kuriren hittade inte Torstenson förrän fyra månader senare.

Sverige behärskade vid den här tiden hela Östersjön, men det var Danmark som kontrollerade in- och utfarten genom Öresund, eftersom de numera sydsvenska landskapen då fortfarande var danska. Danskarna tog tull av den svenska Östersjöhandeln och denna plåga blev inte lättare att bära sedan en före detta svensk tullman, som rymt till Danmark, misstänkt för grov förskingring, utnämnts till "generalvisitör" och ansvarig för visitationen av de svenska fartygen. Irritationen nådde sin höjdpunkt.

Kung Kristian försökte på alla sätt sätta käppar i hjulen

för all svensk verksamhet i Tyskland.

Ännu en gång kom striden att gälla frågan om vem som skulle vara den ledande nationen i Norden: Danmark eller Sverige. Inför kommande fredsförhandlingar i Tyskland måste Sverige manövrera sig till ett så bra läge som möjligt. Då kan man inte låta danskarna sätta lås på Öresund, i så fall kommer den striden senare. Bättre att ta dem nu, då de ingenting anar. Kriget var alltså ett rent anfallskrig med syfte att erövra de sydsvenska landskapen.

Bland krigsorsakerna satte Sverige också upp änkedrottningen Maria Eleonoras danskarrangerade flykt till Danmark och det faktum att danskarna ”stulit” Sveriges koloni i Västafrika, Cabo Corso (se kapitel 9).

Svenskarna skulle anfalla Danmark från två håll: En styrka skulle falla in i Skåne för att ockupera hela nuvarande Sydsverige samtidigt som Torstenson skulle ta Jylland.

Planen fungerade delvis. Utan att ens berätta för sina officerare vart de var på väg förrän de var nästan framme, lyckades Torstenson ta sig upp till danska gränsen och in i Holstein. Anfallet kom i december 1643, utan att Kristian IV anade vad som komma skulle. Jylland ockuperades ganska lätt, men eftersom hela den danska armén räddat sig intakt till de danska öarna och den danska flottan kontrollerade farvattnen, var kriget ändå inte avgjort. Vintern kom och Torstenson slog läger på det danska fastlandet. I februari 1644 föll över elvatusen man svenska trupper in i Skåne, Danmarks rikaste och bördigaste landskap, anförda av generalen Gustaf Horn, som nu släppts från sin långa fångenskap. Den här delen av kriget har kallats Horns krig och gick bra. Helsingborg och Lund föll i svenskarnas händer, snart också Landskrona. Lunds domkyrkobibliotek plundrades liksom biskopen Peder Winstrups förnäma privata boksamling. Men eftersom biskopen hade flytt från Lund ansåg sig svenskarna ha rätt att ta böckerna "som mange penge kaast hafuer", som biskopen skrev i upprörda brev till fältmarskalken Horn. Kvar i danskarnas händer fanns bara Malmö och Kristianstad.

En tredje svensk armé under Fredrik Stenbock gick in i Halland; Laholm föll. Nu funderade riksrådet på allvar att en gång för alla utplåna kungariket Danmark. De danska öarna skulle anfallas från flera håll samtidigt. Skräcken spred sig över hela Danmark och många rika flydde från landet.

Men Kristian IV var inte så lätt besegrad. Han hade dragit sig tillbaka till Fyn, där hade han sin stora flotta, över sextio fartyg. Han seglade, som danskarna gjort så många gånger förr, mot Göteborg, som hotades. Då fick Kristian höra att en holländsk flotta var på väg, den flotta som Louis De Geer hade skaffat i Amsterdam. Kristian gick ner för att möta den.

Den svenska huvudflottan, trettiofem fartyg, under finländaren Clas Fleming, fanns då redan i närheten av Köpenhamn. De danska och svenska fartygen möttes den 1 juli vid Kolberger heide, nära Femern. Det var i den drabbningen som "Kong Christian stod ved höjen Mast", som man fortfarande sjunger i den danska kungssången. Slaget blev oavgjort, men kungen skadades så allvarligt att han blev blind på ena ögat. Hans genomskjutna mössa och blodiga näsduk finns ännu till beskådande på Rosenborgs slott i Köpenhamn.

Kort därefter blev hela den svenska flottan instängd i Kielbukten av danske amiralen Peder Galt, samme man som några år tidigare varit Danmarks förste diplomat i Stockholm. Söderifrån närmade sig den kejserlige generalen Gallas med en stor här; Torstensons armé höll på att stängas inne. Svenskarnas läge var mycket allvarligt och situationen blev inte bättre av att amiralen Clas Fleming dödades av ett danskt slumpskott.

Den ännu bara trettio år gamle generalen Carl Gustaf Wrangel tog då befälet. Genom en smart samordnad stöt lyckades han och Torstenson rädda både den svenska flottan och armén. Lennart Torstenson gick till anfall mot de danska landbatterierna, vilket gav Wrangel andrum att natten mellan 1 och 2 december med hjälp av gynnsamma vindar hinna undan och försvinna innan danskarna hann se vart svenskarna tog vägen. Peder Galt blev avrättad för att hans flotta inte hade ingripit.

De holländska fartygen lyckades ta sig genom Öresund och upp till Kalmar där de möttes med stort jubel. Deras anförare Mårten Thijssen behängdes med guldkedja; han fick ett årligt underhåll på femhundra riksdaler samt upphöjdes till svensk adelsman under namnet Anckarhielm. Tillsammans med den svenska flottan gick holländarna nu ner mot dansken igen. I Danmark trodde man kriget var slut för säsongen, flottan var splittrad och oförberedd. De möttes i sundet mellan Femern och Lolland. Alla danska fartyg utom två sänktes.

Samtidigt som striderna pågick i söder ingrep den danske ståthållaren i Norge, Hannibal Sehested, i kriget. Han gick över gränsen till Sverige på flera ställen, varför strider kom att utkämpas hela vägen från det danska Jämtland ner till Västergötland. Danskar brände på den svenska sidan. Svenskarna svarade genom att bränna ner Uddevalla i norska Bohuslän, varpå norrmännen en gång för alla ödelade den medeltida staden Gamla Lödöse, som aldrig mera byggdes upp. Invånarna fick flytta till det nybyggda Göteborg, som hade ont om nybyggare.

Ett hundratal svenskar tog Jämtland. De dansk-norska

prästerna flydde över till Norge, befolkningen tvingades svära drottning Kristina trohetsed. Men snart var norrmännen tillbaka igen, varpå den stackars befolkningen fick svära ny trohetsed.

Under tiden som allt detta pågick fick de svenska trupperna i Skåne det allt svårare. Danskarna hade uppmuntrat och utbildat skånska friskaror, en gerillarörelse av så kallade snapphanar. De opererade i svenskarnas rygg, brände och förstörde. Horn svarade alltid med stor hårdhet och kollektiva bestraffningar som man talade om i Skåne ännu tvåhundra år senare.

Freden i Brömsebro

Den danska flottans undergång ledde till fredsförhandlingar. Frankrike och Nederländerna medlade och delegater kunde mötas i februari 1645 vid den lilla gränsån mellan Danmark och Sverige som flyter mellan Kalmar län och det då danska Blekinge. Mitt i ån finns en holme som heter Brömsebro. Där skulle man förhandla.

Axel Oxenstierna ledde den svenska delegationen med bland andra Johan Skytte. En annan av danske kungens svärsöner, Corfitz Ulfeldt, ledde den danska gruppen som kom med sextio tjänare, minst lika många hästar och en tross som släpade på över hundra vagnar. Närvarande var även franska och nederländska sändebud.

Oxenstierna installerade sig i den trånga prästgården där det dukades upp till enorma kalas. Av reseräkningarna framgår att svenskarna och deras gäster konsumerade inte mindre än fyrahundra tunnor spannmål, tjugofyra åmar rhenskt vin (3 744 l), tre pipor spanskt (1 413 l), åtta oxhuvud (1 888 l) blankt franskt vin och mängder med konfekt, allt nedskickat från förråden i Stockholms slott, som också fick sända Karl IX:s finaste festporslin med fyrkantiga tallrikar.

Det var den franske ambassadören de la Thuillerie som skötte förhandlingarna. På hans förslag skulle parterna inte mötas ansikte mot ansikte från början, detta för att förhindra att de omedelbart blev osams.

Svenskarna och danskarna reste ett tält på var sin sida om gränsån. Medlarna fanns på holmen. Då allt var klart gav fransmannen ett tecken. Trumpeter smattrade varpå den danske och den svenske förhandlaren samtidigt lämnade sina tält och med lika långa steg och lika långsamt skred fram mot mitten där fransmannen stod. De hälsade på varandra och drog sig tillbaka. Så började diskussionerna. De fördes länge skriftligt mellan lägren, buden framförda av fransmannen.

Efter fem månader hade man kommit så långt att man kunde mötas utan medlare. Den 13 augusti 1645 var allt klart och undertecknat. Fördraget överlämnades med mycket protokollärt hokuspokus.

Sverige fick Jämtland, Härjedalen, Gotland och Ösel samt Halland på trettio år. Svenska örlogsfartyg skulle få passera Öresund. Svenska fartyg också från de baltiska provinserna skulle gå tullfria genom Öresund.

I Sverige ledde detta naturligtvis till stort jubel. Axel Oxenstierna upphöjdes till greve av Södra Möre i Kalmar län med inte mindre än elva socknar; han lovades en årsinkomst av 200 000 riksdaler specie. Strax innan hade han fått trettiosju hemman i Mälardalen och innan året var slut hade han fått ytterligare tjugotvå hemman.

Torstenson i Wiens förorter

Genast efter det danska kriget återvände Torstenson till Tyskland och sitt tredje fälttåg mot kejsarens arvländer. I februari gick han över Moldau för att möta de kejserliga under den nye fältherren Hatzfeld vid staden Jankau. Det avgörande här blev Torstensons favoritvapen, artilleriet. Svenskarna vann en stor seger, över fyratusen fiendesoldater togs till fånga, bland dem härföraren Hatzfeld själv. Slaget räknas som Torstensons vackraste. Nu låg vägen mot Wien öppen.

Han nådde nästan ända fram. Kejsaren, som trodde att staden redan var förlorad, satte sig själv och sin familj i säkerhet. Torstenson kom till Wiens förorter, men förstärkningarna som utlovats kom inte från Bethlen Gábors efterträdare Rákóczy i Siebenbürgen. Provianten tog slut och befolkningen bildade partisanförband som angrep svenskarna i ryggen. Slutligen tvingades Torstenson tillbaka till Böhmen igen. Hans hälsa hade blivit sämre. ”Det är mig numera fast omöjligt att kunna uthärda”, skrev han till Oxenstierna. Han var så plågad av smärtor att han vissa dagar inte ens kunde sitta eller ligga i en vagn. Den 4 december 1645 avgick han.

Han möttes i Stockholm av storartade hyllningar. Samma dag blev han både friherre och greve. Han utnämndes till generalguvernör över gränsprovinserna Västergötland, Dal och Värmland.

Ny svensk fältherre blev Carl Gustaf Wrangel, trettiotvå år, tapper och begåvad, men inte tillräckligt erfaren för denna ansvarsfulla uppgift.

Försöken att få slut på detta långa och svåra krig hade nu pågått redan i många omgångar ända sedan 1630-talet. I sju

Carl Gustaf Wrangel (1613–76) var den ende som fört högsta befälet över både armén och flottan. Var med vid Lützen, steg sedan i graderna tills han blev överbefälhavare för alla svenska styrkor i Tyskland. Generalguvernör i Pommern. Målning av Ehrenstrahl, Skokloster.

år grälade man om var man skulle mötas för att fortsätta gräla. Påven och kejsaren tyckte Rom var den bästa platsen, eventuellt Konstanz eller Trier. Frankrike menade att Hamburg och Köln var perfekta.

Axel Oxenstierna ansåg att Osnabrück och Münster var de enda rätta platserna. Man måste ha två städer eftersom Sverige med protestanterna på sin sida måste förhandla på en plats och Frankrike skulle samla katolikerna på en annan.

Så kom problemet vem som först skulle besöka den andra. Kompromissen blev att svenskarna skulle resa från

Osnabrück till Münster. Men där skulle fransmännen vara de som först kom och gjorde visit. Det hölls månadslånga konferenser om titulaturen, vem skulle tituleras Excellens? Exakt var skulle de olika delegationerna sitta?

Då man kommit så här långt var man framme vid 1644 och på plats fanns redan de svenska chefsdelegaterna Adler Salvius och Johan Oxenstierna, rikskanslerns son, som anlänt under mycket stor pompa. Det gällde att från början markera att den svenska delegationen inte var en grad sämre än den franska eller den kejserliga. Därför hade svenskarna anordnat ett praktfullt mottagande. Redan utanför Osnabrück möttes den unge Oxenstierna av kanonsalut och sextio riddare som eskorterade honom in i staden, där borgarna bildade häck hela vägen till hans residens. Varje gång han gick till sängs och varje gång han steg upp på morgonen kungjordes detta med pukor och trumpeter och vid alla måltider spelade en musikkår. Han kunde aldrig gå på visit utan att eskorteras av minst tolv hillebardiärer och ett stort följe av adelsmän, pager och tjänare.

De franska och kejserliga sändebuden omgav sig med samma prakt och ståt. Påvens representant, kardinal Fabio Chigi, får nu en grundlig insikt i svensk politik och svenskt tänkande. Något han kommer att ha nytta av en dag då han möter Gustav Adolfs dotter. Men vi är inte där ännu. Framsteg i själva förhandlingarna dröjde länge än. De kejserlige försökte hela tiden separera Sverige från Frankrike, men enligt de fransk-svenska fördragen skulle bägge parter sluta fred samtidigt. Till konferensen kom så småningom representanter för alla länder i Europa utom Ryssland, Turkiet, Danmark och England.

Ett helt år diskuterades vem som skulle prata först, var delegaterna skulle sitta, vem som fick ha hatten på och av under samtalen osv. Aldrig förut i Europas historia hade så många nationer och så många rangmedvetna diplomater med skilda och kolliderande önskemål mötts. Det fanns inga regler för hur detta skulle gå till, därför kan man säga att det var här som grunden lades för modern diplomatisk etikett och protokoll.

Svenskarna plundrar Prag

Under tiden som dessa diplomatiska finesser mejslas fram, fortsätter kriget där de svenska framgångarna hela tiden förbättrar Sveriges position. Svenskarna ryckte ännu en gång in i Bayern, medan en annan styrka under generalen Hans Königsmarck härjade i Böhmen och närmade sig huvudstaden Prag.

I maj 1648 utnämner drottning Kristina sin kusin pfalzgreven Johan Kasimirs son, Karl Gustav, tjugofem år, till svensk överbefälhavare i Tyskland med en årslön av 40 000 riksdaler och fritt logi. Han hade deltagit i flera av Torstensons kampanjer och reser nu så fort han kan till kriget. Han anländer till Pommern den 16 juli och skyndar vidare till den svenska hären i Böhmen.

Königsmarck som bara hade cirka tusen ryttare och sextusen man fotfolk hade ingen chans att ensam storma det mycket välbefästa och rika Prag, gömt bakom höga murar. Hans trupper låg förlagda i städer och borgar i hela Böhmen. I stadsarkiven fanns ännu fram till andra världskriget gulnande ark över vad den svenske fältherrens trupper krävde att städerna skulle leverera per omgående, om de inte ville bli totalförstörda. I Rakovnik uppmanade han invånarna inte bara att leverera det viktigaste för att han skulle bli mätt och belåten, han hade dessutom specifika beställningar på inge-

Fältherren Carl Gustaf Wrangel, som ägde många slott i Sverige och Baltikum, började bygga detta, det bäst bevarade och inredda stormaktsslottet Skokloster 1646. Taklagsöl firades 1668 men helt färdigt blev det aldrig. Wrangel hade slottet som sommarbostad.

fära, nejlikor, saffran, kanel, muskotblommor, russin, mandel, kapris och desutom vaxljus och talgljus. Tydligen skulle det bli fest på slottet.

Natten till den 27 juli 1648 ryckte svenskarna in mot Malá Strana, den så kallade Lilla sidan av staden, den som ligger på västra stranden av Moldau. De hjälptes in i Prag av en böhmisk överlöpare som hette Ernst Odowalsky och som visade svenskarna hur de kunde ta sig in genom de mäktiga försvarsanläggningarna.

På Lilla sidan låg det kejserliga slottet Hradčany och en mängd kloster, adelspalats och byggnader med konst, bibliotek och stora konstsamlingar.

Odowalsky var en före detta kejserlig överstelöjtnant som hade fått sina gods brända av svenskarna i tidigare kampanjer och själv skadats allvarligt i kriget, men djupt besviken över

I Kungssalen på Skokloster är väggarnas gyllenläder täckta med kungaporträtt från Gustav Vasa till Gustav VI Adolf, möblerna svenskt 1600-tal. Taket är svulstig barockstuckatur som närmast kan beskrivas som monumentaliserad sockerbagarkonst.

att kejsaren inte ville ersätta honom för hans förluster hade han gått över till Königsmarck. Han belönades efteråt av Sverige med svenskt adelskap under namnet von Streitberg.

Odowalsky ledde en förtrupp på hundra man som mitt i natten lyckades ta sig igenom Prags förorter ända fram till ett kapucinerkloster som hade en egen dörr i stadsmuren. Klostrets vakter dödades, porten sprängdes och svenskarna kunde genom klostret snabbt ta sig in i och över hela Lilla sidan. Totalt deltog cirka tvåtusen man i hela operationen som bara tog några timmar.

Yrvakna soldater och borgare sprang halvklädda ut på gatorna där de mejades ner av de svenska trupperna. Ödets ironi gjorde att ett av de första husen som besattes ägdes av en gammal borggreve som hette Jaroslav Martinitz; han sårades allvarligt och kunde döende se hur svenskarna rusade in i hans hus. Denne Martinitz var en av de kejserliga ståthållare som den där dagen i maj i Prag år 1618 fick göra det historiska luftsprånget från Pragborgens fönster och därmed inleda hela det trettioåriga kriget. Det var i Prag kriget började och det är här det kommer att ta slut.

I tre dagar lät Königsmarck sina trupper ta vad de ville ha. Enbart i kommendanten Colloredos palats hittade man tolv tunnor dukater och över 2,5 ton silver. Königsmarck kunde själv lasta fem vagnar med guld och silver. Enbart i kapucinerklostret, som fick fungera som port för svenskarna, tog Königsmarck 500 000 gulden i kontanter som greve Schlick hade gömt där. De svenska soldaterna mätte upp sitt byte i hattarna. Carl Gustaf Wrangel tog flera vagnslaster han också, det mesta sändes till hans nya slott, Skokloster, som höll på att byggas och där man så småningom registrerar 764 föremål.

I kejsarens skattkammare fann man inte kronregalierna, som kejsaren lyckats föra i säkerhet till Wien, men man hittade många tusen målningar, teckningar, skulpturer, många tusen värdefulla och unika böcker, världens största myntsamling, över 33 000 nummer, porslin, ädelstenar, kristallarbeten, guld- och silverkärl, slipade och oslipade ädelstenar, liksom Europas märkligaste kuriosasamling komplett med en äkta egyptisk mumie och makabra ting som ”en handske av människohud”.

Allt som sändes upp till drottningen i Stockholm antecknades ordentligt i inventarielistor som fortfarande finns kvar. Där kan man läsa att Kristina bland annat fick 69 bronsfigurer, 26 föremål av bärnsten, 24 av korall, 660 prydnadskärl av agat, 174 fajanser, 185 ädelstensarbeten, 317 matematiska instrument, flera tusen mynt och skådepenningar, två väggskåp av ebenholz samt sju mosaikbord. Dessutom sändes över sjuhundra oljemålningar, bland dem mästerverk av Michelangelo, Rubens, Rafael, Tizian, Tintoretto, Bosch, Breugel och många andra.

Svenskarna plundrade till och med kejsarens zoo och skickade upp ett gammalt lejon som sattes i Lejonkulan som fanns på slottet i Stockholm. I samma transport fick drottning Kristina en struts i gåva av Königsmarck.

Wallensteins palats plundrades naturligtvis också. Därför står det i dag en stor bronsstaty som heter Herkules och en rad andra eleganta bronsskulpturer i parken vid Drottningholms slott utanför Stockholm.

I vapenförråden fanns 68 kanoner, 6 000 musköter och 4 000 dubbelhakar och en mängd ammunition.

Det är omöjligt att uppge totalvärdet av allt som togs, men siffran sju miljoner riksdaler har nämnts, alltså sju stycken Älvsborgs lösen hopskrapat på några dygn i Prag.

Vilket pris skulle man sätta på exempelvis den mest värdefulla boken, goternas gamla bibel, Codex argenteus (Silverbiblen), som skrevs på västgotiska på 500-talet? Boken är den äldsta bevarade skriften på detta forngermanska språk. För det dåtida Sverige där tron på de gotiska förfäderna var orubbligt stark, var boken av oersättligt värde. Där kunde nu forskarna själva se likheten mellan 1600-talssvenskan och det språk som goterna talade nere vid Svarta havet mer än tusen år tidigare. I dag finns boken i Uppsala universitetsbibliotek.

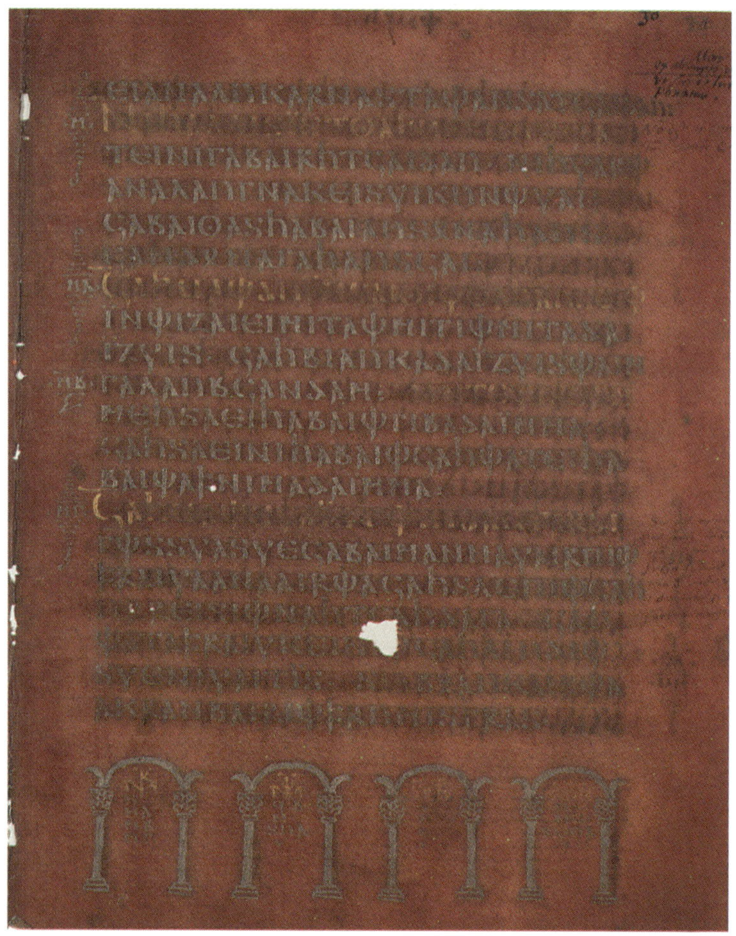

Silverbibeln skrevs i början av 500-talet på goternas gamla språk. Skriften är i guld- och silverbokstäver på purpurfärgat pergament. Boken blev svenskt krigsbyte i Prag. Magnus Gabriel De la Gardie donerade boken med silverpärmarna till Uppsala universitet.

Ett inte lika känt krigsbyte, men av oskattbart värde är den väldiga Codex gigas (Jätteboken) eller Gigas librorum (böckernas jätte), Djävulsbibeln kallad, från 1200-talet. Bo-

”Djävulsbibeln”, handskrift från början av 1200-talet, svenskt krigsbyte från Prag. Nu på Kungliga biblioteket i Stockholm.

ken fick sitt namn av en grotesk djävulsbild, men kanske också av att det sägs att boken skrevs med djävulens hjälp på en enda natt av en munk i ett böhmiskt kloster. Boken som är nära en meter hög är i dag Kungliga bibliotekets största sevärdhet.

Omedelbart började man belägra den andra sidan av Prag, som försvarades mycket tappert av invånarna, ledda av studenterna och med stadens judar som frivillig brandkår. Den 24 september anlände den svenska arméns nye generalissimus Karl Gustav till Prag i spetsen för förstärkningar på åttatusen man, bland dem Magnus Gabriel De la Gardie. Belägringen pågick då fortfarande. Han hade missat Lilla sidans plundring men ville vara med om att erövra resten av Prag. De nyanlända trupperna skar av Prags alla försörjningsvägar.

Karl Gustav visste då att fredssamtalen pågick i Osnabrück och Münster. Samma dag som freden undertecknades, den 14 oktober, gjorde svenskarna ett misslyckat stormningsförsök. Och då festfyrverkerierna brann av i Osnabrück, lyckades Pragborna antända ett trätorn på Galgbacken i Prag med trettio instängda svenskar.

Belägringen fortsatte. De tio tusen Pragborna vägrade ge upp trots att förråden var slut. Den 19 oktober kom ett ilbud till Karl Gustav med de första uppgifterna om att freden var undertecknad. Men han höll nyheten för sig själv. Han ville absolut få denna krigets sista och sin första stora seger.

Den 3 november kom greve Schlick till Prag med kopior av fredsavtalet med sig. Nyheten spreds snabbt. Folk rusade ut på gatorna: ”Höga och låga, gamla och unga, män och kvinnor, kristna och judar”, står det i S:t Adalbertus-kyrkans dagbok. Försvarsvallar och bråte brändes bort, skyttegropar fylldes igen. Flera hundra svenska lik begravdes på Faasangatan vid Pragborgen. Men inte förrän ett officiellt besked kom från Osnabrück den 27 november insåg Karl Gustav att han måste ge upp. Då blåste han eldupphör.

Mitt på Karlsbron, där striderna stått så hett, byggdes ett litet hus av trä med var sin ingång. Där möttes de svenska generalerna Göran Paykull och Alexander Erskin de kejserliga representanterna första gången den 29 november. Strax före jul avtågade Karl Gustav och Königsmarck, men inte förrän den 7 januari 1649 var parterna överens om hur och på vilka villkor belägringsarmén skulle dra sig tillbaka, och den allra sista soldaten hade inte lämnat Prag förrän åtta månader senare.

Då överenskommelsen var klar, åts en stor försonings- och festmåltid i Prag, i vilken bland andra den kände och av svenskarna fruktade jesuiten Georg Plachy, Karlsbrons försvarare, deltog. Han var så duktig att svänga bägaren att han ”bragt flera svenskar till stilla medvetslöshet”, rapporterar ögonvittnen. Han var över två meter lång och så stark att han på rak arm kunde lyfta en stol med en soldat på. Totalt beräknas den 15 veckor långa belägringen ha krävt två tusen liv. Svenskarna sägs ha skjutit mer än 16 000 kanonkulor. Men Prag lyckades de aldrig ta.

Den westfaliska freden var det viktigaste fredsfördrag Sverige skrivit under; det kom att få betydelse för Europas historia och politik i över hundra år framåt.

Sverige fick hela Vorpommern med Usedom och Rügen samt delar av Hinterpommern med Stettin, Garz, Damm, Gollnow och ön Wollin, vidare på östra Oderstranden ett område som skulle bestämmas genom en särskild överenskommelse med Brandenburg. Dessutom skulle hela Hinterpommern tillfalla Sverige om den brandenburgska ätten utslocknade liksom staden Wismar med fästningen Wallfisch samt amten Poel och Neukloster.

Dessutom: stiften Bremen och Verden såsom hertigdöme (inte själva staden Bremen som skulle förbli fri), samt amten Wildeshausen och Thedinghausen. Drottning Kristina fick plats i den tyska riksdagen; hon skulle sitta på furstebänken med nummer fem i rangordning, eftersom hon nu var hertig av Bremen, Verden och Pommern, furste av Rügen och herre över Wismar.

Svenska kronan skulle få fem miljoner riksdaler i skadestånd av de tyska ständerna (man hade begärt tjugo) och dessutom av kejsaren 600 000 riksdaler. Ett svenskt universitet skulle få upprättas i de tyska besittningarna (Greifswald) liksom en svensk överdomstol. Svenska kronan fick rätt att ta ut vissa nya tullar av fartygen i Pommerns och Mecklenburgs hamnar.

Den stora frågan, som svenskarna från början anfört som orsak till att man alls gick in i kriget, protestanternas religionsfrihet och återlämnande av egendom som katolikerna tagit, var fortfarande delvis olöst. Men huset Habsburgs planer på ett enat katolskt Tyskland var för alltid undanröjda. De tyska protestantiska småfurstarna var räddade och för Sveriges del öppnades nu nya möjligheter och vägar.

De allra sista signaturerna sattes på ett möte i Nürnberg. Där var det var den unge pfalzgreven Karl Gustavs tur att vara värd för en historisk fredsbankett där man bjöd på hundratjugo rätter innan det var dags för frukt och konfekt. Ett förgyllt lejon sprutade vin genom fönstret ut på folkmassan och sent på natten, då stämningen var som högst, lät Karl Gustav ett trettiotal svenska musköterare taktfast klampa in och under kommandorop från generalen Carl Gustaf Wrangel avskjuta ett stort antal skott i taket som salut för freden och vänskapen.

Med freden i Brömsebro följd av den westfaliska freden blev Sverige norra Europas mäktigaste stat – men problemen fanns där för alla som ville se dem. Sverige var ett fattigt land med en liten befolkning. Det skulle bli svårt att upprätthålla statusen som europeisk stormakt och ställa om sig till fredsekonomi. Många av de hemvändande soldaterna från över hundra tyska städer, där de legat förlagda, hade ingen lust att återgå till en stilla tillvaro i torpet hemma i byn.

I Smålands gränstrakter drog före detta soldater omkring som rövarband. Krigsinvalider tiggde längs vägarna. Freden skapade nya ekonomiska, sociala och politiska problem. Alla de högre officerarna krävde och fick rejäla belöningar. Mest fick diplomaterna som varit med om fredsförhandlingarna och de svenska fältherrarna.

Det var tradition på 1600-talet att diplomaterna på detta sätt skulle belönas. Johan Oxenstierna fick 15 000 riksdaler av krigsskadeståndspengarna, Salvius 10 000t. Överbefälhavaren Karl Gustav, som gjort minst av alla i kriget, tog 80 000, Wrangel 60 000. Magnus Gabriel De la Gardie, som inte uträttade särskilt mycket men var var drottningens favorit, fick hela 45 000, Gustaf Horn och Torstenson vardera 40 000.

Den gamle Jakob De la Gardie, som inte alls varit med, men i alla fall på papperet var chef över alla generalerna, fick 30 000 liksom Axel Oxenstierna, som ju som bekant spelat en viss roll både före, under och efter kriget. Återstoden betalades ut i första hand till alla de svenska adelsmän som under kriget haft stora innestående fordringar hos kronan. Sedan fick skadade officerare eller deras änkor en skärv, medan de allra flesta soldaterna och i synnerhet deras änkor och faderlösa barn inte fick någonting.

Hur många som dog under hela kriget vet ingen. Bara de tre första åren avled över 15 000 utskrivna soldater från Sverige och Finland. Sedan drevs krigen mest med utländska legoförband, men de svenska sammanlagda förlusterna från Gustav Adolfs ingripande till freden måste röra sig kring 50 000 av en befolkning i riket Sverige-Finland på cirka 1 250 000 människor.

Det har skrivits ett mycket stort antal volymer om krigets politiska, sociala och ekonomiska följder för det tyska folket. Det mesta har, som då det gäller nästan all historisk litteratur, framkommit på beställning av någon med ett bestämt politiskt syfte. För att staten Brandenburgs stigande stjärna skulle lysa ännu kraftigare har det legat i dess furstes intresse att svartmåla livet före pånyttfödelsen. Det har också legat i Sveriges intresse att framställa motståndarna som synnerligen barbariska och grymma, desto mer strålande framstår då den egna segern. Beräkningar har, på mycket lösa grunder, gjorts för att få fram antalet dödade i kriget. Om man läser litteraturen och rensar bort propagandan återstår följande fakta.

De omedelbara krigsförlusterna var ganska små. Övergreppen var grymma och fruktansvärda mot enskilda människor, gårdar och byar, men de drabbade bara människorna där hären drog fram, och ledde inte till att folkmängden minskade totalt i hela Tyskland.

Tusentals dog, men precis som det var spanska sjukan som dräpte de flesta under första världskriget, var det pesten som tog de flesta liven i trettioåriga kriget. Kriget bidrog indirekt till pestdöden genom att människorna inte kunde, som förr, fly till andra pestfria områden utan ofta tvingades leva i tätt hoppackade städer. Pesten spreds också med soldaterna och den stora trossen.

Själva krigshandlingarna, bombardemangen och härjningarna drabbade vissa delar mycket hårt och andra inte alls. Ost- och Västpreussen blommade upp ekonomiskt, tiderna hade aldrig varit bättre i nordvästra Tyskland med Hamburg, Bremen, Lybeck och Emden som växte upp till storstäder. Det fanns städer i Brandenburg som drabbades mycket hårt, där befolkningen minskade upp till 50 procent och delar av landsbygden med upp till 60–70 procents minskad folkmängd, medan minskningen i andra delar var under tio procent. Inte ens i Sachsen, som härjades så grundligt, var folkminskningen dramatisk, enligt den tyske historikern S H Steinberg som gått igenom allt tillgängligt material. Värst drabbade var Mark Brandenburg, Mecklenburg, Pommern och Schlesien, ärkestiftet Magdeburg, Thüringen och Hessen, Bayern, Franken och Württemberg, Pfalz, Elsass och kurfurstendömena.

Återhämtningen skedde ganska snabbt, för hundra år senare, 1750, visar Steinberg att det fanns 75 procent fler människor i Tyskland än 1650. Förlusten var alltså inte bara utjämnad utan landet hade fått en viss befolkningstillväxt. Att vissa områden var öde berodde heller inte alltid på att människorna var döda, utan att de flyttat till andra trakter; många lät sina gårdar ligga öde av skatteskäl.

KAPITEL 16

Drottning Kristina
Barndom
Varför ville hon inte gifta sig?

KRISTINAS FÖRSTA BARNDOMSÅR var märkliga. (Om Kristinas födelse se kap 7.) Hennes far försvann innan hon lärt känna honom, möjligtvis har hon ett vagt minne av de gripande avskedsdygnen. Att fadern av alla i hennes omgivning uppfattades som samtidens störste hjälte, kunde hon knappast undgå att höra. Sveriges segrar på slagfälten var hennes fars segrar och det var hans verk att det en gång så lilla och obetydliga riket hissades upp till status av stormakt. Efter sin död fick kungen titeln "den store"; han var en ständigt närvarande legend och myt. Och det var hon, Kristina, som var denne hjältes enda dotter och arvtagare.

Modern, Maria Eleonora, som från början inte visat flickan särskilt stort intresse, tog henne till sig då Gustav Adolf stupade. Hon stängde in sig själv och den sexåriga dottern i det svartklädda sorgerummet på Nyköpingshus. Maria Eleonora dyrkade sin man och allteftersom hennes egna relationer med omgivningen försämrades, blev hon alltmer hatiskt inställd till Sverige och allt svenskt. Detta fick den lilla Kristina naturligtvis tidigt höra och hon fick höra det på tyska språket, för Maria Eleonora talade bara tyska med sin dotter. Sverige var fult och primitivt. Annat var det

Drottning Kristina åtta år, men redan fullt medveten om sin värdighet som drottning över stormakten Sverige. I bakgrunden Sveriges första landskapsmålning, en vy över Stockholm där konstnären tycker sig se snöklädda berg vid horisonten. Jacob Heinrich Elbfas, Gripsholm.

utomlands, i Preussen till exempel. I tre år levde Kristina där i detta sorgens hus med den sörjande och klagande modern. Gustav Adolfs död måste ha varit en svår chock som helt dominerade atmosfären i den lilla flickans miljö till långt efter begravningen. Under den tiden ser hon sin mor ständigt upplöst i tårar.

Från det hon är sex år bemöts hon av alla äldre så som man bemötte en drottning på 1600-talet. Hon ser vuxna människor niga och falla på knä. Själv berättar hon som vuxen: ”Jag var då ännu så barnslig att jag varken förstod min lycka eller olycka, men jag minns väl hur förtjust jag var att se alla dessa människor vid mina fötter och hur de ville kyssa min hand.”

Självklart fick hon då också höga tankar om sig själv och sin egen ställning i världen. Det var ju hon som var huvudpersonen. Det var hon som var drottning.

Hur uppfostrar man en liten flicka som dels är ett barn och bör behandlas som ett sådant men samtidigt är drottning i en snabbt växande stormakt?

Under 1600-talet var kroppsliga bestraffningar självklara, även för kungliga barn. Kristinas mor gav henne risbastu några gånger men vanligtvis fick hovmästarinnorna utföra detta. Tydligen fick den unga drottningen inte ris ofta nog, för frågan tas upp till och med av de kungliga råden, som ansåg att hon inte agades tillräckligt. De hotade med att tillsätta en strängare hovmästarinna. Hennes lärare Johannes Matthiae ville en gång ge henne risbastu för att hon hädat. Hon hade då svarat med en trotsig min: ”Jag ville icke smaka riset, ty det skulle ni bittert ångra.” Den gode Matthiae lär ha hejdat sig. Han visste ju att hon ganska snart skulle vara myndig och ensam härskarinna över hela riket.

På Gustav Adolfs order fick hon en uppfostran som om

hon varit en prins. Kristina skriver: "(Konungen) hade uttryckligen förklarat att han icke önskade, att man hos mig inpräntade några av mitt köns tankesätt utom ärbarhet och blygsamhet. Han ville att jag i övrigt skulle vara såsom en ung prins och att jag skulle undervisas i en ung prins dygder och färdigheter... Jag visade mig helt obekväm för alla kvinnliga handarbeten och sysslor..."

Hon lärde sig jaga, skjuta, rida och fäkta och hon fick en gedigen intellektuell utbildning. Läraren Johannes Matthiae, senare biskop i Strängnäs, var en skicklig och klok man, som häpnade över den lilla flickans stora läshunger och förmåga att lära. Kristina har berättat att magister Matthiaes lektioner var räddningen ut ur moderns gråtfyllda rum. Hon längtade efter dem. Ständerna hade bestämt att hon skulle undervisas sex timmar varje morgon.

Moderna psykologer menar att Kristinas livslånga förakt för det egna könet grundlades i Nyköping hos den gråtande modern. Kristina berättar att modern avskydde henne och ansåg henne vara ful. "Min fader däremot älskade mig högt och jag svarade mot hans vänskap på ett sätt som vida överträffar min ålder. Det var som om jag instinktivt kände skillnaden mellan deras förtjänster och åsikter och som om jag redan från vaggan förstod att rättvist bedöma dem." Hon identifierar sig därför tidigt med den frånvarande fadern. Hon ville bli en regent som han.

Matthiae blev den fader hon aldrig fick se. Hon var djupt fäst vid honom och den ende hon någonsin kallade "Pappa". Han undervisade henne i religion, men inte den renläriga lutherdom som predikades i kyrkorna, utan mer om hjärtats fromhet. Han var absolut ingen luthersk fundamentalist, snarare synkretist, det vill säga han drömde om att Europas olika kristna riktningar skulle kunna enas i en och samma kyrka. Som kristen humanist med liberal inriktning lade han grunden för Kristinas öppenhet och framtida religiösa livsinriktning.

När hon var tio år beslöt riksråden att modern skulle tas ifrån flickan. Hon ansågs ha ett fördärvligt inflytande på den blivande drottningen. Särskilt hennes inställning till Sverige och svenskar ansågs förkastlig (se kap 13). Kristina fördes till sin faster Katarina, gift med pfalzgreven Johan Kasimir. Där fick hon leva några år nära sina kusiner Karl Gustav, Adolf Johan, Kristina Magdalena, Maria Eufrosyne och Eleonora Catharina.

Det var ett ganska stört barn som kom till faster Katarina. Hon var sömnvägrare, hon åt vax och vägrade att någonsin smaka de bordsdrycker som fanns, vin eller öl.

Fastern var en traditionell kvinna för sin ställning och miljö, en som det verkar hygglig person som styrde och ställde i familjen och förväntade att hennes lilla brorsdotter också skulle bli som alla andra kvinnor, lära sig sömnad, intressera sig för kläder, kort sagt, bli som hon själv.

Men Kristina gick redan nu helt sin egen väg. Hon var mer intresserad av studier och samtal med sina lärare än mode. Sömnad hatade hon och fick hon inte läsa och skriva så var hon helst ute och red i skogen eller jagade. Hon älskade jakt. Hon skriver själv att hon hade ”en oövervinnelig avsky för och motvilja mot allt som kvinnor gör och säger... Så när som på snygghet och ärbarhet föraktar jag allt som hör till mitt kön.”

Hon lärde sig bra latin tack vare den speciella lärobok i latinsk grammatik som Johannes Matthiae själv skrivit och som var så lyckad att den fortfarande används som grammatikbok i skolor i Italien. Hon kunde citera många sidor ur antikens klassiker.

Hon läste historia och började då med vad man då ansåg vara urkällan för all historiekunskap, Moseböckerna i Bibeln. Där stod om syndafloden och om hur Noaks familj spred sig över jorden, där börjar alltså även Sveriges historia, menade man på 1600-talet. Hon läste geografi, matematik och astronomi. Hon var särskilt intresserad av språkundervisningen. Tyska kunde hon redan som liten. Latin kom snabbt. Så lärde hon sig grekiska, nederländska, franska och italienska, senare även spanska och så mycket hebreiska att hon kunde läsa Bibeln och judiska skrifter i original. Hon lär till och med ha studerat arabiska.

Sex timmar varje morgon måndag till fredag pluggade hon. På eftermiddagarna var det läxläsning eller läsning av andra böcker. Lördagarna var förmiddagen fylld av fysiska övningar. Hon sköt till måls, red och fäktade; på eftermiddagen kom språklärarna för konversationstimmar.

Hela den unga drottningens liv var noga schemalagt, där fanns inga öppningar för spontanitet och enstaka tillfällen till lek. Hon skulle alltid uppträda som en liten vuxen. Ständerna hade bestämt att ”hennes majestäts lekkamrater” skulle vara ”högvälborna unga adelsfröknar i hennes egen ålder, vilka uppfostrats av sina föräldrar i Herrens tukt och förmaning. Hennes majestät kunde stundom få roa sig med de unga fröknarna, så att hennes umgänge med dem stärker och förbättrar hennes goda uppförande.”

Rikskanslern hade nu kommit hem från Tyskland och undervisade flickan själv tre timmar varje dag i statskunskap och politik, lektioner som han illustrerade med utdrag ur Sveriges historia, fördrag som slutits och om stora gestalter ur historien och i Europas samtida och förflutna historia.

Han hade stort nöje av samtalen med den brådmogna och intelligenta flickan, vars förstånd var vida ”över hennes kön och ålder", som Oxenstierna skrev och han fortsätter: "Det vet Gud huru kärt det är mig att se att Hennes Majestät icke är som en kvinnoperson utan behjärtad och av ett gott förstånd, så att om Hennes Majestät icke blir corrumperad, är hon nu optimae spei (inger de bästa förhoppningar)."

Då Kristina är tolv år dör faster Katarina, som var den kvinna som trots allt stod henne närmast. Axel Oxenstiernas syster Elsa, gift med riksmarskalken Åke Axelsson Natt och Dag, blir hennes nya guvernant.

Då Kristina är tretton år kommer nästa stora chock. Modern rymmer plötsligt ur landet och slår sig ner hos arvfienden Danmark, sedan i Brandenburg som just då är i krig med Sverige. Hon tar detta hårt och anklagar riksråden för moderns flykt. Hon blir fysiskt sjuk med svimningsanfall och stor matthet. Hon vägrade tala under flera timmar. Sjukdomen pågick i några veckor och finns beskriven i den franska ambassadören Chanuts rapporter till Paris.

Hon som växt upp utan riktig kärlek från någon, är nu vid tretton års ålder helt ensam. Hon var andligt ensam och intellektuellt ensam, det fanns ingen i hennes ålder hon kunde umgås med och absolut ingen av hennes eget kön. Denna kärleksfattiga barndom skapade en inre isolering hos henne, som hon bara vid några få tillfällen kunde bryta sig ur. Det är inte förrän alldeles i slutet av sitt liv hon lyckas öppna sig så mycket att hon kan känna tillgivenhet och riktig kärlek för en annan människa.

Hon föraktade kvinnokönet och försökte ignorera sina egna känslor. Hennes överspända mor hade gett henne en stor skräck för alla känslor. Hon vantrivdes med sin korta, satta kropp, hon trodde sig själv vara mycket ful och därför blev hon vårdslös med sin klädsel och sitt utseende. Det spelade ändå ingen roll.

Då hon är fjorton år får hon informationer om vad riksråden diskuterar, då hon var sexton fick hon själv vara med på regeringssammanträdena, eftersom hon nu "växt till förstånd och förstår att tiga med vad hon hörde" som riksråden sa.

Den 7 december 1644 fyllde drottning Kristina aderton år och blev därmed myndig och regerande drottning och eftersom "Hennes Majestät är en kung måste hon manligen respekteras", som riksrådet slog fast.

Hon är då hemligt förlovad med sin kusin Karl Gustav. De kom varandra mycket nära som barn; det finns många biljetter och brev som växlats mellan dem och då hon ännu var sjutton år skrev Kristina ett brev till kusinen där hon lovar honom evig kärlek, men hon råder honom att ännu inte öppet fria till henne utan ännu ha tålamod några år tills hon fått kronan på huvudet och han fått lite mer erfarenheter ute i krigen.

Så fick hon kronan och han kom hem. Men kärlek blev det inte. Kristina var inte längre en ensam svärmande liten tonåring. Hon var nu regerande drottning och hade helt andra intressen.

Vi vet ganska bra hur omvärlden uppfattade henne, för den franske ambassadören Pierre Chanut har på uppdrag av sitt hov lämnat en detaljerad rapport om Kristina, där han imponerad skriver om hennes goda kunskaper i franska språket och i latin, hur hon älskar poesi, litteratur, böcker. Hon har en andlig spänst, en snabb, säker, ovanligt vidsynt uppfattning. Hon är klok och behärskad, energisk i sitt arbete och ständigt i rörelse. Ambassadören berättar att drottningen är med på alla riksrådsmöten, att hon snabbt lär sig komplicerade problem och att hon nog kommer att styra sitt land själv, utan någon Oxenstierna och framför allt utan någon medregent. Ambassadören skriver att han inte tror att drottningen vill dela makten och äran med en make.

Det enda som intresserade henne nu var Sveriges regering och politik. Hon drömde om de storverk hon skulle utföra. Hon var ju Gustav Adolf den stores dotter. Hon var inte längre intresserad av Karl Gustav som blivande man. Hon ville överhuvudtaget inte ha någon man.

Detta var obegripligt för alla. Ständerna uppmanade henne upprepade gånger att gifta sig. Carl Carlsson Gyllenhielm gjorde det också. Men själv sköt hon bara frågan ifrån sig. Hon lovade tänka på saken. Det gick rykten om många friare från Polen, Tyskland, Spanien och även Danmark. Det fanns de som var säkra på att det skulle bli en av pojkarna Oxenstierna. Jakob De la Gardie förde fram sin son, Magnus Gabriel.

I själva verket hade hon redan bestämt sig. Det skulle inte bli någon man alls. Redan tanken på fysisk samvaro med män fick henne att må illa. Karl Gustav ville inte ge upp. Han återkom och han påminde henne om hennes löfte från den hemliga förlovningstiden. Hon svarade då: ”Jag gav E.H. ett löfte, men jag var då för ung för att ha något förstånd. På den tiden stod det icke i min makt att ge bort ens en bondes hemman, och ännu mindre kunde jag ge bort mig själv. Jag anser mig därför fullständigt berättigad att upphäva mitt gamla löfte.”

Den franske ambassadören, liksom alla andra som mötte drottningen häpnar över hennes beteende, hennes ovanliga klädsel och hennes karlaktiga uppträdande. Hon var nästan klädd som en man. Ambassadören skriver att i idrotter ”har naturen icke nekat henne någon talang som en ung kavaljer skulle sätta en ära i”. Hon var fysiskt uthållig, hon kunde sitta

Drottning Kristina målad av den nederländske hovmålaren David Beck. Klotet symboliserar jorden, den blå slöjan är luften, en fontän i bakgrunden är vattnet. Kristina själv med blommor i håret är elden. Nationalmuseum.

på hästen i dagslånga ritter. Ingen prickade en hare på språng säkrare än hon. Hon kunde fäkta lika bra som de bästa kavaljererna.

Hennes röst kunde slå över i en grov hög mansstämma.

Då hon gick, stod eller satt såg hon ut som en man. Hon var ovanlig för stormaktstidens Sverige också på andra sätt. Hon åt och drack mycket asketiskt. Hon sov bara tre till fem timmar varje natt.

Allt detta har lett till hyllmetrar av litteratur där en del författare på mer eller mindre finurliga sätt försöker leda i bevis antingen att hon var lesbisk eller hermafrodit, medan andra häftigt går till angrepp mot detta för att bevisa att hon var fullständigt normal, bara lite ovanlig.

Det exakta förhållandet kan vi aldrig få reda på; vi kan bara se vad hon gör, vad hon skriver själv och vad hennes samtida säger. Man kanske kan tycka att den unga drottningens intimaste kroppsdelar och hennes innersta känslor skulle få förbli hennes privatsak. Men tyvärr kan det inte vara så för en regerande monark. Landet behövde en tronarvinge, kunde hon inte skaffa det måste detta förklaras på ett tillfredsställande sätt. Hennes privata problem blir en riksangelägenhet.

En av de intressantaste undersökningarna av Kristina och hennes liv har gjorts av en läkare, Elis Essen-Möller, som förklarar Kristinas beteende, utseende och psyke med att hon med största sannolikhet var så kallad pseudohermafrodit eller intersexuell, det vill säga hos henne var de manliga och kvinnliga könskaraktärerna så blandade att hon blev ett mellanting mellan båda könen.

Den stora förvirring som uppstod då hon föddes (se kap 7) tyder ju på att hon inte såg ut som vanliga barn. Försöker man följa hennes utveckling, läsa vad hon själv skriver, upptäcker man att hon hela livet är en varmt kännande människa med starka känslor.

Hon skriver själv aforismen: ”Vi äro skapade för att älska och det är omöjligt att icke älska. Njutningen är icke nödvändig för kärlekens fulla lycka. Man kan älska utan att äga, men man kan icke vara fullt lycklig, utan att äga föremålet för sin kärlek. Då hoppet därom gått förlorat, lider man grymt, men man älskar därför icke mindre."

Man kan se att Kristina var en lidelsefull person som ville älska men som aldrig gjorde det. Hon kunde ha tagit vilken man hon ville, ändå ville hon aldrig gifta sig. Upprepade gånger talade hon med stor avsky om äktenskapet. Till det svenska statsråden sa hon: "Det är mig omöjligt att gifta mig. Således är mig denna sak beskaffad. Rationes därtill förtiger jag men mitt sinne är därtill intet. Jag haver bedit flitigt Gud därom, att jag måtte få det sinnet, men jag haver det aldrig kunnat få."

I ett brev säger Kristina: "Hos människan finnes en hemlig sorg, som inger henne avsmak och gör henne omöjlig att tillfredsställa" och hon säger också: "det finnes saker i livet, som äro förfärligare än döden".

Professor Elis Essen-Möller tror, med sin medicinska bakgrund, att orsaken till Kristinas avsky för sexuell samvaro var denna "abnorma konstitution" som förbjöd henne att tillfredsställa sina lidelsefulla känslor. Till detta kommer det faktum att Kristina inom sig bar på ett mörkt psykiskt arv från Vasasidan men också från sin mors sida.

Det är historiskt dokumenterat att flera av Gustav Vasas barn visade sinnessjuka drag, liksom hennes mors morfar och ett antal andra släktingar i den hohenzollerska familjen. En del vill se Maria Eleonora som klart egendomlig. Professor Elis Essen-Möller har visat att intersexuella egendomligheter, fysiska och psykiska, ofta är kombinerade med schizoid psykopati.

Mycket i Kristinas framtida beteende kan förklaras mot denna bakgrund. Man förstår då också att hon, som uppenbarligen var medveten om dessa brister, måste ha varit en djupt olycklig människa ständigt sökande efter sin rätta identitet men oförmögen att tala om detta med någon annan. Det är därför hon är så febrilt verksam, hektiskt jagande från nöjen till studier, ständigt sökande efter svar på omöjliga frågor, utan möjlighet att förverkliga sitt innersta jag.

Hon insåg att hon aldrig skulle kunna föda någon tronarvinge, alltså ville hon inte heller behålla tronen. Därför inleder hon mycket tidigt ett skickligt politiskt spel för att få kusinen Karl Gustav utsedd till tronföljare. Pfalzgreven och hans familj var inte populära inom den styrande högadeln. Familjen betraktades som ett hot mot dem. Pfalzgreven själv hölls efter Gustav Adolfs död hela tiden på avstånd från den verkliga makten. Hans son ville man inte på något sätt uppmuntra. Fadern och snart också sonen själv tiggde om möjligheter för den senare att få ämbeten eller placering inom armén. Riksråden svarade aldrig, lovade ingenting. Det var inte förrän Kristina kom till makten, som Karl Gustav fick sin chans.

KAPITEL 17

Kristina som drottning
Glans och prakt
i djupaste armod
Kulturen blommar
Då revolutionen var nära
Karl Gustav tronföljare

NU VAR SVERIGE en yrvaken stormakt, en uppkomlingsstat som på några årtionden förvandlats från ett nästan medeltida, isolerat land till en nation i nivå med Europas ledande stater. Det var en omskakande utveckling som syntes utåt framför allt i Stockholms stad och i synnerhet vid hovet.

På Gustav Adolfs tid kostade hovet tre procent av kronans utgifter. I hans barndomshem mättes sytråden som bekant upp per aln till hovfröknarna och gästerna uppmanades att inte bena strömmingen, utan att äta allt. Under drottning Kristinas tid, då hovfröknarna aldrig skulle ha använts som sömmerskor och man sällan bjöd på strömming i slottet, steg utgifterna till nära en fjärdedel av kronans utlägg, om man inkluderar kostnaderna för tronföljaren och änkedrottningen. Detta skedde under en tid då landet drabbades av upprepade missväxtår med svår nöd hos den breda allmogen.

Det svenska hovet hade sedan medeltiden och i synnerhet under de tidiga Vasakungarna varit ett öppet hov för folket. Kungarna reste mycket i landet.

Då var det relativt lätt för allmogen att nå fram till den

patriarkaliske och ”folklige” kungen med sina klagomål och problem. Nu var den tiden slut. I stället infördes efter franskt mönster ett strikt hovprotokoll som avskärmade drottningen från folket.

Mycket få utvalda fick komma henne nära, samtidigt som antalet anställda i hovet ökade markant med en rad nya ämbeten: rikshovmästare, överste kammarherre, kammarherre, ”överskänk” och ”underskänk”, hovintendent osv. För drottningen skapades också en särskild livdrabantkår, bestående bara av adelsmän och officerare med generalmajoren von der Linde som förste ”kapitenmajor”.

Kristina ville skapa ett hov värdigt en stormakt och till detta hörde på 1600-talet inte bara bugande adelsmän utan även något som man hittills inte haft mycket av i Sverige, nämligen kultur och allt som förknippades med hovkultur under detta sekel vid alla Europas hov: arkitekter, byggmästare, målare, skulptörer, lärde män, musiker och kompositörer, författare. De flesta av Michelangelos, Velázquez och de stora franska mästarnas verk hade aldrig blivit av utan beställningar från hoven i Vatikanen eller Madrid, lika lite som slottet i Versailles hade byggts eller Shakespeares Macbeth blivit skrivet utan kungliga beställningar.

Reformationen hade ödelagt den svenska kulturen. Gustav Adolf hade fått Uppsala universitet att fungera, Kristina ville ha mycket mer. Det var ett personligt behov hos henne själv. Nu kom lårvis med unika och även i Sverige förbjudna böcker och konstverk upp från hennes segerrika generaler. Hon, som så längtade efter konst och kultur, studerade alla de vackra föremålen själv och läste en stor del av böckerna. Med febril iver sökte hon svaren på sina innersta frågor. Hon drog till sig kulturen lika mycket för glansens och ärans skull som för sin egen. Hon ville veta.

Den franske filosofen och matematikern René Descartes eller Renatus Cartesius (1596–1650) var den mest kända av de europeiska vetenskapsmän som kom till Kristinas hov. Hans tid i Stockholm blev kort, han anlände 1649 men avled efter några månader.

Fransmannen Sébastien Bourdon målade detta porträtt av den 25-åriga drottningen 1652. Hennes okammade hår och enkla klädsel stämmer väl överens med de beskrivningar samtida diplomater ger av denna självständiga och starka kvinna. Bystad.

Hon kallade till sig lärda män från Europa. I dag fnyser en del åt detta och menar att de flesta av de lärde var obetydliga personer som inte lämnade många spår efter sig. Men man måste se personernas ställning i samtidens ögon. Hur många av dagens så kallade kulturkändisar och allvetande profeter i massmedia står sig om trehundra år?

En av de första som kommer är den holländske klassiske filologen Isaac Vossius, som ordnar henes bibliotek och lär henne grekiska. Kristinas generositet mot dessa utlänningar gick till klar överdrift många gånger. Då Vossius reser hem avtackas han med avskedsgåvan Silverbibeln. Den tar han med sig till Amsterdam, där den så småningom blir återköpt igen av Magnus Gabriel De la Gardie och återförd till Sverige. Vossius efterträds av holländaren Nicolaus Heinsius, vars far Daniel Heinsius var en av Sveriges första rikshistoriografer. Hit lockas den franske filosofen och mångsysslaren Claude de Saumaise (Salmasius) och läkaren Pierre Bourdelot.

Till Stockholm kom tyska vetenskapsmän som läkaren och juristen Herman Conring och orientalisten Kristian Ravius, som fick bli professor i Uppsala, arkeologen Samuel Bochart från Normandie, historieskrivaren Boeclerus.

Mest känd är filosofen René Descartes (Cartesius), som hon hade brevväxlat länge med innan han slutligen kom till Stockholm hösten 1649, för att uppleva några iskalla vintermånader som ledde till hans förtidiga död. Den arme fransmannen beordrades att inställa sig två till tre gånger i veckan hos drottningen för filosofiska samtal klockan fem på vintermorgnarna. Han var imponerad av Kristina men inte av så mycket annat i Stockholm. I ett brev hem klagar han över att ”människornas tankar synas frysa här om vintern likaväl som vattnen frysa”. Själv får han lunginflammation och avlider redan efter fyra månader; den största delen av den tiden har han bara väntat på att drottningen ska ha tid att börja samtalen.

Nu kommer också ett stort antal målare till Sverige. De mest kända var fransmannen Sébastien Bourdon, som utför en hel del porträtt av drottningen och hennes omgivning men också nederländaren David Beck, lärjunge till van Dyck, och en ung tysk som hette David Klöcker, adlad Ehrenstrahl, hitlockad av änkedrottningen.

Det var inte så svårt att få de lärde att resa hela vägen upp till den lilla och inte särskilt eleganta huvudstaden Stockholm. Kristina själv var ett stort dragplåster, men kanske mer ändå hennes fullständigt unika bok- och konstsamling. Här fanns böcker och manuskript som hållits inlåsta och oåtkomliga i kejsarens kassavalv. Nu blev de tillgängliga för alla de vetenskapsmän som kom till Kristina.

Konsten och kulturen satte helt sin prägel på drottningens konversation och nöjesliv. I Kristinas hov satt lärde män och talade om Gud och Dygden eller om Förnuftet som var själen i alltet. Där möttes katoliker, reformerta och lutheraner. Hon slösade med pengar och gåvor över Uppsala universitet och över lovande studenter som sändes utomlands för att studera, till exempel den begåvade Olof Rudbeck, som får resa till Holland för att läsa medicin.

Stockholms stad, som började förändras redan under Gustav Adolfs tid, byter snabbt ansikte, för att bli en huvudstad värdig en stormakt. Hela stadsdelar rivs, raka gator dras fram. Nu regleras Norrmalm på ett sätt som skulle stå sig ända till 1960-talet med Regeringsgatan, uppkallad efter hennes förmyndarregering och Drottninggatan efter henne själv. Många andra städer i riket förändras, moderniseras enligt barockens idéer, raka gator, fyrkantiga kvarter, stora torget med maktens boningar: kyrkan, rådhuset och residenset för landshövdingen eller annan pamp.

Dessa torg får stå kvar till Sveriges nästa storhetstid, folkhemmets sextiotal, då gator åter rivs, det gamla torget utplånas och maktens boningar i denna nya tid tar plats runt piazzan: köpcentra, parkeringshus, banker, systembolag och sjukkassa.

Det är på Kristinas tid som den första svenska nationella litteraturen växer fram, skriven på svenska för vanliga människor. Bara för något år sedan kom poeten Lars Wivallius hem från fängelset i Kajaneborg, där han fått sona sin ungdoms synder. Han var en begåvad man som fick en fin men oavslutad utbildning. Han hade rest i hela Europa och på den färden uppträdde han som svensk adelsman inför en dansk adelsfröken. Han duperade hela hennes familj och lyckades gifta sig med flickan. Avslöjad dömdes han och skickades till Kajaneborg där han skrev flera av sina mest lästa dikter. Han benådades och återvände till Stockholm där han länge försörjde sig som framgångsrik brännvinsadvokat.

Något årtionde senare kommer en annan tillfällighetsdiktare av Wivallius typ, Lasse Lucidor, som sitter på krogarna i Gamla stan där han diktar och super. Pengar får han genom att försöka sälja obeställda dikter till folks bröllop och begravningar.

Göticismen blommar som intensivast i det rus som Sveriges militära framgångar och nymornade status som stormakt skapar. Georg Stiernhielm, den svenska skaldekonstens fader, skrev ”Hercules”, det första stora diktverket i antik form, fast på svenska. Stiernhielm hade varit ämbets-

Georg Stiernhielm (1598–1672), filosof och ämbetsman, men mest känd som den svenska skaldekonstens fader med sitt diktverk Hercules vid skiljevägen. Febrilt verksam hann han sällan fullfölja alla uppslag, hans planerade svenska ordbok slutar vid bokstaven A.

man i Livland, vetenskapsman och mycket annat, bland annat var det han som introducerade decimalräkning i Sverige, innan han blev känd som skald.

I sann götisk anda ville han renodla det svenska, rensa

bort alla utländska ord ur språket och ersätta dem med svenska. Han ansåg det vara varje svensk skalds plikt att skriva om nationella, heroiska ämnen.

Stiernhielm trodde, som Gustav Adolfs gamle lärare Johannes Bureus, att svenskarna var ättlingar till Noaks son Jafet och att det svenska språket därför var det äldsta bevarade, talat så som man talade före syndafloden (se mer om bakgrunden i kap 2).

I samma anda skrev pseudonymen Skogekär Bergbo i "Thet swenska språketz klagemål". Men författaren kunde också skriva erotiskt laddade sonetter, vilket visar att han var en bildad man, troligtvis ur högadeln, där det än så länge inte var fint att syssla med poesi. Därför var han anonym. Stiernhielms sekreterare Samuel Colombus var också en framstående författare, som på färgrik prosa skrev anekdotiska porträtt av samtida personer. En av dem var Stiernhielm. Han översatte tysk och fransk litteratur till svenska, bland annat Molière och han hjälpte Stiernhielm att göra balett av "Hercules".

De patriotiska fantasierna kulminerade mot slutet av 1600-talet då medicinaren m m, Olof Rudbeck, son till biskopen Johannes Rudbeckius, gav ut de första delarna av sitt oavslutade verk "Atland eller Manheim". Det är ett mycket märkligt verk, en sammanfattning av alla de göticistiska tankar som burits fram sedan 1400-talet, kryddat med den äldsta nordiska litteraturens bästa bitar, där Rudbeck vill leda i bevis att hela den klassiska litteraturen och mytologin har sina rötter och sitt ursprung i Sverige och att Atlantis, den i havet sjunkna ön, var detsamma som göternas rike.

Redan bokens titel är imponerande eller vad sägs om detta: "Atland eller Manheim Dedan Japhetz afkome, de förnemste Keyserlige och Kungelige Slechter ut till hela

Olof Rudbeck (1630–1702), universalgeni. Gjorde som ung medicinska upptäckter. Arkitekt, ingenjör och uppfinnare. Skicklig konstnär och skribent. I dag mest känd för Atlantican där all europeisk kultur påstås ha svenskt ursprung.

werlden, henne att styra, utgångne äro, så och desse efterföljande Folck uttogade nembligen: Skyttar, Borbarn, Asar, Jettar, Giotar, Phryger, Trojaner, Amaizor, Traser, Lyber, Maurer, Tussar, Kaller, Keimpar, Kimrar, Saxer, Germen, Swear, Longobarder, Wandaler, Herular, Gepar, Tydskar, Anglar, Paitar, Danar, Siökampar och flera de som i werket wisas skola."

Inte bara Atlantis hade legat i Sverige. Här låg naturligtvis också hyperboréernas lycksaliga rike, bortom de rifeiska bergen. Här låg hesperidernas trädgårdar där det gyllene äpplet växte. Här fanns en gång de elyseiska fälten.

Från den kungaborg som han ansåg ha legat i Gamla Uppsala hade den antika kulturens gudar utvandrat. Rudbecks "patriotiska evangelium innebar att han lade beslag på hela den grekiska och romerska kulturen och försåg den med svenska förtecken", som Sten Lindroth har formulerat det.

Rudbecks bevisföring är många gånger hisnande. Namnet Herkules kommer således av det svenska ordet "Här-Kalle", Troja kommer av "Tröja", det vill säga harnesk. Att galler hör ihop med Kallar (en Kalle flera Kallar) det kan man ju höra med lite fantasi. Orfeus kom av "horpare" som betyder harpospelare. Jupiter är detsamma som "Jofur" av Jo=jord. Merkurius kom av "merkursman" av ordet märka. Baal är feluttal av Balder, Assur (som i Assurbanipal) hette egentligen Asator. Det kärva svenska ordet berg har blivit Pergamon. Phryges kommer av Frigga. Staden Azanu i Frygien betyder självklart Asarnas säte. Att Donau betyder "en å som dånar" behöver man inte vara professor för att höra. Samtliga grekiska gudanamn och de flesta geografiska namn har på detta sätt ett nordiskt ursprung, för naturligtvis hade de gamla grekerna tagit alla sina kunskaper och konster från Sverige innan de vandrade iväg. Runstaven var således, precis som Bureus redan sagt, det äldsta alfabetet.

Rudbeck fick sina första kritiker redan i sin livstid, men det stora flertalet av tidens lärda män och i synnerhet stormaktstidens svenskar hälsade detta storslagna verk som stormaktstidens och göticismens verkliga bibel.

Aldrig förr i Sveriges historia trycktes så många böcker i landet som nu. En stor del skrevs direkt på latin, men många också på svenska. Alltifrån dikter, pjäser (se kap 6), prosa och vetenskaplig litteratur i alla ämnen, historia, Sveriges och världens geografi, medicin, matematik, filosofi och framför allt i filologi. Kunskapen om och kärleken till språken var brinnande. Ingen adelsman ansågs riktigt bildad om han inte, förutom latin, också talade tyska, nederländska, franska och kanske italienska. Det fanns redan nu professorer i alla dessa språk i Uppsala, plus män som undervisade i orientaliska språk som hebreiska, arabiska, kaldeiska och syrianska. Dessutom självklart också i de inhemska främmande språken som finska och samiska.

Den första ABC-boken för samer skrevs av Nicolaus Andreæ i Piteå redan 1618. En finsk språklära utgavs av Eskil Petraeus i Åbo 1649, liksom man översatte till och skrev de första böckerna på estniska.

Den svenska högadeln hängde naturligtvis med entusiasm med i detta uppsving från Vasatidens kärva och robusta borgliv till det mer fantasifulla och glittrande hovet kring Kristina. De nyrika krigarsläkterna lät sin rikedom väl synas. Pampiga slott och herresäten byggdes runt om i landet och inte minst i Stockholm. Nyerövrade konstverk hängdes på väggarna. Hela inredningar från böhmiska och tyska slott sattes upp i slott i Uppland, Södermanland och Västergötland. Och man deltog med liv och lust i Kristinas alla upptåg, baler, jakter och baletter.

Till Kristinas kröning uppfördes triumfbågar i Stockholm, den pampigaste vid Gustav Adolfs torg, som då hette Norrmalmstorg. Den 30 meter höga bågen såg solid ut, men var byggd i trä och målat tyg. Ritad av arkitekten Jean de la Vallée med Konstantinbågen i Rom som förebild.

Kristinas kröning

Den mest praktfulla fest svenskarna någonsin hade bevittnat var drottningens kröning den 20 oktober det svåra nödåret 1650. Samtidigt som tiggarhopar drog längs vägarna och nöden var större än i mannaminne var det festligheter i den kungliga huvudstaden som pågick i flera veckor. Det började med ett festtåg som ringlade sig hela vägen från De la Gardies Jakobsdal (Ulriksdal) till Stockholms slott, ett tåg med bland annat mulåsnor och kameler lastade med väldiga förgyllda korgar, totalt 1 500 hästar i kortegen.

Kröningen skulle egentligen ha ägt rum i Uppsala, där flertalet av Sveriges kungar krönts. Staden genomgick också en total ansiktslyftning inför kröningen. Hela det medeltida centrum revs, raka gator drogs mot slottet och domkyrkan, allt för att bli magnifika paradvägar för drottningens kröningståg. Nu blev staden inte färdig i tid. Alltså fick man i all hast bygga upp några imponerande äreportar i Stockholm i stället. Brist på pengar och tid gjorde att de restes av trä övedraget med målat tyg, för att se ut som sten. De kom att stå kvar ungefär lika länge som drottningen styrde.

Själva kröningståget var ett bländande skådespel som började mitt på dagen med en procession från slottet mot Storkyrkan. Då Kristina lämnade slottet började de fyrtio örlogsfartygen på Stockholms ström att skjuta salut. Snart låg de alla insvepta i en vit dimma.

I täten gick härolder i blå och gula sammetsdräkter med drottningens vapen i guld och silver broderat på bröstet följda av pukslagare med silverpukor och trumpetare med silvertrumpeter. Så kom höga hovfunktionärer med adelsmän från Sveriges provinser på andra sidan Östersjön, så nya pukslagare och trumpetare följda av huvudmännen för de svenska och finländska adelsfamiljerna, alla klädda i sina finaste dräkter, därefter riksmarskalken i sin hovvagn, efter honom riksråden i praktvagnar med betjäning i silverlivréer springande vid sidan, efter dem de fem riksämbetsmännen i ännu finare vagnar.

Rikskanslern Axel Oxenstierna, nu en gammal man bar guldäpplet, riksskattmästaren Gabriel Oxenstierna guldnycklen, den gamle, nu nästan helt blinde riksmarsken Jakob De la Gardie bar rikssvärdet, riksdrotsen Per Brahe hade den kungliga kronan. Riksamiralen Carl Carlsson Gyllenhielm låg sjuk hemma, därför bars spiran av fältmarskalken Gustaf Horn, numera greve av Björneborg. Den unge Magnus Gabriel De la Gardie bar riksbaneret.

Så kom det mest praktfulla av allt, den unga drottningen i en vagn dragen av sex snövita, silverskodda springare med guldbroderade röda sammetsschabrak och med skära och vita fjäderbuskar på huvudena. Bara hennes vagn hade kostat 60 000 riksdaler. Hennes klänning var strödd med guld, pärlor och ädelstenar. Efter henne leddes hennes livhäst, även den med silverskor och nästan dold i ett schabrak, helt täckt av pärlor och guldkedjor.

Ärkebiskopen och alla de högre prästerna mötte vid kyrkans port och ropade, som man gjort vid svenska kröningar sedan Erik XIV:s dagar: ”Välsignad vare den som kommer i Herrans namn!” Hon skred in under en baldakin buren av åtta överstar.

Framme i kyrkan fanns den silvertron som Magnus Gabriel De la Gardie hade låtit beställa i Augsburg och skänkt till drottningen. Tronen är sedan dess den officiella svenska tronen och finns i rikssalen på Stockholms slott. Så kröntes hon under all tänkbar pompa, varpå rikshärolden steg fram och ropade med hög röst: ”Nu är drottning Kristina krönt till konung över Sverige, Gothen och Venden med underliggande provinser och ingen annan!”

Hennes fullständiga titel blev: Sveriges, Götes och Vendes drottning, storfurstinna av Finland, hertiginna uti Estland och Karelen, fröken över Ingermanland.

Drottningen skred ut, iförd sin kröningsmantel i blåviolett purpurfärgad silkessammet, specialsydd i Paris och bevarad i modifierad form i Livrustkammaren i Stockholm.

Så följde flera veckor av festligheter och gästabud, fyrverkerier och andra nöjen med saluter, avfyrade från de fyrtio örlogsfartyg som låg ankrade utanför kungliga slottet. Stockholmarna fick äta helstekt kröningsoxe på Stortorget, vin flödade gratis ur springbrunnar. Naturligtvis blev det slagsmål och blodvite, en natt ”funnos döde människor, ihjälslagne på gatorna här och där till 10 stycken”, berättar prästen

Drottning Kristinas tron, silvertronen, var en gåva från Magnus Gabriel De la Gardie, specialgjord i Augsburg i silver på en stomme av trä. Silvertyget är från 1700-talet. Tronen används fortfarande vid högtidliga tillfällen i Rikssalen på Stockholms slott.

Kristina som jaktens gudinna, Diana. Denna målning av Justus van Egmont inköptes av entusiastiska Kristinabeundrare 1991 och donerades till Kristinas sista hem i Rom, Palazzo Corsini, där den nu hänger i drottningens dödsrum.

Jonas Petri i Hassle i Västergötland som var där som riksdagsman.

För att inte glädjen skulle grumlas på slottet hade Kristina sett till att tiggarhoparna som hungern drivit mot Stockholm hade jagats bort eller som hon sa: ”avskaffades och där intet uppfyllde gatorna, som nu sker, Oss och Kronan så väl som staden i gemen till ingen ringa vanheder, enkannerligen för de främmande och utländske, som denna tiden här vistats hava”.

Ett viktigt inslag var de så kallade upptågen, ett slags allegoriska maskeradtåg som drog från slottet upp till den rännarbana som fanns vid Hötorget. Det märkligaste av dem alla var nog det som kallades ”Lycksalighetens Ähre-Pracht” med en text skriven av Georg Stiernhielm.

Där kunde de häpna borgarna och inströmmande allmoge se antikens gudar i prunkande dräkter, stående i konstfullt utsmyckade vagnar, där den märkligaste var Venus som satt i en vit och guldfärgad vagn med blå hjul, i vars främre del en drake blåste rök. Amor spände sin båge och kärleksgudinnan själv satt i vagnen med ett brinnande hjärta och en spira i sina händer. Hennes vagn rullade fram utan några hästar.

Detta var Sveriges första bil! Den drevs av ett osynligt urverk konstruerat av en mästare i Nürnberg. Framme vid rännarbanan satt drottningen på en hedersläktare omgiven av sitt nyglänsande hov. Vagnarna stannade framför drottningen och deltagarna läste upp sina verser.

Det är osäkert om folket förstod den djupa symboliken då inte ens bildade präster gjorde det alla gånger. Texterna som framfördes var lika ofta skrivna på franska eller tyska som på svenska. Prästen Petri berättar i brev hem till Västergötland att han sett ”tre gröne människor i skogsrås skepelser, klädde i kvinnofolkskläder”, då Stiernhielm hade placerat tre danserskor i grekiska tunikor som skulle dansa för krigsguden Mars. Efter detta hade prästmannen sett ”en vagn som gick själv och vore inga hästar för, däruti satt en som hade eld, vilken brann som ett bloss”. (Venus med det brinnande hjärtat.)

”Däruppå stod ett beläte på en fot och hade en fana i handen (Lyckans gudinna). Kommo strax därefter en annor ganska stor vagn, däruti satt en som var förklädd och underlig att se uppå.” Det var Lycksaligheten med Endräkten vid sin sida, dragen av fyra bevingade hästar som tyglades av Freden. Slutligen hade prästen sett ”…ett stort berg gående och skridande. Däruppå sutto ock mänge förklädde människor i gröna och andra kläder. Till det yttersta redo de till rings en lång stund och därmed var det slutit.” I Stiernhielms manuskript stod det att den sista vagnen föreställde Apollo och sånggudinnorna ”uppå berget Parnassus”.

I andra upptåg förekom ”verkliga morianer”, det vill säga afrikaner ridande på kameler och annat exotiskt. Till kröningen hörde också djurhetsningar där vilda djur skulle slåss med varandra. Deltagare var bland annat det lejon som Königsmarck rövat i Prag. Kanske djungelns konung inte tålde miljöbytet för han visade sig allt annat än stridsbenägen. Han hetsades först mot en oxe, men fick stryk så att han drog sig undan. Sen mot en björn. De hade först nosat på varandra, sen, enligt den västgötska prästmannens ögonvittnesmål, hade lejonet till publikens och björnens häpnad gått och lagt sig.

Björnen hade då gått bakom lejonet ”steg på det och bet det något i ryggen, men lejonet skakade honom av sig och slog litet efter honom men skötte intet mer om honom. Luckan drogs upp; därmed gick lejonet in i sitt hus.”

Så släpptes björnen mot en häst, men det blev inte mycket av det heller annat än ett björnbett i låret. ”Hästen träckade därvid och slog bak efter sig. Sedan rörde björnen honom intet utan gick och lögade sig i ett vattukar.”

Magnus Gabriel De la Gardie (1622–86) beskrevs ofta i diplomatiska rapporter som "den vackraste mannen i Sverige". Miniatyr av Alexander Cooper.

Gunstlingarna

Drottning Kristina ville styra själv och måste därför markera avstånd till Axel Oxenstierna och hans familj. Hon gjorde det genom ett mycket dyrbart gunstlingssystem. Genom att ge sina favoriter de bästa ämbetena och fina förläningar minskade hon oxenstiernornas makt och inflytande. Hon till och med sände bort en del, till exempel Erik Oxenstierna. Han fick bli guvernör i Estland, något han såg som en

En drottnings gunstling på höjden av sin makt, Magnus Gabriel De la Gardie, 31, gift med Eufrosyne, Kristinas kusin, syster till Karl X Gustav, ägare av fler slott och herresäten än någon annan. Bönskidan i hustruns hand antyder graviditet. Hendrick Munnichhoven, Gripsholm.

förvisning.

I stället knöt hon till sig personer från oxenstiernornas fiendeläger, som Johan Skyttes son Bengt Skytte och Johan Adler Salvius.

Hon omgav sig med unga, vackra män som trampade kring henne som adrenalinstinna stridstuppar, beredda att hacka ögonen ur varandra för hennes gunsts skull. Förste favoriten blev Magnus Gabriel De la Gardie, son till den gamle krigshjälten Jakob De la Gardie och Gustav Adolfs ungdomsflamma Ebba Brahe. Den unge De la Gardie ansågs vara sin tids skönaste man, begåvad och välutbildad med studier i bland annat Nederländerna och Frankrike. Ingen har, utan att ha gjort särskilt mycket, någonsin fått så mycket av en svensk monark.

Redan som sjuttonåring utsågs han till "rektor illustris" för Uppsala universitet, en delvis symbolisk befattning som han tog på stort allvar. Som tjugotvååring blir han gardesöverste. Han är fortfarande bara tjugotre år då han far till Paris som ambassadör för den mest påkostade ambassad Sverige någonsin sänt ut. Den unge excellensen avreste med ett linjeskepp och tre fregatter, omgiven av en egen hovstat på cirka trehundra personer, bland dem ett femtiotal högättade unga män, kammarpager, lakejer, trumpetare och drabanter, musiker och taffeltäckare. Intåget i Paris skedde i kortege med franske kungens trumpetare i täten, följda av ambassadörens egna trumpetare. Ambassadören åkte i franske kungens förgyllda kaross dragen av sex hästar. De la Gardie rörde sig sällan genom Paris i färre än tolv vagnars kortege med full uppvaktning. Ludvig XIV var då bara åtta år.

Då ambassadören är hemma igen följande år kommer räkningarna, totalt cirka 175 000 riksdaler.

Nu giftes han bort med pfalzgrevens dotter Maria Eufrosyne, vars bror så småningom blir kung Karl Gustav, varför greven blir svåger med kungen. Släkt med kungahuset var han redan innan, hans farmor var dotter till Johan III och hans frilla Katarina Hansdotter.

Då den unge De la Gardie var 24 år blev han riksråd, kort

därefter assessor i Krigskollegium och krigsråd och han blev häradshövding med domarrätt i Västergötland. Han får gods och gårdar: tio amt och hov på ön Ösel utanför Estlands kust, dessutom fästningen Arensburg på Ösel. Detta ger goda inkomster. Så blir han general och Wrangels närmaste man i kriget i Tyskland. Då freden sluts får han 45 000 riksdaler av skadeståndspengarna. I maj 1649 blir han fältmarskalk och generalguvernör över Livland. Efter Kristinas kröning blir han hovmarskalk; en månad senare blir han riksmarskalk.

Så är han ambassadör på en förhandlingsresa till Lybeck och får nya donationer: ön Wollin i Tyskland, Poel och Neu Kloster i Mecklenburg, ett hus i Weimar, fästningen Benfeld i Elsass som han strax sålde till franske kungen för 26 000 riksdaler.

Nästa år blev det ännu bättre. I januari utsågs han till president i Kammarkollegiet, lagman i Västergötland och Dalsland och han fick nya gods och fastigheter: tomter på Blasieholmen och Södermalm i Stockholm, 24 hemman i Närke och Västergötland plus en hel del prima laxfisken. Han fick Gustav Vasas gamla familjegård Räfsnäs i Södermanland med 33 hemman, gods i Ilmola socken i Finland med 151 hemman plus en hel del till. Totalt ägde han långt över tusen hemman. Men Drottningholms slott och gods hade han ännu inte, så det fick han i gåvobrev.

Slutligen blev han utsedd till riksskattmästare. Nu var han trettio år och stormakten Sveriges rikaste och mäktigaste man. Ingen enskild svensk man hade sedan Bo Jonsson Grips dagar på 1300-talet och möjligtvis hans riksrådskollega Per Brahe ägt så mycket jord, slott och herresäten som han. Visste man inte var han fanns, var det bara att söka honom på slottet.

Läckö vid Vänern, ca 24 km norr om Lidköping, fick sin nuvarande form under De la Gardie på 1600-talet. År 1810 förlänades slottet finska krigets hjälte Adlercreutz varför Läckö en tid fick heta Siikajoki.

Pröva först Makalös i Kungsträdgården mitt emot drottningens Tre Kronor. Är han inte där? Då är det bara att åka till Drottningholm, Karlberg, Jakobsdal (Ulriksdal), Venngarn, Ekolsund, Ekholmen. Inte där heller? Nytt försök med något annat slott eller herresäte, hur är det i Frövi, Hinseberg, Kägleholm, Läckö, Traneberg, Mariedal, Katrineberg, Höjentorp och är han inte där kanske han är i Synnerby, Slädene, Magnusberg, Råda ladugård eller Jönslunda. Är han inte där heller är det bara att åka till ett trettiotal ställen i Finland, Baltikum eller Tyskland.

Till allt detta kan man nämna att hans bror Jakob Kasimir giftes bort med drottningens absolut största kvinnliga favorit, den skandalomsusade ”la belle comtesse”, Ebba Sparre.

Men plötsligt tar allting slut för honom. Han faller på eget grepp. Missunnsam och svartsjuk försöker han utman-

Riddarsalen på Läckö är fortfarande ett av landets ståtligaste festrum från 1600-talet med Sveriges mest utsökta Merianinteriör. I fonden musikläktaren som avsiktligt dolde musikanterna.

övrera sina verkliga eller inbillade konkurrenter. Han förtalar drottningens nya gunstlingar, i synnerhet överstemunskänken Schlippenbach från Kurland. De la Gardie beslås med lögn och han jagas bort från hovet.

Ny favorit blev den unge och om möjligt ännu ståtligare Claes Tott, son till den finländske generalen från trettioåriga kriget, Åke Tott, även han med kunglig anknytning; hans farmor var dotter till Erik XIV och Karin Månsdotter. Han blir i snabb följd drottningens överstekammarherre, chef för livgardet och riksråd då han är tjugotre år, varpå han gör en lika lysande och snabb karriär som De la Gardie men lyckas hålla sig kvar också under nästa regim och slutar så småningom, via poster som bland annat fältmarskalk, generalguvenör i Livland, som ambassadör i Paris.

Många utlänningar dök upp hos Kristina i förhoppning

om ämbeten eller bara för att få vara med i det glansfulla livet. En sådan var den preussiske burggreven Kristofer von Dohna, som vid tjugofem års ålder blev överkammarherre och överste i livgardet. Några var politiska flyktingar från andra hov, till exempel förre danske rikshovmästaren och kungasvågern Corfitz Ulfeldt, som gått över till sin forna fiende och kommer att delta i Sveriges krig mot Danmark tills han blir förrädare igen, och polacken Hieronymus Radziejowski, en landsförrädare som gjorde vad han kunde för att få Sverige i krig mot sitt forna hemland. Han fick frikostiga gåvor och placerades ofta tillsammans med Ulfeldt närmast drottningen framför rikets högsta ämbetsmän.

En av hennes gunstlingar var den tyske hovstallmästaren Antonius von Steinberg, vars väg till lyckan kommer den dag Kristina ska stiga ombord på ett fartyg i Stockholms hamn sommaren 1651. Landgången vinglar till, den finländske amiralen Herman Fleming ramlar i vattnet och i fallet drar han med sig drottningen. Bägge försvinner ner i djupet. Hovstallmästaren griper snabbt in och räddar drottningens liv. Kristina själv skämtade gott om det som hände och sa att det gjorde henne ingenting. Värst var det för amiralen som aldrig druckit vatten förr. Hon var ju van. Hovstallmästaren blev genast överste, friherre och mycket mer till den svenska adelns stora ilska. Fleming skulle få adeln att koka av vrede lite senare, men av andra orsaker.

Mången gammal greve och adelsman från Gustav Adolfs dagar måste ha skakat på huvudet dessa tider då nya sköldar hängdes upp i Riddarhuset varje vecka. Personer adlades utan någon större anledning, som Kristinas skräddare Johan Holm, som fick kalla sig Leijoncrona, vilket i alla fall lät något klangfullare än Witten, Wrång, Huvudskått och Skalm, som hängdes upp tätt intill.

Kristinas landsflyktiga mor Maria Eleonora återvände till Stockholm liksom hennes halvbror, det vill säga Gustaf Gustafsson, Gustav Adolfs son med den holländska officersfrun. Efter avslutade studier och misslyckade försök att bli officer i svenska armén i Tyskland blev han som tjugonioåring guvernör över furstendömet Estland och generalståthållare i Reval. Året efteråt, då Kristina blev drottning, dök han upp på Stockholms slott där han blev väl mottagen. Han fick en rad förläningar i Finland och Baltikum och 1646 blev han greve till Nykyrko och Letala socknar i Finland med 440 hemman, samtidigt som han fick Vibyholm som friherreskap. Hans namn blev nu Gustaf Gustafsson av Vasaborg.

Kristina nöjde sig inte med detta; i september 1646 blev han riksråd och då fredsförhandlingarna kommer i gång på allvar i Osnabrück sänds han dit som en i delegationen med titeln ambassadör, och då delegaterna efteråt ska dela på skadeståndspengarna får han 80 000 av Kristina men dessutom något ännu bättre. Han får hela amtet Wildeshausen i provinsen Bremen-Verden. För att han ska kunna bo representativt i Stockholm då han är hemma, får han dessutom den lilla holmen Strömsborg intill Riddarholmen samt den tomt på Helgeandsholmen där Riksdagshuset nu ligger plus ett av de finaste husen på Västerlånggatan intill Järntorget.

Till Stockholm kom också de första fasta ambassadörerna eller som det ofta hette på den tiden, ministerresidenterna. De främsta och som kom att stå Kristina nära var fransmannen Pierre Chanut och spanjoren Antonio Pimentel de Prado. Men stor betydelse för hennes utveckling fick också portugisen Josef Pinto Pereira med sin personal, i synnerhet den förklädde prästen Antonio Macedo, samt den brittiske ambassadören Bulstrode Whitelocke.

Kristinas intensiva liv i en virvel av dyra nöjen och kulturella utsvävningar, blandningen i hennes uppvaktning av utländska äventyrare och högt bildade män och det stora, iögonenfallande slöseriet skapade naturligtvis också rykten och avundsjuka, illvilja och direkt fiendskap. Rykten som Sveriges traditionella arvfiender givetvis försökte utnyttja. En ivrig deltagare i den kampanjen var den danske ambassadören Peder Juel som skriver en saftig rapport hem till Köpenhamn som måste ha lästs med stort intresse. Han berättar att drottningen förde ett ”abominabelt” och lättfärdigt liv, hädade Gud offentligt och vid en maskerad till och med låtit hovmännen klä av sig intill särken och underbyxorna. Utsvävningarna hade slukat alla statsmedel.

Hon umgicks lättfärdigt än med greve Tott och än med Pimentel de Prado. Hon påstods ha varit berusad tillsammans med Pimentel de Prado och i övrigt uppträda som en nymfoman. Han avslutar sin rapport med att berätta att drottningen brukade ha den unga grevinnan Ebba Sparre hos sig i sängen ”och på ett särskilt maner umgåtts med henne”.

Detta expansiva hovliv och dyrbara belönings- och gunstlingssystem kostade oerhörda summor av pengar som inte fanns.

Kristina fortsätter därför samma politik som Axel Oxenstierna och förmyndarregeringen redan hade inlett. Hon säljer kronans mark till adeln.

Oxenstiernas argumentering för detta påminner något om moderna politikers försvar för privatisering. Jorden sköttes bättre av privatpersoner, det vill säga adeln, hette det. Då gav skördarna bättre utdelning och detta i sin tur skulle leda till ökade inkomster i skatter och tullar eftersom mer pengar kom i omlopp, förklarade rikskanslern.

En stor del av kronans mark såldes och en mycket stor del

Stockholms slott Tre Kronor år 1661. Varje makthavare sedan Birger Jarls dagar byggde på och förbättrade slottet som växte till en serie byggnader där den kungliga familjen bodde men där också nästan hela den statliga förvaltningen hade sina lokaler. Camphuysen.

gavs bort i förläning till nyutnämnda grevar och friherrar. Då Gustav Adolf stupade hade Sverige bara tre grevar, nio friherrar och 232 adliga familjer.

Då Kristina avgår finns det 21 grevar, 50 friherrar och 625 adelsfamiljer; nära hälften av de nya adelsmännen är av utländsk härkomst, familjer som nu flyttar in från Baltikum, Tyskland, England, Skottland och Frankrike, många för att stanna för alltid och vars ättlingar i dag är en självklar del av det svenska samhället, som familjerna Belfrage, Bildt, Douglas, De Geer, von Essen, Hamilton, Ramsay, Taube, von Vegesack, Wrangel och Wachtmeister. Antalet riksråd hade svällt från 25 till 47, vilket självklart irriterade de gamla råden och äldsta riksrådsfamiljerna, i synnerhet som de fick maka åt sig för mången, som de tyckte, ovärdig nyutnämnd kollega som inte ens talade svenska.

Då Gustav Adolf föddes ägde den svenska adeln cirka 15 000 hemman i riket, år 1655 ägde de 60 760. Med egendomarna i Finland blev det 85 289. Då låg hela 63 procent av Sveriges odlade jord i adelns händer, plus en tredjedel av hela Livland. Få av egendomarna låg i Finland och nästan inga alls i Norrland: "Norr om Dalälven trivs inte kräftor och adelsmän". Med varje utnämning till greve eller friherre följde stora jordarealer, mark som togs från kronan.

Mycket gavs alltså bort i onödan, men lika lite som det var Marie Antoinettes klädkonto som drev fram den franska revolutionen, var det Kristinas gunstlingar som knäckte svensk ekonomi. Kristina hade helt enkelt oturen att drabbas av freden. Under hennes tid måste Sverige betala vad krigen kostat. Under krigstid kunde arméerna försörja sig själva och officerarna belönas med nytt land. Nu blev hon tvungen att belöna dem som belönas skulle med titlar och gåvor, något annat sätt fanns inte. Liksom de som hade innestående löner och fordringar måste bli betalda. Det enda hon hade var kronans jord.

Runt om i landet växte ståtliga slott och herrgårdar upp. För att få billig arbetskraft lät slottsherrarna bygga små stugor, torp, med en liten jordplätt. Dit fick arbetsvilliga flytta mot att de betalade sitt arrende i dagsverken på herrgården. Även torparens barn och hustru var skyldiga att arbeta på gården. De adliga godsägaren var själva skattefria men hade ofta rätt att ta skatt av sina underlydande. De som var uppstudsiga eller misskötte sig straffades hårt. Denna rätt till husaga fanns kvar i Sverige långt in på 1900-talet, men avsåg efter 1858 bara tjänstehjon.

I domstolsprotokollen kan man läsa om grymheter mot utslitna torpare som inte orkat betala sina skulder eller varit uppkäftiga mot överheten. De kunde kastas i fängelse, piskas eller sättas på tortyrredskapet trähästen, en vass bock som den dömde fick sitta gränsle över med järntyngder fästa vid fötterna. Månget offer blev förlamade för livet. I de baltiska provinserna var bönderna helt livegna; det var ett system som mången svensk adelsman gärna ville införa.

Längst kom Per Brahe, som ansåg att de äldsta grevefamiljerna och riksrådsätterna hade samma ställning som tyska småfurstar. Greven menade att alla svenskar visserligen var undersåtar, men att adeln var undersåtar till kungen, medan de som bodde på adelns mark var underställda sina herrar. Han hade ”hals- och handrätt” i sitt grevskap, vilket gjorde att Visingsborgs befolkning i själva verket stod utanför kronans jurisdiktion. I rättvisans namn bör dock påpekas att Per Brahe var den mest humane av dåtidens svenska storgodsägare.

Revolten nära

Ett adelsvälde efter mönster på kontinenten eller i Baltikum hotade alltså i Sverige, samtidigt som det rådde hungersnöd och vägarna var fulla med tiggare. I en dagbok från de värsta nödåren skriver till exempel prästen Petrus Gyllenius att folk svalt ihjäl ”och lågo på vägarna och annorstädes hopetals döda av hunger”.

Skalden Nicolaus Lofftander skrev en dikt som cirkulerade bland allmänheten och som i sin kärvhet påminner om de gamla runstenarna: ”Somliga slösa i lättja de armas silver och guld/ Med brask (ståt) de brusa i kättja/ Den fattige ligger omkull/ Gud tröste oss syndare arma”.

Bönderna reagerade starkt: ”Vi veta i andra land är allmogen träl, det befara vi skall övergå oss, där vi likväl är födda fria folk.” Borgare och präster slöt upp bakom bönderna mot högadeln. De menade att det inte bara var adelsmännen som slitit och dött för att Sverige skulle bli en stormakt. Men det var bara adeln som fick fördelarna. Kraven på att kronans jord skulle tas tillbaka, en reduktion, höjdes allt högre.

Många inom högadeln, inte minst den gamle Axel Oxenstierna, trodde att revolutionen var nära och Ebba Brahe skrev till sin son: "När jag kom hit till Blidsberg, där bonden bor, som plägar vara herredagskarl (riksdagsman), med det stora röda skägget, så blev han full om aftonen, han drack med sitt folk. Så sade han ut, vad böndren hade i sinnet, det de ville slå ihjäl all adelen." Hon varnar sin son för att resa till godset och hon fortsätter: "Jag vet inte hur jag skall komma upp, för de säja i Småland äro de lika galna. Gud hjälpe oss för Kristi skull och stille allt ont." I Närke bröt oron ut i fullt uppror. Småländska bönder skrev till sina representanter att om de inte skrev på protesterna och böndernas krav i Stockholm, så var de inte välkomna hem igen. I Uppland vägrade bönder att ge herrskapet skjutsning och i Finland nekade man dagsverken på många håll och i vanlig ordning då tiderna var onda eller ofärd stod för dörren var det många som såg allehanda järtecken och omen i skyn, bland annat över Stockholm och i självaste Johan Skyttes hus. Där påstås ett ursinnigt spöke ha rivit ner tapeterna i ett rum och på frågan om varför han gjorde så, svarat att han var den minste av djävlarna, underförstått att detta bara var början.

I Stockholm höll prästen Kristoffer Siggonis från Strängnäs stift en djärv predikan i Storkyrkan, där han gick till hårt angrepp mot adeln som han menade förtryckte ofrälset som fariséerna på Kristi tid. Ute i landet cirkulerade flygblad med rent revolutionära sånger och texter. En sådan dikt skrevs av Arvid Brynolphi och heter Varningsrop till Sverige, där kan man läsa: "Här skall komma blodstörtning så stoor/ medh bössor och kalla värior/ Uthgjutass så många oskyllig manss blodh/ som aldrigg kan giöra värre... Här skall komma een hunger så stoor/som the fattiga nu lida/ och the skola äta barken af trä/ och döö i stoor hunger och quida."

Allt detta passade den unga drottning Kristina perfekt. Hon hade ingen större medkänsla eller förståelse för allmogens lidande, däremot såg hon sin chans att öka sin egen makt och få igenom sin egen vilja på adelns bekostnad.

Stormiga riksdagar

Den första stora sociala striden i Sveriges riksdag kom på själva kröningsriksdagen 1650 – ett år då nöden var som störst. Drottningen låtsades uppmuntra och stödja bönderna i deras krav och med detta hot som utpressning fick hon adeln att accptera hennes egna idéer, som att göra kusinen Karl Gustav till tronarvinge. Adeln accepterade och drottningen glömde bort sina löften till bönderna.

Det kunde naturligtvis inte bönderna göra, varför frågan dyker upp med ny kraft på varje riksdag tills de till slut lyckas i slutet på 1680-talet.

Bönderna misslyckades 1650, men det var samtidigt deras första stora genombrott i politiken, från och med nu var de en kraft att räkna med. För första gången hade bönder, borgare och präster gemensamt reagerat och formulerat sig mot förtryck och missförhållanden. Deras missnöje och krav blev det samlade programmet för framtiden.

Då Kristina nått så långt var hon mogen för nästa steg i sin personliga plan – abdikationen. Varför ville hon avgå?

KAPITEL 18

Därför avgick Kristina
Vad hände sedan?

SOMMAREN 1651 var Kristina tjugofem år. Hon var nykrönt drottning i stormakten Sverige, hon hade löst frågan om tronföljden och slapp därför de upprepade kraven på att hon skulle gifta sig. Hon levde som Nordens Minerva, omgiven av ett praktfullt hov och de lärda män och sköna konster hon själv hade valt. Hon såg inte de ekonomiska bristerna eller sociala problemen som tornade upp sig.

Hon var firad och hyllad drottning i ett rike som just då hade det högsta tänkbara anseende i Europa. Då meddelar hon riksrådet att hon ska avgå och lämna landet.

Det var inget plötsligt beslut utan den logiska och ofrånkomliga konsekvensen av en lång process inom henne.

Kristinas abdikation och hennes övergång till katolicismen tillhör de mest omskrivna ämnena i vår historia, vilket har gjort att ingen av våra kungar har fått så många biografier som Kristina.

Skribenterna med skiftande bakgrund har olika mer eller mindre spekulativa förklaringar till vad som händer. De kan delas upp i några huvudgrupper.

– Hon, som var så nöjeslysten och otålig, tröttnade helt enkelt på att regera. Det var inte roligt längre. Hit hör också förklaringen till att hon tröttnade eftersom Sveriges ekonomi började bli så usel att hon inte kunde fortsätta leva som hon var van.

– Hon ville bli katolik och kunde därför inte vara kvar som regent i protestantismens högborg Sverige.

– Hon hade så svåra medicinska problem att hon inte orkade regera längre. Med medicinska problem menas även psykiska och sexuella.

– Hennes abdikation var en teologisk-politisk handling genom vilken hon ville överföra sina maktbefogenheter till någon annan som för tillfället var bättre lämpad att leda arméer, så att hon i stället som en fri och obunden kunglighet kunde vara med om att bilda ett nytt slags Europa.

Man kan föreställa sig riksrådens häpnad den 7 augusti 1651 då Kristina förklarar att hon bestämt sig för att avsäga sig kronan. Hon uppgav tre skäl: För det första rikets bästa, det vill säga landet behövde ”en karl och en capiten därhos som i krig kunde sätta sig till häst och fäkta för dess försvar, därtill en kvinnsperson är incapabel”.

Därför behövdes nu Karl Gustav och det var för hans bästa hon måste gå. Dessutom längtade hon efter ett lugnt liv. Så tillade hon att det fanns andra skäl men dem ”sade H. Kungl M:jt sig ännu inte kunna riksens råd upptäcka”, som det står i riksrådsprotokollet.

Det är lätt att föreställa sig hur chockade herrarna blev. En del visste att hon lekt med tanken, men ingen trodde att hon menade allvar. Omedelbart försökte de övertala henne att stanna och de ville veta de verkliga skälen, de som hon än så länge ville hålla hemliga. Axel Oxenstierna fick uppdraget att leda övertalningsförsöken. Han skriver bland annat: ”Människorna äro till möda och arbete födda och särdeles

Konungar och Regenter, vilkas villkor är att taga sin lust och nöje i arbete, och att fly all enslighet och rolighet (lugn) såsom den där strävar emot Konungars natur och condition." Om hon bara ville ha en lättare arbetsbörda kunde hon avlastas av Karl Gustav och andra.

I dag vet man att Kristina redan då hade bestämt sig för att bli katolik. Hennes kontakter med katolska kyrkan är som en thriller.

Vi måste komma ihåg att detta hände i Gustav Adolfs rike. I inget annat land i Europa var lutheranismen så stark och katolicismen så förbjuden. I den då gällande religionsstadgan av år 1617, artikel 10, står det att var och en som "faller ifrån vår rätta kristliga tro och evangelii lära, som nu genom Guds nåd lyser i vårt kära fädernesland, till den papistiska läran" skulle drabbas av fruktansvärda straff. "Han skall aldrig hava varken boning eller hemvist, ej heller njuta något arv, rätt eller rättighet inom Sveriges gränser, utan aktas och hållas uti allt arv och annan rättighet lika vid en död och vara biltog (fredlös och bannlyst) över allt Sverige."

Kristina intresserade sig för religionen redan som mycket liten, det låg i tiden och i kulturen. Efter kampen mot de katolska Vasarna i Polen hade Sverige under Karl IX och Gustav Adolf blivit lutherdomens huvudborg. Det var för dem en brännande politisk fråga. Kampen för att få behålla sin tron blev densamma som kampen för lutherdomen. Sveriges huvudfiende var polacken och papisterna, det visste varje svensk. Så hade det dundrats i predikstolarna nu i över femtio år. Med den tyska ortodoxins skarpaste svärd högg man av allt som hade ens en doft av katolicism i Sverige. Den som hade kontakter med katoliker var statsfiende, förrädare, dödsdömd. Den som tog emot katolsk propaganda var en

Drottning Kristina då hon stod på höjden av sin makt, omsvärmad och hyllad av Europas lärde. Emaljmålning av Pierre Signac 1646, Statens konstmuseer.

upprorsman och skulle straffas därefter.

Sverige hade en Herre och en Gud och det var denna enighet som segrade mot Sigismund och hans familj och den hade fört tiotusentals svenskar och finnar till döden på slagfälten i Tyskland.

Luthers lära, som ju från början var en frisk frihetslära, blev en förtorkad, mager själaspis som entonigt maldes ut av renläriga, stelbenta präster under timslånga sövande predikningar, kryddade med hätska utfall mot oliktänkande.

I den miljön växte Kristina upp, varje sekund medveten om att hon var den store Gustav Adolfs dotter, protestanternas hjälte. Då mötte hon sin lärare Johannes Matthiae, den ende teologen i riket som hade en något öppnare syn på den rätta läran. Hans långa studieår och resor i Tyskland, Nederländerna, England och Frankrike hade gett honom djupa kunskaper, men också vidsynthet och tolerans. Hans kunskaper och öppenhet gjore honom till Gustav Adolfs näre förtogne och vän.

Därför var det han som fick hand om den unga, kunskaps- och kärlekstörstande, men faderlösa flickan som snart också togs från sin moder. Genom Johannes Matthiaes mer toleranta och icke-ortodoxa tolkning av Bibeln öppnades den första dörren för Kristina. "Jag hatade till döds dessa lutherska prästers många och långa predikningar", skriver hon i sin självbiografi. Av Matthiae förstod hon att det fanns en annan väg. Hon började tvivla på den lutherska läran.

Så blev hon drottning och en helt ny värld blev tillgänglig för henne. Hon behövde bara skriva ett brev och strax var tidens mest kända och framstående vetenskapsmän vid hennes sida, redo att besvara hennes frågor. De svenska härarna i Tyskland sände henne omskakande litteratur, böcker som var förbjudna i Sverige och böcker som vidgade och förändrade hela hennes världsbild.

Alla dessa skrifter var författade av utlänningar, de flesta katoliker. Hon såg konst och vackra föremål av ofattbar skönhet, det mesta skapat i katolska länder. Inom henne finns säkert hennes mors stämma kvar, Maria Eleonora, då hon under flera år gråtande och sörjande klagar på Sverige och allt svenskt och så tydligt fick flickan att förstå att svensk kultur och vad Sverige hade att komma med ingenting var värt jämfört med utlandet. Det såg hon ju nu själv framför sig. Bevisen hängde där på väggarna och stod i hyllmeter efter hyllmeter i praktfulla band i hennes bibliotek.

Hon började brevväxla med lärde av skilda trosriktningar, katoliker, kalvinister och judar. Hon jämförde och ställde frågor. Hon läste antikens filosofer, kyrkofäder och annan teologisk litteratur. Så kom de lärde till Stockholm. De som fick den största betydelsen för hennes fortsatta religiösa utveckling var den franske ambassadören Chanut och filosofen Descartes. Chanut som samtalspartner om det förbjudna och Descartes därför att han med sitt stora tvivel ändå förblev en varm katolik. Det visade för henne att vetenskapligt tvivel inte förhindrar en religiös tro.

Chanut var den förste som anade vart Kristina var på väg, både med läran och med framtiden. För honom var det häpnadsväckande och inte alls i Frankrikes politiska intresse. Frankrike och Sverige var gemensamt ansvariga för maktbalansen i Europa, ett avtal som byggde på att ett Frankrikevänligt Sverige var protestantismens försvarare. Allt detta kunde rasa om drottningen blev katolik.

Första kontakten

Kristina hade nu kommit ett långt steg närmare katolicismen. Allting var fortfarande mycket hemligt. Då, i juli 1650, anlände en portugisisk ambassad till Stockholm för att vara med om kröningen, anförd av Josef Pinto Pereira. I hans följe fanns även en ambassadpräst, en jesuit, förklädd till sekreterare. Ingen katolsk präst eller munk kunde visa sig offentligt i Stockholm vid denna tid, allra minst en jesuit. Det hade varit som om en KGB-agent gått in i Vita huset i Washington under det kalla krigets mest isande dagar, försedd med en stor KGB-skylt på magen. Samtalen med den inte så språkkunnige ambassadören fördes via ambassadens tolk. En dag var det den förklädde jesuiten Antonio Macedo som tolkade.

Kristina förstod mycket snart att tolken egentligen var en präst och hon började ställa religiösa frågor. Detta skedde utan att ambassadören, i alla fall officiellt, visste om det.

När replikerna mellan drottningen och tolken blev mycket längre än vad som var rimligt, förklarade tolken för den frågande ambassadören att drottningen hade ställt litterära och vetenskapliga frågor som krävde omsorgsfulla svar.

Samtalen var ytterst hemliga och kontroversiella. Ingen utomstående fick ana vad som hände. Kristina använde tolken som sin första kontakt med katolska kyrkan. Inte bara det. Hon tog genom honom direkt kontakt med jesuitorden, en fullkomligt hårresande, orimlig tanke för alla andra i Kristinas omgivning.

Den 2 augusti 1651 försvann Macedo plötsligt från sin ambassad. Han reste så fort han kunde söderut. Ambassadören var tydligen inte förvarnad. Han efterlyste tolken, misstänkt för att ha stulit dokument. Macedo hanns upp, visiterades och befanns vara bärare av ett giltigt svenskt pass utskrivet av drottningen personligen! Dessutom hade han en guldkedja och trehundra dukater i respengar. Fogdarna hittade inte anledningen till hans brådskande resa. I sina gömmor hade han det mest förbjuda man kunde tänka sig: ett brev från Gustav Adolfs dotter till jesuitordens ledare i Rom, pater Gosvin Nickel. Brevet finns kvar i arkiven. Där uttalar hon sin vördnad och respekt för jesuitorden och dess chef och hon ber honom sända två lärda, italienska patres för att tala med henne. Hon ville bli katolik.

Brevet är förmodligen ett av de mest omskakande någon

svensk monark någonsin skrivit. Jesuitorden var för massan av svenska folket på 1600-talet själva symbolen för djävulen, fienden, upphovet till allt ont.

Fem dagar efter det hon skrivit brevet träder Kristina fram inför riksråden och säger att hon vill abdikera av de skäl som uppgetts och dessutom av de hemliga skäl hon inte vill eller kan uppge ännu.

Operation övertalning inleds. Hon vacklar. I november tar hon tillbaka sitt beslut, hon stannar som drottning. Utan att någon svensk vet om det har hon alltså skriftligt meddelat självaste jesuitordens ledare att hon vill bli katolik medan hon officiellt fortsätter att vara protestantisk drottning och lutherdomens försvarare i Europa.

Under tiden har den portugisiske ambassadsekreteraren och tolken, den förklädde jesuitprästen Antonio Macedo, nått Rom. Han rusar upp till påvens statssekreterare Fabio Chigi, samme Chigi som varit delegat vid de westfaliska fredsförhandlingarna och själv snart ska bli påven Alexander VII. Han besvarade Kristinas brev den 4 november 1651 och sände så fort han kunde två bildade och respekterade jesuitfäder, teologie professorerna Francesco Malines och Paolo Casati, till Sverige. Klädda som köpmän kom de till Stockholm med falska pass. Deras instruktioner var hemliga och i all korrespondens med jesuiterna kallades drottningen ”Signor Teofil”.

De var framme i mars 1652 och sökte på omvägar kontakt med hovet. Deras uppdrag var farligt för dem själva och politiskt explosivt för drottningen. De rörde sig i Stockholm som hemliga agenter i ett mycket fientligt område, men Kristina förstod snart vilka de italienska ”köpmännen” var och tog upp dem till sin mest avskilda audiensplats, Fyrkanten kallad, i slottet.

De har efteråt skrivit om sin förvåning då de mötte denna tjugofemåriga ”furstinna så fullständigt fri från mänsklig storhets fåfängligheter och med så riktig uppskattning av allt till dess rätta värde, att hon syntes uppfödd med själva märgen av moralfilosofin”.

Hon var då själv redan övertygad om att hon borde ta steget fullt ut. Hon hade frågat om förnuftet och tron och de hade svarat att ”vår heliga tros läror voro höjda över förnuftet, men ingalunda stredo mot förnuftet”. Snart lät hon dem förstå att hon bestämt sig. I maj 1652 reste Casati till Rom med den brinnande nyheten: Gustav Adolfs dotter var beredd att avfalla från den evangeliska läran.

Flyktplanen finslipas

Så långt ska vi komma ihåg att det inte var någon som övertalade henne eller förledde henne in i katolicismen. Hon hade själv tagit alla kontakterna.

De underjordiska förbindelserna fortsätter med Vatikanen. Hon hade frågat påven och fått svaret att hon omöjligt kunde fortsätta regera som protestantisk drottning utåt och vara katolik i hemlighet. Då återstod bara praktiska frågor. Hur och var skulle hon officiellt övergå till den katolska kyrkan? Hon utsåg den starkaste katolska makten Spanien till sin beskyddare. Spanien styrde över en del av Nederländerna med Antwerpen och Bryssel. Dit skulle hon under en eller annan förevändning söka sig. Därför sände Spanien ett sändebud till Sverige. Ända sedan Gustav Adolfs krig med de spanska trupperna i Mainz hade förbindelserna mellan Stockholm och Madrid varit minst sagt nedkylda och svenska fartyg svartlistade i spanska hamnar. Nu togs diplomatiska initiativ från bägge håll. Det nya spanska sändebudet hette don Antonio Pimentel de Prado, en fyrtioåttaårig ståtlig före detta militär och numera inflytelserik dipomat.

Han kom i augusti 1652 och Kristina tog honom genast till sig; han blev en av huvudpersonerna i hennes ständiga uppvaktning, alltid med i nöjeslivet. Genom honom finslipas detaljerna i Kristinas "flyktplan" från Sverige. Allting sker fortfarande i största hemlighet.

Hennes nye livläkare och gunstling, fransmannen Pierre Bourdelot, är en av de få som vet vad som ska ske. Ingen svensk är inblandad. Landet har svåra ekonomiska problem, det råder starka sociala motsättningar och spänningar och om hennes fiender får veta vad som planeras skulle det kunna bli en våldsam reaktion.

I slutet av 1653 var allting klart. Hon hade då haft direkta kontakter med Filip IV i Madrid och med ärkehertig Leopold Wilhelm i Bryssel. De väntade med spänning på henne. Då började hon tala ganska öppet om att hon skulle abdikera. Flera av de utländska ambassadörerna kände till det. Många av riksråden hade hört rykten.

Tronföljaren Karl Gustav, som mycket missnöjd och frustrerad hade dragit sig tillbaka till Öland i vad han trodde decennielång väntan på att få bli kung, höll på att förfalla i frosseri och dryckenskap. Då fick han drottningens bud om att nu var det dags. Han skyndade mot Stockholm, men där härjade pesten just då, så riksråden kallades till Uppsala i stället. I februari 1654 får de där i Uppsala slott ännu en gång höra henne säga upp sig, hon vill abdikera.

Ny chock och nya försök till övertalning, även nu ledda av Axel Oxenstierna. Nu var hon orubblig. Hon hade samma skäl som förra gången, dessutom talades mycket om hennes kärlek till konsten och kulturen och hennes lust att helt syssla med detta. Ännu en gång upprepade hon att det fanns andra skäl, ”rätta orsaken skulle med tiden bliva uppenbar nog; men Gud vet rätta grunden därtill”. Då Per Brahe opponerade sig kraftigt, svarade drottningen: ”Om riksråden visste hennes skäl, dem hon alldeles förteg, skulle de icke tycka det var så underligt.”

Så följde några månader då hennes framtida ekonomiresurser klargjordes. Hon skulle inte lämna Sverige som någon fattig flykting. Enligt det kontrakt som skrevs med kronan fortsatte Kristina att ha full suveränitet över sin person och domsrätt över sitt hovfolk. Hon fick följande underhållsländer: Norrköpings stad och slott, Öland och Gotland, Ösel, Poel och Neukloster i Mecklenburg, Wolgast samt de så kallade taffelgodsen i Pommern.

Drottningen hade rätt att tillsätta domare, präster och ämbetsmän i sina områden. Hon hade rätt att uppbära alla inkomster av underhållsländerna men fick inte lägga på nya skatter och tullar.

Totalt borde dessa områden ge en årsinkomst av cirka 200 000 daler silvermynt, motsvarande cirka trehundra årslöner för en kunglig sekreterare. Vid hennes död skulle allting återfalla till kronan. Hon fick aldrig avstycka, sälja eller ge bort delar av underhållsländerna.

Abdikationen

I maj trädde Kristina fram inför ständerna för att meddela sitt beslut till dem. Alla närvarande brast ut i gråt, berättar de som var med. Meningen var att rikskanslern Axel Oxenstierna skulle ha öppnat mötet, men han förblev sittande och vägrade säga ett ord med förklaringen att han lovat hennes far att göra allt för att bibehålla kronan på hennes huvud.

Efter Kristinas eget tal försökte adelns och prästernas

Erik Dahlbergh tecknade den gripande tronavsägelsen i Uppsala slott den 6 juni 1654. Här övertar hennes kusin Karl X Gustav riket och regalierna. Alla närvarande grät, berättas det.

ledare övertala henne att stanna. Borgerskapets ordförande, borgmästaren i Stockholm Hans Hansson däremot, gratulerade henne till hennes goda hälsa och att pesten nu var borta. Han sa ingenting om abdikationen.

Den brittiske ambassadören Whitelocke berättar att nu steg en bonde fram och och sa: ”Ack min Gud, vad tänker väl Ers Majestät göra? Det oroar oss att höra, att I tänken övergiva oss, som älska eder så mycket. Ers Majestät är en drottning över alla dessa länder, och var skolen I få ett sådant rike igen, om detta lämnas? ... Fortfaren i selen, goda drottning, och varen vår förhäst, så länge I leven och vi skola hjälpa eder att draga lasset...” Så gick han fram till drottningen, kysste hennes hand och vände gråtande tillbaka till sin plats.

Den 6 juni samlades ständerna redan klockan sex på morgonen i rikssalen på Uppsala slott för att se den gripande ceremoni då den bara tjugosju år gamla drottningen, klädd i en enkel vit ”atlaskjortel” och kröningsmantel med kronan på huvudet och med regalierna omkring sig, sakta började ta av sig maktens symboler.

Riksrådet Lars Kagg, som var vikarierande riksmarsk, tog rikets svärd från henne och lade det på ett bord. Riksrådet Herman Fleming tog nyckeln, riksskattmästarens symbol. Den darrande Axel Oxenstierna tog äpplet, hans bror Gabriel Oxenstierna spiran. Riksdrotsen Per Brahe rörde sig inte. Han skulle gå fram och ta kronan, men trots tecken från de andra stod han kvar. Då lyfte drottningen själv upp sin krona och Per Brahe kom fram för att ta emot den. Två kammarherrar kom fram och lyfte av henne den hermelinsfodrade kröningsmanteln. Där stod hon nu, osmyckad, i en enkel vit klänning av atlassiden.

Per Brahe skriver att hon höll ett vackert tal ”stundom satt gråten något i halsen och bevekade mången ärlig man och kvinna, ty allt fruntimret var ock tillstädes, till tårar, och de beklagade att hon både sin ätt och sitt regemente slöt, förrän Gud det gjorde; stod så skön som en ängel”.

I sitt tal tackade Kristina Gud för att han låtit henne födas av en berömd ätt och låtit henne regera över ett stort och mäktigt rike. Så tackade hon riksförmyndarna som styrt så klokt då fadern stupat, hon tackade riksråden och ständerna för kärlek, trohet och hörsamhet.

Så steg rikskanslirådet Schering Rosenhane fram i den bedrövade Axel Oxenstiernas ställe och förkunnade med hög röst att arvfursten Karl Gustav nu blivit Sveriges konung. Han kröntes samma eftermiddag i Uppsala domkyrka av ärkebiskop Johannes Canuti Lenaeus.

Abdikationen dämpade inte festglädjen inför kröningen: ”Alla människor låta förgylla och skammera sig till kröningen... Alla guldspetsar och galoner äro redan uppköpta i staden att icke en aln mera är till fångs...", skrev Johan Ekeblad.

Följande kväll bjöd den nye kungen Kristina på middag. Bara de två satt till bords under en tronhimmel, uppvaktningen stod i bakgrunden, Per Brahe närmast drottningen. Kungen själv höll handduken då Kristina sköljde sina händer vid bordet.

Då de ätit färdigt mellan tio och elva på kvällen lämnade Kristina och hela sällskapet slottet. Kristina och kungen satte sig till häst. Just då bröt ett häftigt skyfall ut men de fortsatte ändå ridande vägen fram, efter dem en lång rad av några av riksråden och ridderskapet, också de till häst. Alla gamla och sjuka samt hovets fruntimmer följde efter i vagnar. Långsamt drog de genom Uppsala där Upplands regemente till fots samt regementet till häst stod uppställda i parken.

Vid Flottsund steg Kristina och Karl Gustav ur sadeln. Alla vagnarna tömdes och hela sällskapet samlade i en ring runt Kristina. Så tog hon avsked av dem alla, först av kungen, sedan av rådet, ridderskapet och sist hovets kvinnor.

Hon tog männen i hand och omfamnade många av kvinnorna och kysste dem "och brusto många tårer ut. Gråten satt ock H. M:t i halsen. Det syntes allt som tragedia", skriver Per Brahe.

Så gav kanonerna i Flottsund salut och alla männen fyrade av sina pistoler och musköter. Per Brahe slutar sin berättelse med sucken:

"Det var nu så skett genom vilken ingivelse, genom vilkens råd, för vilken orsaks skull, och huru det utfaller, vet Gud och må döma."

Resan ut

Eskorterad av några ryttare red Kristina denna regniga natt till Märsta. Nästa dag var hon i Stockholm där hon tog nattvarden i Storkyrkan. Fem dagar senare red hon söderut, som alla trodde på väg till en hälsokur i Spa.

Med sig hade hon bara två holländska pigor, några andra tjänare och så hennes hovmästare och en gång livräddare, tysken Antonius von Steinberg, som gärna följde sin välgörarinna, för han hade så sent som bara en vecka tidigare blivit greve av Enköping, Kristinas siste greve. Han hade avlagt ett enda besök i greverummet på Riddarhuset och blev då nästan utkastad genom fönstret av ursinniga ståndsbröder; bara Kristinas personliga ingripande hade räddat honom. Dagen innan hade Kristinas favorit och förre överstemunskänk von Schlippenbach blivit greve av Skövde och dessutom friherre av Karin Månsdotters gård Liuksala i Finland.

Tolv skepp låg och väntade på henne i Kalmar, beredda att föra över henne till Pommern för hennes fortsatta färd till hälsokuren i Spa. Så var det ju tänkt och planerat. Efter några dagars ritt bestämde hon sig av någon anledning att ta landvägen. Hon och hennes sällskap fortsatte ner mot Halland.

Skeppen fick avsegla till Pommern med svenska trupper i stället. Men ett av dem var lastat med hennes personliga bohag: lårar med konstverk, tavlor etc. Rykten om att hon totalt hade plundrat Stockholms slott och att Karl Gustav hade fått överta kala rum med enstaka rangliga stolar och hängmatteliknande sängar stämmer inte. Hon tog med sig en hel del, mycket av krigsbytet från tyska kriget, men det mesta blev trots allt kvar i Sverige. Hon lät packa ner ett sjuttiotal av de finaste konstverken så det blev ändå över sexhundra kvar.

Hon tog cirka två tusen manuskript och kanske sex tusen böcker, men en stor del av dem hade hon köpt själv, fast kanske aldrig betalt. Hon tog vad som fanns kvar av den kejserliga myntsamlingen från Prag, kanske 20 000 mynt och hon lät packa ner skulpturer och konsthantverk. Det man beklagar mest av allt var att hon tog med sig ett stort antal av Erik XIV:s handvävda tapeter med gotiska och bibliska motiv. Därmed försvann en stor del av svensk renässans.

Sällskapet vilade ut i Halmstad några dagar, så klippte Kristina av sig sitt långa hår, klädde sig i manskläder och passerade in över gränsen till Danmark i Skåne. Hon reste inkognito som "greve Dohna". Sex dagar tog det till Hamburg. Där tog hon på sig kvinnokläder igen och där samlades ett stort sällskap på över hundra personer omkring henne, bland dem många uppvaktande svenskar som Johan Oxenstierna från Wismar och tyska furstliga släktingar. Själv bodde hon hos den judiske finansiären och bankmannen Antonio Texeira.

Så fortsatte Kristina mot Antwerpen i Spanska Nederländerna, eskorterad av Steinberg, svensken Karl Mattiasson Soop och tre betjänter.

Så gick det till då Kristina lämnade Sverige. Allt detta är väl dokumenterade historiska fakta.

Vi vet att hon abdikerade och vi vet att hon var på glid mot katolicismen, officiellt var hon ännu protestant. Varför var hon tvungen att flytta utomlands? Detta hade aldrig hänt förut i Sveriges eller Europas historia, att en regerande furste på höjden av sin makt och glans, vid tjugosju års ålder, plötsligt avgår och försvinner med sitt pick och pack.

Katolska kyrkan med sin stora famn, som på 1600-talet hade plats för ganska skilda åsikter och stora andar, framstod för henne som den enda vägen till befrielse, till möjligheten att få leva ett eget liv. Inom den katolska kyrkan trodde hon sig kunna finna den tolerans och vidsyndhet som behövdes för att acceptera hennes egen privata livstro som varken var rent katolsk eller protestantisk.

Hon hade en helt egen kristendom, uppblandad med antikens dygdelära och med panteistiska sympatier. Hon hade mött intellektuella representanter för den katolska kyrkan, så som den var vid denna tid, mycket vidsyntare och liberalare än den svenska gråa och trånga lutheranismen.

Att just hon skulle bli katolik och lämna Sverige var för henne en stor och modig gest som tilltalade hennes sinne för hjältedyrkan och stordåd. Bara i det ögonblick hon lämnar Sverige får hon möjlighet att vara sig själv, att bli sedd och älskad för den hon är, en levande, kärlekstörstande, självständig och intellektuell kvinna, inte för att hon är drottning eller Gustav Adolfs dotter. Hon gör vad så många moderna feminister gjort, hon bryter upp för att förverkliga sig själv.

Hennes vision av Europa var mycket modern. Hon drömde om en kontinent där folk av skilda slag och olika åsikter och religioner kunde leva tillsammans i fred. Det var summan av det Europa hennes mor hade berättat om då hon var liten och det Europa hon läst så mycket om och vars förnämsta tänkare, skribenter och representanter hon själv mött. Kristina var kanske vår första riktiga europé.

Men det viktigaste var att Kristinas verkliga vuxenliv börjar först nu, sommaren 1654, då hon är tjugosju år.

Mötet med Europa

Efter lite sightseeing i Hamburg och Münster anländer Kristina till Antwerpen där hon stannar en tid för att packa upp sin stora konstsamling och böcker för att sortera bort det som ska säljas omedelbart för att ge henne kontanter för de löpande utgifterna. Här når henne nyheten från Sverige att den gamle rikskanslern har avlidit. Axel Oxenstierna blev sjuttioett år och slapp höra fortsättningen på Kristinas resa.

Här samlas nu ett stort hov omkring henne av beundrare, de flesta utlänningar. Vid jultiden 1654 tågar hon officiellt in i Bryssel, dit hon anländer med all prakt som en regerande drottning. Där möter henne ambassadören Antonio Pimentel som nu blir ackrediterad ambassadör vid hennes hov i exil. Fortfarande vet bara några få att hon ska konvertera.

På julnatten 1654 avlägger hon sin katolska trosbekännelse, liggande på knä i ärkehertig Leopolds kapell på slottet. Bara Pimentel och några andra höga dignitärer är närvarande. Fortfarande är hennes katolicism en hemlighet. Skälet är att hon vill undvika att den just nu sittande riksdagen i Sverige ska dra in alla hennes underhåll i vrede om de redan nu får höra att hon blivit katolik.

I början av 1655 är allt klart för hennes färd mot Rom. Kardinal Chigi har blivit påve Alexander VII och han är beredd att ta emot henne med öppna armar. Hon reser som i ett jubeltåg genom Tyskland där påvens sändebud, generalen Montecuccoli ansluter. Mellan representanter för de två starkaste katolska makterna reser så Gustav Adolfs dotter genom Tyskland till Österrike.

Intåget i Rom

I Innsbrucks katedral övergår hon officiellt till katolicismen den 24 oktober 1655. Så är hon i Italien och efter ett lysande mottagande i Bologna kommer hon till Rom den 20 december 1655, men det officiella intåget sker tre dagar senare genom Porta del Popolo, som till hennes ära hade byggts om av den store skulptören Bernini och försetts med en hyllningsinskription som fortfarande finns kvar. Hon var klädd i en enkel grå klänning och eskorterades av kardinaler och biskopar. Hon red på en vit häst mellan jublande och hurrande människomassor ända in i Vatikanen. Där fick hon bo de första dagarna i påvepalatset, där ingen kvinna förut fått övernatta. I Peterskyrkan konfirmeras hon i sin katolska tro, hon får nattvarden av påven och hon tar sig namnet Maria Alexandra, men hon signerar sig i framtiden oftast "Christina Alexandra", Alexandra för att hedra påven.

Nyheten spred jubel i hela den katolska världen, bestörtning och fasa och indignation i den protestantiska. Gustav Adolfs dotter! Ingen enskild människa hade gjort katolikerna så stor skada som han, det var hans krig som hade hejdat katolicismens utbredning i norra Europa. Här står hans dotter i Peterskyrkan i Rom! Det var som om Saddam Husseins dotter plötsligt, mitt under Gulfkriget, hade kommit ridande på en åsna till Klagomuren i Jerusalem och sagt att hon blivit judinna.

Hon flyttade in i ett av Roms finaste hus, Palazzo Farnese som avslutats av Michelangelo, vid samma torg där heliga Birgittas kloster redan låg. Så hamnade de enda svenska kvinnor som fram till vårt sekel varit riktigt kända i Europa vid samma torg i samma stad så långt borta från Sverige.

Kristina levde sitt liv som drottning utan land i trettiofyra

Kristina tas emot av påven Alexander VII. Ingen kan ha känt större tillfredsställelse än denne att få ta emot Gustav Adolfs dotter, för han hade som kardinal Fabio Chigi lett Vatikanens delegation under fredsförhandlingarna i Westfalen.

år. Periodvis var hon djupt besviken och desillusionerad. Då den stora festglädjen och nyhetens behag lagt sig kom vardagens ekonomiska problem.

Mordet på Monaldesco

Kristina kastade sig in i politiska intriger och konspirationer. Hon frigjorde sig från sina spanska rådgivare och vände sig till Frankrike. Hennes plan var att med fransk hjälp erövra kungariket Neapel, som då var ett inte obetydligt rike under spanskt beskydd i södra Italien. Hon reste till Frankrike och diskuterade med den styrande ministern, kardinal Mazarin. I Paris blev det nytt triumfartat intåg med festligheter och

Kristinas intåg i Paris var ett av århundradets mest ståtliga, flera hundra tusen människor bevittnade skådespelet. Drottningen red på en vit häst via Notre-Dame-kyrkan till Louvren. Pennteckning i Bibliothèque Nationale.

galaföreställningar. Kristina fick bo i det kungliga slottet Louvren.

Planerna klarnade. Hon skulle resa till Italien, avvakta nya direktiv. Under tiden skulle franska trupper göras i ordning och hon skulle själv vara med då Neapel "befriades". Kristina reste, men tvingades på grund av pestfaran att stanna i norra Italien. Inga besked kom från Frankrike. Det drog ut på tiden. Någonting hade gått fel. Hon återvände oinbjuden till Frankrike. Den här gången fick hon bo i Fontainebleau, som då låg två dagsresor från Paris.

Här inser hon att hennes medarbetare, den italienske markisen Gian Rinaldo Monaldesco har förrått henne för spanjorerna. Därför kommer hon aldrig att kunna bli drott-

Utan att tveka dömde Kristina sin hovman, den italienske markisen Monaldesco till döden för förräderi. Han avrättades omedelbart i slottet i Fontainebleau, utanför Paris. Målning från 1853 av Johan Fredrik Höckert, Göteborgs konstmuseum.

ning av Neapel. Den 10 november 1657 konfronterar hon markisen med bevis för hans förräderi. Det sker i Hjortsalen i slottet. Närvarande är en präst och några andra vittnen. Med markisen liggande på knä på golvet tiggande om nåd, dömer hon honom till döden med omedelbar verkan. Tre av hennes medarbetare drar sina värjor, och sedan följer en långt utdragen makaber och blodig kamp med den kämpande och gråtande markisen som hade ett harnesk under sin jacka och därför var svår att komma åt med värjorna. Till slut dör han i alla fall. Vittne är prästen som kallats in för att ge markisen sista smörjelsen.

Under hela avrättningen sitter Kristina oberörd i ett rum i närheten dit prästen går ett par gånger för att vädja om nåd för den dömde. Hon vägrar. Hon är född till härskare av

Guds nåde, hon har fortfarande domsrätt över sina anställda och underlydande. Markisen hade begått förräderi. Förrädare avrättas.

Händelsen blev en samtida skandal som allvarligt skamfilade hennes rykte. Kardinal Mazarin försökte tysta ner det hela, men hon stod för vad hon gjort. Hjortsalen står kvar i dag som den såg ut då, där kan man också beskåda den stackars Monaldescos harnesk och svärd.

Kristina reste, djupt desillusionerad hem till Rom igen. Hennes position hade försämrats, hennes ekonomi var i kaos. Hon inleder förhandlingar med kejsaren för att sälja sin svenska förläning Pommern, vilket är ett grovt brott mot avtalet med svenska kronan. Förhandlingarna trasslar till sig.

Hon flyttar in i nuvarande Palazzo Corsini, dit hela hennes stora konstsamling förs över. Slottet byggs om för henne och hennes hov. Hon har en egen slottsorkester och kapellmästare, den store Scarlatti. Hon har audienssalar och en egen liten livvakt med officerare, bland annat från den polska Vasafamiljen, och hon får den första riktigt pålitlige medarbetaren och finansielle rådgivaren kardinalen Decio Azzolino, en ung man på drygt trettio år. Hon är då själv bara trettiotvå. Kardinalen får snabbt ordning på Kristinas trassliga affärer och samtidigt kommer han henne närmare än någon man eller kvinna någonsin gjort.

Tillbaka i Sverige

Då, i början av 1660, kommer budet att Karl Gustav har avlidit bara trettiosju år gammal. Hon känner att hon omedelbart måste resa till Sverige. Dels måste hon säkra sina framtida ekonomiska tillgångar, dels måste hon säkra kungamakten i Sverige. Karl Gustavs son, den blivande Karl XI, är

Kristina målad 1687 i Rom av Michael Dahl. På kamébroschen som håller upp manteln ses Alexander den stores porträtt. Kristina identifierade sig själv mycket tidigt med den makedonske kungen. Tavlan finns på Grimsthorpe Castle i Lincolnshire.

bara fyra år, en förmyndarregering tar över. Här fanns många risker och möjligheter. En inte omöjlig väg var att Karl Gustavs bror, Adolf Johan, hans änka och hans svåger Magnus Gabriel De la Gardie tog över, med De la Gardie i rollen som en ny Birger Jarl, det måste hon förhindra.

Hon anländer till riksdagen 1660 med katolska präster i sitt följe. Hon vill få bekräftelse på sina underhållsländer och hon vill klart markera att hon har arvsrätt till kronan om den unge och sjuklige tronföljaren inte skulle överleva sin barndom. Ständerna reagerar häftigt; hon tvingas lämna Stockholm och slår sig ner i Norrköping, det var ju "hennes" stad. Där förbjuds hon hålla katolska gudstjänster och tvingas till och med att skicka bort sina egna präster. Förödmjukad lämnar hon Sverige.

Hon gjorde ett nytt försök att komma till Stockholm våren 1667; hennes ekonomi var fortfarande i kaos, hennes förvaltare försnillade och misskötte hennes gods och gårdar. Den här gången hann hon upp till Jönköping där hon fick ett brev från riksrådet som förbjöd henne att ta med sig katolska präster in i Sverige. I vredesmod vände hon om för att aldrig mera återkomma. Den som stoppade henne nu och som hade stoppat henne förra gången var ingen mindre än hennes en gång så gynnade, men sedan så snöpligt bortviftade gunstling Magnus Gabriel De la Gardie. Han fick sin hämnd till slut.

På hemvägen var hon engagerad i det polska kungavalet men hennes kandidatur var inte riktigt seriös.

Kristinas lyckligaste tid

Mot slutet av 1668 är "La regina nomade", resedrottningen, som hon kallades, tillbaka i Rom igen, denna gång för att stanna. Hon finner sig tillrätta igen. Hon vänder sig till kulturen och konstens värld och hon blommar upp till den Kristina Alexandra hon ville vara, centrum i ett lysande hov omgiven av lärda män och sköna konster. Att hon fortfarande hade skinn på näsan och kunde ta i ordentligt om hon

Kristina som 40-åring i Rom, så som konstnären Wolfgang Heimbach såg henne. ”Mycket liten, mycket fetlagd och satt”, skrev en fransk författare på 1680-talet. Tavlan hänger på Gripsholm.

kände sig kränkt visar detta brev som hon skrev till en romersk dignitär, som hade dömt två av hennes anställda till döden. "Att vanhedra Er och Er herre, detta kallas i dag att skipa rättvisa i Er domstol. Ni inger mig medömkan, men kommer att göra det än mer, när Ni blir kardinal. Emellertid ger jag Er mitt ord på att de som Ni har dömt till döden komma att, om Gud vill, leva ännu en tid; och om de skulle råka dö en annan död än den naturliga, så kommer de inte att dö ensamma". Med andra ord, hennes medhjälpare kommer att ta livet av domaren.

Hon bildar en egen kunglig akademi, "Accademia Reale", med Italiens förnämsta författare som ledamöter. Deras kamp för ett bättre språk har gått till den italienska litteraturhistorien som "Kristinaperioden" och hennes egen lärobok i grammatik, den som mäster Johannes Matthiae skrev enkom för henne, blev officiell lärobok i latin för italienska skolbarn ända till våra dagar. Hon skrev själv några böcker på franska, aforismer och försök till en självbiografi och utkast till biografier över Alexander den store och Caesar. En bok på italienska, "L'Arma antica della Suezia", handlar om släkten Vasas vapen och hennes egen rena svenska härkomst.

Hon sysslade även med tidens stora modevetenskaper som astronomi och alkemi, konsten att göra guld, och var mot slutet överhuvudtaget mycket intresserad av naturvetenskaper. Periodvis var hon osams med påvarna – hon hann uppleva fyra stycken – men mot slutet av sitt liv verkar hon ha funnit harmoni och personlig lycka i samvaron med kardinal Azzolino, som tycks ha varit den ende man hon verkligen älskade och som hon vågade öppna sig för. Hon, som aldrig velat underordna sig någon man, blir helt beroende av och tillgiven honom. Delar av deras brevväxling finns fortfarande kvar.

Kristina avled 19 april 1689 klockan sex på morgonen. I fyra dagar låg hon på lit de parade i Santa Maria in Vallicella. Båren pryddes av en kunglig krona, som togs från hennes loge vid Piazza di San Marco. Nicolas Dorigny efter Felice Delino, Nationalmuseum.

Kristina avled lugnt och stilla i sitt palats i Rom i april 1689, sextiotvå år gammal; bara kardinalen och en nunna fanns vid hennes sida då hon dog. Hela sin stora förmögenhet i konst och antikviteter, böcker och mynt testamenterade hon till sin kardinal. Azzolino var själv svag till hälsan och några månader senare avlider han då han håller på att bränna en del av deras stora gemensamma korrespondens. Kristinas samlingar delades på många händer. Mycket stals av hennes anställda, en del hamnade i Vatikanens arkiv, en del i Madrid, åtskilligt i Frankrike. Karl XI köpte tillbaka en del av hennes myntsamling.

Hon hedrades som den första kvinnan med ett mycket stort gravmonument på väggen inne i Peterskyrkan några meter från Michelangelos berömda staty Pietà och hennes grav ligger under koret, i den avdelning där de flesta påvarna vilar, alldeles intill den i modern tid avlidne Johannes XXIII.

Kristinas sista bostad, Palazzo Corsini, är i dag ett kommunalt konstmuseum. Tavlorna som hänger där är inte hennes, men de flesta är från hennes tid. Där finns en modell av palatset så som det såg ut på hennes tid. Dödsrummet finns kvar med sin ursprungliga takmålning; där finns också en minnestavla på väggen och ett nyinköpt oljeporträtt, bekostat av entusiastiska Kristinavänner i Sverige.

Påvens guldsmed Giovanni Giardini gjorde en silvermask som täckte drottningens ansikte i graven i Peterskyrkans krypta. Denna gipsavgjutning gjordes över den masken.

KAPITEL 19

Karl Gustav
Inte bara jungfrupilt och ölstinn knekt

KARL X GUSTAV är en av våra största krigarkungar. Frans G Bengtsson har beskrivit honom som ”en till geni sublimerad dragonöverste”, men det är en roligare än helt sann beskrivning, för ingen av våra krigande kungar hade en så bred och god akademisk utbildning som Karl X Gustav.

Hans studier och förberedelser för det högsta ämbetet pågick i trettio år och förde honom från London till Marseille, från universitetet i Uppsala till universitet i Nederländerna och Tyskland. Han studerade allting från Falu koppargruva till ceremonielet i Paris då Ludvig XIV föddes.

Kung fick han bara vara i knappt sex år. Men ingen har på så kort tid åstadkommit så mycket för Sverige som han.

Anledningen till att han var så väl förberedd för tronen var att han aldrig kunde vara säker på att någonsin bli kung, men han kunde inte bli något annat heller.

Hans far, Johan Kasimir, pfalzgreve, hertig i Bayern och greve av Zweibrücken-Kleeburg, hade tjugofyra år gammal kommit till Sverige. Där friade han till Gustav Adolfs fem år äldre favoritsyster Katarina. 1615 firades bröllopet Stockholm och 1618 återvände familjen till Tyskland. Pfalzgreven slog sig ner Kleeburg där han byggde sig ett nytt slott, Katharinenburg. 1620 kom hela familjen tillbaka till Sverige på inbjudan av Gustav Adolf.

Johan Kasimir kom av en mycket gammal och förnäm tysk furstesläkt, en gren av huset Wittelsbach med dokumenterade anor till 1180. Inte mindre än två Wittelsbachare har suttit på den tyska kejsartronen. Johan Kasimir hade därför gott om titlar: pfalzgreve vid Rhen, hertig av Jülich, Cleve och Berg, greve till Weldenz, Spanheim och Rawensburg, herre till Rawenstein. Det enda han saknade var ett eget land att styra och vara herre över, för hans gren av furstefamiljen var fattig. Allt han ägde var en liten befäst köping, två slott och några underlydande byar. Det var ungefär vad de enklare av de svenska riksråden ägde. År 1622 hade han inte ens sitt grevskap kvar, det försvann i trettioåriga kriget.

Det var då Gustav Adolf bad Johan Kasimir och hans familj att komma till Sverige. Kungens äktenskap var barnlöst och hans övriga syskon hade avlidit. Pfalzgrevens familj fick komma hit som ett slags extraresurs för den svenska tronen. Katarina var ju i alla fall en Vasakungs dotter. Pfalzgrevens situation förbättrades ytterligare då sonen Karl Gustav föddes den 8 november 1622 på Nyköpingshus. Prästen som döpte den lille gossen påstår att han såg liksom en strålglans kring den lilles huvud, vilket alla närvarande givetvis tolkade som ett synnerligen gott tecken.

Pfalzgreven hade redan innan han gifte sig med Katarina en visserligen svag och gammal, men ändå äkta anknytning till Sverige. En av hans förfäder hette Johan och var gift med systern till vår unionskung Erik av Pommern; det var deras son som 1440 blev vår näste kung, Kristoffer av Bayern (se Från islossning till kungarike). En färskare länk mellan pfalzgrevarna och Vasaätten var kung Karl IX:s första hustru Anna Maria av huset Pfalz, Johan Kasimirs avlidna svärmor.

Situationen var trots detta svår för Johan Kasimir, som egentligen inte hade så mycket mer än den nydöptes lovande strålglans att hålla sig till. Den svenska högadeln, i synnerhet Axel Oxenstierna, som än så länge styrde riket, var helt emot försöken att inympa denna främmande furstegren med avvikande religion i den svenska tronen. Greven var reformert.

Så länge Gustav Adolf levde var det inte fullt så besvärligt för familjen. Kungen använde pfalzgreven för många ansvarsfulla uppgifter, som han av allt att döma klarade utmärkt, trots alla Oxenstiernas försök till mobbning, ett beteende som förstärktes då sonen föddes. Karl Gustav blev ett konkret hot mot Oxenstiernas och högadelns egna planer inför en osäker framtid.

Karl Gustav hade inte arvsrätt till Sveriges tron, alltså var han i Oxenstiernas ögon en enskild utländsk mans son, visserligen besläktad med kungahuset, men inte någon statlig svensk angelägenhet. Hans uppfostran och utbildning var hans familjs ensak och skulle inte bekostas av kronan. Några tjänster och ämbeten skulle han inte räkna med. Då han blev lite äldre utsattes Karl Gustav för mångahanda nedsättande situationer. Då han deltog i officiella ceremonier hände det ofta att han inte hade någon stol framsatt för sig. Han hörde ju inte dit, hade inget ämbete eller officiell funktion. Signalen var: ställ dig bland de andra åskådarna. Karl Gustav, som kunde sitt wittelsbachs-pfalziska stamträd utantill, kunde då lämna salen i vredesmod.

Kriget hade gjort Johan Kasimir till en man med begränsade tillgångar. Eftersom Katarinas hemgift aldrig hade betalats ut, fick pfalzgreven Stegeborgs slott och län som ersättning. Dit flyttade han med sin snart ganska stora familj, sönerna Karl Gustav och Adolf Johan, döttrarna Kristina Magdalena, Maria Eufrosyne och Elisabet Katarina. Hemspråket var tyska.

Karl Gustavs utbildning blev ungefär densamma som högadelns söner skulle ha, bred och encyklopedisk med mycket tid för kroppsliga övningar, krigskonst, dans, jakt och etikett. Gustav Adolfs gamle lärare Johan Skytte planerade utbildningen och morbror Carl Carlsson Gyllenhielm övervakade att allt gick enligt Skyttes planer. Det var modern pedagogik som gällde med språkinlärning med praktiska övningar som ett dominerande inslag men hela tiden inbakat i en strikt religiös miljö och omgivning. Alla reformerta idéer måste sköljas bort med den rena lutherska läran.

Han lärde sig också mycket bra latin, franska, italienska och nosade på nederländska, engelska och spanska. Han pluggade teologi, politisk teori och historia och han tränades i militära idrotter samt dans, då ofta tillsammans med den fyra år yngre kusinen drottning Kristina. På den här tiden var Karl Gustav en smärt, ganska vek smalaxlad yngling med svart hår och stora bruna ögon.

Då pojken var fjorton år kom rikskanslern till Stegeborg av privat intresse och nyfikenhet för att inspektera hur pfalzgrevens son utvecklades. Han anmärkte då på att pojken inte bodde ståndsmässigt och att moderna auktorer saknades i hans bibliotek. Dessutom behövde han fler vackra böcker, glober och kartor, menade rikskanslern. Oxenstierna rekommenderade en kurs i Riksarkivet, för att studera hur statsapparaten fungerade. Så fick det bli.

Därefter blev det några månader i Uppsala, där Karl Gustav hölls på behörigt avstånd från synd och utsvävningar genom att han inhystes hemma hos ärkebiskopen Laurentius Paulinus Gothus. Karl Gustav kom med en personlig uppvaktning på tolv personer.

Snart var det dags för ny Oxenstierna-inspektion, denna gång följd av tre timmars examination. Karl Gustav fick godkänt, den enda anmärkningen från den stränge rikskanslern var att pojken låg och drog sig för länge på mornarna. Längre än till klockan fyra behövde ingen sova. Det gjorde han nämligen inte själv.

Karl Gustav var som liten ett mycket känsligt, modersbundet och ängsligt barn som huvudsakligen hade lekt med och omgetts av flickor. Hans kontakter med fadern var sporadiska och, för övningens skull, oftast i brevform. Faderns ständigt upprepade förmaning var: "Tänk på Gud; var rädd om magen; håll i utgifterna". Han grät ofta vilket han även plötsligt kunde göra som vuxen. Denna känslolabilitet gjorde att han den ena stunden kunde vara högmodig och i den nästa djupt deprimerad.

I arkiven kan man se att då han en gång som tonåring måste dra ut en tand, vägrade han att göra det om inte hans lärare Bengt Baaz lät dra ut två först. Lyckligtvis hade Baaz trasiga tänder han ville bli av med, så han uppoffrade sig, varpå Karl Gustav vågade öppna munnen. Änkedrottningen Maria Eleonora var mycket kritisk mot pojken och ansåg honom vara en "storpratande, påflugen slyngel".

Han hade lätt att umgås med folk och blev populär bland jämnåriga. Han tyckte om vackra kläder. Redan från den tiden då han är mycket ung finns det många brev mellan den sparsamma modern och sonen. Modern klagar över hans utgifter och krav på nya kläder. Fadern ansåg att man inte behövde nya kläder förrän de gamla nötts ut.

Så, då han var femton år, var det dags för utlandsresan, le grand tour, den som varje adelsyngling skulle göra för att avsluta sina studier. Adelsflickorna skulle hållas hemma ett par hundra år till. Karl Gustav reste inkognito under namnet Gustavus Johansson, eskorterad av sin guvernör Johan Rosenhane och lärare Bengt Baaz. Rutten var planerad i detalj och så upplagd att han skulle kunna lära sig varje främmande lands samhällsliv och historia. Han skulle studera matematik och geometri för att bli en duktig artillerist eller fästningsbyggare.

Han skulle lära sig etikett och vett, modedanser, ridderliga idrotter. Han skulle studera jord- och bergsbruk, skatte- och domstolsväsen, vetenskapliga institutioner, hamnar och fästningar. Personliga möten och samtal med varje lands invånare var också viktiga.

Resan gick över Hamburg, Stade, Bremen, Oldenburg till de nederländska akademierna i Groningen och Franeker. Han studerade kyrkoarkitektur i Amsterdam, Leiden och Haag. Han studerade fästningsanläggningar, handel, socialvård, teater och konst. Han var över ett år i Paris där han låg vid en berömd riddarskola och lärde sig politik, historia och geografi. Lektionerna började halv fem på morgonen. På eftermiddagen var det ridning och "exercitier". Det var under Parisstudierna han fick vara med i den uppvaktning som följde den blivande kung Ludvig XIV:s födelse 1638 i slottet i Saint-Germain-en-Laye, utanför Paris. Han studerade fiskerinäringen i Marseille och sidenindustrierna i Lyon.

Det var också mycket viktigt att han mötte kloka och inflytelserika personer, till exempel folkrättsexperten Hugo Grotius, som också var svensk ambassadör i Paris. Grotius hade skrivit en bok om folkrätten som Gustav Adolf alltid hade med sig i fält. Karl Gustav reste till England, var i London, Oxford och Canterbury.

Den här utbildningsresan följdes upp med en motsvarande i Sverige med betoning på bergshanteringen. Under hela den här tiden stod han sin kusin och blivande drottning Kristina mycket nära; de ansåg sig själva och av andra som förlovade. Han deltog i hovlivet där han började ha kontakter med kända sympatisörer för oppositionen, det vill säga Per Brahe, Gyllenhielm och Johan Skytte. Rikskanslern höll honom på kyligt avstånd.

Hans ställning var fortfarande oreglerad. Han hade ingen officiell funktion eller ämbete, alltså hade han ingen plats i rangrullan vilket allt oftare ledde till irriterade situationer då Karl Gustav tyckte att han blev illa behandlad. Att vara kusin till drottningen var inget yrke och något ämbete ville riksråden inte ge honom. Under en period hade han inte ens rätt att äta på slottet.

Alltmer frustrerad över att inte ha något vettigt att göra drogs han in i en krets av festande ungdomar, bland dem en rad tyska avlägsna släktingar: hertig Frans Henrik av Sachsen-Lauenburg, den nyinflyttade estniske översten Hans Wachtmeister och Lars von der Linde, son till den rike, nyadlade Stockholmsköpmannen Erik Larsson. De stod alla utanför den högsta och gamla svenska aristokratins slutna krets. Karl Gustavs orolige guvernör skriver till pfalzgreven att sonen nu ingenting annat gjorde än smekte sina hundar och spelade kort.

Förvandlingen

Till slut lyckades fadern med Kristinas hjälp få riksråden att gå med på att Karl Gustav reste som frivillig till tyska kriget. Han var då nitton år gammal. Sponsrad av sina vänner avseglade han med två fartyg, det ena för sig själv och sina

Karl X Gustav är den mest bildade av regenterna under 1600-talet. Han fick flera års akademiska studier med bl a över ett år i Paris. Teckning av Dumoustier. Bibliothèque Nationale, Paris.

trognaste vapendragare, det andra för deras hästar. Resan gick till Lennart Torstenson i Tyskland. Fältherren insåg omedelbart att Karl Gustav hade stora militära talanger. Han deltog med bravur i det andra slaget vid Breitenfeld och vid tjugoett års ålder blev han överste för ett kavalleriregе-

Hovmålaren Sébastien Bourdon fångade Karl X Gustav mellan drabbningarna. Här är kungen 31 år, nykrönt och på väg mot polska fronten. Nationalmuseum.

mente. Han var med Torstenson ända upp i nordligaste Jylland och ända ner till Wiens förorter.

Ute i fält genomgår den förr så veke ynglingen en total personlighetsomvandling. Han blir karl helt enkelt.

Under de första åren i fält brevväxlar han fortfarande med

Kristina, de skrev på tyska. Den 1 maj 1643 skriver hon på slutet: "Adieu, adieu, mein hertzen Vetter, Gott beware euch, Ich empfele euch in de schutz des hogsten undt mich in ewre beharliche affection undt verbleibe E L getrewe dinstwillige bas bis in tott." Hon lovar alltså evig trohet intill döden. Då var hon sexton år.

Karl Gustav hade dock så mycket mer att göra på lediga stunder än att skriva brev till sin längtande kusin. Hans alltmer dominerande fritidsnöjen blev stora, bullriga kalas med damer. Det blev ganska ofta kalas och många damer. Det låg både i miljön och i tiden.

I ett brev hösten 1651 till lillebror Adolf Johan, skriver han att hans natur är sådan att han måste få älska fritt och ständigt söka nya föremål för sin låga. Kanske var det så att de tidiga barndomsårens strikt religiösa och feminina uppfostran nu överkompenserades av den våldsamt vitale ynglingen.

Ibland blev det djupa och varma relationer. En av dem hette Ludmilla Jankowska von Lazan, en ung änka i Mähren, i vars slott Karl Gustav bor ett tag. En tid senare adopterar han en nyfödd pojke med namnet Carolus Wenzeslaus Jankofsky von Flaschyn, som på Karl Gustavs bekostnad växer upp i Sverige. Mer svensk blev sonen han fick med Märta Allertz, dotter till en rådman i Stockholm. Han hette Gustaf Carlsson och blev så småningom både greve och framstående militär men slutar hos faderns dödsfiender, holländarna. Det var för dem han slogs och det var där han drog sig tillbaka som general till sitt berömda bibliotek på ett gods i Friesland.

Stor och äkta kärlek upplevde Karl Gustav med Amalia Elisabeth, lantgrevinna av Hessen, nygift med en fransk general. Deras passionerade förhållande finns formulerat i ett stort antal bevarade kärleksbrev. Men det var dödsdömd kärlek för lantgrevinnans man kommenderades söderut och Karl Gustav norrut.

Nobbad av Kristina

Då Kristina blev myndig drottning, återkom Karl Gustav till Sverige. Han var nu färdigutbildad. Han hade meriterat sig på slagfältet. Han var mogen för äktenskap.

Som vi redan vet, blev det inte så. Kristina hade ändrat sig, hon hade växt ifrån sitt ungdomssvärmeri och fått så mycket annat att tänka på än den nu allt korpulentare kusinen, som snabbt närmade sig klotets form. Han var under 170 cm lång och hade ett midjemått på över 100 cm. Hans kroppshydda måste för honom ha varit, som en äldre historieskrivare uttrycker det, "till tjockleken slutligen sig sielf besvärlig". Bekvämare blev det just inte heller av att han vid bättre kalas brukade snöra in kroppshyddan i en korsett spjälad med valben. Hans livmedikus Johan Köster skriver några år senare att konungen på grund av den stora kroppshyddan och det slarviga ätandet led av våldsamma väderspänningar som höll honom vaken nattetid, promenerande koleriskt fram och tillbaka i sitt sovrum.

Det är troligt att Karl Gustavs erotiska eskapader verkat ytterligare nedkylande på Kristinas känslor. Hon förklarar helt öppet att om hon gifter sig med honom är det enbart av statsskäl, därför att ständerna och riksrådet kräver att hon ska gifta sig. Det är inte av kärlek. Han får välja, antingen ett sådant äktenskap eller inget alls. Han avstår.

För att ge honom en fast bas att stå på fick han en frikostig donation, bland annat Eskilstuna stad och län samt Öland, men detta var en klen tröst. Efter Kristinas avslag greps han

Till Kristinas kröning lät arvfursten, kusinen Karl Gustav, beställa denna arvfurstehatt i pressad filt med rödviolett sammet. En guldsmed från Wolgast fick uppdraget att ta en gammal öppen krona ur skattkammaren och förvandla den till en hatt. Livrustkammaren.

av svår depression. Han funderade på allvar på att lämna landet. Till sin bäste vän Lars von der Linde uppgav han att han funderade på att resa iväg som en vanlig adelsman och söka sin lycka i någon främmande armé.

Han blev alltmer frustrerad. Han var ratad av Kristina, han stod nästan ända framme vid tronen, men han var ändå helt utanför. Han återföll i sitt gamla beteende. Kort sagt, han gjorde vad han kunde för att till eftervärlden gå under namnet "Jungfrupilten". Det blev kalas och skörlevnad, ett intensivt nöjesliv, som nutida historiker mödosamt har nystat upp och kunnat namnge frukterna av. Minst fyra nya söner, alla med efternamnet Karlsson och med olika mödrar känner man till. Antalet döttrar har man tappat räkningen på. Eftersom barnens mödrar var allmogeflickor erkändes de aldrig och fick därför ingen utbildning eller några förmåner.

Karl X Gustavs kröningsdräkt med tillhörande strumpor, hattar m m, tillverkades i Paris. Till dräkten hörde 140 knappar av guldinfattade diamanter som numera är försvunna men gehäng, värja, byxor och tröja finns kvar. Livrustkammaren.

Karl Gustav ÖB

Kristina är under tiden fortfarande lika pressad av riksråden och ständerna att gifta sig. Hon iscensätter då den plan som beskrivs i kapitel 16. I tron att hon ska gifta sig med Karl Gustav accepteras hans utnämning till överbefälhavare för svenska armén i Tyskland med en årslön av 60 000 daler silver. Torstenson hade bara 44 500. Han reser iväg och besöker bland annat det redan plundrade Prag.

Vid de riksdagar som följer lyckas Kristina få Karl Gustav antagen som sin egen tronföljare. Då hon kröns utses Karl Gustav till arvfurste. Dessutom blir han hertig över Stegeborgs län. Men han kan inte se någon möjlighet till att få ärva tronen på många decennier än. Kristina är ju bara tjugofem år. Dessutom kan hon mycket väl gifta sig med någon annan och få egna barn och tronarvingar. Han känner sig bara som en tronsuppleant.

Han gör som han gjorde förr. Vin, kvinnor och skrål av storsvenskt format, avbrutet av jakter samt inspektion av ägorna, i synnerhet dem på Öland, för dit drar han sig tillbaka med sina gamla supkamrater.

En dag får han ett märkligt anonymt brev med en smädeskrift mot drottning Kristina där skribenten i hånfulla ordalag bland annat angriper drottningens något generösa grepp om kronans finanser samt antyder att en del osedligheter skulle förekomma vid hovet.

Brevskrivaren varnar dessutom Karl Gustav för fiender i Stockholm, som påstås planera hans omedelbara avfärd från detta jordiska, och om de inte lyckas med giftmord kommer de i alla fall att ta makten ifrån honom då han en dag ska bli kung. En rådsaristokrati ska etableras på monarkins och folkets bekostnad. Prinsen kan bara rusta sig mot detta genom att göra revolt och själv gripa makten nu, står det i brevet där han uppmanas genomföra en omedelbar och total reduktion för att få bukt med rikets finanser.

Förmodligen nyktrade Karl Gustav till ordentligt då han läste detta. Det var ett farligt brev att ha i sin ägo.

Karl Gustav förstod av olika skäl omedelbart att brevet

var skrivet av en ung man som hette Arnold Messenius, son till historikern Messenius (se kap 6). Båda Messeniusarna hade fått underhåll från Karl Gustav, som var intresserad av den äldre Messenius stora historiska verk. Den unge Messenius hade stått på hertigens lönelista. Hertigen skickade brevet så fort han kunde till Kristina, som blev alldeles ursinnig och misstänkte en stor komplott från det missnöjda ofrälsepartiet som varit aktivt under den revolutionära riksdagen året innan.

Messenius, far och son, greps och dömdes till döden för majestätsbrott. De avrättades offentligt i Stockholm.

Därpå gick Karl Gustav förmodligen tillbaka till sitt middagsbord. Hans permanenta taffel hade alltid sex personer närvarande förutom han själv: hovchefen Carl Philip von Sack, överste Paul Würtz, en herr Barasin, överstelöjtnant Jakob Johan Taube, kammarjunkare Cruus och det för bondplågeri dömda kammarrådet Lars Fleming.

Enligt räkenskaperna serverades dessa herrar två måltider varje dag med en buffet på sammanlagt fyrtioåtta rätter och dessa sköljdes ner med inte mindre än tre liter öl och tre liter vin per person och dag. Allt detta kan man se i hans efterlämnade räkenskaper. Till den innersta kamratkretsen kom allehanda lycksökare, nyadlade och andra som i brist på andra starka gynnare inom högadeln satsade på tronarvingen och möjligheten av att han, trots allt, kunde bli kung.

Mellan kalasen tar han itu med Ölands upprustning. Slottet restaureras. Över tvåhundra personer sysselsätts enbart med det. Han låter ta upp den stora mossen mitt på ön och fick god odlingsbar jord och han låter plantera in ett stort antal hjortar, som han håller i sin djurgård, tillgänliga att mejas ner av hertigen och hans fyllekamrater då lusten faller på.

Till slut klagar bönderna över det stora antalet hjortar som förstör deras grödor. Eftersom de är hertigens djur vågar ingen röra dem. Karl Gustav låter då med böndernas och straffångars hjälp bygga en två meter bred och tre meter hög mur runt sin djurgård. Han övervakar själv byggandet. 1652 får han Gotland också med alla sjötullar och inkomster där.

Karl Gustavs stora passion var arbetet. Han var lika energisk i allt han gjorde om det så gällde jakt, att äta, dricka eller att arbeta på sina gods och gårdar.

Under tiden Karl Gustav på detta sätt snabbt verkar gå mot en för tidig död, är Kristina sysselsatt med sina hemliga kontakter med jesuiter och andra. Plötsligt en dag i juni 1651 får Karl Gustav ett meddelande från drottningen. Hon tänker abdikera! Han gjorde vad han kunde för att övertala henne att stanna. Han tog henne inte på allvar. Under alla omständigheter fick ingen tro att han låg bakom eller uppmuntrade hennes avgång. Han höll sig undan. Kristina stannade.

Han fortsatte sitt liv på Öland och där kunde han ha slutat sina dagar i fylleslag under festbordet eller i hjärtinfarkt bland sina jakthundar och hjortar om inte ett bud hade kommit i slutet av 1653. Kristina ska avgå igen. Den här gången är det definitivt.

Den 6 juni 1654 blir Karl Gustav kung. Han är då trettioett år gammal. Tiden är inne för honom att gå till historien. Inom fem år kommer han, som nu farit omkring som ett studsande, frustrerat klot med väderspänningar mellan middagsbordet och sina ägor på Öland, att av miljoner människor med vördnad och respekt kallas ”krigets åska och Nordens ljungeld”.

KAPITEL 20

Karl X Gustav som kung
Den första reduktionen
På spaning efter ett krig som passar
Sverige anfaller Polen

MED KARL X GUSTAV, 31, kommer en ny tid. Det är slut på drottning Kristinas kulturglänsande hov och frikostiga fester. Nu marscherar delvis en ny generation in i maktens boningar. Rikskansler blir Axel Oxenstiernas son Erik, 30, riksdrots Per Brahe, 53, och kungens svåger Magnus Gabriel De la Gardie, 31, är tillbaka igen. Johan Skyttes son Bengt, 40, Gustaf Bonde, 34, och Herman Fleming, 35, kommer att spela huvudrollerna.

Karl Gustav, som växt upp under knaprare förhållanden än Kristina, hade ett klart ekonomiskt sinne. Han genomförde raska nedskärningar och besparingar. Han förde tillbaka hovstaten till Gustav Adolfs nivå och han skickade ut dyra riksråd i befattningar på landsorten. Under hans tid kommer en hel del ekonomiska nymodigheter, till exempel Sveriges första bank, Stockholms Banco, grundad 1657 av holländaren Johan Palmstruch, med kronan som störste delägare och riksskattmästaren Gustaf Bonde som kontrollör. Banken var någonting så modernt som en girobank. Köpmännen betalade in en summa pengar och fick kvitto för det; så kunde de mot en viss avgift göra affärer med kvittona som betalningsmedel.

Karl X Gustav var under hela sin uppväxttid en mycket frustrerad man. Hans karriär stoppades länge av den svenska högadeln och periodvis drog han sig tillbaka, djupt deprimerad, tröstande sig på sina gods med våta kalas.

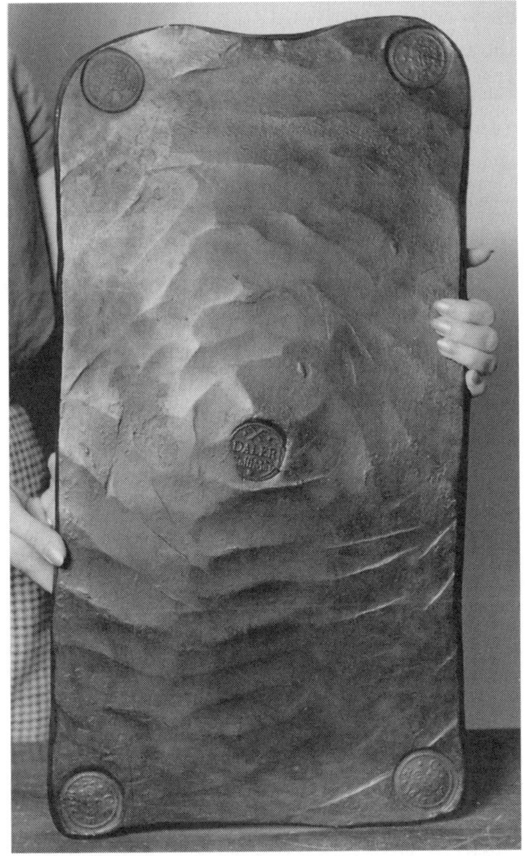

Plåtmyntet var knappast något praktiskt betalningsmedel. Tiodalern från 1644 väger nästan tjugo kilo och är därmed världens största och tyngsta mynt.

Under tiden lånade Palmstruch ut det insatta kapitalet mot ränta till de nya industriidkarna, till exempel hans egen svåger tysken Reinhold Rademacher, som fick privilegium på järn- och ståltillverkning och kommit resande från det av ryssarna hotade Riga med sin familj och hundrafemtio anställda. De slog sig ner i Eskilstuna som snart blev huvudort för den svenska järnförädlingsindustrin.

Allt gick bra de första åren för den nya banken ända tills den krisdagen i ekonomin kom, då alltför många samtidigt krävde att få ta ut vad de hade innestående. Palmstruch hade inte mycket i lådorna. Han kom då på att ge ut Europas första banksedlar. Han lät trycka sedlar på vilka det stod att innehavaren hade rätt att lösa in ovanstående summa i daler kopparmynt så snart banken hade fått in alla sina utestående lån.

Det var ganska naturligt att de första banksedlarna skulle komma i Sverige och just nu. De svenska kopparmynten, de så kallade plåtmynten, var nämligen så tunga att man måste ha häst och vagn för att transportera dem om affärerna nådde några hundra daler.

Det gick med sedelutgivningen som det så ofta brukar, det trycktes många fler än vad man någonsin skulle kunna lösa in. Värdet sjönk dramatiskt. Banken gick i konkurs och eftersom detta var före fallskärmsavtalens tid greps bankdirektören och dömdes till döden. Han blev dock benådad och frigavs följande år, sjuk och nedbruten. Han avled kort efteråt. Behovet av en bank kvarstod, därför skapades redan 1668 ”Riksens ständers bank”, den nuvarande Riksbanken, som alltså blev världens äldsta existerande centralbank, grundad tjugosex år före Bank of England. Bankens första hus står ännu kvar vid Järntorget i Gamla stan.

Redan innan han blev kung hade Karl Gustav inlett förhandlingar med olika hov om en tänkbar framtida drottning. Han hade visserligen redan med råge dokumenterat sin förmåga att producera arvingar, men nu var det dags att skaffa en legal tronarvinge. Han valde, bokstavligt talat, den artonåriga Hedvig Eleonora av Holstein-Gottorp. Hans kontaktmän visade två porträtt, ett av henne ett av hennes

Hedvig Eleonora av Holstein-Gottorp (1636–1715), hustru till Karl X Gustav, beskriven som "en skön liten dygdig och synnerligt hjärtans behaglig puppa". Mor till Karl XI. Det var hon som lät uppföra Drottningholms slott.

något äldre syster. Han bestämde sig för Hedvig Eleonora, som det svenska sändebudet efter en första okulärbesiktning beskrev som ”en skön liten dygdig och synnerligt hjärtans behaglig puppa”. Hon var visserligen redan förlovad med en prins av Mecklenburg, men kung går före prins. Prinsen fick trösta sig med storasystern istället.

Valet av en prinsessa av huset Holstein-Gottorp, strax intill den danska gränsen, var självklart enbart ett politiskt, taktiskt drag i de sekellånga svenska försöken att ringa in Danmark. Hon var inte den första prinsessan från Holstein, det var Mechtild, gift med Birger Jarl, den sista blev Hedvig Elisabet Charlotta, gift med Karl XIII.

Så var det dags att regera. Karl Gustav börjar med att sammankalla en riksdag för att lösa några synnerligen brännande problem. Redan av kallelsen kunde alla förstå vartåt det lutade, för de som skulle infinna sig var: ”Alla Sveriges och Finlands grevar, friherrar, ridder- och frälsemän, alla överstar, överstelöjtnanter och majorer samt en ryttmästare eller kapten från varje lantregemente, alla biskopar och två superintendenter av vart kapitel samt en prästman av vart härad. Varje stad måste sända en borgmästare plus en annan delegat och varje härad skulle sända en bonde.” I kallelsen talades vagt om att Europa och fäderneslandet hotades av ”en överhängande fara”, dessutom skulle några ”särdeles högvigtiga ärenden förelöpa”.

Med andra ord: det skulle bli krig. Sverige var redan då indraget i ett minikrig med staden Bremen. Enligt den westfaliska freden skulle Sverige ha biskopsdömet Bremen, men inte själva staden. Där satt svenskarna i Bremens förorter men kunde inte komma åt den rika och viktiga handelsstaden. Nu försökte guvernören där, fältmarskalken

Hans Kristoffer von Köningsmarck, med kanoner och fotfolk tränga in i själva Bremen. Därmed var Sverige i krig med kejsaren igen, för Bremen var en fri riksstad i habsburgarnas tyska rike. Men det var inte Bremen man skulle diskutera i Stockholm i februari och mars 1655.

Ryssland hade börjat röra på sig för första gången sedan den stora oredans tid. Ukrainska kosacker, understödda av tsaren, var i strid med Polen borta i öster. Hela Polen var i allvarlig gungning och tsaren hotade svenska områden från Finland ner till de baltiska besittningarna; de hade redan trängt in i Litauen.

Utan att fråga riksdagen om lov hade kungen dragit igång det svenska krigsmaskineriet på kredit. Kungens nära vänner, Magnus Gabriel De la Gardie och Hans Kristoffer von Königsmarck, som bägge två var oerhört förmögna, lovade värva soldater i Tyskland och själva stå för utgifterna än så länge. Finansmannen Mårten Leijonsköld lade ut en hel del kontanter mot att han fick hela årets kopparexport, vilket kungen lovade. Kammarrådet Gustaf Bonde lade ut mycket stora summor mot att han fick säkerhet i kronans tullinkomster.

Stående arméer var en mardröm och kunde leda till en nationalekonomisk katastrof för det fattiga Sverige så länge freden varade. När kriget kom blev det oftast bättre, för då försörjde sig armén själv. Diplomaten Johan Adler Salvius skrev en gång att andra länder startar krig när de är rika, Sverige när det är fattigt.

Därför blev det för varje vecka alltmer angeläget att den stora hären kom iväg, den beräknades kosta 6,7 tunnor guld eller en miljon riksdaler. Det gällde bara att så fort som möjligt hitta ett lämpligt krig.

Herrarna i riksrådet menade att det vore ett oförlåtligt

misstag att låta Polen falla sönder utan att Sverige var med och ryckte åt sig lämpliga delar. De sa ungefär som då Gustav Adolf skulle anfalla Tyskland, att går vi inte in nu, så kommer vi att bli indragna i kriget i alla fall lite senare, eftersom Sveriges besittningar redan berördes. Därför skulle armén gå till Polen.

Officiella krigsorsaker fanns det alltid. Den polske kungen, Johan Kasimir, hade fortfarande Vasaättens vapen i sin sköld. Han var ju en son till Sigismund och hade därför strikt legalt arvsrätt till Sveriges tron och det var exakt vad polackerna redan påpekat i Stockholm. De tänkte inte erkänna någon pfalzgreve.

Krig skulle det bli. Flera polska freds- och förhandlingsförsök med Sverige snästes av. De polska kartorna rullades ut på riksrådets bord i Stockholm. I första hand ville man ha Preussen med de rika hamnarna, men man var öppen för alla möjligheter. Krigslyckan fick avgöra slutmålet.

Mycket få av riksråden var emot kriget överhuvudtaget men några ville gå mot Ryssland först, andra mot Danmark. Ytterst gällde det att slå vakt om Östersjön, som nu var ett av världens mest betydande handelshav – om inte det allra viktigaste – eftersom det härifrån skeppades spannmål, fartygstimmer och allehanda krigsförnödenheter till Västeuropas rika och växande handelsnationer och storstäder. Sverige hade den politiska och militära kontrollen över Östersjön men det var Nederländerna som tog hem de ekonomiska vinsterna. Över sextiofem procent av alla fartyg som passerade Öresund hade holländsk flagg, bara tio procent var svenska.

Var kunde kronan ta pengar för ett nytt krig? Karl Gustav hade sedan länge sina egna idéer om detta. Han hade gett sin gode vän Herman Fleming i uppdrag att utreda något som strax var klart att läggas fram inför ständerna. Sverige och i synnerhet den nyrika adeln skulle få uppleva sin första reduktion: Gods och egendomar som efter 1633 skänkts bort och som var oumbärliga för krigsmakten, hovstaten eller bergsbruket skulle tas tillbaka till kronan. Sådana gods kallades av den tidens byråkrater för ”omistande orter”.

Debatten blev naturligtvis hård på Riddarhuset där mången greve anförde att det var mot naturen för en adelsman att betala skatt som vilken bonde eller bodknodd som helst. Men Herman Flemings förslag fick stöd bland annat från hans syssling lantmarskalken Erik Fleming och från ståndsbröder i Finland som Lorens Creutz och andra som hade minst att förlora. Självklart var de ofrälse stånden kraftigt för. Under debatterna såg man tydligt var skiljelinjerna gick och var de kom att gå i framtiden mellan högadel och lågadel, samt mellan frälse och ofrälse.

Efter tumultartade scener där kungen till slut i vrede gick ut ur lokalen bestämdes i alla fall att alla som fått ”omistande orter” skulle betala en fjärdedel av inkomsterna för dessa till kronan. Dessutom skulle frågan utredas ännu en gång. Karl Gustav hade skött sina kort skickligt. Nu hade han pengar till kriget. Ytterligare kontanter fick han genom kopparförsäljning och lån från Bremenguvernören von Königsmarck.

Det onödigaste av alla krig

Det polska kriget var ett krig som få vill minnas. Dess mål var att stycka ett grannland som inget illa gjort. Svenskarna kom till Polen med polska förrädare av typ Kristinagunstlingen Radziejowski i spetsen och de flesta av de stora framgångarna ända in i Warszawa fick svenskarna inte så mycket med egna medel som tack vare polska medlöpare.

Den 9 juli 1655 seglade Karl Gustav iväg från Dalarö ombord på sitt fartyg Scepter. Kvar på slottet finns hans havande nittonåriga drottning. Kungen med cirka 16 000 man gick över gränsen till Polen, Magnus Gabriel De la Gardie föll in i Litauen med 8 900 man och fältmarskalken Arvid Wittenberg bröt in i Posen med 13 500 man. Karl Gustavs marsch blev som ett triumftåg. Städer föll, fästningar gav sig bugande ofta utan något motstånd alls. De polska ädlingarna som varit politiska flyktingar i Sverige red hem till sina gods. Kung Johan Kasimir flydde söderut till den gamla huvudstaden Kraków och redan i augusti kunde Karl Gustav tåga in i Warszawa, som föll utan ett enda skott.

Snart förenades de svenska härarna i Polen, större delen av landet togs. Polske kungen jagades ännu en gång på flykten. Nu försvann han över Tatrabergen till Schlesien och Polens riksbaner föll i svenskarnas händer. Kraków, Polens forna huvudstad, fylld med kloster och konstskatter, kapitulerade. Svenskarna njöt uppenbarligen av sin seger. En borgare i staden skriver i sin dagbok att ”polska kvinnor rände efter svenskarna, varhelst dessa stucko fram och voro ej obenägna att ingå äktenskap med dem”. Värst var det i guvernörens residens, där polska kvinnor ”badade befälhavaren i örter”; chefsbaderska var en abbedissa från ett kloster. Befälhavaren var Karl Gustavs festbroder från Öland, överste Paul Würtz.

Då huvudarmén lämnade staden hade de med sig hundratals vagnar med byte från kloster och kyrkor. Den största triumfen, utom Johan Kasimirs riksbaner, var heliga Birgittas skrin och ben. Sigismund hade tagit skrinet med sig till Polen. Nu skickades det tillbaka till kyrkan i Vadstena, där man fortfarande kan se det.

I Kraków andades alla ut över att ha blivit av med dessa

sällar som enligt en klosterdagbok "var så starka att de kunde på rak arm lyfta en oxe eller häst". Några månader senare var större delen av Ostpreussen också i svenskarnas händer med staden Elbing, som Gustav II Adolf en gång ockuperat.

Framgångarna fick Karl Gustav att drömma om att sätta även Polens krona på sitt huvud, fantasier som var ganska naturliga eftersom han vid årsskiftet 1655–56 hade allt polskt land från Östersjön till Karpaterna.

Dessutom har kungen fått det glada beskedet från Stockholms slott att tronföljden var tryggad i Sverige. Hans drottning nedkom den 24 november med en son, Karl skulle han heta, han också.

Karl Gustav hade nästan hela Polen. Men han hade inte allt folket. I ett militärt sett obetydlig kloster, Częstochowa cirka tio mil nordväst om Kraków, lyckades några hundra munkar stå emot en svensk belägring i fyrtio dagar. Svenskarna tvingades till slut dra sig tillbaka. Detta fick en enorm psykologisk betydelse för hela landet. I klostret fanns den "svarta madonnan" och polackerna var övetygade om att det var hon, Maria, som hade riktat kanonerna och räddat klostret. Tron på svenskarnas oövervinnerlighet hade rubbats och som en brandeld över landet spred sig motståndslusten. Ända sedan dess har polackerna i för landet ödesmättade stunder samlats kring Madonnan i Częstochowa. Det var hennes bild Lech Wałęsa och hans kamrater i Solidaritet hade på kavajerna då kampen mot kommunistregimen började.

Polens nationella resning mot svenskarna drogs igång av Stefan Czarniecki. Johan Kasimir kom tillbaka och gick i spetsen för en ny folkarmé. Även kurfursten av Brandenburg hjälpte till, alltid redo att nypa till Sverige då Sverige var klämt.

Karl X Gustav, som började sina dagar som en smärt och trendig yngling, närmade sig med tiden, trots sitt fysiskt mycket rörliga liv, klotets perfekta form. Målning av J Wuchter, Gripsholm.

Karl Gustav bröt upp från Ostpreussen och tågade i ilmarsch över Weichsel för att enligt planen möta Czarnieckis polska rytteri vid Golombo och sedan ta sig ner mot sydost till Jaroslaw för att få kontakt med kosackerna. Planen misslyckades. Polackernas motstånd var för svårt och i mars 1656 höll hela den svenska hären på att gå under, och själv var Karl Gustav nära att dödas av en kanonkula som kom flygande i markhöjd mellan benen på honom så att hans läkare skriver att hans "fötter en tid deraf blefvo något matta". Kungens armé blev omringad i Jaroslaw men den lyckades dra sig norrut i ett av den svenska krigshistoriens djärvaste företag.

Längs nerkörda och förstörda vintervägar gick marschen mellan Weichsel och floden San med polska ryttarskaror i hälarna. På andra sidan San fanns en stor litauisk här och på andra sidan Weichsel den polska huvudarmén. Snart var Karl Gustavs armé kringränd och avskuren. Men Karl Gustav var en man med det inofficiella valspråket: Man må hasardera allt!

Ett sändebud från Wien som mött kungen beskriver honom så här: "Karl Gustav behärskar alla genom sin överlägsna kraft och sitt snille till den grad, att de känna fruktan vid hans blotta åsyn och icke våga motsäga honom. Själv utför han nästan allt med en otrolig arbetsdrift, men för en sådan arbetsbörda måste han dock till sist duka under. Han äger ett klart och livligt förstånd, är beslutsam och skarpsynt men övermodig i medgången och i motgången brusar han upp, så att han förlorar självbehärskningen, ty han besinnar icke, hur växlande de mänskliga ödena äro, utan det är som om han ville röva av lyckan vad hon ej vill skänka honom."

Den litauiska hären på andra sidan San var den svagare av

de fientliga härar som hotade. I skydd av nattens mörker och dolda av krutröken från femtio kanoner som sköt utan uppehåll lyckades kungen få över några hundra man av sin armé.

De dök plötsligt upp ur dimman och gick till anfall i full slagordning mot den totalt överraskade litauiska hären som trodde att hela den svenska armén hade kommit över. Panik utbröt och litauerna flydde, lämnande kvar trossen med alla förråd.

Tio dagar senare var Karl Gustav i säkerhet i Warszawa igen och kunde för första gången på tjugo dagar byta till rena kläder. Men försöken att kväsa det polska motståndet hade kostat honom halva hans armé. Sverige hade inte de resurser som krävdes för att behålla allt som man erövrat.

För att inte kriget skulle bli totalt fiasko måste Karl Gustav få bundsförvanter. Den första hittade han i norr. Han tvingade kurfursten av Brandenburg till ett förbund. Brandenburg stödde visserligen kampen mot svenskarna, men ställd inför kalla militära fakta var ju kurfursten lätt övertalad till att få vara med om Polens delning. Fredrik Vilhelm skrev under.

Den andra bundsförvanten var furst Georg Rákóczi II av Siebenbürgen i söder. Han skulle gärna hjälpa till mot skriftligt avtal om att han skulle få Rödryssland (ungefär nuvarande Galizien), Podolien, Volhynien samt vissa delar av egentliga Polen.

Så vitt man vet är Karl Gustav den förste, men långt ifrån den siste härförare som på detta sätt sitter vid förhandlingsbordet med Polens grannar för att ge varandra frikostiga delar av det så ofta krigshärjade landet.

Fredrik Vilhelm var en hal samarbetspartner som hela tiden hade kontakt med den holländska flottan, som strök omkring i bakgrunden, alltid redo att överta intressena i Östersjön. Holländska örlogsfartyg dök upp nära svenska kusten och överallt där det fanns svenska intressen, ända borta i Amerika, där kolonin Nya Sverige snabbt försvinner och i stället blir Nya Nederländerna, och utanför Guldkusten där den svenska kolonin Cabo Corso hotas (se kap 9). För säkerhets skull byggdes snabbt vissa försvarsanläggningar i Sverige. En av de mest kända blev skansen Skanstull i Stockholm.

Den polske kungen och hans nya här belägrade nu Warszawa där en svensk armé satt under ledning av Arvid Wittenberg. Svenskarna tvingades förhandla, staden föll och Wittenberg togs till fånga och avled snart i fängelset. Under tiden var Karl Gustav och hans bror Adolf Johan på väg med en svensk-brandenburgsk här på cirka 18 000 man. Warszawa försvarades av minst 40 000 man. Karl Gustav beslöt ändå att gå till anfall i en av svensk krigshistorias längsta och märkligaste drabbningar, tredagarsslaget vid Warszawa 18–20 juli 1656.

Då Johan Kasimir såg Karl X Gustav komma lär han ha sagt att han skulle ge svenskarna till frukost åt tatarerna. Nu blev det inte riktigt så.

Tredagarsslaget utanför Warszawa var ett historiskt slag, medeltiden mot den nya tiden. Medeltiden kom stormande med färggranna fjädrar och plymer i glänsande hjämar, på ryttare med mantlar av tigerfäll, lo, panter och leopard. De var skyddade av guld- och silverglänsande benskenor. De hade sex meter långa lansar och blixtrande kroksablar. Deras hästar var smyckade med färggranna guld- och silvertrådsdekorerade schabrak. De var den polska härens elit, husarerna. Den rikaste polska adelns djärvaste män. Intill dem red tatarerna, nästan nakna, utan eldvapen, bara beväpnade med pilbågar, sablar, sin tapperhet och sin otroliga förmåga att rida. Det måste ha varit en fascinerande och fruktansvärd syn, då flera tusen hästar på en flera hundra meter bred front dånade fram i damm och rök, med skramlet från rustningar, sköldar och vapen, med männens vrål och mullret från kanonerna och projektilerna som skar rännor rakt genom hästarna och de framrusande männen. Så hade man krigat i mer än tio generationer. Modigt, vansinnigt och fyllt med individuella uppvisningar. Polens hjältar hade alltid förr eller senare drivit ut inkräktarna och räddat fosterlandet.

Men nu möter de den nya tiden i form av väldisciplinerade soldater med modernaste eldvapen, pistoler och musköter som går allt snabbare att ladda om. Artilleriprojektiler som kan innehålla buntar av explosiva småprojektiler som kommer flygande med skärrande visslingar och sedan exploderar och samtidigt sänder glödande vass metall som skär upp allt mjukt på tiotals meters omkrets. Nu kan man avfyra flera batterier av sådana projektiler samtidigt. Nu kan man förflytta fotfolk mitt i striden, gruppera om hela slaglinjen. Medeltiden var de individuella hjältemodens tid men den stod sig slätt mot den kollektiva krigsmaskinen som är den nya tiden.

Efter tre dagars besinningslösa anfall gav polackerna upp, hären flydde och svenskarna kunde ännu en gång rida in i Warszawa. Där utanför ruttnade i solen och hettan några tusen polska tappra soldater; sjuhundra svenskar begravdes. Svarta moln av surrande flugor svepte många tusen djurkadaver. Kungen själv var nära att dödas. Han omringades under drabbningen av sju tatarer, men han lyckades göra en häftig helomvändning och döda tre, två med pistolskott, den tredje med sin värja. Två av de andra tatarerna dödades av kungens följeslagare. De övriga tog till flykten.

Johan II Kasimir (1609–72), son till Sigismund. Han kämpade mot Karl X Gustav men tvingades till slut att gå i landsflykt. Han avled i ett kloster i Paris. Med honom dog den polska grenen av familjen Vasa ut på den manliga sidan.

Segern var vår, polske kungen hade flytt, men den var, trots alla hjältedåd och ärofulla uppoffringar, meningslös. Vad hjälpte det att man ännu en gång kunde tåga in i Warszawa om man inte hade kontrollen över resten av landet och hela befolkningen och framför allt inte orkade jaga efter kungen och tvinga honom till kapitulation?

Lika illa gick det på de andra svenska fronterna, i Ryssland och i Litauen. Ryska trupper härjade i sydöstra Finland och långt inne i Ingermanland. Fästningen Nyen, som låg där S:t Petersburg ligger i dag, brändes ner och ryssarna nådde Estland och Livland, Riga belägrades. Guvernören Henric von Thurn ramlade sårad av hästen i en strid, ryska ryttare galopperade förbi och högg av honom huvudet, som ryske tsaren sedan lät lägga i en låda klädd med röd taft och sända till guvernörens hustru.

Dorpat föll. Dessutom förhandlade nu ryssar och polacker, och på våren 1657 ryckte kejsaren in från söder för att hjälpa polackerna att driva ut svenskarna.

Sveriges bundsförvanter, furst Georg Rákóczis färggranna men odisciplinerade grupper av ryttare, försvann i dammet och krutröken. Allt Sverige nu hade kvar av de nyss så lysande framgångarna var en del av den polska kusten.

Kurfursten av Brandenburg, som såg hur Sverige vacklade, höjde kraven på fortsatt samarbete och Karl Gustav tvingades skriva under ett avtal som gav Brandenburg full suveränitet över Preussen, något som den polske kungen också gick med på, om brandenburgaren ännu en gång anslöt sig i kampen mot Sverige. Vilket han gjorde.

Detta visade sig få världspolitiska konsekvenser, för Brandenburgs hopslagning med Preussen var första steget mot det som sedan blev Fredrik den stores rike, vilket blev Bismarcks Tyskland och så småningom Hitlers.

Men där satt nu Karl X Gustav med spillrorna av sin armé och med en bråkdel av det stora kap han hade tänkt sig av det polska äventyret. Han hade kejsaren, Brandenburg, Nederländerna och Ryssland emot sig.

Då, på sommaren 1657, kommer hans räddning. Danmark förklarar krig.

KAPITEL 21

Tåget över Bält
Skåne blir svenskt
När Danmark skulle utplånas
Karl Gustav dör

DEN 5 JUNI 1657 marscherade en högrest dansk härold, iförd ordensdräkt från medeltiden, fram till guvernören i Halmstad Erik Stenbock. Hä-roldens trumpetare blåste fanfar, varpå härolden läste upp Fredrik III:s fejdebrev för Stenbock. Kriget var här.

I brevet stod det bland annat att eftersom Sverige hade tagit biskopsstiftet Bremen från danske kungen, hade gett danska förrädare av typen Corfitz Ulfeldt beskydd och hade behållit socknarna Särna och Idre i Dalarna utan att ens diskutera frågan i Brömsebro, så var kriget oundvikligt.

De verkliga skälen var naturligtvis att danskarna trodde att Sverige var på knä. Danmark hade slutit förbund med Nederländerna och nu skulle hämnden komma för freden i Brömsebro, där Danmark bland annat förlorat Halland, Gotland, Jämtland och Härjedalen.

För Karl X Gustav kom krigsförklaringen som en skänk från ovan. Äntligen kunde han dra sig ut ur Polen utan att det behövde se ut som en flykt. I snabba dagsmarscher tog han sig över Mecklenburg till Alsterfloden, dit han kom den 23 juni.

Hären var då trött, uthungrad och i trasor. Hundratals

Tåget över de danska isarna började från Jylland, första ö var Fyn, där de främsta svenska trupperna mötte motstånd vid Iversnes. Kungen följde striderna på avstånd, kanske lite för nära, för han fick ett granatsplitter i ögat. Målning av Johann Philip Lemke.

hästar hade stupat under den hårda marschen, men soldaterna var mycket erfarna och härdade. ”Genom ständiga segrar har de lärt sig att segra och glömt att besegras”, skrev en av deras överstar med stor stolthet och kort minne. Utanför Hamburg gjode armén halt för vila, inköp av nya kläder, ammunition och kanoner. Förstärkningar kom från olika håll, tills armén blev cirka 17 000 man stark. Kärnan i hären var tretusen utskrivna rikssvenska och tusen finska ryttare från Åbo och Tavastland, resten var utlänningar. Detta kom att bli den svenska stormaktstidens sista stora armé, dominerad av legoknektar.

Efter några dagars vila skickades en mindre styrka under Wrangel mot Bremen, där alla danska trupper snabbt rensades bort, varpå svenskarna ryckte in i Danmark och utan större problem nådde Kolding. Den 25 augusti stod Karl Gustav till sin stora förvåning utanför en nybyggd och toppmodern fästning som hette Frederiksodde. Fästningen fanns inte där då Karl Gustav var i Jylland med Torstenson i det förra kriget. Nu låg Frederiksodde som ett brohuvud till Fyn hejdande svenskarnas fortsatta väg mot de danska öarna. Huvuddelen av danska armén fanns inne i borgen, som belägrades av Wrangel enligt konstens alla regler medan resten av armén spred sig över Jylland.

Alla fiendesoldater man fick tag i ställdes in i den svenska armén. Danska medborgare bland dem skickades till Riga för att slåss mot ryssarna där, alla tyskar fick stanna med svenskarna i Danmark.

I själva riket Sverige drog den gamle och erfarne fältmarskalken Gustaf Horn igång försvarsförberedelser, men han hade knappt börjat förrän han blev sjuk och dog, sextiofyra år gammal. Han ersattes som överbefälhavare och riksmarsk av Per Brahe som med kraft satte upp ett lantvärn i gränstrakterna.

Huvudstyrkan av den svenska armén förlades till det nyerövrade Halland, där allmogen var särskilt danskvänlig och behövde övervakas. Friskaror opererade under ledning av "göingehövdingen" Sven Poulsen. Hans gerillasoldater kallade sig själva "grabater" men Per Brahe beskrev dem som "dessa Jerusalems skälmar och rövarpack". De slog till i snabba räder per häst i hela södra Halland. De hade starkt stöd hos borgarna i Laholm och hos prästerna i landskapet. Prästerna, hette det, hade den ena foten i predikstolen och den andra på Hallandsåsen.

Per Brahe kallades snart till regeringsbestyr i Stockholm, försvaret övertogs av Gustaf Otto Stenbock som fick det besvärligt med partisanerna. Provianten tog slut, soldaterna blev sjuka. Till slut fick svenskarna dra sig ut ur Halland, "ryttarna måste så gott som släpa hästarna efter sig", säger Stenbock som också trodde att soldaterna blev sjuka bara för att de inte hade något annat att dricka än vatten.

Fienden ryckte in i Jämtland och återtog landskapet, skansen på Frösön föll. De flesta jämtar hälsade norrmännen välkomna, gav dem mat och varnade dem för svenska patruller. Likadant var det i Härjedalen tills landshövdingen i Dalarna, finländaren Lorens Creutz, kom marscherande med ett eget uppbåd dalkarlar från Orsatrakten. Då drog sig norrmännen upp i ödemarken, för att återkomma då dalkarlarna gått hem. Norrmännen var djupt inne i svenska Lappland också.

Men det var i Danmark kriget skulle avgöras. I oktober stormade Wrangel Frederiksodde, efter en kort och hård strid togs sextusen man danska trupper till fånga. Karl Gustav satt under den här tiden i sitt högkvarter i Pommern, skissande på olika alternativ för det fortsatta kriget. Läget var inte helt ljust. Österrikarna hotade ta de sista svenska fästena i Polen. En förenad polsk och brandenburgsk här var på väg mot Pommern.

Karl Gustav letade efter bundsförvanter. Kardinal Mazarin i Paris ryckte på axlarna. Cromwell i England gav undanglidande svar och lovade låna pengar till fantasifulla räntor; bland annat ville han ha Bremen i pant. Karl Gustav föreslog att Sverige och England skulle dela på Danmark, men den engelska hjälpen dröjde. Flottan, som kanske skulle komma, kom aldrig.

I stället kom vintern med hård köld redan i december. I början av januari 1658 började det snöa över Jylland, så som det aldrig snöat förr. Kölden ökade dag för dag. Lilla Bält frös till, något som inte hänt i mannaminne. Skulle kölden slå en bro över havet? Skulle armén kunna ta sig över? Kungen beslöt att göra ett försök så snart det bara var möjligt.

Wrangels utsända undersökte isläget på flera ställen varje dag. Rapporterna kom till kungen. En av dem som ledde isundersökningarna var generalkvartersmästarlöjtnanten Erik Dahlbergh, 31, matematikern, konstnären, arkitekten, som från fattiga förhållanden arbetat sig upp inom armén till alltmer ansvarsfulla poster. Redan i Polen hade han gjort sig bemärkt och i Danmark var han en av dem som gjorde att stormningen av Frederiksodde lyckades. Flera nätter kröp han och en annan offficer på knän och armbågar ner i löpgraven och uppför fästningsvallarna. Utan att bli upptäckta spionerade de så skickligt att Wrangel visste exakt var och hur han skulle sätta in stöten vid stormningen.

Den 28 januari kom rapporten kungen väntat på: isen håller över Lilla Bält till Fyn. Den 29 januari var Karl Gustav i högkvarteret i byn Heins, på natten beslöt han gå över. Isen skulle hålla. Han satte sig själv tillsammans med franske ambassadören Hugues de Terlon i en släde och armén gav sig iväg från en plats nära Kristiansfeld.

Marschen började i soluppgången den 30 januari. Första målet var ön Brandsö mellan Fyn och Jylland. Med i hären fanns också den danske förrädaren Corfitz Ulfeldt, som gjorde vad han kunde för att hjälpa svenskarna att erövra så

Den största militära händelsen under Karl X Gustavs tid var övergången av Stora Bält. Resultatet blev freden i Roskilde, som gav Sverige Skåne, Halland, Blekinge, Bohuslän, Bornholm och Trondheims län. Målning av Johann Philip Lemke, Drottningholm.

mycket danskt territorium som möjligt. Trupperna ställdes upp i slagordning och så började de niotusen ryttarna och tretusen infanteristerna försiktigt gå över isen som bågnade under dem. Kungen förde den vänstra flygeln, Wrangel den högra. Närmast kungen red ”huvudvakten”, bestående av två ryttarregementen och tvåhundra knektar under överste Bornmans befäl. Närmast Wrangel fanns markgreven av Baden och generalmajoren Tott. Fotfolket under Magnus

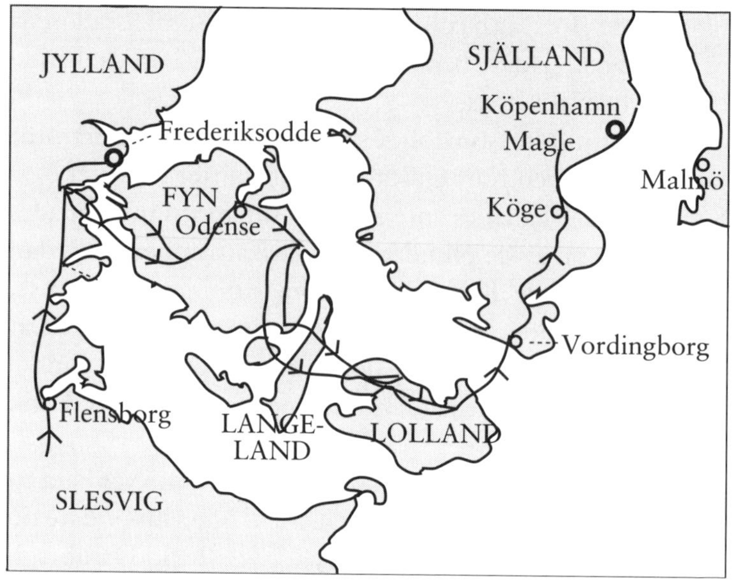

Karta över Karl X Gustavs tåg över Bält.

Gabriel De la Gardie kom marscherande som eftertrupp.

Ryttarna ledde sina hästar och kanonerna drogs långsamt på stort avstånd från varandra. Där gick de sida vid sida, unga och gamla, utskrivna och värvade förband. Man vet att Upplands rytteri var med, liksom Östgöta ryttare, Smålands och Tavastehus ryttarregementen. De hade alla gått på snötyngda vintervägar och isbunda förrädiska insjöar, de hade prövat älvars och skärgårdsfjärdarnas vidsträckta isar. Nu gick de där med ”balkar och bräder” som kungen hade bestämt, över den knakande isen mot de danska trupper de visste skulle dyka upp förr eller senare.

Strax innan de var framme vid Fyn satte sig ryttarna till häst igen, bland dem kungen och den franske ambassadören. Wrangel gick till anfall mot det danska kustförsvaret. Då brast isen och två värvade regementen, Waldecks och Königsmarcks, försvann i djupet, och med dem ambassadörens och kungens slädar, berättar ambassadören i en skakande rapport hem till Paris.

I stridstumultet som följde slog en kanonkula ner framför kungens häst och Karl Gustav fick ett splitter i vänster öga. Som tur var skadades inte synen. Allt motstånd sopades undan på Fyn av de plundrande svenska trupperna. Redan nästa dag kunde Karl Gustav göra sitt intåg i Odense, sittande i sin släde. Han möttes vid stadsporten av magistrat och prästerskap och inne i Odense fanns Fyns danska riksråd. Bland fångarna märktes generalen över Fyn, Ulrik Christian Gyldenlöve.

Kungen ville vidare så fort som möjligt; detta var bara en mellanstation. Wrangel och kavalleriet hade sänts vidare till Nyborg, den östligaste staden på Fyn. Erik Dahlbergh sändes söderut för att undersöka isarna mot Langeland. Nyheten om att svenskarna var på Fyn, nådde snabbt Köpenhamn, där Fredrik III greps av fasa och försökte sända fredsbud till Karl Gustav. En engelsk medlare lyckades få fram en kurir med bud om fredsförhandlingar, men kungen avböjde; han ville inte ge danskarna andrum.

Under tiden hade Dahlbergh återkommit med beskedet att isarna höll hela vägen till Lolland. Han hade med fyrtio ryttare ridit fram och tillbaka till Lolland. ”Nu Broor Friedrich skole wij talas medh på godh swänska”, lär kungen ha ropat och gett order om omedelbar samling för avmarsch. Då bröt en orkanliknande storm ut; vädret verkade slå om till tö. Wrangel och några andra i högkvarteret avrådde från en ny ismarsch.

Kungen gick och la sig, men mitt i natten lät han kalla på Dahlbergh igen: ”Säg på ert samvete”, sa kungen, ”kan armén gå över och vill ni råda därtill?” Dahlbergh hade upprepat att han var övertygad om att isen höll.

"Detta tillfälle är alltför kosteligt att låta så gå förbi."

Huvudkällan för vad som hände i högkvarteret är Erik Dahlberghs dagbok, skriven på ålderns höst långt efteråt. Nutida forskare har starkt ifrågasatt en hel del i boken, men ingen kan förneka faktum, att kungen på natten den 5 februari beslöt att blåsa till uppbrott och avmarsch och att detta beslut togs på hans ansvar. Övergångsstället blev från Svendborg.

Det var ju, som bekant, Karl X Gustav som brukade säga: "Man må hasardera allt". Nu stod verkligen allt på spel.

Han riskerade sitt eget liv och eliten av den svenska arméns liv. Gick de under, kunde vad som helst hända med Sverige. Då hade vi i alla fall aldrig fått några sydsvenska landskap, kanske vi tvingats ge ifrån oss några i stället.

De kunde kanske klara isen eller en liten del och komma över till en av öarna, men sedan bli stående där, generat vinkande till danska flottan som skulle komma och hämta dem då maten var slut.

Detta var ett av dessa ödesmättade beslut i historien, fattat av en enda man och som kunde betyda katastrof för nationen eller en historisk framgång.

Här brukar 1800-talsförfattarna sväva i taket av nationell upphetsning då de ska skildra vad som hände. De talar som Grimberg och andra om "det svenska mannamodets stora bragd utan motsvarighet i världshistorien, en bragd som bredvid minnena av Hannibals och Napoleons tåg över Alpernas isfält utgör ett evärdligt föremål för framtidens beundran och förvåning".

Kungen ledde den första gruppen på cirka tvåtusen man som gick över det 1 1/2 mil breda sundet till Langeland. Resten av trupperna fick vänta på Fyn så länge. Den franske

Erik Dahlbergh (1625-1703), född under enkla förhållanden arbetade han sig upp så långt man kunde komma: Han blev greve, fältmarskalk, kungligt råd och generalguvernör. Han var en av de främsta arkitekterna i landet. Målning av Ehrenstrahl.

ambassadören skriver: ”Det var någonting förskräckligt att tåga om natten över detta frusna hav, där trampet av hästarna hade upptinat snön, så att vattnet stod en halv meter högt på isen och man varje ögonblick måste frukta att på något ställe finna havet öppet... Kölden var så stark att man måste med yxor hugga sönder både bröd och vintunnorna samt slå loss små stycken som man sedan finge smälta. Köttet fick man lägga i upphettade pannor för att tina upp .”

Nästa dag, den 6 februari stod Karl Gustav på Langeland. Det var en liten styrka som bara bestod av befäl och fanbärare. Ändå ville kungen omedelbart gå vidare mot Lolland där de var innan skymningen föll. Halt vid Grimsteds gård. På västra sidan av ön fanns en fästning, Nakskov, med en skotsk kommendant som hette Edmondt. Karl Gustav lät sända fram sin trumpetare med uppmaning till kommendanten att ge sig. Han hade bara gapskrattat och bett dem fara dit pepparn växer med ”en hop hånfulla och smädeliga ord”. Han ville slåss. På natten dök stadens magistrat och ledande borgare upp med lyktor i händerna för att förhandla. De ville inte ha ett nytt Frederiksodde. Karl Gustav lät Corfitz Ulfeldt sköta diskussionerna, vilket fått en del danska sentida historiker att något bittert skriva att ”i vinternattens mörker möttes förräderiet och fegheten”.

I fästningen fanns ett stort antal danska bönder som uppbådats för danska armén och bland dem ett sjuttiotal ryttare från Skåne. Kungen sände hem bönderna men tog ryttarna med sig i sin egen armé. Så gick man vidare över till Falster där hela armén samlades för några dagars vila innan alla marscherade vidare för att den 11 februari stå på Själland, vid Vordingborg.

Dit skyndade nu den engelske medlaren Meadowe med två danska riksråd, utsända av Fredrik III. Danskarna ville förhandla om fred. De trodde att kungen var kvar på Langeland, men fick nu till sin häpnad se Karl Gustav komma åkande i släde på stora landsvägen på Själland, riktning Köpenhamn, eskorterad av tvåhundra finska hakkapeliter. Han hälsade vänligt på herrarna och bad dem åka in till staden för att möta den svenska delegationen, riksrådet Sten Bielke och Corfitz Ulfeldt. Själv fortsatte han med armén upp mot Köpenhamn. Den 15 februari befann de sig bara ett par mil från den danska huvudstaden.

Där började kungen att förhandla. De första svenska kraven måste ha fått marken att gunga under den danska delegationen. Sverige ville nämligen ha Skåne, Halland, Blekinge, Bornholm, Mön, Saltholm, Bohuslän, Trondheims och Akershus län med Oslo, Färöarna samt Island. Som pant för att skadestånd och annat skulle betalas ville man ha hela Norge på trettio år. Dessutom skulle Karl Gustavs svärfar i Holstein få ersättning liksom Corfitz Ulfeldt. Danskarna måste också för alltid ta bort Sveriges tre kronor ur sitt riksvapen.

Engelska och franska medlare hjälpte till. Kraven prutades och den 26 februari 1658 undertecknades freden i Roskilde som kom att bli den som betytt mest i Sveriges historia.

Nu blev Skåne, Blekinge, Halland och Bohuslän svenska. Sverige fick dessutom Bornholm och Trondheims län. I fredsfördraget bestämdes också att båda parter skulle hålla ständig vänskap och verka för varandras bästa: de skulle båda hindra varje främmande fientlig flotta att komma in i Östersjön. Hertigen av Holstein fick sina sönderjylländska besittningar. För Fredrik III var det särskilt bittert att Corfitz Ulfeldt enligt fredsfördraget skulle ha rätt att bosätta sig i Danmark och få tillbaka alla sina gods.

I vanlig ordning skulle diplomaterna och de som förhandlat fram freden få sina belöningar. Generalen Wrangel fick 60 000 riksdaler, Ulfeldt fick bli svensk greve med Sölvesborgs slott och län och Herrevadskloster i Skåne med socknarna Riseberga och Färingtofta. Sten Bielke fick Järrestads härad i sydöstra Skåne med Borrby gård för evig tid. Ambassadören Terlon fick anvisningar på tvåhundra skeppund koppar, motsvarande 10 000 riksdaler.

Med freden i Roskilde fick Sverige sina ”naturliga gränser” med kuster vid Västerhavet och Öresund och med en rejäl kustlinje mot Atlanten. Större än så här skulle Sverige aldrig bli, dubbelt större än i dag men med bara cirka en fjärdedel av dagens befolkning. Från Atlanten till Ladoga, från Finlands nordspets till Kirkholm i sydligaste Livland med rejäla basområden i Nordtyskland. Bornholm förstärkte den svenska kontrollen av Östersjön.

Det är mycket troligt att Sverige aldrig kunnat tvinga Danmark att ge ifrån sig dessa värdefulla landskap om vi inte hade haft våra tyska besittningar i ryggen på Danmark. Där kunde man samla och värva trupper. Tack vare dessa besittningar kunde Danmark anfallas från två håll. Utan dem hade segern varit tveksam.

Men i Roskildefreden låg frön till nya konflikter, det kunde man se med ett ögonkast på kartan. Norge var delat i tu och danskarna skulle inte ta förlusten av sina rikaste landskap som slutgiltig. Det svensk-holsteinska förbundet var också ett hot som inte kunde tolereras. I Danmark tändes omedelbart revanschlusten.

Trots allt bjöd kung Fredrik efteråt den svenske kungen på stort kalas på det alldeles nybyggda Frederiksborgs slott, varefter Karl Gustav avreste från Helsingör. Under salut från över sjuttio kanoner steg han ombord på Fredrik III:s lustjakt och for över Öresund till Helsingborg där ett stort

Karl X Gustavs regering blev kort, bara sex år. Men under den tiden hann han uträtta en hel del, bl a erövrade han de skånska landskapen samt Bohuslän. Här framställd som krigarkungen, målad av David Klöcker Ehrenstrahl.

antal nysvenska skånska adelsmän mötte med prästerskapet och biskopen i Lund, Peder Winstrup, i spetsen.

Generalen Gustaf Otto Stenbock fick det hedrande och svåra uppdraget att bli den förste att försöka leda försvenskningen av de nya landskapen, en, som det kommer att visa sig, mycket svår uppgift som genomförs med hårda nypor och mycken brutalitet. Han blev den förste svenske generalguvernören över Skåne, Halland och Blekinge.

Kungen reste på eriksgata i sina nya landskap. Inga jublande folkmassor stod och hurrade då han kom. Befolkningen i Skåne hade med undantag för en kort period på 1300-talet aldrig varit svensk och ville inte bli svensk nu heller. Svenskarna var en ockupationsmakt och länge skulle motståndet pyra och jäsa. Kungen var mest intresserad av landskapens fästningar. Erik Dahlbergh var med för att rita av och se vad som kunde förbättras, vilket visade sig vara det mesta. Kungen beslöt att grunda ett universitet i Lund, det svenska rikets fjärde, efter Uppsala, Dorpat och Åbo. Avsikten med det nya universitetet var att förhindra att skåningarna fortsatte att åka till Köpenhamn för studier samt att med Lund som intellektuellt centrum så snabbt som möjligt utbilda nya kadrar svensktalande präster och ämbetsmän som kunde delta i de sydsvenska landskapens försvenskning.

Efter mer än två och ett halvt års bortovaro var Karl Gustav äntligen hemma igen. Men inte för semester. Han for till Göteborg, dit hans hustru, hans ännu inte treårige son och ständerna hade kallats. Han hade fler krig att reda ut. Än var det ingen fred med Polen, Brandenburg, Ryssland eller kejsaren.

Fred var inte heller vad kungen mest tänkte på. Den franske ambassadören Terlon, som nu på nära håll kunnat studera Karl Gustav, sände följande rapport till kardinal Mazarin: ”Konungen kommer aldrig att avväpna. Han älskar kriget mer än länder. Detta skall föranleda honom att föra krig hela sitt liv, om inte för annat så för att underhålla sin armé i främmande land då han icke kan föda den i sitt eget.”

För den segerrike kungen var det ganska lätt att övertala

ständerna till nya anslag för ett nytt krig. Sverige måste ju säkra det man vunnit.

Det utrikespolitiska läget var komplicerat. Karl Gustavs rykte spreds över Europa där det snabba kriget och den mycket snabba freden väckte stor häpnad och beundran, men också en del skräck. Många fruktade en ny Gustav Adolf och ännu större svenska utrikespolitiska ambitioner. Karl Gustav var tvungen att ta itu med Brandenburg men var osäker på hur Danmark skulle ställa sig om det blev krig. Danmark hade fått nytt stöd av Nederländerna, som ju kände sina intressen i Östersjön allvarligt hotade.

Karl Gustavs trupper låg kvar på de danska öarna, enligt avtalet skulle de ligga där till den 1 maj. Under tiden skulle Sverige och Danmark slutförhandla om framtiden.

För danskarna var situationen nu ungefär som den var för svenskarna på den tiden Kristian I med stor aptit låg utanför Stockholms stadsportar med visioner om att ansluta hela Sverige till Danmark, och stockholmarna samlades bakom Sten Sture den äldre.

Karl Gustavs vision var att hela Norden skulle bli en storstat under svensk ledning, till denna skulle Danmark helst frivilligt ansluta sig, menade kungen. I alla fall skulle danskarna i första hand bryta sin allians med Nederländerna. Den enda förutsättningen för att Roskildefreden skulle hålla var att Danmark helt fogade sig i de nya politiska villkor landet nu hade. Men danskarna värjde sig förstås så mycket de kunde och så länge de hade förbund med Nederländerna ville Karl Gustav inte gå i krig mot Brandenburg.

Intensiva förhandlingar pågick i många länder. Svenska diplomater for till London och Paris. Under tiden drogs svenska trupper samman till Kiel, enligt planerna för att gå in i Brandenburg. Den 1 maj kom utan några löften från danskarna om att man skulle bryta med Nederländerna och i stället söka svenskt beskydd. Den 5 augusti 1658 steg Karl Gustav ombord på örlogsfartyget Amaranthe och seglade från Göteborg genom Lilla Bält till Flensburg, sedan vidare till Wismar.

Där höll generalerna och de sex närvarande riksråden (av totalt 38) krigsråd. Rikskanslern Erik Oxenstierna hade nyligen avlidit, likaså den gamle riksmarsken Jakob De la Gardie. Kungen var alltså sin egen rikskansler och överbefälhavare, vilket han uppenbarligen trivdes mycket bra med och vilket antagligen var hans stora olycka. Mycket hade förmodligen sett annorlunda ut om Karl Gustav hade haft turen och förmånen av en lika stor statsman vid sin sida som hans morbror haft i Axel Oxenstierna.

Kungen lade fram konkreta förslag till en slutgiltig lösning på det danska problemet. Danmark skulle utplånas som självständig stat och helt inlemmas med Sverige. Universitetet i Köpenhamn skulle flyttas till Göteborg. Svensk förvaltning skulle införas i hela Danmark med tre nya hovrätter: en på Själland, en på Jylland och en i Norge. Danskarna skulle helt storsint få behålla sina egna lagar, utom där de kolliderade med svensk lag, förstås.

Danmarks allmoge skulle hylla svenskarna eftersom de skulle få det bättre än vad de hade under danska kronan, menade man. Dansk adel skulle naturligtvis sätta sig till motvärn, men den skulle man bli av med genom medvetna trakasserier. Målet var att få dem att emigrera till Ingermanland, där lämpliga gods skulle anvisas.

Allt detta skulle sedan slutgiltigt bekräftas med en ceremoni i Skåne där Karl Gustav skulle låta sig hyllas som ”Sveriges, Götes, Danmarks, Norges och Vendes konung”. Till dessa områden hörde även Finland och Island. Han skulle ha Sveriges krona på sitt huvud och låta den danska ligga på ett bord intill.

Vilken framtid han tänkt sig för Fredrik III utan krona, framkommer inte. Erik Dahlbergh sändes över till Köpenhamn för att så snabbt som möjligt återkomma med detaljerade skisser på försvarsanläggningarna där. Vilket han också gjorde.

Kungen och en här samlades i Kiel, där över fyratusen man fotfolk och tolvhundra ryttare fördes ombord på elva örlogs- och sextio transportfartyg. Då allt var klart den 6 augusti 1658 steg Karl Gustav ombord på Wrangels amiralsskepp. Ingen utom kungens närmaste män visste vart man var på väg, de flesta trodde det skulle bli Brandenburg.

Den misslyckde stormningen

Två dagar senare, den 8 augusti, landsteg hären i Korsör, cirka sexton mil från Köpenhamn. Det var en söndag, mitt under gudstjänsttid. Paniken spred sig först i Köpenhamn, men så lyckades Fredrik III vända stämningnen och inom något dygn mobiliserades hela befolkningen. Många hade uppmanat kungen att fly till Norge, men han hade svarat: ”Jeg vil dö i min Rede.” Värvningstrummorna dånade i gathörnen, alla skyndade till med spadar och hackor. Febrilt arbetade hela Köpenhamn på att förstärka vallarna och bygga upp ett försvar.

Kung Fredrik fick folket med sig därför att han lovade Köpenhamns borgare nya fri- och rättigheter: bland annat skulle de aldrig betala andra skatter än dem de själva godkänt. De skulle också få äga frälsegods med samma rättigheter som adeln. På det sättet fick de alla egna intressen att försvara mot de framträngande svenskarna. Snabbt var Kö-

Fredrik III av Danmark (1609–70) förlorade Skånelandskapen till Sverige men vann köpenhamnarnas kärlek för sitt tappra motstånd under belägringen och lyckades, trots sina förluster, göra Danmark till arvkungadöme för sin familj och sig själv enväldig.

penhamns innerstad en sluten borg. Styrkorna inne i staden mönstrades och uppgick till drygt sjutusen man av vilka tretusen var soldater och matroser, tretusen borgare, tusen hantverksgesäller och bodsvenner samt trehundra studenter. Överbefälhavare var Hans Schack, armén leddes av Hans Ahlefeldt och kungens naturlige son Ulrik Christian Gyldenlöve. Kommendant i Köpenhamn var Joachim Breda.

Danska riksråd skyndade iväg för att försöka möta svenskarna så långt från Köpenhamn som möjligt. Karl Gustav hälsade dem med en timslång utskällning under vilken han förklarade sitt missnöje med danskarnas attityd alltifrån tiden före förra kriget till under förhandlingarna efteråt.

Han tog också upp det faktum att Danmark skyddade den man som stulit allt värdefullt från den svenska kolonin vid Guldkusten och dessutom självt hotat Sveriges besittning (se kap 9). Inte hade danskarna betalat ersättning för det. Trots att de lovat i Roskildefreden. Gabriel Oxenstierna och riksrådet Carl Christoffer von Schlippenbach samtalade sedan en lång stund med danskarna, men man kom ingenvart. Danskarna skyndade tillbaka igen.

Nu hade Karl Gustav förlorat mycket tid. Köpenhamnarna hade fått sina 250 kanoner på plats, vallarna stärkta. Den 11 augusti satte sig den svenska armén i rörelse; då tände köpenhamnarna på sina egna yttre förorter.

Karl Gustav red upp på Valby Bakke alldeles nära dagens Vesterbrogade. Där höll han in sin häst och såg förvånat brandröken över hela horisonten: ”Vid Gud, nu ser jag att Köpenhamn ämnar försvara sig och att vi får ett allvarsamt motstånd.”

En del av det svenska krigsbefälet ville omedelbart storma, bland dem Erik Dahlbergh. Än fanns det en viss chans till överrumpling eftersom köpenhamnarna var oövade och försvarsanläggningarna inte helt färdiga. Kungen bestämde sig för belägring i stället. Han hade för få trupper med sig, misslyckades stormningen var hären förlorad.

Köpenhamn omringades och skars av från alla håll. Artilleribatterier ställdes upp. Löpgravar började grävas mot Vesterport. Högkvarteret förlades till Utterslew. Eftersom man hade trott att Köpenhamn kunde tas med överrumpling, hade man bara lätta kanoner med sig.

De lade Köpenhamn under ett konstant bombardemang. Snart lyckades svenskarna inta Kronborgs slott, varför man nu kunde anfalla Köpenhamn även norrifrån och med tyngre kanoner.

Men köpenhamnarna försvarade sig tappert. Hela den manliga befolkningen flyttade till vallarna där de bodde i kojor, jordkulor och tält, dag och natt sysselsatta med arbetet på att förstärka fästningsverken. Alla var med, köpmän, präster, skolbarn, åldringar och kvinnor.

I slutet av oktober kom en stor holländsk flotta till Öresund, över trettio fartyg och ett par tusen man. Wrangel höll vakt med fyrtiofyra svenska örlogsfartyg och tolvhundra kanoner i sundet. Då vindarna blev gynnsamma för holländarna kom de in mot Köpenhamn. Svenskarna öppnade eld från Kronborgs fästning och från Helsingör, men med det dåtida artilleriets korta räckvidd blev det inte mycket mer än stänk och plask i vattnet. Holländarna kom allt närmare. Wrangels flotta gick till angrepp.

Det blev ett sjöslag med bredsidor och äntringar med svärd och knivar. Två holländska amiraler stupade. Den svenske amiralen Clas Bielkenstierna fick en falkonettkula i höften, skepp sänktes, men holländarna lyckades ändå ta sig igenom den svenska spärren in till Köpenhamn där de möttes med jubel. Flera veckor efteråt flöt det upp lik och vrakdelar på stränderna i Skåne. Blockaden var bruten, Köpenhamn förstärkt.

De svenska trupperna drog sig nu något tillbaka och förskansade sig vid Bröndshöj en halv mil från Köpenhamn. Den förenade danska och holländska flottan hade kontrollen över sundet. Modet sjönk hos svenskarna. Förtrollningen kring Karl Gustav verkade bruten, de svenska vapnen var inte längre oövervinneliga. Moståndslusten ökade hos danskarna. Kungen var två gånger nära att själv försvinna för alltid. En dag i oktober skulle han försöka ta sig över sundet i en liten julle för överläggningar i Skåne. Jullen rammades av en fregatt, de flesta ombord föll i vattnet och drunknade, utom kungen. Lite senare i oktober satt han i en lite större båt och skulle i dimma försöka rekognosera holländarnas och danskarnas positioner.

Med sig i båten hade han det ständigt närvarande franske sändebudet Terlon. Plötsligt lättade dimman och kungen upptäckte att han befann sig med sin båt ett femtiotal meter från ett holländskt krigsskepp. Där öppnade man eld med musköter och lätt kanon, en så kallad falkonett. Kulorna slog ner i vattnet runt omkring så att både kungen och sändebudet blev blöta men ingen träffades. Efteråt ska kungen ha sagt: "Det vore märkligt om det framledes skulle berättas, att ett franskt sändebud här i sundet blivit bortsopat från svenska kungens sida av en kanonkula." Terlon svarade, enligt vad han själv berättar: "Saken blev ännu märkligare om kulan tog med sig både kungen och sändebudet. Men trots äran av så högt sällskap, önskar jag ändå slippa en sådan utmärkelse."

Nu kom en 30 000 man stark förenad här av brandenburgare, polacker och österrikare marscherande norrut på Jylland och drev bort den ena svenska garnisonen efter den andra tills bara Frederiksodde var kvar.

Motståndsrörelser och gerillagrupper slog till överallt där svenskarna hade ockuperat dansk mark. Den nyutnämnde landshövdingen på Bornholm, Johan Printzenskiöld, mördades på öppen gata i Rönne. I samma ögonblick dånade Bornholms alla kyrkklockor, folket rusade ut och gjorde sig själva till herrar över sin egen ö. Den svenska garnisonen sattes in som hantlangare till bönderna.

Lika illa för den svenska ockupationsmakten gick det i Trondheims län där den svenske guvernören Claes Stiernsköld togs tillfånga med hela sin garnison och norska fribytare trängde in i Norrland till silvergruvan vid Nasafjäll, som totalförstördes.

I Skåne var det samma sak. Bartolomaeus Mickelsen, som ägde Limhamns kalkbruk, organiserade en underjordisk partisanrörelse som hade kontakter med det belägrade Köpenhamn. Han greps efter ett tag och avrättades offentligt i Malmö, androm till varnagel, var det tänkt. Det fungerade tvärtom. En dansk som hette Statius sändes i hemlighet över från Köpenhamn för att leda snapphanarna på den skånska landsbygden. Han fick ihop en armé på över sjuhundra man som irriterade svenskarna och var beredd att inleda ett uppror i samma ögonblick som danska trupper landsattes i Skåne.

Adeln i Skåne anslöt sig också till motståndarna. De hade trott att de skulle få ett slags inre självständighet under svenske kungen. Nu började svenskarna kräva skatt och tull av dem som av vanliga bönder. Corfitz Ulfeldt, som knappt hunnit slå sig ner på sina nya gods, var först framme och förklarade att han inte tänkte låta sig bli underställd någon tullare, hellre levde han under turken. Han tog underjordiska kontaker med sina forna landsmän igen.

Svenska armén i Danmark lyckades ta Langeland, Falster, Lolland, Mön och en hel del till. Men här, som i Polen, visade det sig att det inte räckte med att besitta land. Man måste ha folket också.

Belägringen drog ut på tiden. Den fientliga brandenburgsk-polsk-österrikiska hären närmade sig och kunde när som helst nå Själland och kanske Skåne. Läget var pressat. Belägringen hade nu pågått i nästan ett halvt år, köpenhamnarna var möra, men långt ifrån redo att ge upp.

Då, i februari 1659, beslöt Karl Gustav att storma Köpenhamn. Han förberedde sig noga. Stormtrupperna fick specialsydda vita kläder för att inte synas mot snön. Stegar och bärbroar som kunde läggas över vakarna snickrades ihop. Förstärkningar kom från Sverige; nu hade kungen över tiotusen man.

Klockan halv två på morgonen den 11 februari 1659 började stormningen. Fälttecknet på den svenska sidan var en halmviska, fältropet: Med Guds hjälp! De anföll från tre sidor, Gustaf Banér, fältmarskalkens son, mot Österport. En invandrare från Livland som hette Fabian von Fersen och gjort sig uppmärksammad redan vid den polska fronten, ledde stormningen mot bodstranden och Claes Tott mot Christianshavn.

Först kom tvåhundra man med granater, yxor och bilor, sen hundra sjömän bärande på stormstegar och lyftbryggor som lades över vakarna i isen. Köpenhamnarna visste mycket väl att anfallet skulle komma, troligen hade de fått hela den svenska anfallsplanen i god tid av den alltid tjänstvillige Corfitz Ulfeldt. Så fort svenskarna började röra på sig öppnade sjuttio kanoner eld mot dem. Vinden drev kanonröken i deras ansikten.

Svenskarna sprang trots det fram med sina stegar mot vallarna som försvararna hade hällt vatten över och fått alldeles glashala. Stegarna restes mot vallarna, Fersens folk klättrade först upp men blev omedelbart bombarderade med kulor, stenar och kokhett vatten. Ändå fortsatte stormningen. Några få kom upp på vallen bara för att omedelbart skjutas ner eller ramla ner med krossat huvud. Ingenstans lyckades svenskarna komma över och in i Köpenhamn. Försvararna stod som en mur. Våg efter våg av stormningsförsök slogs tillbaka.

Efter tre timmar blåste Karl Gustav till reträtt. Svenskarna hade förlorat över femtonhundra man, mer än tvåhundra togs till fånga. Inne i Köpenhamn ringde kyrkklockorna och man sjöng Te Deum. Området där stormningen slogs tillbaka heter fortfarande Stormgatan, och i över hundra år firades dagen som en stor nationell jubel- och festdag av alla danskar, men denna helgdag drogs in då Gustav III gifte sig med en dansk prinsessa.

Köpenhamn var räddat för denna gång. Svenskarna slagna. Men belägringen fortsatte.

Nu hade kriget pågått så länge och hotade att få så stora konsekvenser att både Frankrike och England blandade sig i. För Frankrike var det viktigaste att Karl Gustav hade händerna fria för sina expeditioner i Tyskland – mot habsburgarna. England kunde inte tänka sig att Nederländerna skulle få övertaget i de nordiska farvattnen. De svenska sändebuden, i synnerhet den nyadlade mjölnarsonen och utomordentlige diplomaten Matthias Björnklou och vallonättlingen och likaledes nyadlade Peter Julius Coyet, for mellan Europas ledande huvudstäder i ett komplicerat och högt politisk-diplomatiskt spel. Karl Gustav försökte lotsa mellan de olika buden. Han måste rädda Roskildefreden.

Den 20 juni seglade en engelsk flotta upp i Öresund med över fyrtio fartyg och tvåtusen kanoner. Snart kom en holländsk flotta med lika många fartyg och elvatusen man ombord. De bevakade varandra.

Karl Gustav försökte få engelsmännen intresserade genom att lova Cromwell delar av Danmark; han kunde till och med få Island och tullen i Bergen, men då måste han vara med om att erövra Norge. Vad sägs om hela Jyllland? Mitt i detta intressanta köpslående avseglade hela flottan igen. Cromwell hade dött och amiralen måste hem för att säkra sin egen framtid.

På hösten 1659 blev det ännu värre för Sverige. Nu erövrade en kejserlig armé nästan hela svenska Pommern. De svenska fästena i Preussen gav upp. Kurland, som erövrats 1658, gick förlorat igen och de allierade fientliga trupperna tog sig över Lilla Bält och ockuperade Fyn. Mer än femtusen svenskar togs till fånga. Nu riskerade kungen själv att bli kringränd och avskuren på de danska öarna. Dessutom var han nära drunkningsdöden igen.

I full storm skulle han gå i en båt för att föras ut till några svenska örlogsfartyg. I de höga vågorna slog slupen så hårt mot ett av fartygen att den bröts sönder i stycken och alla de ombordvarande officerarna drunknade, utom kungen som hållit sig fast i skeppets akterparti. Han halades ombord med tågverk.

Förlusten av Fyn och de många tusen man svenska trupperna där var Karl Gustavs största nederlag i något krig. Det tog honom hårt. ”Gud stå oss bi. Hela militien är slagen ned och fången. Det är en stor och mycket beklaglig perte och vill tämmeligen förändra kompassen i trakterna och i kriget”, skriver han till riksrådet. Han kände sig pressad från alla håll, hans misstänksamhet ökade mot alla, vilket visade sig vara väl grundat. Danskarna hade iscensatt en snillrik komplott för att förgifta honom. En svensk student skulle göra det. Men allting avslöjades i tid genom ett brev som studenten av misstag tappat och som kom flytande på vattnet för att hamna i kungens händer.

Motgångarna ledde till att han mjuknade och ville förhandla. Danskarna ökade omedelbart sina krav. Karl Gustav ilsknade till och gav fältmarskalken Lars Kagg order om att anfalla Norge med niotusen man. De kom fram till Haldens fästning där de liksom Karl XII:s karoliner blev stoppade.

Frankrike grep då in med all sin diplomatiska tyngd och lyckades sammankalla till fredssamtal. Medlare från England och Frankrike infann sig. Karl Gustav var redo till eftergifter med Danmark.

Slutet

Den mycket deprimerade och hårt nedslitne kungen dök upp i Göteborg på julaftonen 1659. Dit hade han ännu en gång kallat ständerna och dit kom också hans drottning och son. Det blev några intensiva, arbetsfyllda veckor för den allt tjockare kungen, som plågades av den senaste tidens motgångar. Riket låg i krig med Danmark, Polen, Ryssland, Brandenburg, Nederländerna och kejsaren.

Själv mådde han inte heller bra.

Han var krasslig och åt stora mängder mediciner men fortsatte att arbeta lika hårt som förr trots att han, enligt hans läkare, hade drabbats av ”maligne catarre-feber och bröstwärk”. I dag tror man att han hade en rejäl snuva som gick över i lunginflammation. Hans läkare trodde annorlunda. De satte in intensivbehandling mot skörbjugg, det vill säga kraftiga lavemang och åderlåtning, följda av lugnande örter för hjärtat och rogivande medikamenter inför natten.

Den 4 januari 1660 talade han till ständerna i den provisoriska rikssalen i Kronhuset i Göteborg. Den treårige tronarvingen satt på en liten stol intill. Kungen talade om kriget och om dem ”som under vänskapens namn och sken med våra fiender colludera”.

Kungen begärde mer pengar och mer trupper för fortsatta krig. Efter många och långa tal gick ständerna med på nya skatter och utskrivningar men under villkor att kungen sedan höll sig hemma i riket.

Några dagar senare blev kungen sämre i en ”hetsig feber och en stark katarr som hade fallit honom på bröstet och förhindrade andningen”. Han blev åderlåten igen och av blodet tyckte läkarna sig se att slutet var nära.

Karl Gustav hade då frågat sin livläkare hur allvarlig situationen var. Läkaren svarade, enligt sina egna anteckningar:

”Under en månads tid har jag nu med all flit dygnet runt medicinskt behandlat min Nådigaste Konung och därvid icke underlåtit någon av de åtgärder, som varit nödvändiga att vidtaga i syfte att besegra hans sjukdom; men denna häftighet och fördärvlighet var så väldig, att om så världens allra skickligaste läkare församlades här för att uttala sin mening därom, alla med en mun skulle betyga, att inget botemedel mot denna obändiga sot vore uppfunnet; de skulle försäkra att allt vore förlorat, allt i dödens våld och att utgången måste lämnas i Guds hand och Ödets skickelse.”

Kungen ska då ha blivit mycket bedrövad. Han kallade på sin syster Maria Eufrosyne, gift med Magnus Gabriel De la Gardie. Han talade länge med henne om rikets osäkra framtid och över den stora förlusten av Fyn: ”Fyen, min syster, Fyens förlust bliver min död”, sägs kungen ha yttrat.

Hans personlige själasörjare, fysik- och teologiprofessorn Erik Emporagrius, anlände. Men kungen fortsatte att arbeta, hostande och flämtande, sittande i en fåtölj. Samma dag, den 10 januari, utnämnde han elva nya riksråd och skisserade en plan för hur riket skulle styras efter hans död. Detta skulle bli hans testamente.

Tidigt nästa morgon var kungen redo att möta prästen. Karl Gustav leddes mellan sin hustru och överste Nils Brahe till systerns rum. Där avgav han full syndabekännelse med särskilt tonvikt vid ungdomsårens alla synder och så fick han nattvarden. Men han vägrade lägga sig ner.

Ännu nästa dag, den 12, satt han uppe men blev allt sämre. Han tog avsked av sina anhöriga och vänner. De fick komma in en och en, bland dem den gamle skottskadade sjöbjörnen, amiralen Bielkenstierna som haltade in på en krycka för att snart gråtande stappla ut igen med kungens avskedsreplik efter sig: Tack för var dag vi varit tillsammans!

Kungens plågor blev allt värre. Han kunde inte ligga ner utan hölls i armarna av riksmarskalken Gabriel Oxenstierna och Nils Brahe. Vid midnatt förklarade läkaren att döden var nära. Kungen tog då avsked av dem som fanns i rummet och undertecknade sitt testamente.

Prästen mumlade några sista tröstande ord, Karl Gustav svarade ”Gud vare mig nådig!” och strax efteråt, någon gång mellan 1 och 2 på natten till den 13 februari 1660 avled han, fortfarande i armarna på Oxenstierna och Brahe. Han blev trettiosju år gammal. I rummet fanns då också hans tjugotreåriga änka, Hedvig Eleonora, och i närheten hans fyraårige son, tronarvingen Karl.

Omedelbart lät riksrådet stänga Göteborgs portar. Nyheten fick ännu inte komma ut. Springande steg hördes i natten. Det knackades på portar. Facklor lyste upp allvarliga ansikten, dörrar stängdes. Kungliga kurirer galopperade genom gatorna och försvann i mörkret.

Riksdrotsen Per Brahe, rikets högste ämbetsman, som låg sjuk, väcktes och i vaxljusets sken fick han läsa den avlidnes testamente. Hovklapprande hördes utanför och den kungliga vagnen stannade vid Brahes hus på Norra Hamngatan. Karl Gustavs yngre bror, Adolf Johan, skyndade in.

Bud gick till alla närvarande riksråden: Samling nu på morgonen den 13 februari kl 7 i Per Brahes sängkammare. Kungens testamente ska läsas upp.

Därmed börjar ett nytt kapitel i historien om Sverige.

LITTERATUR

Det finns en oerhörd mängd litteratur om Gustav Adolf, hans person, hans tid och om trettioåriga kriget. Här är några av de böcker jag själv läst och haft stor glädje av.

Ahnlund, N: Axel Oxenstierna intill Gustav Adolfs död, Stockholm 1940
Ahnlund, N: Gustav Adolf den store, Uppsala 1932
Ahnlund, N: Gustaf Adolf inför Tyska kriget, Stockholm 1918
Ahnlund, N: Kring Gustav Adolf, Uppsala 1930
Ahnlund, N: "Kejsardömet Skandinavien", HT 1934
Amnéus, J: Om Gustaf II Adolfs död, HB 1879
Barudio, G: Gustav Adolf der Grosse, Frankfurt am Main, 1985
Barudio, G: Der Teutsche Krieg 1618–1648, Franfurt am Main 1985
Berner, F: Gustav Adolf. Det Löwe aus Mitternacht, Stuttgart 1982
Bracher, U L: Gustav Adolf von Schweden, Eine historische Biographie, Berlin, 1901
Berg, T: Johan Skytte, hans ungdom och verksamhet under Karl IX:s regering, Stockholm 1920
Björlin, G: Johan Banér I–III, Stockholm 1908
Boëthius, B – Heckscher, E: Svensk handelsstatistik 1637–1737, Stockholm 1938
Brahe, P: Tänkebok, Stockholm 1806
Bratt, C: Gustaf II Adolf som fältherre, Stockholm 1891
Broberg, G (red): Tänka, tycka, tro, svensk historia underifrån, Stockholm 1993
Brzezinski, R – Hook, R: The army of Gustavus Adolphus. 1, infantry, London 1991

Böttcher, D: Die schwedische Propaganda im protestantischem Deutschland, Jena 1951
Carlsson, S, Rosén, J: Svensk historia 1, Arlöv 1983
Dahlgren, S (red): Makt och Vardag. Hur man styrde, levde och tänkte under svensk stormaktstid, Stockholm 1993
Dahlgren, S m fl: Kultur och samhälle i stormaktstidens Sverige, Stockholm 1967.
De Lachapelle, I R: Een Militarisch Exercitiae Book, Eller Regementz Spegel aff ett Infanterie, Stockholm 1669
Driancourt-Girod, J: L´insolite histoire des luthériens de Paris, de Louis XIII à Napoelon, Paris 1992
Droysen, G: Gustaf Adolf I och II, Leipzig 1869, 1870
Ekholm, L: Svensk krigsfinansiering, Uppsala 1974
Elmroth, I: För kung och fosterland. Studier i den svenska adelns demografi och offentliga funktioner 1600–1900, Bibliotheca historica Lundensis, Lund 1981
Englund, P: Ofredsår, Stockholm 1993
Englund, P: Det hotade huset, Stockholm 1989
Engman, M: Konungen eller hakkapeliterna? Gustaf Adolfsminnet i Finland 1932, Historisk Tidskrift för Finland 1990
Fabricius, J: ”Fyra relationer om slaget vid Lützen”, HT 1932
Finlands Historia av Fagerlund m fl, Ekenäs 1993
Floren, A m fl: Kungar och krigare, Tre essäer om Karl X Gustav, Karl XI och Karl XII, Stockholm 1992
Forssell, H: Gustaf II Adolf, en minnesanteckning, Stockholm 1894
Fryxell, A: Gustaf II Adolf (Till ungdomems tjänst utgifven), Stockholm 1897
Fröding, G H: Biografiska studier, Stockholm 1905
Geijer, E G: Konung Gustaf II Adolfs och drottning Christinas historia, Stockholm 1836
Granlund, V: En svensk koloni i Afrika, eller Svenska Afrikanska kompaniets historia, HB VI 1879
Grimberg, C: Svenska folkets underbara öden. Gustav II Adolfs, Kristinas och Karl X Gustavs tid, Stockholm 1915
Gustaf Adolph och Ebba Brahes märkvärdiga kärlekshandel (Gottfried Sack), nyutgåva, Stockholm 1966
Gustaf II Adolfs bref till Ebba Brahe, utg av Per Sondén, Stockholm 1901
Gyllene Äpplet, Svensk idéhistorisk läsebok, bd I–II (red G Broberg), Stockholm 1991
Hallenberg, J: Svea Rikes Historia under Konung Gustaf Adolf den stores regering, I–V, Stockholm 1790

Hannula, J O: Hakkapeliter och karoliner, Stockholm 1941
Heckscher, E: Den svenska handelns- och sjöfartens historia sedan Gustaf Vasa, Uppsala 1940
Heckscher, E: Sveriges ekonomiska historia från Gustav Vasa. 1:2, Stockholm 1936
Heckscher, E: Kopparen under Sveriges stormaktstid (HT 1937)
Heckscher, E: Den europeiska kopparmarknaden under 1600-talet (Scandia 1938)
Heckscher, E: Stormaktstidens sociala omvälvningar, Uppsala 1943
Hedin, S: Resare-Bengt, en levnadsteckning, Stockholm 1921
Henrikson, A: Dansk historia II, Stockholm 1989
Henrikson, A: Svensk historia I–II, Stockholm 1963
Hildebrand, E (utg): Sveriges historia intill tjugonde seklet band 5, Stockholm 1906
Hjärne, H: Gustaf Adolf. Protestantismens förkämpe, Stockholm 1901
Hjärne, H: Gustaf Adolf och andra svenska minnen, Stockholm 1932
Holm, N F (red): Det svenska svärdet, Stockholm 1948
Hornborg, E: Konung Gustav II Adolf. En minnesskrift, Helsingfors 1932
Hyltén-Cavallius, G O: Sveriges historiska och politiska visor, Örebro 1853
Jacobson, G: Sverige och Frankrike 1648–1652, Alliansens upplösning efter westfaliska freden, Uppsala 1911
Jensen, A: Svenska minnen från Böhmen och Mähren, Lund 1910
Johanesson, K: Gotisk renässans, Stockholm 1982
Kohler, A: Das Reich im Kampf um die Hegemonie in Europa 1521–1648, München 1990
Kyle, G: En kvinnohistoria (Om Maria Eleonora), Bibliotheca feminarum, Kvinnohistoriskt arkiv nr 21, red Beata Losman, Göteborg 1984
Langer, H: Trettioåriga kriget. En kulturhistoria, Stockholm 1981
Lindegren, J: Utskrivning och utsugning. Produktion och reproduktion i Bygdeå 1620–1640. Studia Historica Upsaliensia 117, Uppsala 1980
Lorentzen, T: Die Schwedishe Armée im dreissigjährigen Kriege und ihre Abdankung, Leipzig 1894
Lundkvist, S: Uppsats i Studier i äldre historia tillägnade Herman Schück 5.4.1985: Verklighetsuppfattning och verklighet, En studie i Gustav II Adolfs handlingsramar
Mauvillon, E: Histoire de Gustave-Adolphe, Roi de Suède, Amsterdam 1764

Mehring, F: Gustaf II Adolf, Göteborg 1979
Monro, R: Monro His Expedition with the worthy Scots regiment Called Mac Keys Regiment. London 1637
Mousnier, R: L'Homme Rouge ou La vie du cardinal de Richelieu (1585–1642)
Nordlund, R: Krig på avveckling, Sverige och tyska kriget 1633, Uppsala 1974
Nordström, J: De yverbornas ö, Stockholm 1934
Nordström, J: Cartesius och Drottning Kristinas omvändelse, Lychnos 1940
Nováky, G: Handelskompanier och kompanihandel. Svenska Afrikakompaniet 1649–1663, En studie i feodal handel, Uppsala 1990
Odhner, C T: Kolonien Nya Sveriges grundläggning 1637–1642, HB, Stockholm 1876
Ogier, C: Dagbok, utg S Hallberg, Stockholm 1914
Olin, K G: Våra första amerikafarare: historien om finlandssvenskarna i Nya Sverige, Jakobstad 1988
Ording, J m fl: Norges historia, Malmö 1949
Oredsson, S: Gustav Adolf, Sverige och trettioåriga kriget, Lund 1992
Oxenstierna, A: Skrifter och brefvexling (Rikskansleren Axel Oxenstiernas skrifter och brefvexling), ur bd I–II, Stockholm 1888, 1893
Palme, S-U: Kungligt och kvinnligt, Halmstad 1958
Pufendorf, S: Von Schwedisch- und Deutsche Kriegsgeschichte. In 26 Büchern abgefasst, Frankfurt am Main und Leipzig 1688
Pufendorf, S: Histoire de Suède, avant et depuis la fondation de la Monarchie, del II, Amsterdam 1744
Roberts, M: Gustavus Adolphus. A History of Sweden. Vol I–II, London 1953–1958
Roberts, M: Krigskonstens revolutionering 1560–1660, i "Sverige och Europa, Studier i svensk historia", Stockholm 1969
Roberts, M: The Swedish Imperial Experience 1560–1718, London 1979
Rosén, J: 1500- och 1600-talens historia, Stockholm 1972
Rystad, G: Europeiskt 1600-tal, problem i äldre historia, Lund 1977
Scheffer, H: Johannes Rudbeckius, en kämpagestalt från Sveriges storhetstid, Stockholm 1914
Schiller, F: Geschichte des Dreissigjährigen Kriegs, nyaste uppl, Zürich 1985
Schück, H: Messenius, några blad ur Vasatidens kulturhistoria, Stockholm 1920

Sprinchorn, C: Kolonien Nya Sveriges Historia, HB, Stockholm 1878
Sprinchorn, C: Sjuttonhundratalets planer och förslag till svensk kolonisation i främmande länder, HT 1923
Starbäck, C – Bäckström, P: Berättelser ur Svenska Historien, Stockholm 1885
Strindberg, A: Bondenöd och stormaktsdröm, Värnamo 1988
Styffe, C G: Konung Gustaf II Adolfs skrifter, Stockholm 1861
Svanberg, I – Tydén, M: Tusen år av invandring, en svensk kulturhistoria, Stockholm 1992
Svensk soldat, Skildringar från medeltiden till våra dagar jämte samtida bilder, Nordiska Museet, Stockholm 1944
Sveriges krig, 8 band utg av Generalstaben, Stockholm 1936
Svärdström, E: Johannes Bureus' arbeten om svenska runinskrifter, Stockholm 1936
Tarkiainen, K: Finnarnas historia i Sverige, Stockholm 1990
Tham, W: Den svenska utrikespolitikens historia I:2, Stockholm 1960
Thyresson, B: Sverige och det protestantiska Europa från Knäredfreden till Rigas erövring, Uppsala 1928
Trevor-Roper, H: From Counter-Reformation to Glorious Revolution, London 1992
Wallentin, H: Svenska folkets historia, Lund 1978
Wedgwood, C V: The Thirty Years' War, London 1965
Weibull, C: Historiska problem och utvecklingslinjer, Stockholm 1962
Wittrock, G: Svenska Handelskompaniet och kopparhandeln under Gustaf II Adolf, Uppsala 1919
Zeeth, E – Belfrage, N: Dagbok förd i det svenska fältkansliet 26 maj 1630 – 6 november 1632 (Journal de Gustave Adolphe), Stockholm 1940
Åberg, A: De svenska fältherrarna under trettioåriga kriget, Stockholm 1944
Åberg, A: Vår svenska historia, Lund 1988

Om de tyska och baltiska provinserna samt Ingermanland:

Annerstedt, T: Svenska väldet i Livland 1564–1570
Carlgren, W: Sverige och Baltikum från mellankrigstid till efterkrigsår, Stockholm 1993
Dahlgren, L E: Sverige och Pommern 1792–1806, Uppsala 1914; Ernst Moritz Arndts politiska verksamhet i svensk tjänst, Historisk Tidskrift 1915
Fiedler, B C: Förvaltningen av hertigdömena Bremen och Verden under svensktiden 1652–1712, KFÅ 1987

Jokipii, M: Baltisk kultur och historia, Stockholm 1992
Küng, A: Sverige och Estland, Äntligen goda grannar?, Göteborg 1991
Küng, A: Baltikum, Boken om Estland, Lettland, Litauen, Stockholm 1991
Liljendahl, R: Svensk förvaltning i Livland 1617–1634, Uppsala 1933
Malmström, O: Bidrag till Svenska Pommerns historia 1630–1653, I–II, Lund 1892–94
Pauli, U: Det svenska Tyskland, Sveriges tyska besittningar 1648–1815, Stockholm 1992
Öhlander, C: Bidrag till kännedom om Ingermanlands historia och förvaltning, Uppsala 1898

Om drottning Kristina och hennes tid:

Adam, C, Tannery, P: Œuvres de Descartes, Paris 1964–76
Beckman, K: En drottning med temperament, Stockholm 1943
Cassirer, E: Drottning Christina och Descartes, Stockholm 1940
Chanut, P: Anteckningar om det som tilldragit sig i Sverige ifrån år 1645 till år 1649, Stockholm 1826
Christina: Självbiografi och aforismer, Stockholm 1966
Christina: Brev från sex decennier, utg av S Stolpe, Stockholm 1960
Essen-Möller, E: Drottning Christina, en människostudie ur läkaresynpunkt, Lund 1937
Fries, E: Erik Oxenstierna, en biografisk studie, Stockholm 1889
Fryxell, A: Kristina och Karl X Gustaf, Berättelser ur den Svenska Historien, Malmö 1983
Fåhræus, R: Magnus Gabriel De la Gardie, Uppsala 1936
Goldsmith, M: Drottning Kristina, Stockholm 1933
Le Portrait et la Vie Secrette de la Reine Christine de Suède; anonym förf, London 1710
Magnusson, G: Magnus Gabriel, Timbro 1993
Nyman, A: En drottnings visdom, Christina av Sverige som moralist och människokännare, Lund 1942
Odhner, C T: Sveriges inre historia under drottning Christinas förmyndare, Stockholm 1865
Ogier, C: Från Sveriges storhetstid, Franske legationssekreteraren Charles Ogiers dagbok under ambassaden i Sverige 1634–1635, utg och översatt från latinet av S Hallberg, Stockholm 1914
Olofsson, S I: Drottning Christinas tronavsägelse och trosförändring, Uppsala 1953
Olsson, H: Johannes Messenius Scondia Illustrata, Lund 1944
Pallaviciono, S: Drottning Kristinas väg till Rom, Stockholm 1966
Pimentel, A: Don Antonio Pimentels depescher från drottning

Christinas hov 1652–1656, jämte svarsskrivelser och spanska statsrådsprotokoll, Stockholm 1961
Rudbeck, O: Atlantica, nyutgåva i fem delar utg av A Nelson, Lychnos, Uppsala 1937
Sjöberg, R: Drottning Christina och hennes samtid, Stockholm 1925
Stolpe, S: Drottning Kristina, Maximer Les sentiments héroïques, utgivna och översatta av Stolpe, Stockholm 1959
Stolpe, S: Från stoicism till mystik, studier i drottning Kristinas maximer, Stockholm 1959
Stolpe, S: Drottning Kristina, Stockholm 1966
Sörman, P: Vi Christina med Guds nåde, Stockholm 1990
Tidner, A: Ur Drottning Kristinas liv och historia, Stockholm 1915
Weibull, C: Drottning Kristinas övergång till katolicismen, Scandia 1928
Weibull, C: Drottning Christina och Monaldesco, Stockholm 1936
Weibull, C: Drottning Christina och Sverige 1646–1651 – en fransk diplomat berättar, Stockholm 1970
Åkerman, S: Queen Christina of Sweden and her Circle, The transformation of a Seventeenth-Century Philosophical Libertine, Leiden 1991
Åsklund, L: Magnus Gabriel De la Gardie och vältaligheten, Uppsala 1992

Karl X Gustav och hans tid:

Carl X Gustaf och Danmark: Carl Gustaf studier 1, red A Stade, Kristianstad 1965
Carl X Gustaf inför polska kriget: Carl Gustaf-studier, Kristianstad 1969
Carl X Gustafs armé: Carl Gustaf studier 8, red A Stade, Kristianstad 1979
Dahlbergh, E: Erik Dahlberghs dagbok 1625–1699, utg av H Lundström, Uppsala 1912
Ericsson, E – Vennberg, E: Erik Dahlbergh, hans levnad och verksamhet, Uppsala 1925
Granqvist, P M: Carl X Gustaf, ”Den förste pfalzaren”, Stockholm 1910
Losman, A: Carl Gustaf Wrangel och Europa, Uppsala 1968
Olofsson, S I: Carl X Gustaf, Hertigen-tronföljaren, Stockholm 1961
Stade, E: Erik Dahlberg och Carl X Gustafs krigshistoria, Kristianstad 1967
Tre Karlar, Karl X Gustav, Karl XI, Karl XII, Livrustkammaren, Stockholm 1984
Weibull, C: Freden i Roskilde, Stockholm 1958

PERSONREGISTER

BILDLEVERANTÖRER

Antikvarisk-Topografiska Arkivet s 479
Göteborgs Konstmuseum 453
Håkan Josephson s 177, 320
Kungliga Biblioteket s 191, 200, 379, 411
Kungliga Husgerådskammaren s 414
Livrustkammaren s 118, 137, 308, 313, 472, 473
Läckö Institut s 422, 423
Riksarkivet s 277
Skokloster s 274, 354, 371, 374, 375
Statens Konstmuseer s 6, 23, 30, 46, 48, 50, 60, 62, 64, 75, 86, 94, 97, 112, 114, 118, 123, 133, 140, 183, 230, 235, 243, 255, 266, 269, 304, 323, 342, 357, 361, 387, 395, 401, 402, 406, 418, 419, 435, 443, 451, 452, 455, 457, 459, 460, 468, 469, 478, 481, 488, 493, 497, 501, 505, 509, 514
Stockholms Stadsbibliotek s 427
Uppsala Universitetsbibliotek s 289, 378
Vasamuseet s 160, 161

SVENSKA VÄ
vid dess största

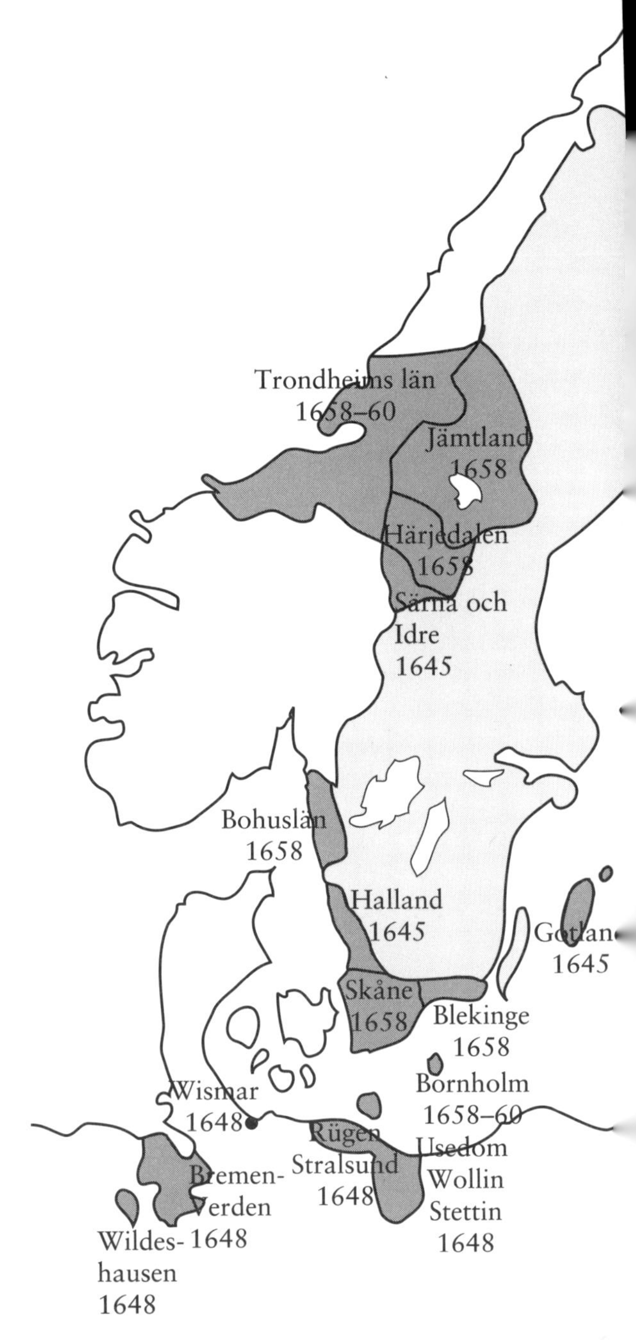